Irene Pieper, Cornelia Rosebrock, Steffen Volz,
Heike Wirthwein
Lesesozialisation in schriftfernen Lebenswelten

# Lesesozialisation und Medien

Herausgegeben von
Bettina Hurrelmann

Irene Pieper, Cornelia Rosebrock, Steffen Volz,
Heike Wirthwein

# Lesesozialisation in schriftfernen Lebenswelten

Lektüre und Mediengebrauch
von HauptschülerInnen

Unter Mitarbeit von
Olga Zitzelsberger, Katrin Kollmeyer und Daniel Scherf

Juventa Verlag Weinheim und München 2004

Die AutorInnen

Irene Pieper (ip), Jg. 1967, Dr. phil., ist wissenschaftliche Mitarbeiterin im Bereich neuere deutsche Literaturwissenschaft an der Johann Wolfgang Goethe-Universität in Frankfurt/M. mit den Arbeitsschwerpunkten Literaturdidaktik und Lesesozialisationsforschung. Sie arbeitet an einer Habilitation zum literarischen Verstehen.

Cornelia Rosebrock (cr), Jg. 1957, Dr. phil., ist Professorin für neuere deutsche Literaturwissenschaft an der Johann Wolfgang Goethe-Universität in Frankfurt/M. mit den Arbeitsschwerpunkten Literaturdidaktik und Lesesozialisationsforschung.

Steffen Volz (sv), Jg. 1962, ist Sonderpädagoge. Er war wissenschaftlicher Mitarbeiter im hier dokumentierten Forschungsprojekt und promoviert zur Lesesozialisation bildungsferner Jugendlicher.

Heike Wirthwein (hw), Jg. 1965, M.A., ist Studienrätin und als pädagogische Mitarbeiterin für Literaturdidaktik abgeordnet an die Johann-Wolfgang Goethe-Universität in Frankfurt/M. Sie promoviert zum professionellen Literaturverständnis von Deutschlehrern und -lehrerinnen an Hauptschulen.

Katrin Kollmeyer (kk), Daniel Scherf (ds) und Olga Zitzelsberger (oz)

Bibliografische Information Der Deutschen Bibliothek

Die Deutsche Bibliothek verzeichnet diese Publikation in der Deutschen Nationalbibliografie; detaillierte bibliografische Daten sind im Internet über http://dnb.ddb.de abrufbar.

© 2004 Juventa Verlag Weinheim und München
Umschlaggestaltung: Atelier Warminski, 63654 Büdingen
Umschlagabbildung: Pablo Picasso, Kopf einer Lesenden 1953 © Succession Picasso / VG Bild-Kunst, Bonn 2003
Druck nach Typoskript
Printed in Germany

ISBN 3-7799-1353-4

# Vorbemerkung

Der vorliegende Band enthält die Ergebnisse des Projekts „Was bleibt? Spuren des schulischen Literaturunterrichts in der Medienpraxis und Lesegeschichte 17-18jähriger HauptschulabsolventInnen", das im Rahmen des Schwerpunktprogramms „Lesesozialisation in der Mediengesellschaft" von der Deutschen Forschungsgemeinschaft in den Jahren 2000 bis 2002 gefördert wurde. Neben den AutorInnen dieses Bandes waren Dr. Olga Zitzelsberger, Katrin Kollmeyer und Daniel Scherf am Forschungsprozess aktiv beteiligt. Die VerfasserInnen der einzelnen Kapitel oder Abschnitte sind durch Siglen im Inhaltsverzeichnis markiert.

Doris Ziel transkribierte die gewaltigen Datenmengen. Daniel Nix komplettierte die Auswahlbibliographie. Dr. Claus-Volker Klenke half bei der Herstellung des Typoskriptes.

Ihnen und den weiteren UnterstützerInnen unserer Arbeit, vor allem den gesprächsbereiten KollegInnen an den Hauptschulen und der Koordination des Schwerpunkts, Prof. Dr. Bettina Hurrelmann und Prof. Dr. Norbert Groeben, danken wir für die erfahrene Förderung.

Die AutorInnen

# Inhalt

# 1. Lesewelten von HauptschulabsolventInnen

Belletristisches Lesen, Freizeitlektüre überhaupt ist bekanntlich nicht kulturelles Merkmal der niedrigeren bzw. der weniger gebildeten Sozialschichten. Geschmack an Schöner Literatur zu entwickeln oder thematische Interessen über Schriftmedien zu pflegen sind vielmehr kulturelle Praktiken, die sich außerordentlich ungleich in der Gesellschaft verteilen: Die Buchnutzungsfrequenz wächst mit dem Bildungsstand und dem Familieneinkommen, das Niveau der formalen Bildung korreliert seinerseits eng mit der sozialen Lage (Bonfadelli 1999). Das ist heute in den Grundlinien nicht anders als an den Anfängen der bürgerlichen Lesekultur im ausgehenden 18. Jahrhundert, als „literarische Belesenheit" zum Lebensstil des aufkommenden Bürgertums gehörte (Schön 1999, 38f).

Die schriftkulturellen Fähigkeiten, die sich heute in der entwickelten Lektürepraxis von erwachsenen Leserinnen und Lesen dokumentieren, sind ein Fähigkeitenbündel, das einerseits Ausdruck, andererseits auch Grundlage einer längeren Bildungslaufbahn ist, die ihrerseits eine Basis des beruflichen Erfolgs und des Zugangs zu gesellschaftlichen Partizipationsmöglichkeiten bietet. Mit einer erfolgreichen Schullaufbahn korrespondieren entsprechend Lektüreneigung und tatsächliche Lesepraxis im Verlauf des Heranwachsens – Bildungserfolg und außerschulische Lektürepraxis sind auch in lebensgeschichtlicher Perspektive zwei Stränge der Sozialisation der Heranwachsenden, die von frühester Kindheit an und lebensbegleitend eng miteinander zusammenhängen. Zwei voneinander so entfernte Merkmale wie Lesekompetenz und Schichtzugehörigkeit können damit reziprok-kausal mit hoher Übereinstimmung aufeinander bezogen werden. Die Vermittlung vollzieht sich über den Bildungsgang und -status der jeweiligen sozialen Gruppen.

Diese ebenso enge wie bekannte Korrelation von Sozialschicht und Leseverhalten bzw. Lesekompetenz wird durch die Perspektive auf die lebensgeschichtliche Genese schriftsprachlicher Verstehensfähigkeiten erklärbar: Es handelt sich bei entwickelter Lesefähigkeit um erworbene, nicht um irgendwie naturhafte Potenziale der Einzelnen, Potenziale, die in einem die ganze Kindheit und Jugend umfassenden Prozess der Sozialisation zur Schriftsprachlichkeit schrittweise angeeignet werden (Groeben/Hurrelmann 2002a). Sie sind mit hoher Selbstverständlichkeit in die alltägliche Lebensführung in größerem – für die höheren sozialen Lagen – oder kleinerem Ausmaß – für die niedrigeren – eingebettet und werden so an die folgende Generation informell übermittelt. Leseneigung und Lektürepraxis sind dabei kein relativ äußerliches Merkmal von Lebensstil wie etwa Mode oder Musikgeschmack, das kurzfristig übernommen werden könnte. Die Ausbildung der verschiedenen, ungeheuer komplexen kognitiven Fähigkeiten, die das Verstehen von Texten über das bloße Entziffern der Textoberfläche hinaus als Bewusstseinsleistung erfordert, bedarf eines langjährigen, weit über den formalen Schriftspracherwerb im ersten Grundschuljahr hinausgehenden Trainings, das zu erheblichen Teilen außerhalb der formalen Bildungsinstitutionen, also außerhalb von Kindergarten und Schule, vorbereitet, absolviert und sozial unterstützt wird – jedenfalls bei denjenigen Kindern, die in entsprechend förderlichen sozialen Kontexten leben.

*Lebenswelt und Lektürepraxis*
Der formale Schriftspracherwerb aller Kinder in den ersten beiden Grundschuljahren entfaltet sich bei den lesesozialisatorisch gut situierten durch ausgiebige eigenständige außerschulische Lesepraxis, der bei den Jugendlichen die weitere Ausdifferenzierung von Lesepraktiken und -fähigkeiten je nach Funktion der Lektüren lebensgeschichtlich folgt (Graf 1995, 1980). Bei Kindern mit bildungsfernen Elternhäusern findet sich in der Regel eine niedrigere Lesekompetenz schon während und deutlich gegen Ende der Grundschule (Hurrelmann/Hammer/Nieß 1993, IGLU 2003, 134f, 297f.): Aus dem vergleichsweise geringen „Kapital" an Lesemotivation und -fähigkeit, das Elternhaus und Bildungsinstitution ihnen zukommen lassen, wird nicht viel, es „verzinst" sich kaum zu entwickelteren Textverarbeitungskompetenzen. Kindergarten und Grundschule lassen es allerdings auch an wirkungsvollen kompensatorischen Lesefördermaßnahmen für Kinder, die schwer Zugang zu Schrift finden, fehlen (IGLU 2003, 135f). Das wird im Laufe des Heranwachsens schnell sichtbar: Wer nach der Grundschule in den niedrigsten, kürzesten und didaktisch und bildungspolitisch am wenigsten unterstützten Zweig des Regelschulwesens verwiesen wird, in die Hauptschule, dem geschieht das in der Regel nicht aufgrund mathematischer oder sonstiger Defizite, sondern dominant aufgrund mangelnder sprachlicher, insbesondere Leseverstehenskompetenz.[1] Sein oder ihr schriftkulturelles „Ba-

---

[1] Durch IGLU 2003 konnte die herausragende Bedeutung der Sprachfähigkeiten für den Schulerfolg, vermittelt über das Niveau der Leseleistung, insgesamt erneut belegt werden (vgl. 298). Relativiert wird diese Aussage lediglich durch die erhebliche Streuung der Leistungen bei der Übergangsentscheidung von der Grundschule auf die weiterführenden Schulen: U.a. der Mangel an verbindlichen Leistungsstandards, so IGLU 2003, führt dazu, dass bei der Zuweisung zu einer der drei Schulformen Leistungsüberlappungen im Leseleistungsniveau über drei Kompetenzstufen bestehen, so dass „unserem Bildungssystem insgesamt [...] nicht die Form der Auslese [gelingt], die Grundlage des dreigliedrigen Schulsystems ist: Kinder nach Leistung zu sortieren, so dass homogene Gruppen in den weiterführenden Schulen entstehen." (136). Zugleich leistet das System nicht die besondere Förderung der selektierten Gruppen: „Weder werden, wie die PISA-Ergebnisse zeigen, in den Hauptschulen leistungsschwächere Leser besonders gut gefördert noch wird durch die Auslese der

siskapital" war offensichtlich niedrig und hat sich in den lernintensiven Phasen[2] langsamer vermehrt als das der Altersgenossen. Zugleich intensiviert sich der schon in der Grundschule straffe Zusammenhang von Leseleistungsniveau und Sozialschicht im Laufe der Sekundarstufe, wie der Vergleich der Messung der Leseleistung gegen Ende der Grundschule und gegen Ende der Pflichtschulzeit zeigt (IGLU 2003, 298).

In diesem Sinn wird in der Lesesozialisationsforschung der Umstand interpretiert, dass eine tragfähige individuelle Disposition zum Lesen in der Regel mit einem familiären Kommunikationsklima einhergeht, in dem schon früh auch konzeptuell schriftsprachliche Medienerfahrungen gemacht und kommunikativ verarbeitet werden, in dem die Kinder von Beginn an und die Kindheit und Jugend hindurch begleitend, aber unabhängig von der institutionellen Bildung in ihren literalen, insbesondere den literarischen Interessen kompetent unterstützt werden, in dem auch die erwachsenen Vorbilder aktiv, interessenorientiert und mit Genuss Medien und insbesondere Bücher benutzen, insgesamt: einem lesefreundlichen Klima, das im Idealfall Bildmedien aktiv einbezieht (Hurrelmann/Hammer/Nieß 1993, Hurrelmann/Hammer/Stelberg 1996, Oerter 1999).

Daneben stellt vermutlich die außerfamiliäre kinder- und dann jugendkulturelle Ausbildung von Gruppenstilen und Weltsichten in Peer-Zusammenhängen eine erheblich prägende Instanz der (Selbst-)Sozialisation im Bereich Mediennutzung insgesamt und auch für Lesen dar. Doch die Bedeutung von Gleichaltrigengruppen für die Sozialisation im Blick auf den Erwerb von Kompetenzen (Krappmann 1991) ist ein von der Forschung weitgehend vernachlässigtes Feld: Zum Zusammenhang von jugendtypischen Formen des Verhaltens im Zusammenhang der Peers und Lesesozialisation existieren kaum Hinweise (Jugendwerk der Deutschen Shell 1997, 2000, 2002, Zitzelsberger 2001), obwohl mehr als Dreiviertel der 15-Jährigen angeben, solchen Gruppen anzugehören (PISA 2001, 482). PISA weist angesichts dieser defizitären Forschungslage immerhin nach, dass die Gleichaltrigengruppe auf den Lesekompetenzerwerb Einfluss nimmt: Die Zugehörigkeit zu einer aggressiv-schuldistanzierten Clique geht mit schwächerer Lesekompetenz bei den getesteten 15-Jährigen einher als die Zugehörigkeit zu einer tendenziell bildungsorientierten Gleichaltrigengruppe, die unter anderem angibt, „Freude am Lesen" außerhalb des Schulkontextes zu haben. Geschlecht und besuchte Schulform haben einen sichtbaren Einfluss auf die Zugehörigkeit zu Peers mit diesen Ausrichtungen: Männliche Hauptschüler sind am vergleichsweise stärksten in aggressiv orientierte Cliquen eingebunden, Gym-

---

vermeintlich leistungstärksten Leser für das Gymnasium eine besondere Förderung der Leistungsspitze in diesem Bereich zufriedenstellend erreicht"(137).

2  Auch in der Grundschule bleiben die Leseleistungen von mehr als einem Drittel eines Jahrgangs so unterentwickelt (unter Kompetenzstufe II in der IGLU-Skala), dass ohne weitere systematische Förderung wahrscheinlich Schwierigkeiten in der Erarbeitung neuer Lerngegenstände in allen Fächern auftreten werden. (IGLU 2003, 135).

nasiastinnen am vergleichsweise stärksten in das andere Extrem, also in schulfreundliche Gruppen mit kulturellen Interessen, auch dann, wenn die soziale Lage kontrolliert wird. Die Zugehörigkeit zu diesen beiden doch sehr grob beschriebenen oppositionellen Formen von Peers korreliert über weite Bereiche erwartungsgemäß mit dem erreichten Niveau von Lesekompetenz.

Wie stark der „familiäre Faktor" für die Entwicklung von Lesekompetenz gegenüber den institutionellen Einflüssen von Schule und Unterricht und gegenüber dem der Gleichaltrigengruppe eingeschätzt werden muss, und wie die „großen" Instanzen der Lesesozialisation Familie, Schule und Peer in einer von Film und Fernsehen dominierten freizeitlichen Medienumgebung ineinander greifen, ist beim aktuellen Stand der Forschung in Ermangelung von Erhebungen kaum solide zu diskutieren. Sicher ist dagegen, dass die deutschen Sekundarschulen im internationalen Vergleich bei der Vermittlung von Leseverstehenskompetenz kaum ausgleichende Funktion gegenüber der familiären Sozialschicht leisten. Die Schulen vergleichbarer Industrienationen bringen bessere Leseleistungen insbesondere bei Kindern mit lesesozialisatorisch schlechten familiären Voraussetzungen hervor, kompensieren also besser die bildungsferne Lebenswelt, wie die PISA-Studie (2001) erneut belegt hat. Bei den verschiedenen unterrichtlichen Bemühungen zur Vermittlung von Leseverstehen werden hierzulande generell offensichtlich stillschweigende Voraussetzungen – z.B. im Blick auf schulbegleitende Freizeitlektüre – gemacht, die im Effekt schichtspezifisch diskriminieren: In der Sekundarstufe werden hierarchiehohe Leseleistungen erwartet – etwa lange Texte lesen, nur indirekt benannte Zusammenhänge erschließen, Bedeutungshorizonte aktiv errichten usw. –, auf die kein schulisches Lesecurriculum gezielt vorbereitet hat (Rosebrock 2003). Zugleich stellen jedoch die schriftsprachlichen Kompetenzen das wesentlichste Selektionskriterium des Schulsystems dar: Verstehendes Lesen ist die Basis schulischen Lernens in annähernd allen Fächern.

*Lesen als kulturelles Kapital*
Insofern ist die Begrifflichkeit vom „kulturellen Kapital", als das stabile Lektüregewohnheiten gesehen werden können, kaum von der Hand zu weisen (Bourdieu 1987, 2001; Mörth 1994), kulturelles Kapital, das von buchorientierten Eltern und ihrem Umfeld auf die Kinder in eher beiläufigen Interaktionen sozial „vererbt" wird, das sich vor allem in Kindheit und Jugend in hoher Lesefähigkeit und -motivatieon „akkumuliert" und das sich in beruflichem und sozialen Erfolg „verzinst". Die Leseforschung kann mit ihren Perspektiven auf die Lesesozialisation durchaus Substanzielles beitragen zu der großen soziologischen Frage nach der Konstanz sozialer Ungleichheit in der sich wandelnden Gesellschaft: Die schulisch kaum beeinflusste Wietergabe des schicht- oder milieuspezifischen Lektürehabitus an die folgende Generation bildet einen in seiner Wichtigkeit wohl kaum zu überschätzenden Transmissionsriemen zwischen dem jeweiligen Lebensstil einer sub-

kulturellen Gruppe, insbesondere den Mediennutzungsgewohnheiten, und den materiellen Lebensbedingungen mit ihrer Abhängigkeit vom Sozialstatus. Der Lebensstil und die eher materiellen Lebensbedingungen werden u. a. über die Primärsozialisation in den Bereich Schriftsprachlichkeit einander vermittelt.

Mit dem Begriff des Lebensstils (Mörth 1994, Moser 2000) und der Frage nach der Position des Lesens darin ist nicht nur die Perspektive auf die Subjekte und auf die individuellen Gratifikationen ihrer Lektüre aufgerufen – das auch –, sondern es ist darüber hinaus die gewissermaßen nach außen gewandte Seite der Mediengewohnheiten der Einzelnen in ihren überindividuellen, aber doch gruppenspezifischen Aspekten angesprochen: Ob diese oder jene Lektüre dem jeweiligen Einzelnen attraktiv erscheint, ob er Unterstützung bzw. Belohnung für sein Lesen aus seinem Umfeld erwarten kann und ob bzw. in welchen Ausprägungen seine Lektüre tatsächlich funktional in seiner konkreten Lebenswelt ist, ist kaum allein individuelle Entscheidung von Einzelnen, aber auch nicht einfach materielle Gegebenheit in einer jeweiligen sozialen Lage. Die Bedürfnisse nach bestimmten Formen von medienvermittelter Unterhaltung, Information, Bildung, Selbsterfahrung usw., die im einzelnen Subjekt heranwachsen und sich zur Geltung bringen, sind ihm vielmehr zugleich Medium der Identitätsentwicklung bzw. -bestätigung und Medium der sozialen Zugehörigkeit: Der Mediennutzungsstil des Einzelnen ist keine mechanische Übersetzung seiner materiellen Ressourcen in ein kulturelles Handlungsmuster, sondern er ist vermittelt durch das Subjekt selbst, vermittelt durch seine sedimentierten Erfahrungen im Fortgang seiner Lebenszeit, die auch Medienerfahrungen sind und seine Identität ausmachen. In diesem Sinne wäre der Mediennutzungsstil zu bestimmen als eben nicht unmittelbarer, sondern als symbolischer Ausdruck der materiellen Lebensführung: Einmal unterscheidet sich u. a. in der Mediennutzung, gewissermaßen nach innen hin und für die Subjektkonstitution, was wichtig und unwichtig, lustig oder langweilig, schön oder hässlich usw. ist. Zum Anderen markiert sich in diesem Stil, gleichsam nach außen und als Identitätsausweis, die soziokulturelle Zugehörigkeit zur einen sozialen Gruppe und die Abgrenzung von anderen. Die statusspezifische Lebensführung drückt sich u. a. im Besitz, im Gebrauch und im Zusammenspiel der verschiedenen Medien aus und grenzt die eigene Lebenswelt und ihre Sinnhaftigkeit ab gegenüber anderen Identitäten und anderen Sinnhorizonten. Ein einschlägiges Beispiel wäre hier der Fernsehgebrauch im Kinderzimmer, der für niedrige soziale Lagen Beleg des Wohlstandes, für höhere Anzeichen der erzieherischen Verwahrlosung ist.

Was das Lesen noch einmal und zugleich gleichsam zusätzlich auszeichnet gegenüber anderen sozial distinktiven symbolischen Merkmalen von Lebensstil – z. B. gegenüber dem Verhältnis zum Sport, der Frisur, der Form der Nutzung des Handys – ist seine individuelle Tiefendimension als Modus der Selbst- und Welterfahrung und, damit verbunden, seine hohen sozialen Zinsen: Freizeitlesen ist nicht nur Präsentation des Mediengeschmacks und Demonstration der Zugehörigkeit zu bestimmten sozialen Gruppen sowie der Distinktion von anderen, sondern es ist eben zugleich und darüber hinaus eine privilegierte Form der verdichteten Erfahrung und des beiläufigen Erwerbs von schriftsprachlichen Kompetenzen – das auch in den Ausprägungen, in denen es gemeinhin wenig mit Lernen in Zusammenhang gebracht wird, z. B. in unterhaltenden Funktionen.

*Unsere Erhebungen*

Wegen dieser eminenten Bedeutung des Lesens in Kindheit und Jugend auch außerhalb der Bildungsinstitutionen für eine erfolgreiche Lernbiographie sind wir der Frage nach der Position des Lesens im Alltag und in der Lebensgeschichte von jungen Erwachsenen mit Hauptschulabschluss nachgegangen. Uns interessiert, welchen Platz Lesen im Lebensstil der jungen Erwachsenen mit niedrigem Bildungslevel tatsächlich hat, wie es zu dieser Positionierung lebensgeschichtlich kam und insbesondere, welchen Anteil die Schule mit ihrem Literatur- bzw. Leseunterricht daran hatte.

In der Hauptuntersuchung wurden HauptschulabsolventInnen zu ihrer aktuellen Lesepraxis, ihrer Lesegeschichte und ihrem Literaturunterricht befragt. 27 dieser Interviews konnten schließlich den Auswertungen zugrunde gelegt werden. Ziel der explorativen Studie war die Beschreibung des Status des Lesens in der Lebensführung und in der Bildungsgeschichte der einzelnen Interviewten. Die Gesprächsimpulse in den Interviews bewegten sich entsprechend auf der Ebene des Lebensstils der Befragten, die Leitfäden zielten auf Lesepraktiken als Momente der Lebenswelt. Vor dem oben skizzierten Hintergrund einer bisher auf die Mittelschicht beschränkten Lesesozialisationsforschung interessierte uns, wie Lesen und Lektüre bei bildungsfernen Jugendlichen tatsächlich in deren soziale Umwelt eingebettet ist und welche Beiträge die institutionelle Lesepädagogik im Rahmen der Hauptschule in einem großstädtischen Ballungsraum zu dieser subjektiven und objektiven Bedeutung des Lesens leistet.

Dabei wurde zunächst deutlich, dass von einer homogenen sozialen Lage oder gar einem einheitlichen Lebensstil der interviewten jungen Erwachsenen in keiner Weise ausgegangen werden kann – die AbsolventInnen haben zwar alle die Hauptschule besucht, unterscheiden sich aber stark in ihrer Lebensführung, in ihren Perspektiven und in ihrer Schulgeschichte: Es finden sich Befragte, deren Bildungshintergrund eine höhere Bildungslaufbahn erwarten ließ und die wegen schulischer Misserfolge in die Hauptschule wechselten, weiter Interviewte aus genuin bildungsfernen Sozialschichten mit deutscher Familiensprache wie solche mit dominant nicht-deutscher sprachlicher Prägung. Die Jugendlichen mit Migrationshintergrund sind die größte, aber ihrerseits eine im Blick auf Lebensstil und soziale Lage so heterogene Gruppe, dass es in unserem Kontext wenig Sinn machte, den bloßen Umstand familiengeschichtlicher Migration als distinktes Merkmal zu markieren. Hier findet sich ebenso eine Minderheit von kultur- oder/und sprachfremden „Seiteneinsteigern" ins Bildungssystem wie Angehörige höherer Schichten im Herkunftsland, die die soziale Abstufung, die familiäre Migration in der Regel mit sich bringt, gewissermaßen individuell als Bildungshandicap tragen. Quer zu einer solchen Gruppierung verteilt sich das Ausmaß der Bildungs- und Aufstiegsorientierung der jungen Leute. Die überwiegende Mehrzahl von ihnen ist bereits in der BRD geboren. Dieser Heterogenität entsprechend sind ihre weiteren Bildungswege unterschiedlich verlaufen: Die meisten von ihnen befinden sich im zweiten Jahr nach dem Hauptschulabschluss in Ausbildungssituationen mit mehr oder weniger weit gesteckten Aspirationen, einige besuchen weiterführende Bildungseinrichtungen, andere sind ohne Erfolg auf dem Lehrstellenmarkt geblieben und stecken in Berufsvorbereitungsprojekten. Fast alle wohnen im Haushalt der Eltern. Kaum eine oder einer hat eine gradlinige Schulkarriere von der Grundschule in die Hauptschule durchlaufen; in der Mehrzahl sind die Schulbiographien deutlich von Misserfolgen, von Abstufungen und Klassenwiederholungen, geprägt. Die sozialen Lagen, denen die jungen Erwachsenen entstammen und angehören, sind zwar entsprechend der Stellung ihrer Eltern im Blick auf Beruf und Bildungsniveau überwiegend im unteren Bereich angesiedelt; der hohe Anteil verschiedener fremdkultureller Herkünfte und entsprechend divergierender Lebensstile macht aber diese niedrigen sozialen Lagen im Blick auf ihren Umgang mit symbolischen Gütern wie Belesenheit heterogen – deutlich sichtbar an dem Spektrum verschiedener Bewertungen, die die Kulturtätigkeit Lesen in unserem Sample erfährt.

Diese Heterogenität der Schülerschaft wird zwar für die Hauptschule, im Unterschied zu den anderen weiterführenden Schulen der BRD, in empirischen Studien immer wieder konstatiert (zuletzt: PISA 2001, 455f), sie ist aber in der öffentlichen und insbesondere in der pädagogisch-didaktischen Diskussion kaum präsent. Das trifft unseren explorativen Erhebungen zufolge auch auf die Lehrerschaft der Hauptschule zu: Die acht HauptschullehrerInnen, die wir im Rahmen der Vorstudie zu den Lesepraktiken, -kompetenzen und -perspektiven ihrer Schülerschaft interviewten, zeigten eine stark homogenisierende Wahrnehmung der HauptschülerInnen: Insgesamt nehmen sie sie vordringlich als sprachlich defizitär wahr. Die Sprachkompetenzen der SchülerInnen sehen sie als durchweg so schwach, dass der Unterricht auf niedrigstem Niveau kleine Sprachfortschritte anzielen müsse und ein eigentlicher Buchlese- oder Literaturunterricht mit dieser Gruppe im Grunde nicht durchgeführt werden könne. Das, was unterrichtlich dem System „Schule" mit seinen unterschiedlichen Akteuren zufolge stattfinden sollte und formell auch stattfindet, kann „eigentlich", wie es immer wieder heißt, der Defizite der Schülerschaft wegen nicht geschehen. Permanent Unterricht organisieren in der Sphäre des Uneigentlichen, gewissermaßen auf dem Fundament eines elementaren Widerspruchs – das ist eine Haltung auf Seiten der LehrerInnen, die, obwohl schwerlich manifest im Unterricht ausgesprochen, sich in den Einstellungen zum Lesen bei den AbsolventInnen als der Horizont ihrer tatsächlichen schriftkulturellen Aktivitäten wiederfindet.[3] Deutlich wird in dieser Einstellung der LehrerInnen der Distinktionsgestus: Der am autonomen Literaturbegriff orientierte Lesebegriff, den die LehrerInnen als stumme Selbstverständlichkeit transportieren und in den Interviews implizit artikulieren, ist auch wesentlicher Bestandteil ihres eigenen kulturellen Kapitals und, als vorgeführter, ihrer sozialen Lage. Die Markierung der Differenz der Lebensstile und sozialen Räume u. a. durch diesen Lesebegriff erweist sich als eine der symbolischen Dimensionen des sozialen Handelns der Lehrpersonen in der pädagogischen Praxis; dieser implizite Lesebegriff grundiert eine Modellierung der praktischen Lektüreziele und -verfahren, die den explizit geäußerten pädagogischen und didaktischen Zielen, nämlich das Lesen der Schülerschaft zu fördern, zuwiderläuft. Dem Pendant des Lesebegriffs der LehrerInnen in den Einstellungen, im Bewusstsein und in der Lesepraxis der AbsolventInnen galt das Hauptinteresse des Projekts.

*Drei Beschreibungsebenen für die Einbettung des Lesens in den Lebensstil*
Die Lektürepraxis der jungen Erwachsenen interessierte uns als Moment ihrer alltäglichen Lebensführung: Wie ist Lesen in ihren Alltag eingebettet, gegenwärtig im zeitlichen Abstand zur Hauptschule, aber auch in der biographischen Tiefe? In welchem Zusammenhang stehen die Schulerfahrungen mit der gegenwärtigen und vergangenen außerinstitutionellen Lektüregeschichte?

Aus einer die Einzelfälle übergreifenden Perspektive erhielten wir zu dieser Frage nach der Bedeutung des Lesens auf drei Ebenen interpretationsfähige Daten: Als vordringlich in den narrativen Gesprächen wurden von den Interviewten häufig zunächst die Einstellungen der eigenen Person zum Lesen artikuliert, es wurde gewissermaßen die Position des Lesens im Selbstbild markiert und in der Regel manifest formuliert: Die Interviewten charakterisierten sich selbst überwiegend als Nicht-LeserInnen vor dann sehr unterschiedlichen legitimierenden Horizonten. Zu einem kleineren Anteil beschrieben sie sich auch als eigentliche LeserInnen, die zwar problemlos lesen könnten, auch lesen würden, dies auch gerne täten, aber aus verschiedenen Gründen immer wieder davon abgehalten werden. Sie sind im Selbstbild gewissermaßen verhinderte LeserInnen. Die wenigen faktischen Lese-

---

3  PISA (2001), 119f, betont in diesem Zusammenhang die auffällig schwachen Diagnosefähigkeiten der Lehrpersonen an allen Schulformen im Blick auf die Lesekompetenz ihrer Schülerschaft, insbesondere was die Wahrnehmung von Lesedefiziten angeht. In anderen Bereichen können Lehrpersonen die Leistungsfähigkeit ihrer SchülerInnen besser einschätzen. Die pauschale Konstatierung von elementaren Defiziten, die ein starkes Datum unserer LehrerInnenbefragung ist, geht einher mit einer relativ undifferenzierten Sicht auf den tatsächlichen Stand der Lesekompetenz der Individuen, denen, PISA zufolge, viel zu häufig zureichende Leseverstehensfähigkeiten zugesprochen werden.

rinnen von größeren Mengen an Belletristik in unserem Sample zeigten auf dieser Ebene der manifest geäußerten Einstellungen zum eigenen Lesen ganz im Gegensatz zur Mehrheit kaum das Bedürfnis, die Position des Lesens in ihrem Lebensstil explizit abzugrenzen und die Bedeutung des Lesens abstrakt zu markieren. Ihre individuelle Lektürepraxis diente ihnen lebensweltlich kaum als Distinktionsmerkmal gegenüber Nicht-Lesern oder gegenüber anderen Formen des Lesens, sie wurde von ihnen wenig als „kulturelles Kapital" wahrgenommen und eingesetzt, sondern dominant in anderen funktionalen Dimensionen beschrieben (insbesondere „innenorientiert" als Medium der Identitätsvergewisserung – s. Kap. 5). Diejenigen, die sich als Nicht-LeserInnen situierten, taten dies vor einem Hintergrund unterschiedlich intensiver tatsächlicher Lektürepraktiken, aber durchweg gleichsam „naturalisierend": Das Nicht-Lesen wurde als feste, gewissermaßen angeborene Charaktereigenschaft beschrieben, als Merkmal der Identität und der Lebensführung der Interviewten. Die verhinderten LeserInnen betonten in der Regel einerseits ihre grundsätzliche Lesekompetenz, andererseits das Problem der Anfangshürde beim Lesen: Lektüre sei eine Freizeitoption, die jedoch faktisch nicht wahrgenommen wird, weil ein motivationaler Anschub fehle. Am Rande bemerkt: Die didaktische Brauchbarkeit dieser Behauptungen wird eingeschränkt, aber nicht aufgehoben durch den erfahrungsfernen und sozial erwünschten Status solcher Aussagen.

Relativ unabhängig von dieser ersten Ebene persönlicher, mit Lebenspraxis verbundener Einstellungen dem eigenen (Nicht-)Lesen gegenüber finden sich in allen Interviews Aussagen, in denen Lesen gleichsam überindividuell als kultureller Habitus benannt und beschrieben wird. In unseren Daten ist Lesen auf dieser zweiten Ebene durchweg als Erfahrungsform „von anderen" und als Merkmal anderer sozialer Lagen situiert. Zum einen ist diese Ebene der Verortung des Lesens als genereller kultureller Praxis bei den Interviewten dominiert von einem hochkulturellen literarischen Lesebegriff – Zeitungs- oder Schullektüre etwa fallen nicht darunter –, zum anderen scheint hier der Modus des kindlichen, selbstvergessenen Lesens, des bruchlosen Eingangs in die Textwelten, der Inbegriff des „eigentlichen", des literarischen Lesens, nämlich des Lesens anderer, zu sein: Sie werden beim Lesen ganz eins mit dem Buch. Mit der Praxisferne dieser manchmal fast grotesk gezeichneten „Idee" von Lesen korrespondiert der Umstand, dass sich die Befragen diesem Begriff von Lektüre selbst fast durchweg nicht zurechnen. Dass sie auf der Ebene der Einstellung sich selbst in der Regel nicht als LeserInnen situieren und Lektüre ihnen als alltagsfernes Projekt anderer erscheint, ist gewissermaßen die andere Seite eines lebensfernen, aber symbolisch offensichtlich enorm wirkungsmächtigen und im Kern bildungsbürgerlichen Lesebegriffs.

Schließlich findet sich Lesen und Lektüre bei den Befragten auf einer dritten Ebene auch als tatsächliche Praxis: Neben wenigen „Schriftverweigerern" lesen die meisten Befragten alltäglich mit instrumentellen Funktionen[4], um sich Informationen zu beschaffen und sich orientieren zu können, häufig in Zeitschriften usw., und annähernd alle stehen auch in institutionellen Zusammenhängen, die ihnen Pflichtlektüre auferlegen, oft die Berufsschule. Bezeichnend dafür ist die Übernahme der institutionellen Leseverpflichtung durch eine junge Frau ohne Ausbildungsplatz: Maria verordnet sich selbst ein tägliches Lesepensum nach dem Muster der Schule, um ihre Sprachfähigkeiten zu verbessern. Lesen wird auf dieser Ebene eigener symbolischer Praxis von unseren Befragten ganz überwiegend leistungsorientiert als Modus des Lernens und als praktisches Sprachtraining situiert. Selbst die ausgiebige ·Zeitschriftenlektüre eines Befragten, die von außen betrachtet einem Interessenkonzept folgt – Jamal benennt auch solche übergreifenden Interessenkonzepte als Momente seiner Identität – wird von ihm selbst dezidiert der instrumentellen Funktion einer Verbesserung der Sprachkompetenzen zugeordnet, also in einen pädagogischen und deutlich entfremdeten Zusammenhang gestellt, sodass sich der Interviewte trotz dieser Praxis selbst nicht als Leser sieht und sich erst recht nicht seinem kulturellen Bild des Lesens zuordnet.

Solche pragmatischen Lesesituationen mit entsprechenden Alltagstexten werden dem vorherrschenden Begriff des Lesens als „kultureller Habitus von anderen" durchweg nicht zugerechnet. Die Vorstellung, dass alltägliches Lesen gleichsam unabhängig vom Gelesenen eine Trainingsfunktion für die Sprachfähigkeit hat, bleibt in den Interviews ohne sichtbare Verbindung zu dem oben beschriebenen impliziten Inbegriff des Lesens, dem „Hochkultur-Lesen". Die tatsächlichen Lesepraktiken der Interviewten werden von ihnen nicht oder kaum aktiv stilisiert, sie sind kein gewissermaßen „ausgespieltes", nach außen und innen in seiner Wirkung wahrgenommenes Moment von Lebensstil.

Wie in der Soziologie von „doing gender" für die individuelle Übernahme des sozialen Geschlechts die Rede ist, könnte ein Begriff des „doing Stil" helfen, die Stilisierungsaktivitäten beim Mediengebrauch aus sozialanthropologischer Perspektive beschreiben zu können: Das instrumentelle Lesen könnte theoretisch durchaus, etwa wie es für die kulturelle Handlung „Kinobesuch" in unserem Sample der Fall ist, distinktes Merkmal nach außen und aktive Identitätskonstitution nach innen darstellen und insofern Medium eines „doing Stil" sein. Faktisch ist das aber in unseren Daten nicht der Fall – diese instrumentellen schriftkulturellen Praktiken gelten sozusagen gar nicht als Lesen. Sie stehen, was ihr symbolisches Gewicht für die Befragten selbst angeht, lebensweltlich gewissermaßen im Feld des kultu-

---

[4] Die folgende Differenzierung der Lektürefunktionen folgt der empirisch induktiv gewonnenen Kategorisierung von Graf (2001). Graf hat im Zuge der Auswertung von Lektüreautobiographien von Studierenden sechs von ihm so genannte Modi des Lesens differenziert: Instrumentelles Lesen, Lektüre als Partizipation, Intimes Lesen, Pflichtlektüre, Lesen im Rahmen von Interessenkonzepten, ästhetische Erfahrung.

rell Defizitären, sie scheinen lediglich ein Manko zu markieren. Insbesondere die kulturelle Orientierung der Peers wäre hier ein vermutlich ertragreiches Feld für Forschung. In unseren Daten finden sich Hinweise auf eine starke Bedeutung der Peers für die Fernseh- und Videonutzung, die nur durch den Einfluss der PartnerInnen bzw. engen FreundInnen übertroffen wird. Während lesende PartnerInnen, enge FreundInnen oder Familienangehörige in unserem Sample einen lesefördernden (Tuba, Timi, Maria, Stefan, Michael) oder keinen Einfluss haben (Nadine, Ali, Francesca), haben wir keine Interviewten, die Angehörige einer bildungsfreundlichen oder gar leseorientierten Peer wären (vgl. Zitzelsberger 2001).

In einigen Familienkontexten mit Migrationsgeschichte scheint das „Lesen als Lernen" vor dem Horizont einer pädagogisch legitimierten Eindämmung des Fernsehkonsums als erwünschter Habitus durchgesetzt, der von den Befragten selbst vertreten (z. B. Jamal) oder unterlaufen (z. B. Francesca) wird, während es auf der Makroebene als kulturell legitime Praxis und symbolisches Gut, das Element von Lebensstil sein könnte, gewissermaßen nicht auftaucht. Am Rande bemerkt: Ob dieser sprachtrainierende und gleichsam inhaltsneutral konturierte Lesebegriff, der in der alltäglichen Praxis der Befragten der vorherrschende schriftkulturelle Handlungstyp ist, als kultureller Habitus Anerkennung finden könnte und zum distinktiven Merkmal von Lebensführung und Identität größerer sozialer Gruppen werden kann, ist eine didaktisch bedeutende Frage, die unsere Daten stellen, ohne sie beantworten zu können.

Instrumentell ausgerichtetes und Pflichtlesen sind, wie gesagt, bei allen Befragten als Praxis auffindbar, aber kaum als „Lesen" anerkannt. Darüber hinaus sind Lesepraktiken, die an medienübergreifende Interessenkonzepte funktional gebunden sind, bei vielen sichtbar. Ausnahmeerscheinungen in unserem Sample sind dagegen darüber hinaus reichende Funktionen der Lektüre, etwa die Begegnung mit eigenen Wunschwelten, denen insbesondere Halimas ausgeprägte belletristische Lesepraxis vorrangig zugeordnet werden kann, sowie das Lesen als Modus der Partizipation an bestimmten sozialen Umwelten – für letzteres steht exemplarisch, aber in unserem Sample auch allein, Tuba, deren Lektüre durch ihre soziale Umwelt angeregt und fortlaufend gestützt ist und die von ihr als Medium der Orientierung und Identitätsfindung progressiv eingesetzt wird. Sie und in Teilen auch Halima und Susan verwirklichen damit als einzige in unserem Sample einen Gebrauch von Texten, der dem sozial erwünschten Habitus von Mittelschichtangehörigen entspricht – in der biographischen Lesesozialisationsforschung und den daran orientierten didaktischen Konzepten des Literaturunterrichts wird diese Einbindung von Literatur in die Lebensvollzüge als Medium der Kulturaneignung und Identitätsfindung Jugendlicher als Kern glückender literarischer Sozialisation beschrieben –, der in unserem Sample jedoch deutlich die Ausnahme bildet. Insgesamt entstammen diejenigen wenigen jungen Erwachsenen unseres Samples, die über vergleichsweise viel symbolisches Kapital auf schriftkulturellem Feld verfügen – Tuba, Susan, Michael, mit Einschränkungen auch Nadia und Jamal – anderen sozialen Lagen als die Mehrheit: Ihre Eltern haben höhere Bildungsabschlüsse, der persönliche soziale Aufstieg ist im Blick, oder sie werden wie Tuba lebensweltlich durch Geschwister bzw. Partner in ihren literalen Praktiken gestützt. Sie praktizieren über solche Lektüre, die rein instrumentellen Funktionen folgt, und über Pflichtlesen hinaus auch Lektüre im Rahmen von Interessenkonzepten bzw. weitergehende Lesemodi.

Ästhetisch orientiertes Lesen im philologischen bzw. literaturdidaktischen Sinn taucht in unseren Daten als praktizierter Lektürestil nicht explizit auf. Das schließt nicht aus, dass solche Erfahrungen beim Lesen gemacht werden oder wurden, aber doch, dass die Lektüre der Befragten dominant solchen Funktionen folgt.

### Zwei Beschreibungsebenen zur Einbettung des Lesens in der Lebensgeschichte

Diese drei aktuellen Dimensionen, in denen „Lesen" in unseren Daten auftaucht – als benanntes Persönlichkeitsmerkmal, als kultureller Habitus und als in die Lebensführung eingebettete alltägliche Praxis – haben jeweils lebensgeschichtliche Tiefendimensionen, die ebenfalls Gegenstand des Erkenntnisinteresses waren. Im Leitfaden sind die beiden Ebenen der Familienkindheit und der Schulzeit unterschieden, die sich zeitlich z. T. überlappen und die mit Familie und Schule zwei wesentliche Instanzen der Lesesozialisation in den Blick nehmen.

Annähernd kein Befragter (mit Einschränkung Michael und Susan) berichtet von einem familiären Kontext, in dem Erwachsene Lesen als Gewohnheit alltäglich vorlebten. Alle Interviewten schildern dagegen die sozialisatorisch maßgeblichen Erwachsenen der Familie als FernsehkonsumentInnen verschiedener Ausprägung, nicht jedoch als aktive „Fernsehbegleiter" der jeweiligen Kinder respektive Jugendlichen. Fernsehen ist entsprechend das in den Familien lebensgeschichtlich wie aktuell vorherrschende Medium, und alle Erfahrungen mit repräsentierter Welt während der familiären Kindheit und auch während der Jugend im familiären Raum werden als Fernseherfahrungen berichtet – bis auf familiengeschichtliche oder andere Erzählungen der Eltern oder anderer Erwachsener, nach denen explizit in den Gesprächen gefragt wurde und die als sporadisches Ereignis dann häufig von den Interviewten detaillierend bestätigt wurden. Kinderhörkassetten wurden etwa von einem Viertel der Befragten erwähnt, werden von ihnen selbst allerdings nicht mit Schriftmedien in Verbindung gesetzt. Vorleseszenen mit den Eltern oder Geschwistern erinnern fast keine Probanden; vorgelesen wurde den Daten zufolge auch nicht im Kindergarten, erst im der Grundschule angeschlossenen Hort machten wenige der Befragten solche Erfahrungen. Aussagen zum Lesen oder Lesemedien im familiären Kontext waren zudem in den Gesprächen in der Regel nur äußerst mühevoll zu erlangen, alle Befragten erinnerten sich nur schwer an diese Aspekte der Kindheit und mit wenig Erfolg. Ob und wie sich in der Kindheit unabhängig von der Schule eine Vorstellung und Ingebrauchnahme vom Lesen als Habitus gebildet hat, ist folglich von unseren Daten aus kaum einschätzbar; vermutlich ist hier die Schule die maßgebliche Institution. Entsprechend ist kaum vorstellbar, dass sich früh ein ausgeprägtes Bild des Lesers oder der Leserin entwickelte, zu dem sich die Subjekte ins Verhältnis setzten – ganz im Unterschied zum Fernsehen: Dass sie ausgeprägte „Fernsehkinder" waren, die einen erheblichen Teil ihrer Familienkindheit insbesondere mit Kinderzeichentrickserien verbracht haben, und dass sie von dieser Medienpraxis affektiv oder intellektuell nicht profitiert haben, beschreiben einige Befragten explizit, bei fast allen lässt es sich am Datenmaterial zeigen.

Auch im Blick auf das Lesen als Praxis muss – durch die genannten Erinnerungsschwierigkeiten hindurch – davon ausgegangen werden, dass keiner unserer Probanden eine „Lesekindheit" hatte. In der Mehrzahl scheinen die Familien keine schriftnahen Kommunikationsformen zu pflegen. Das wird kaum relativiert von der stark formalen bzw. rituellen Beschäftigung mit dem Koran bei einigen Befragten in der späten Kindheit bzw. Jugend in eigenen Institutionen (Koranschulen), die wenig in die familiäre Kommunikation hineinragt. Die Daten lassen die Vermutung zu, dass in den Koranschulen Texte nicht tatsächlich gelesen, sondern vielmehr Textpassagen in einer Fremdsprache, dem Hocharabisch, mehr auswendig gelernt als übersetzt und ausgelegt werden; die Bedeutung der Koranschulen für die hier sozialisierten Jugendlichen liegt offensichtlich in ihrer Funktion als formale Initiation in religiöse Kontexte, nicht als Instanz der Lesesozialisation.

Im Zusammenhang der Schule ist es offensichtlich nicht gelungen, Lektüre als persönliche und welthaltige Erfahrung zu entdecken; hier hat sich die enge Koppelung von Leistung und Lektüre hergestellt oder zumindest bestätigt, die in den aktuellen Einstellungen zum Lesen so dominant sichtbar sind. „Angenehme", positive Lesesituationen werden fast überhaupt nicht im Kontext der Grundschule und selten im Zusammenhang mit Betreuungseinrichtungen geschildert. Doch eine Minderheit der Befragten hat hier gegenläufige Erfahrungen, sie haben durch Vorlesen Klassiker der Kinderliteratur kennen gelernt (Nadine, Derya, mit Einschränkung Maria), ohne dass sich diese vereinzelte Lektüreerfahrungen prägend in ihrer Sozialisation auswirkten. Die Mühen des Lesenlernens und Misserfolge dabei werden dagegen regelmäßig erinnert.

Unter „Lesepraxis in der Hauptschule" verstanden die Befragten durchweg belletristisches Lesen von erzählender Jugendliteratur – nach lyrischen, dramatischen oder pragmatischen Lektüren auch in anderen Fächern muss in den Interviews dezidiert nachgefragt werden. Von nicht mehr als etwa einem Drittel der Befragten kann vermutet werden, dass sie die im Unterricht gemeinsam rezipierten und behandelten jugendliterarischen Texte auch tatsächlich mit innerer Beteiligung gelesen haben. Als ausdrücklich interessiert an diesen Teil des Deutschunterrichts zeigt sich als einzige in unserem Sample Halima. Die wenigen Interviewten, die außer Halima zwei Jahre später über die alltägliche Pflicht- und instrumentelle Lektüre hinaus lesen, wurden bemerkenswerterweise nicht von den Jugendbüchern des Literaturunterrichts angeregt oder auch nur positiv angesprochen. Die unterrichtliche Lektüre von Ganzschriften wurde von ihnen ebenso wie von der Mehrheit der heute wenig lesenden Interviewten grundsätzlich und annähernd ausschließlich als Lernanforderung begriffen. Die Befragten waren desinteressiert an den zu lesenden Inhalten und konnten sie nach dem durchschnittlichen Abstand von etwa drei Jahren in den Interviews eklatant schlecht rekonstruieren. Sie versuchten in der Schule die Lektüre zu vermeiden, sie haben sie generell als mühsames technisch orientiertes Lautleseritual wahrgenommen und nicht als die aktive Konstruktion von übergeordneten sinnhaften Zusammenhängen. Die Interviewten schildern überraschend übereinstimmend und homogen die Praktiken des Lesens im Literaturunterricht als kognitiv hierarchieniedrige, auf Wort- und Satzerkennung, allenfalls noch auf lokale Kohärenzen zielende Umgangsformen mit jugendliterarischen Texten im Klassenverbund. Der Unterricht legt offensichtlich eine Auffassung von Lesen als eine Technik des Dechiffrierens und des Erwerbs von Lexik nahe, nicht aber der Erschließung von Welt (vgl. Kap. 5.6.).

Die auf sie selbst bezogene Einstellung der Befragten zum Lesen während der Hauptschulzeit, soweit sie aus den Daten rekonstruierbar ist, ist nur in wenigen Momenten von der aktuellen Einstellung zum Lesen abgrenzbar. Sie entspricht der Einstellung zum Lernen und zur schulischen Leistung generell: Die HauptschülerInnen müssen in ihrem Selbstbild diese Schulform wegen generell schwacher Schulleistungen besuchen, denn sie seien zum Lernen ebenso wie zum Lesen konstitutionell zu faul, so eine häufig geäußerte Einschätzung. Von keinem der Befragten werden äußerliche Umstände allein für ihre Position am unteren Ende der Bildungshierarchie angegeben: Dass sie gewissermaßen charakterbedingt das Lesen vermeiden und zumindest früher zuviel fern gesehen haben, ist eine häufige Aussage. Lesen ist in diesen Einstellungen eine fremdbestimmte, kaum als sinnhaft erfahrbare, abstrakt der Lebenswirklichkeit gegenüberstehende Tätigkeit, die nur im System schulischer Forderungen und Leistungshierarchisierung einen praktischen Ort hat. Etwa zwei Jahre nach Abschluss der Hauptschule kommt bei vielen Befragten eine retrospektive Einsicht, häufig mit dem Unterton der Reue, auf: Hätten sie ihre mangelnde Motivation überwunden und diesen Leseunterricht (wie die Schule generell) ernster genommen, wären ihre Sprachfähigkeiten entwickelter und ihnen wäre eine bessere sozioökonomische Stellung möglich. Hier meldet eine Minderheit der Interviewten auch vorsichtig Schulkritik an: Die Hauptschule und ihr Deutschunterricht förderten gewissermaßen diese naturgegebene „Faulheit" durch niedriges Niveau und inhaltliche wie schülerbezogene Anspruchslosigkeit.

Für eine auf belletristisches Lesen hin orientierte Lesehaltung, zu der Ge-
nusserwartung, inhaltliches Interesse, Neugier, die Bereitschaft, sich affektiv zu beteiligen usw. gehören würde, gibt es lebensgeschichtlich wie gesagt
für annähernd alle Befragten keine erfahrbaren Vorbilder. Weder in der Familie noch in der Schule sind für sie diese Funktionen von Lektüre an lebenden Personen ihrer unmittelbaren Umwelt tatsächlich sichtbar. Die Ab-
straktheit und Lebensferne des hochkulturellen Lesebegriffs, der die genera-
lisierenden Aussagen zum Lesen als kultureller Praxis in den Interviews
grundiert, ist insofern Äquivalent zu einer reduzierten, fertigkeitsorientierten
Einstellung zum Lesen, wie wir sie praktisch bei den AbsolventInnen an-
treffen: Von der tatsächlichen schulischen Praxis des Lesens von Belletristik
als weitgehend mechanisches Dechiffrier- und Sprachtraining gibt es keine
Vermittlung zu dem bildungsbürgerlich anmutenden Idealbild des Lesens,
das vermutlich ebenfalls in erster Linie schulisch vermittelt wurde und das
zudem dem Literalitätsbegriff bildungsferner sozialer Lagen entspricht, so
dass Schule und Lebenswelt einander in dieser Hinsicht verstärken. Welche
Rolle das Lesen in der nicht-deutschen Herkunftskultur der meisten Eltern
spielt, ob fremdkulturelle Bilder von Schriftkultur für die Elterngeneration
bedeutsam sind und welchen Einfluss sie ggf. auf die Einstellungen und
Praktiken der Interviewten haben, ist aus unseren Daten nicht zu bestim-
ten; keiner der Interviewten führt solche Einflüsse der Herkunftskultur der
Eltern an oder lässt sie indirekt erkennen.

Eine bemerkenswerte Ausnahme zu dieser Dichotomie im Lesebegriff der Befragten und der Konsequenz einer reduzierten Lesepraxis findet sich bei
denjenigen Interviewten, deren Lehrerinnen sich ihnen – wie in den wenigen
entsprechenden Interviews der Hauptuntersuchung um so nachdrücklicher
deutlich gemacht – außerhalb des Unterrichts, doch innerhalb der Institution
Schule, persönlich als kenntnisreiche LeserInnen zeigten, die sich für das
Freizeitlesen der Schülerinnen „auf Augenhöhe" interessierten, die es individuell und konkret, vor allem mit Lesetipps, unterstützten und die Anschlusskommunikation zum Gelesenen in unmittelbare Aussicht stellten. Sie sind
gewissermaßen Lichtgestalten der literarischen Sozialisation von Halima und
Tuba, als hätten erstmals sie erreichbar vorgezeigt, dass und wie belletristische Lektüre Teil der persönlichen Lebenswelt tatsächlich sein kann. Dass
das von den Interviewten mit Nachdruck betont wird, zeigt, wie ungeheuer
wirkungsvoll es ist, wenn sich eine Lehrerin als Person, die individuell liest,
weil Bücher sie interessieren und bereichern, als Leserin sichtbar macht –
und wie außergewöhnlich im hiesigen Hauptschulkontext diese intellektuelle Erreichbarkeit zwischen Lehrern und Schülern tatsächlich ist.

*Desiderata und Perspektiven*
Wegen der Bedeutung entwickelter Lesekompetenz für die sozialen und
wirtschaftlichen Lebenschancen und wegen der akkumulierenden Effekte
ausgeprägter Lesegewohnheiten im Verlauf der Sozialisation für die Entwicklung gesellschaftlicher Handlungsfähigkeit des Einzelnen stellt die Me-

diennutzung von Heranwachsenden einen außerordentlich wirkungsmächtigen Transmissionsriemen zwischen Lebensstil und materiellen Lebensbedingungen dar, so wurde oben argumentiert; der Gang der Lesesozialisation trägt dazu bei, dass sich die sozialen Lagen über den Erfolg in den Bildungssystemen auf die nachwachsende Generation gleichsam vererben (vgl. Steinkamp 1991). Migrationshintergründe scheinen diese Dynamik nicht zu durchkreuzen, sondern im Gegenteil zu intensivieren, indem die z. T. schwachen Sprachkompetenzen im Deutschen zu den schichttypischen Lesekompetenzproblemen hinzutreten und sie verstärken. In den Interviews und Auswertungen ist es immer wieder geglückt, die Modalitäten solcher sozialen Vererbungsvorgänge durch den Lebensstil und das Selbst- und Weltverstehen der Interviewten hindurch in Einzelmomenten sichtbar zu machen und wenn nicht Kausalitäten, so doch Evidenzen in den maßgeblichen Instanzen der Sozialisation für die vorgefundenen Formen der Literalität zu finden.

Dafür haben wir Einblicke in jugendkulturelle Lebensstile genommen und festgestellt, dass in ihnen Buchlektüre, aber auch Zeitungen bzw. Zeitschriften annähernd keinen alltagspraktischen Platz, aber den symbolischen Status des schulförmigen Lernens haben. Freilich haben wir diesen jugendkulturellen Lebensstil lediglich im Blick auf Lektüre eruiert, wir haben gewissermaßen nur eine Facette, ein Einzelmoment der kulturellen Identität der Befragten zu fassen bekommen. Um den Status der Schriftsprachlichkeit für diese Gruppe insgesamt besser zu verstehen, müsste er in seiner lebensweltlichen Einbettung kulturanthropologisch ausgeleuchtet werden: Insbesondere die identitätsstiftenden Stilisierungen wären in dieser Hinsicht zu erfassen, zu beschreiben und zu typologisieren, um Aussagen zur Bedeutung des Migrationshintergrundes, der Bildungsgeschichte, des familiären Umfeldes, der Peers usw. jeweils für die Idee und Praxis von Lektüre machen zu können. Und die gälte es nicht allein zu beschreiben, sondern auch zu verändern: Einen Wandel des Status von Texten in der schulischen und außerschulischen Lebenswelt anzuzielen bedeutet nicht weniger als eine Veränderung des Lebensstils anzuzielen.

Unser Projekt steht als heuristisches nicht nur in einem deskriptiven, sondern auch in einem didaktisch orientierten und damit normativen Horizont. Zweifellos sind unsere Ergebnisse im Blick auf die Deutschdidaktik der Hauptschule außerordentlich beunruhigend. Denn sie machen evident, was auch bei einer Zusammenschau von PISA und IGLU vermutet werden muss: Die Abhängigkeit der Leseleistung vom sozialen Umfeld nimmt von der Grundschule in die Hauptschule deutlich zu, und es ist ein Auseinanderdriften der Leistungen von SchülerInnen zwischen den weiterführenden Schulformen sichtbar (vgl. IGLU 2003, 298). Die negativen Effekte der frühen Selektion des Bildungssystems wie soziale Stigmatisierung und ihre Folgen sind in der Hauptschule besonders wirkungsmächtig, die Gratifikationen der vermeintlichen Homogenisierung der Schülerschaft sind dagegen für das untere Segment nicht nachweisbar. Aber eine Schulform, die die spezifischen Fördermöglichkeiten nicht realisieren kann, um deretwillen sie besteht, stellt ihre eigene Legitimität elementar in Frage.

Diese Fragen sind durchaus für die gesellschaftliche Entwicklung insgesamt relevant: Weil die Kommunikationspraktiken historisch im gesellschaftlichen bzw. globalen Maßstab zunehmend medial konstituiert sind, werden die schriftsprachlichen Fähigkeiten der Einzelnen für eine mündige Lebensführung immer wichtiger. Die Differenz in den schriftsprachlichen Kompetenzen der verschiedenen sozioökonomischen Lagen bleibt sich, historisch gesehen, vermutlich nicht einfach gleich: Einerseits stellt der viel konstatierte Epochenumbruch in die „Medien-" oder „Wissensgesellschaft" rasant steigende Anforderungen an die schriftkulturellen Kompetenzen jedes Einzelnen. Zugleich und diese Tendenz verstärkend birgt die Differenz der Kompetenzen zwischen den sozialen Lagen selbst ein dynamisches Moment, wie bereits seit gut zwei Jahrzehnten im Zusammenhang mit der sogenannten „increase-knowledge-gap"-These diskutiert wird: Da sich Bevölkerungsgruppen mit einem höheren sozioökonomischen Status schneller Informationen aneignen als solche mit einem niedrigeren, nimmt der „knowledge-gap", nämlich die Wissenskluft zwischen den statushohen und -niedrigen Gruppen in Wissensgesellschaften, progressiv zu (Bonfadelli/Saxer 1986, Bonfadelli 1994). Dieser These zufolge bildet sich also zunehmend eine sozioökonomische Dichotomie aus zwischen kompetenten Mediennutzern mit viel Schriftspracherfahrung, die sich neues Wissen aneignen und vorhandenes durch Gebrauch „flüssig" halten, und den wenig kompetenten, die mit der gesellschaftlichen Entwicklung des Wissens nicht mithalten können, weil ihnen die Voraussetzungen fehlen, ihren Medienkonsum so zu gestalten, dass sie von ihm fortlaufend intellektuell profitieren. Zur „knowledge-gap"-Hypothese mag passen, dass eine aktuelle Lesestudie, die die Langzeitentwicklung der Leseneigung von Kindern und Jugendlichen über die 90er Jahre in der BRD in den Blick nimmt (Lange/Bentlage 2000), konstatiert, dass die viel lesenden sozialen Gruppen mehr als vor etwa einem Jahrzehnt lesen, die wenig lesenden dagegen weniger. Es wird also eine Tendenz zur Vertiefung der Differenzen sichtbar. Aber generell ist eine derart weitreichende These naturgemäß kaum empirisch zu belegen; hier wird sie angeführt, um dem Eindruck einer Statik des Verhältnisses von Mediennutzung und sozialer Lage zu widersprechen und die Bedeutung der didaktischen Vernachlässigung des Leseunterrichts an den Hauptschulen für die gesellschaftliche Verteilung von Ressourcen zu unterstreichen.

Lesen gehört nicht zum Lebensstil und den darin verankerten Mediennutzungspräferenzen der überwiegenden Mehrheit der von uns befragten jungen Erwachsenen. Lesen muss aber in der BRD des 21. Jahrhunderts für 20-Jährige eine Option sein, die sie auch faktisch wahrnehmen können. Andernfalls vergrößert sich vermutlich die soziale Ungleichheit, und die sozialen Lagen, zu denen unsere Befragten gehörten, kommen gewissermaßen unter die Räder der gesellschaftlichen Modernisierung. Denn dass das Lesen durch andere Formen des medial vermittelten Wirklichkeitszugangs, etwa durch das Fernsehen, in seinen kognitiven und sprachlichen Effekten auf den Wissenserwerb nicht ersetzbar ist, gilt mittlerweile als gesichert (Hurrelmann/Groeben 2002a).

Der interventionsnächste Bereich zur Entwicklung von Lesekompetenz ist zweifellos das Bildungssystem. Unsere Untersuchung kann in dieser Hinsicht erneut belegen, was im Grunde kein Geheimnis ist: Die elementare Ungerechtigkeit des bundesdeutschen Sekundarschulsystems, seine mit PISA (2001) sichtbar gewordene hohe Unfähigkeit, Differenzen der sozialen Lage und damit schlechtere Lernvoraussetzungen wenigstens zum Teil auszugleichen, liegt in seiner radikalen Orientierung am Lebensstil der höheren sozialen Lagen bei lebensgeschichtlich früher Selektion der Schülerschaft. Radikal ist sie deshalb, weil die Bildungsvoraussetzungen und -ziele der Mittelschicht gewissermaßen in Anpassung nach oben auch diejenige Schulform grundieren, die de facto gerade nicht diese Schicht beschult, sondern die sozial schwachen Lagen. Das abschließende Kapitel des vorliegenden Bandes diskutiert unsere Ergebnisse zunächst vor dem Horizont der Fachdidaktik und mündet anschließend in einen Katalog von Handlungsperspektiven für eine andere Hauptschule, die Leserinnen und Leser ins Berufsleben entlässt.

### Zum Aufbau des vorliegenden Bandes

Im folgenden methodischen Kapitel ist nach einem knappen Referat der Ergebnisse vorhandener Studien zum Lesen von Hauptschülern die Anlage unserer Untersuchung dargestellt: ihre methodologischen Prämissen, die Verfahren der Datengewinnung und die sukzessiven Schritte der Aufbereitung, Analyse und Interpretation sowie die Beschreibung des Samples. Die Gegenkontrolle bei der Paraphrasierung der Interviewtexte und bei der im Wesentlichen induktiven Gewinnung von Kategorien im Verbund mit der sorgfältigen Auswertung in der ForscherInnengruppe und den Unterstützungen, die eine leistungsfähige Datenbank liefern kann, haben wir als insgesamt zwar aufwändiges, aber außerordentlich ergiebiges und valides Verfahren der qualitativen Erforschung von Lesegeschichten erfahren. Es ist im zweiten Kapitel auch deshalb detailliert dargelegt, um weitere Forschungen mit diesen Instrumenten anzuregen.

Im dritten Kapitel ist die Voruntersuchung, eine Befragung von Hauptschullehrkräften des Faches Deutsch zu ihrem Lese- und Literaturunterricht mit dem Instrument der ExpertInnenbefragung, dokumentiert und ausgewertet. Diese Voruntersuchung hatte für den folgenden Forschungsprozess die Funktion, das Feld „Lese- bzw. Literaturunterricht an der Hauptschule" heuristisch auszuloten und die Fragestellung nach der Bedeutung des Lesens für HauptschulabsolventInnen im Blick auf ihre Schulerfahrungen differenzieren zu können.

Uns interessierte mit dem vorliegend dokumentierten Projekt vordringlich, welchen Platz Lesen im Lebensstil der jungen Erwachsenen mit niedrigem Bildungslevel tatsächlich hat, wie es zu dieser Positionierung lebensgeschichtlich gekommen ist und insbesondere, welchen Anteil die Schule mit ihrem Literatur- bzw. Leseunterricht daran hat. Mit den fallbezogenen Auswertungen tragen wir diesem Interesse an der Qualität der Lektüre und ihrer Einbettung in den Lebensstil bildungsferner junger Erwachsener Rechnung: In den sieben Falldarstellungen der Hauptuntersuchung im vierten Kapitel ist die sozialanthropologische Perspektive des Vorhabens in erster Linie verwirklicht, ergänzend treten die kurzen „Leseporträts" derjenigen Interviews, die nicht in Falldarstellungen interpretiert wurden, dazu, die im Anhang versammelt sind. Zugleich fungieren die fallbezogenen Auswertungen als erste Interpretationsetappe für die den Einzelfall übergreifenden, typisierenden und theoretisierenden Analysen, die im 5. Kapitel folgen.

Das sechste Kapitel bietet schließlich eine Zusammenschau der Ergebnisse unter literaturdidaktischer Perspektive sowie Thesen zur Neugestaltung des Leseunterrichts an Hauptschulen. Die Dokumentation der Leitfäden und des Kategoriensystems sowie eine Auswahlbibliographie zum Thema bilden den Abschluss des vorliegenden Bandes.

# 2. Anlage der Studie

Einblicke in die Lesesozialisationsverläufe jenseits der Mittelschicht fehlen in der bisherigen Forschung zum lebensgeschichtlichen Erwerb von schriftkulturellen Fähigkeiten vollständig.

Angesichts dieser Ausgangslage hat ein kleineres Forschungsprojekt, das den Einfluss der schulischen Literaturvermittlung auf den Status des Lesens im Alltag und der Biographie von Jugendlichen mit niedrigem Bildungsabschluss erheben will, notwendig explorativen, hypothesengenerierenden Charakter. Für die Lesesozialisationsforschung muss das Verständnis von den alltäglichen Funktionen der Lektüre und deren Genese bei jungen Erwachsenen mit niedrigen Bildungsabschlüssen überhaupt erst eröffnet werden. Dazu soll unsere Studie beitragen.

## 2.1 Das Forschungsfeld

**Leseverhalten und Leseleistung von HauptschülerInnen**
Abgesehen von der Schulleistungsstudie PISA (2001), die u. a. die „Reading Literacy" von 15-Jährigen im Jahr 2000 erhoben hat, existieren annähernd keine empirisch gesicherten Erkenntnisse zur Lese- und Verstehenskompetenz von HauptschülerInnen, von Jugendlichen bildungsferner Herkunft und/oder von Jugendlichen mit Migrationshintergrund. Aus der Perspektive der Literaturdidaktik ist an dieser Situation besonders zu bemängeln, dass keine Erkenntnisse zu den kompensatorischen Möglichkeiten des Lese- bzw. Literaturunterrichts auch im Blick auf die generellen Lesefähigkeiten gerade für solche Jugendliche vorliegen, deren familiäre und soziale Bedingungen der Entwicklung von Lese- und literarischer Kompetenz im Sozialisationsverlauf wenig förderlich sind.

In Hessen besuchen knapp 20 % der Klassenstufe 8 die Hauptschule oder den Hauptschulzweig einer additiven bzw. schulformbezogenen Gesamtschule, 16,2 % des achten Jahrgangs besuchen eine Integrierte Gesamtschule (Rekus et al. 1998). Von den 15-jährigen SchülerInnen, die durch PISA (2001) erfasst wurden, besuchen im Jahr 2000 in Hessen 15,2 % (im Bund 19,36 %) eine Hauptschule und zudem 16,4 % (im Bund 18,2 %) eine Schule mit mehreren Bildungsgängen bzw. eine Integrierte Gesamtschule. Der Anteil derjenigen HauptschülerInnen, von denen mindestens ein Elternteil nicht in Deutschland geboren ist, beträgt an den von PISA repräsentativ erfassten Hauptschulen 40 %. Es stammen im Mittel 63 % der HauptschülerInnen aus Arbeiterfamilien, 13 % haben mindestens ein Elternteil mit

Hochschulreife. Die PISA-Studie betont, dass die Hauptschule die hinsichtlich der Leseleistung und der soziodemographischen Zusammensetzung der Schülerschaft heterogenste Schulform darstellt.

Etwa 15 % aller von PISA repräsentativ ausgewählten Hauptschulen lassen sich zu einem Cluster zusammenfassen, in dem der mittlere Anteil der Jugendlichen, die aus Zuwandererfamilien stammen, bei über 70 % liegt, von denen wiederum die Hälfte zu Familien gehört, in denen Deutsch nicht Verkehrssprache ist (PISA 2001, 463f). Diesem Hauptschultyp sind die drei Herkunftsschulen unseres Samples zuzuordnen. Er ist vorwiegend in städtischen Ballungsräumen zu finden.

SchülerInnen im hiesigen Bildungssystem, die familiensprachlich nichtdeutsch sozialisiert sind, unterliegen bereits in der Grundschule spezifischen Benachteiligungen im Sprach- und Leseerwerb in der Zweitsprache Deutsch, so zeigen die Forschungen zum Zweitspracherwerb: Da diese Kinder ihre Umwelterfahrungen auch weiterhin dominant in der Familiensprache verarbeiten, entwickeln sie im Schulkontext erst langsam ihre Ausdrucksfähigkeit in der deutschen Sprache. Zugleich fehlen dort Zeit und pädagogische Konzepte zur systematischen Förderung der mündlichen Ausdrucksfähigkeit in der Zweitsprache. Hinzu kommt, dass die Erstsprache – aufgrund fehlender Anregungen und Förderung – nur unzureichend weiterentwickelt werden kann, was sich wiederum hemmend auf die Entwicklung von Lesekompetenz und -motivation auswirkt. Insgesamt muss davon ausgegangen werden, dass sich bei vielen SchülerInnen mit abweichender Familiensprache das Erstsprachniveau ab Schuleintritt nur wenig weiterentwickelt, während die Ausdrucks- und Lesefähigkeit in der Zweitsprache Deutsch in der Regel vermindert bleibt (Ehlers 1998. IGLU 2003, 298f).

Zum Lesen von HauptschülerInnen wurden Surveys erhoben (u. a. zur Leseleistung von HauptschülerInnen Lehmann et al. 1995 und zum Lesen von Jugendlichen insgesamt Bonfadelli 1993b, 1996), deren Ergebnisse durch die PISA-Studie (2001) bestätigt und differenziert wurden. Die Leseleistung der 15-jährigen HauptschülerInnen ist PISA zufolge generell schwach; SchülerInnen an Hauptschulen in städtischen Ballungsräumen erreichen dabei eine nochmals niedrigere Leseleistung als es im Durchschnitt aller Hauptschulen der Fall ist: Der Mittelwert liegt für diese städtisch geprägten Schulen bei 389 (gegenüber 397 Punkten für die Hauptschule generell). Der Durchschnittswert der Gesamtstichprobe liegt bei 484 Punkten, so dass die Leseleistung der HauptschülerInnen insgesamt annähernd hundert Punkte unter dem Durchschnitt liegt, was knapp einer Standardabweichung bzw. rechnerisch etwa zwei Schuljahren entspricht.

Die Einzelergebnisse sind lediglich für die gesamte Schulform Hauptschule ausgewiesen: Im Mittel erreichen die HauptschülerInnen Kompetenzstufe I. Knapp 43 % der HauptschülerInnen leisten mindestens Kompetenzstufe II, die als Mindeststandard definiert ist, 25 % der HauptschülerInnen bleiben unter

Kompetenzstufe I (PISA 2001, 127). Das bedeutet, dass sie deutlich gekennzeichnete Informationen aus den Texten der PISA-Testbogen nicht entnehmen konnten (Subskala „Informationen ermitteln"), dass sie einen markierten Hauptgedanken zu einem Text über bekannte Themen nicht identifizieren konnten (Subskala: „textbezogenes Interpretieren"), oder dass sie eine einfache Verbindung zwischen Textinformation und verbreitetem Alltagswissen nicht herstellen konnten (Subskala: „Reflektieren und Bewerten").

Die von den PISA-Autoren identifizierte und so benannte „Risikogruppe" unterhalb des Niveaus von Kompetenzstufe I ist an Hauptschulen besonders stark vertreten: Sie umfasst insgesamt knapp 10% der gesamten PISA-Kohorte. 50% von ihnen besuchen die Hauptschule (34% die Sonderschule, 7% die Integrierte Gesamtschule, 5% die Berufsschule, 4% die Realschule, 116f.). Im Blick auf die geschlechtsspezifischen Leistungsunterschiede beim Lesen finden sich annähernd doppelt so viele Jungen wie Mädchen unterhalb von Kompetenzstufe I (12,6% der Jungen gegenüber 6,8% der Mädchen), die bessere Leseleistung der Mädchen ist auch auf den anderen Kompetenzstufen sichtbar. Während sich die Leistungen von Mädchen und Jungen bei Aufgaben zu nicht-kontinuierlichen Texten in keiner Schulform signifikant unterscheiden, sind bei Aufgaben zu kontinuierlichen Texten in der Hauptschule (wie auch im Gymnasium und der Realschule) signifikante Leistungsvorsprünge der Mädchen sichtbar.

Die Defizite leseschwacher Hauptschüler liegen dabei offensichtlich hauptsächlich bei den komplexeren Leseverstehensanforderungen. Die hierarchieniedrigen kognitiven Dechiffrierleistungen von HauptschülerInnen sind einer linguistischen Studien zufolge überwiegend nachweisbar: Laut Schmid-Barkow (2002) gibt es unter den HauptschülerInnen mit Leseschwierigkeiten annähernd keine Probleme mit der Wortidentifikation. Allerdings werden Schwierigkeiten auf der syntaktisch-morphologischen Ebene, die das Leseverständnis wahrscheinlich erschweren, vermutet.

PISA zufolge bleibt insbesondere das Lernstrategiewissen der HauptschülerInnen hinter dem anderer SchülerInnen zurück (291). Auch die Lesemotivation ist schwächer ausgeprägt als an Gesamtschule und Gymnasium (Abb. 292; vgl. 113).

Erklärungswert für den niedrigen Stand der Lesekompetenz an Hauptschulen hat die genauere Analyse der sogenannten „Risikogruppe": Der relativ gesehen größte Anteil von Schülerinnen und Schülern in dieser Gruppe ist zwar deutscher Herkunft, aber Jugendliche mit Migrationshintergrund gehören überdurchschnittlich oft dazu (118). Deren Bildungsbenachteiligung ist nicht primär auf die soziale Lage oder/und kulturelle Distanz zur Umgebungskultur zurückzuführen, sondern vor allem auf die mangelnde Beweglichkeit in der deutschen Sprache. So lässt sich mit PISA zeigen, dass bei Kontrolle des Faktors Lesekompetenz keine Benachteiligung von SchülerInnen aus Zuwandererfamilien mehr nachweisbar ist, wo es um die relativen Chancen des Sekundarschulbesuchs geht (374). Freilich ist die Lese-kompetenz bei SchülerInnen, deren Eltern beide nicht in Deutschland gebo-ren sind, insgesamt deutlich niedriger als bei SchülerInnen, bei denen ein Elternteil oder beide in Deutschland geboren sind: Während bei letzteren über 90 % mindestens die Kompetenzstufe I erreichen, sind es bei ersteren unter 80 %. Knapp über 50 % erreichen mindestens Kompetenzstufe II (ge-genüber über 80 % bei Kindern aus Elternhäusern mit mindestens einem in Deutschland geborenen Elternteil, 375). Die Grundschulstudie IGLU (2003) kann den deutlichen Einfluss von familiärer Migrationsgeschichte auf die kindliche Leistung am Ende der Grundschule noch klarer bestätigen (ebd., 299f). Insofern besteht ein deutlich nachweisbarer Zusammenhang zwischen Migrationsstatus und Lesekompetenz, der sich in der Verteilung dieser SchülerInnen auf Bildungsgänge widerspiegelt: Der überwiegende Teil der SchülerInnen mit Migrationshintergrund besucht die Hauptschule. Deren Anteil an der SchülerInnenpopulation liegt hier im Durchschnitt bei etwa 42 % gegenüber 28 % an der Realschule, 20 % am Gymnasium und 10 % an der Integrierten Gesamtschule (PISA 2001, 373), wobei sich, wie oben angeführt, diese Verteilung in großstädtisch geprägten Gebieten deut-lich verschiebt. Im Mittel haben 70 % der SchülerInnen mit Migrationshin-tergrund das deutsche Schulsystem komplett durchlaufen (ebd., 379), soge-nannte „Seiteneinsteiger" sind in der Minderheit.

Als synchron angelegte Studien, die das Niveau der Leseleistung messen, lassen sowohl PISA als auch IGLU nur begrenzt Rückschlüsse auf die Ge-nese dieser Fähigkeitslevels zu. Der pragmatische Textbegriff, der den Stu-dien zugrunde liegt, macht es darüber hinaus schwer, die Bedeutung von belletristischem Lesen für den Erwerb von „reading literacy" auszuloten und Perspektiven für die Literatur- und Lesedidaktik zu gewinnen.

Leseinteresse in der Entwicklungsperspektive ist in der Studie der Bertels-mann-Stiftung zum Leseverhalten von Schülern (Harmgarth 1997) durch den sogenannten Leseindex (Verdichtung mehrerer Daten zu Leseverhalten und Lesebereitschaft in der Freizeit) erhoben worden. Der Leseindex von HauptschülerInnen der Klassen 7bis 10 weist dabei insgesamt die niedrigs-ten Werte auf: 45 % der HauptschülerInnen dieser Altersgruppe zeigen ei-nen niedrigen oder sehr niedrigen Leseindex (gegenüber 16 % der Gymnasi-astInnen und 38 % der RealschülerInnen), 11 % zeigen freilich einen hohen oder sehr hohen Leseindex (gegenüber 46 % der GymnasiastInnen und 22 % der RealschülerInnen) (ebd., 27f). Diese Studie zeigt zudem, dass die Lese-motivation und der Umfang der tatsächlichen Freizeitlektüre für alle Kin-der/Jugendlichen von einem hohen Niveau in den ersten Klassen der Grundschule und nach einem nur geringen Abfall bis in die sechste Klasse ab der siebten Klasse stark sinkt (ebd., 30f). Sie markiert damit die Gruppe der HauptschülerInnen ab der siebten Klasse als die problematischste Gruppe im Blick auf Freizeitlesen. Die ohnehin soziokulturell bedingt niedrige Lesebereitschaft wird durch das – bei allen Jugendlichen nachweisbare – Absacken der Lesemotivation durch die Pubertät hindurch verstärkt.

Im Blick auf schulisches Lesen differenziert diese Studie nicht nach Schultypen, belegt jedoch die sinkende Lesebereitschaft der 13- bis 16-Jährigen auch für den institutionellen Kontext, indem sie Motivationsschwierigkeiten für die Schullektüre insbesondere bei den Klassenstufen 7 bis 10 nachweist: Während sich bei den Klassen 1 bis 6 eine weitgehende Parallelität von freizeitlicher und schulischer Lesemotivation zeigt, verändert sich das Bild stark für die Klassenstufen 7 bis 10: Hier äußern selbst diejenigen SchülerInnen mit einem sehr hohen Leseindex zu mehr als 50%, in der Schule würden „nur langweilige Texte gelesen" (ebd., 64f).

Die Studie von Bofinger et al. (1999) bestätigt diesen Befund in Teilen mit Daten der Schülerpopulation einer bayrischen Hauptschule mit vergleichsweise niedrigem Anteil an SchülerInnen mit Migrationshintergrund. Sie bezieht sich freilich ausschließlich auf das Leseverhalten in der Freizeit; institutionelle Lektüre tritt nur indirekt bei der Frage nach der Lieblingslektüre auf, wenn im Antwortspektrum die Unterrichtslektüre nicht genannt wird. Insbesondere das Lesen von (Jugend-)Büchern hat, so resümieren die Autoren, keinen hohen Beliebtheitsgrad bei SchülerInnen, wobei sich hier die deutschen und die ausländischen SchülerInnen nicht unterscheiden. Im Schnitt geben 11% dieser HauptschülerInnen an, in ihrer Freizeit „gerne" zu lesen, das sind 6% der männlichen und 17% der weiblichen Jugendlichen (ebd., 82f). Eine repräsentative Studie zum Freizeitverhalten von HauptschülerInnen in Baden-Württemberg (Mägdefrau/Vollbrecht 2003a) weist ein Achtel der HauptschülerInnen (12,9%) als regelmäßige Leserin aus. In der Studie wird die Bedeutung des Lesens für fünf identifizierte Freizeittypen markiert. Dabei erweist sich der so benannte „Medientyp" mit Blick auf das Freizeitlesen als der heterogenste und zugleich lesefernste (ebd. 138). Die aktuelle Shell-Jugendstudie (2002) beschreibt das Profil der Freizeitbeschäftigungen von HauptschülerInnen als abweichend gegenüber anderen Gruppen insbesondere bei den Punkten „Surfen im Internet" und „Bücher lesen". Die Unbeliebtheit dieser beiden Beschäftigungen lassen befürchten, dass HauptschülerInnen den Anschluss an die moderne Kommunikationswelt eher verpassen (79).

Untersuchungen zu Lesesozialisation und -praxis von HauptschülerInnen im großstädtischen Kontext fehlen bisher.

## 2.2  Instrumente und Verfahren des Projekts

In den Jahren 2000 bis 2002 haben wir 30 narrativ orientierte, Leitfaden gestützte Interviews mit jungen Erwachsenen, deren Hauptschulabschluss im Schnitt 2 Jahre zurück liegt, geführt, transkribiert, sequenziert, paraphrasiert und kategorisiert, im Gruppenprozess ausgewertet und zu Falldarstellungen bzw. kürzeren „Leseporträts" weiter verarbeitet. Die Verfahren der Datenerhebung sowie die Beschreibung unseres Samples und der Herkunftsschulen der Befragten folgen in diesem Kapitel; die fallbezogenen und fallübergreifenden Auswertungen finden sich in Kapitel 4 und 5. Um Kontextwissen über die schriftkulturellen Fähigkeiten und Rezeptionskompetenzen der AbsolventInnen der Hauptschule einzuholen, wurden im Vorfeld der Untersuchung Interviews mit DeutschlehrerInnen an Hauptschulen als ExpertInneninterviews geführt. Die Verfahren sind in Kapitel 2.2.3 beschrieben und die Auswertungen finden sich in Kapitel 3.

Auf der Grundlage eines sozialisatorischen Konzepts des Erwerbs von Lesemotivation, Lesekompetenz und Fähigkeiten im Umgang mit Lesestoffen und Medien, das seinerseits die Einbettung der Leseaktivitäten in größere Kontexte (psychischer, lebensweltlicher, medientechnischer und historischer Art) impliziert, sind für unsere Untersuchung drei Beobachtungsperspektiven relevant[1]: In individuell-synchroner Perspektive fragen wir nach dem Umfang, der inhaltlichen Ausrichtung und der Funktion des Lesens im Kontext der gesamten Mediennutzung. In individuell-diachroner Perspektive wird nach der Genese dieser Lesepraktiken und ihrer lebensgeschichtlichen Einbettung gefragt. Schließlich ist die Frage nach den Einflüssen institutioneller Literaturvermittlung thematisch: Welche Momente des schulischen Umgangs mit Literatur bleiben wirksam? Welche biographische Bedeutung hat die Schule, insbesondere der Deutsch- und Literaturunterricht für die Lesesozialisation? Die Leitfäden und die Anlage der Auswertungen in Einzelfall- bzw. fallübergreifenden Analysen spiegeln diese für unsere Forschungsarbeit maßgeblichen Dimensionen wider.

## 2.2.1 Erhebungsverfahren: Interviews mit AbsolventInnen

Die empirische Grundlage der Untersuchungen bilden Leitfaden gestützte, narrative Interviews mit AbsolventInnen von Hauptschulen und mit DeutschlehrerInnen an Hauptschulen. Narratives Interview einerseits und Leitfadenorientierung andererseits markieren Typen qualitativer Verfahren, die hier gegenstandsspezifisch kombiniert werden (Mayring 1999, 48)[2].

---

[1] Die Modellierung der Perspektiven erfolgt auf der Grundlage der im DFG-Schwerpunktprogramm „Lesesozialisation in der Mediengesellschaft" erarbeiteten Systematisierung, die die „Bedingungen, Formen und Leistungen der Lesesozialisation" auf drei Ebenen untersucht. Auf der *diachron-historischen* Ebene sind die Veränderung von Mediennutzung und Medienbewertung im historischen Kontext und unter den aktuellen Bedingungen der Veränderung der Medienlandschaft thematisch. Auf *diachron-individueller* Ebene geht es um die Frage nach den Bedingungen der individuellen Mediennutzung in sozialisatorischer Perspektive. Auf *synchron-systematischer* Ebene als Querschnittperspektive ist die Frage nach den Veränderungen der Rezeptions- und Verarbeitungsstile im Kontext einer veränderten Medienstruktur zentral. Vgl. Groeben/Hurrelmann 1999a.

[2] Rager et al. (1999, 35) weisen darauf hin, dass der Begriff des Leitfadeninterviews in der Methodenliteratur als übergreifendes Prinzip kaum zu finden ist.

Dem explorativen Charakter der Untersuchung tragen narrative Interviews in besonderer Weise Rechnung (vgl. Mayring 1999, 56), weil durch die Erzählungen die Orientierungsmuster und zugleich die retrospektiven Interpretationen des Handelns erkennbar werden. Subjektive Bedeutungen, so die Annahme, die dem narrativen Interview konzeptuell zugrunde liegt, werden im freien Erzählen erkennbar, verschließen sich dagegen systematischen Abfragen (Mayring 1999, 54). Das Erzählen erzeugt dabei einen Zugzwang in der Darstellung des Ablaufs und der Verknüpfung von Ereignissen, der eine realitätsgerechte und plausible Rekonstruktion früheren Handelns produziert. Da das Erzählen als alltagsnahes und sozialisatorisch eingeübtes Diskursverfahren gelten kann, können narrative Kompetenzen, unbeschadet unterschiedlich ausgeprägter Fähigkeiten insgesamt, im Allgemeinen bei den Interviewpartnern angenommen werden (Schütze 1995, 70ff).

Der Einsatz eines Leitfadens im narrativen Interview erlaubt zugleich die Fokussierung der Erzählung auf einen bestimmten Gegenstand unterhalb einer Ebene starker Strukturierung und Standardisierung des Interviews.[3] Mit dem Einsatz eines Leitfadens kann sicher gestellt werden, dass alle forschungsrelevanten Beobachtungsdimensionen tatsächlich angesprochen werden, ohne dass der Interviewverlauf dabei starr festgelegt würde. Das Prinzip des Erzählens wird durch den Einsatz eines Leitfadens nicht tangiert, weil „die Bedeutungsstrukturierung der sozialen Wirklichkeit [...] dem Befragten allein überlassen [bleibt]. Mit den völlig offenen Fragen wird lediglich der interessierende Problembereich eingegrenzt und ein erzählgenerierender Stimulus angeboten" (Lamnek 1995, 75). Methodologisch gesehen wird durch den Einsatz eines Leitfadens die streng induktive Vorgehensweise im narrativen Interview aufgegeben zugunsten einer „Kombination aus Induktion und Deduktion" (ebd).

Die Konstruktion des Interviewleitfadens der Hauptuntersuchung erfolgte auf der Grundlage der eingangs explizierten Beobachtungsdimensionen in drei Fragekomplexen: einem synchronen, einem biographischen und einem Fragenkreis, der den Fokus auf die Schulerfahrungen der AbsolventInnen richtet. In jedem Fragekomplex wurden die Dimensionen Inhalt, Rezeptionsmodus und situative Einbettung der Mediennutzung für die jeweils genannten Medien nachgefragt. Prinzipiell sind die drei Fragekomplexe nicht chronologisch geordnet, der „Türöffnerimpuls" führte aber in der Forschungspraxis dazu, dass der synchrone Teil zumeist am Anfang des Inter-

---

3   In der Literatur werden Interviewverfahren nach dem Grad ihrer Standardisierung und Strukturiertheit im Hinblick auf die Rolle des Interviewers unterschieden. Der Einsatz eines Interviewleitfadens positioniert das Interview zwischen wenig strukturiertem und stark strukturiertem Interview (Mayring 1999, 49, Rager et al. 1999, 38).

views stand. Der Interviewleitfaden wurde in zwei Probeinterviews getestet, die zugleich der Schulung der InterviewerInnen dienten.[4]

Von den sukzessive geführten 30 durchschnittlich etwa einstündigen Interviews sind 27 in die Auswertung eingeflossen. Die InterviewpartnerInnen hatten zum Zeitpunkt des Interviews die Schule ein bis drei Jahre abgeschlossen. Mit dieser zeitlichen Distanz zur Schule waren sie einerseits nicht mehr unmittelbar in schulische Zusammenhänge verstrickt, andererseits lag die Schulzeit für sie noch nicht sehr lange zurück, so dass bei der Retrospektion auf Unterrichts- und Schulerfahrungen keine Schwierigkeit erwartet werden musste. Die breite Altersstreuung unter den Befragten hat ihre Ursache in den häufig gebrochenen Schulkarrieren: verspätete Einschulung bedingt durch Rückstellung, Klassenwiederholungen, Schulwechsel sowie Teilnahme an Sprachkursen bei dem Teil der Befragten, für den Deutsch nicht die Erstsprache ist[5].

## 2.2.2 Auswertungsverfahren: Schritte der Inhaltsanalyse

Die Auswertung der Interviews erfolgte inhaltsanalytisch. Die Inhaltsanalyse[6] bezeichnet einen Ansatz empirischer, methodisch kontrollierter Auswertung von Textmaterial – zumeist verbaler, in Interviews erhobener Daten –, eingebettet in ihren Kommunikationszusammenhang (Mayring 2000, 1). Das Ziel ist die „Systematisierung alltäglichen Verstehens" (Groeben/Rustemeyer 1995, 524) nach dem Prinzip der „zusammenfassenden Zuordnung verbaler Äußerungen zu Kategorien" (Rager et al. 1999, 43). Das am Material entwickelte Kategoriensystem zur inhaltlichen Klassifikation der Äußerungen bildet das Zentrum der inhaltsanalytischen Interpretationstätigkeit (Mayring 1999, 91). Die Kategorien stellen Analyseeinheiten dar, die induktiv aus dem Material gewonnen werden. Das inhaltsanalytische Vorgehen erlaubt damit die „systematisch-intersubjektive Beschreibung der Bedeutung bzw. des Bedeutungspotentials von Texten" (Schreier/Groeben 1999, 44).

**Datenerhebung und Aufbereitung**

Die Interviews wurden jeweils von einem Mitglied der Arbeitsgruppe geführt und auf Tonband aufgezeichnet. Im Anschluss wurde ein „Postskriptum" angefertigt, in dem Informationen über das Zustandekommen des In-

---

[4]  Die weitere Schulung der Interviewer erfolgte in simulierten Rollenspielen. Vgl. zu diesem Vorgehen Rager et al. 1999, 38, in Anlehnung an Flick 1995, 113.

[5]  PISA 2001 zeigt, dass nur ein Viertel von der Gruppe der schwachen Leser (auf bzw. unterhalb der Kompetenzstufe I) die Schule ohne zeitliche Verzögerung durchläuft. Indirekt ist damit die Zielgruppe unserer Untersuchung markiert, so dass die Altersstreuung in unserem Sample mit den PISA-Daten konform geht, vgl. PISA 2001, 38, 118f.

[6]  Zur Position der Inhaltsanalyse zwischen quantitativem und qualitativen Paradigma vgl. Lamneck 1995, 172; Schreier/Groeben 1999, 43.

terviews, Dauer und Ort, auch Besonderheiten der Gesprächssituation sowie Eindrücke über die befragte Person, das Kommunikationsklima und das Gesprächsverhalten festgehalten wurden. Diese Zusatzinformationen sind in die spätere Auswertung des Interviews eingeflossen (vgl. zu diesem Vorgehen Lamnek 1995, 99). Formale Angaben wie Alter, Schulbesuch, Geschwister, Informationen über Schulbildung und Berufstätigkeit der Eltern wurden in einem Formblatt festgehalten.

Im ersten Schritt im Anschluss an die Erhebung wurden die Interviews vollständig und wörtlich transkribiert. In der Transkription wurden lediglich Pausen von mehr als einer Sekunde Dauer in runden Klammern mit Zeitangabe sowie Betonungen durch Unterstreichung des betonten Wortes markiert.[7] Die Erfassung des Textes erfolgte mit einem PC-Programm zur Qualitativen Inhaltsanalyse (MAXQDA)[8], das den Quelltext mit Absatzzählungen versieht, nach denen im vorliegenden Band durchgängig zitiert wird.

**Sequenzierung und Paraphrasierung**
Auf der Grundlage der Transkription erfolgte die Sequenzierung und Paraphrasierung des vollständigen Interviews. Dabei wurde „das gesamte Material der Inhaltsanalyse unterzogen […] und nicht nur einseitig ausgewählte Teile" (Lamnek 1995, 186). Die Sequenzierung des Textes erfolgte chronologisch entlang thematischer Einheiten „gleichsam mühelos in der Manier des Alltagsverstandes" (Meuser/Nagel 1991, 456). Mit ihr soll der „propositionale Gehalt der Äußerungen zu einem Thema explizit" gemacht werden. (ebd.). In der Paraphrasierung der Sequenz werden die Aussagen nicht in ihrer Komplexität reduziert, sondern ausschließlich „verdichtet": „[Nichts] soll unterschlagen, nichts hinzugefügt, nichts verzerrt wiedergegeben werden" (ebd., 457, in diesem Sinne auch Mayring 1997, 58). Um der gebotenen Intersubjektivität möglichst nahe zu kommen, wurden diese Auswertungsschritte von zwei BearbeiterInnen unabhängig voneinander vollzogen, die Ergebnisse abgeglichen: „Die Antwort auf dieses Problem [der methodischen Kontrolle des Zirkelschlusses] liegt im Nachweis der Intersubjektivität: in der Angabe der Prüfkriterien für die Gültigkeit der Interpretationen. Als unhintergehbar gelten die kontextabhängige Bedeutungsinterpretation von Äußerungen einerseits und die sequentielle Textrekonstruktion andererseits" (Meuser/Nagel 1991, 453).

Im Anschluss daran wurden ergänzend zur Transkription des Interviews zwei weitere Dokumententypen erstellt, die als Grundlage für die Interpretation in der Arbeitsgruppe dienten: eine tabellarische, der Chronologie des Interviews folgende Zusammenstellung der Paraphrasen mit Kommentaren der BearbeiterInnen, in denen Interpretationsideen oder widersprüchliche Angaben im Interview markiert wurden, und eine tabellarische „Chronolo-

---

7  Zur Transkription vgl. Lamnek 1995, 108.
8  MAXQDA (Software for qualitative data analyses): VERBI Software. Consult. Sozialforschung. GmbH. www.MAXQDA.de.

gie der Mediennutzung", in der der Interviewverlauf zugunsten einer schnellen Übersicht aufgelöst wurde.[9]

**Entwicklung des Kategoriensystems**

Die Entwicklung des Kategoriensystems wird in der Methodenliteratur häufig als das „Herzstück" der Inhaltsanalyse bezeichnet. Im Kategoriensystem werden diejenigen Bedeutungsaspekte expliziert, „hinsichtlich derer die zuvor bestimmten Textteile beschrieben werden sollen" (Rager et al. 1999, 46). Vorab wurden zunächst die Dimensionen der Kategorisierung und das Abstraktionsniveau festgelegt. Dieses deduktive Element musste theoretisch hinsichtlich des Gegenstandes und des Ziels der Analyse begründet werden (Mayring 1999, 92). In unserem Fall erfolgte dies auf der Grundlage der eingangs explizierten Beobachtungsdimensionen. Die Kategorien selbst wurden induktiv aus dem Material gewonnen (vgl. Rager et al. 1999, 47; vgl. das aus unseren Daten entwickelte Kategoriensystem im Anhang). Der Prozess der Erstellung folgte dabei einem Dreischritt aus Kategoriebenennung, Kategorieexplikation und Beispielgebung. Die Benennung der Kategorie erfolgte nach einem Teil des Materialdurchgangs, bei uns auf der Grundlage von fünf Interviews. In der folgenden Kategorieexplikation wurde jede Kategorie intentional erläutert und eine Kodierregel definiert. Diese wurde für jede Kategorie ergänzt durch Ankerbeispiele, die der Veranschaulichung der Kategorie und der Abgrenzung zu anderen Kategorien dienten (ebd.; Mayring 2000, 17).

*Beispiel: Kategorie 2.4: Viellesephasen*
Explikation: Diese Kategorie ist zu kodieren, wenn die befragte Person von Phasen berichtet, in denen sie sehr viel gelesen hat.

Beispiel: „Ich hab super gerne gelesen, super lange, super lange Romane. Wenn wir in Urlaub gefahren sind ein Buch. Also als ich ein bisschen älter war [...]. Auf jeden Fall irgendwelche Wälzer mitgenommen hab, am Strand gelesen ja."

Abgrenzung: begrenzt auf frühere Lesephasen, keine aktuelle Viellesephase.

Im Arbeitsprozess wurde das Kategoriensystem in einer Rückkopplungsschleife überarbeitet und einer Prüfung nach den Kriterien der „Erschöpfung", „Saturiertheit" und „Exklusion" unterzogen (Mayring 2000, 12). Forschungspraktisch wurde das Kriterium der Exklusion als Metaregel (soviel Ausschließlichkeit wie möglich) konzipiert (Schreier/Groeben 1999, 48). Die Zuweisung von Textpassagen zu Kategorien erfolgte grundsätzlich und ausnahmslos durch mindestens zwei BearbeiterInnen, die ihre Zuordnung abglichen.

---

[9] Auswertungsschritt in Anlehnung an Witzel 1995.

**Fallbezogene Auswertung**

Die Grundlage für die fallbezogene Auswertung bildete die Diskussion der Interviews innerhalb der Arbeitsgruppe auf der Basis der erfolgten Kategorisierungen. Den Fallbesprechungen lag ein eigener Leitfaden zugrunde. Alle Auswertungssitzungen wurden auf Tonband protokolliert. Thematisch war hier jeweils die Frage nach dem Status des Lesens in der aktuellen Medienpraxis des Interviewten. Die fallbezogene Auswertung mündete in einer Falldarstellung (Kap. 4), wenn die Interviews ergiebig im Hinblick auf ein spezifisches Leseprofil waren bzw. markante Formen des Textgebrauchs deutlich wurden, oder in Kurzportraits für alle übrigen Befragten (Anhang). In die Auswertung wurden insgesamt 27 der 30 geführten Interviews aufgenommen. Drei Interviews konnten nicht einbezogen werden, weil die Beziehung zwischen den männlichen Interviewpartnern und den weiblichen Interviewerinnen so stark von Provokationen gekennzeichnet war, dass die Aussagen der Interviewpartner nicht auswertbar erschienen.

**Fallübergreifende Auswertung**

Die fallübergreifende Auswertung erfolgte datenbankbasiert anhand der kodierten Daten zunächst deskriptiv und statistisch. MAXQDA zählt die Besetzung der einzelnen Kategorien fallübergreifend aus, stellt die codierten Passagen zusammen und ermöglicht so quantitative und qualitative Aussagen über die Besetzung der Einzelkategorien. Über dichte Beschreibungen entlang der Hauptfragestellungen (vgl. Kap. 2.2) und vergleichende Analyse (Lamnek 1995, Bd.1, 114) wurden die Lesepraktiken und Leseeinstellungen auf Lesekonzepte hin zugespitzt und theoretisiert (Kap. 5). In individuell-synchroner Perspektive war in diesem Kontext auch die Frage nach den schulischen Literaturerfahrungen der Befragten thematisch.

## 2.2.3  Vorstudie: Interviews mit DeutschlehrerInnen

**DeutschlehrerInnen als ExpertInnen**

Als explorativ-felderschließende Vorstudie zur Hauptuntersuchung wurden in den Jahren 1999/2000 Leitfaden gestützte, narrative ExpertInneninterviews mit insgesamt sieben Deutschlehrerinnen und einem Deutschlehrer an drei Frankfurter Hauptschulen und zwei weiteren im Einzugsbereich Frankfurts geführt[10]. Der ExpertInnenstatus der Befragten ist dadurch gekennzeichnet, dass sie als LehrerInnen an Hauptschulen über einen privilegierten Zugang und exklusives Wissen über die uns interessierenden Jugendlichen sowie das Lesen im Deutsch- und Literaturunterricht verfügen und die Institution Hauptschule repräsentieren (Meuser/Nagel 1991, 443). In unserer Untersuchung bilden die ExpertInnen eine zur Zielgruppe „komplementäre Handlungseinheit" (ebd., 445), die es ermöglicht, „Kontextwissen" über die Rezeptionskompetenzen, die schriftkulturellen Fähigkeiten

---

[10] Zum Sample vgl. Kap. 3.

und Interessen der HauptschülerInnen aus der Perspektive ihrer Lehrpersonen einzuholen. In den Interviews wurden die LehrerInnen deshalb gebeten sowohl allgemeine Angaben zur Schule und zu den SchülerInnen zu machen als auch ihren Deutsch- und Literaturunterricht der letzten Jahre zu beschreiben (Interviewleitfaden im Anhang).

**Auswertung der ExpertInneninterviews**

Die Auswertung der ExpertInneninterviews erfolgte inhaltsanalytisch und folgt dem für die Hauptuntersuchung dargelegten methodischen Schema. An dieser Stelle werden Bearbeitungsschritte deshalb nur knapp skizziert und ausführlich nur dargestellt und begründet, wenn sie von den für die Hauptuntersuchung entwickelten abweichen.

Die durchschnittlich circa eineinhalb stündigen Interviews wurden vollständig transkribiert. Auf der Grundlage der Transkription erfolgte die Sequenzierung und Paraphrasierung der Interviews. In einem weiteren Auswertungsschritt wurden die Paraphrasen mit möglichst textnahen Überschriften versehen. Nach Möglichkeit wurde die Sprache der Expertin bzw. des Experten aufgegriffen. Diese Auswertungsschritte wurden von zwei Personen unabhängig voneinander vollzogen, um der gebotenen Intersubjektivität möglichst nahe zu kommen.

Die Kategorisierung erfolgte in Anlehnung an Meuser/Nagel, indem innerhalb jedes Interviews gleiche oder ähnliche Themen zusammengestellt und dafür Hauptüberschriften formuliert wurden. Die Sequenzialität der Texte wurde an dieser Stelle aufgebrochen zugunsten einer thematischen Zuordnung. Nach Meuser und Nagel ist dies in ExpertInneninterviews methodisch unproblematisch, weil die Auswertungsperspektive hier nicht die Eigenlogik des Falls ist. Vielmehr ist im Prozess der Auswertung „die Person des Experten irrelevant, sie bildet lediglich das Medium, durch das wir Zugang zu dem Bereich, der uns interessiert, erlangen. Wir trennen die Person vom Text ab und betrachten den Text als Dokument der sozialen Struktur" (Meuser/Nagel 1991, 458).

In einem ersten Schritt hin zum Vergleich der Interviews untereinander wurde für jedes Interview eine „Checkliste" erstellt, die sich weitgehend mit den Hauptüberschriften deckte und in die Informationen zur Person und ihrer Arbeitssituation, zur inhaltlichen Orientierung, didaktischen und methodischen Ausrichtung ihres Deutschunterrichts und Einschätzung über die SchülerInnenklientel der Hauptschule aufgenommen wurden. Ein Vergleich der „Checklisten" zeigte eine hohe Übereinstimmungsdichte der Interviews an. Daher wurde ein thematischer Vergleich aller Interviews unmittelbar angeschlossen. Passagen aus allen Interviews wurden zu ähnlichen Themen zusammengestellt und möglichst dichte Beschreibungen der Aussagen angefertigt. Hier finden „typische Erfahrungen, Beobachtungen, Interpretationen und Konstruktionen, [...] Werthaltungen und Positionen, Handlungsmaximen und Konzepte im Rahmen der Funktionsausübung" (Meuser/Nagel

1991, 460) ihren Ausdruck. Die ExpertInnen berichten über Erfahrungen und Beobachtungen bezüglich der Herkunftsfamilien der HauptschülerInnen, über deren Freizeitverhalten und -lektüre ebenso wie über die Rahmenbedingungen des Unterrichtens an Hauptschulen und ihre Erfahrungen im Deutsch- und Literaturunterricht. Sie beschreiben ihre Handlungsmaximen und Konzepte für die Gestaltung des Deutsch- und Literaturunterrichts. Darüber hinaus teilen sie Werthaltungen und Positionen bezüglich der Leseperspektiven ihrer SchülerInnen mit. In der folgenden Auswertung wurden Gemeinsamkeiten dieser Erfahrungen und Einschätzungen zusammengestellt und in ihrem Verhältnis zu Unterschieden, Abweichungen und Widersprüchen festgehalten. Die Zuordnungen wurden dabei kontinuierlich an den Passagen des Interviews durch unterschiedliche BearbeiterInnen auf Triftigkeit, Vollständigkeit und Validität geprüft. Da die ExpertInneninterviews dem Einholen von Kontextwissen über die Rezeptionskompetenzen der uns interessierenden Jugendlichen dienten, wurde die Auswertung auf der Stufe der soziologischen Konzeptualisierung abgeschlossen. Einzelfallanalysen wurden nicht angefertigt.

## 2.3 Das Sample

### 2.3.1 Gewinnung der InterviewpartnerInnen

Als sehr viel schwieriger als von uns vorab vermutet erwies sich die Gewinnung von InterviewpartnerInnen. In der Projektplanung waren wir davon ausgegangen, zunächst noch bestehende Kontakte der von uns befragten DeutschlehrerInnen zu AbsolventInnen zur Gewinnung erster InterviewpartnerInnen nutzen zu können. Weitere sollten dann im „Schneeballverfahren" hinzu kommen. Es zeigte sich, dass vor allem die zweite Strategie nicht umsetzbar war. Offensichtlich besteht unter den ehemaligen HauptschülerInnen wenig Kontakt. Bereits Interviewte vermittelten uns – trotz Handzettel, einer finanziellen Aufwandsentschädigung für zustande gekommene Gespräche und nachdrücklicher Bitte durch die InterviewerInnen – faktisch lediglich in einem Fall einen weiteren Interviewpartner.

Der Weg, über öffentliche Einrichtungen wie Jugendzentren InterviewpartnerInnen zu finden, führte zu einer starken sozialen Auswahl. In Jugendzentren trafen wir ausschließlich auf männliche Jugendliche aus Migrationsfamilien, in Maßnahmen der beruflichen Qualifizierung auf junge Frauen, gleichfalls aus Migrationsfamilien. Da die jungen Frauen diese Maßnahmen besuchen, um ihre Chancen auf einen Ausbildungsplatz zu verbessern, dürften ihre schulischen Leistungen vermutlich als eher schwach gelten. Mit dem Lesen hatten diese Interviewpartnerinnen entsprechend elementare Schwierigkeiten. Um Jugendliche zu erreichen, die die Hauptschule erfolgreicher abgeschlossen haben und in regulären Ausbildungsverhältnissen stehen, versuchten wir Kontakte über die Berufsschulen herzustellen. Dieser Weg erwies sich insgesamt als möglich. Gleichwohl waren die Jugendlichen bei Anfragen in den Klassen spontan nur wenig geneigt, Interviews zu führen. Auch verabredete Interviewtermine wurden häufig nicht eingehalten. Insgesamt hatten wir im Verlauf der Datenerhebung z. T. zeitlich aufwendige Kontakte zu über 50 Jugendlichen und konnten insgesamt 30 Interviews führen, von denen 27 ausgewertet wurden.

Entgegen der Projektplanung sind Jugendliche, die weder in der Berufsausbildung stehen noch in Stützmaßnahmen eingebunden sind – also arbeitslose jenseits von Stützmaßnahmen oder ungelernt arbeitende – nicht im Sample vertreten. Über Nachfragen an Berufsschulen, bei Jugendzentren, der Gewerkschaftsjugend, beim Arbeitsamt Frankfurt bezüglich dieser Gruppe von HauptschulabsolventInnen ergaben sich zwar einige Kontakte, Interviews kamen jedoch nicht zustande. Zu vermuten ist aber, dass Jugendliche ohne Ausbildungsplatz im Anschluss an die Schule tatsächlich in der überwiegenden Mehrzahl in Stütz- oder Weiterbildungsmaßnahmen aufgefangen werden.

Die Projektplanung sah ursprünglich vor, die InterviewpartnerInnen aus AbsolventInnen einer einzigen Schule auszuwählen, um den schulischen Hintergrund des Samples konstant halten zu können. Dieses Vorhaben erwies sich wegen der beschriebenen erheblichen Schwierigkeiten bei der Rekrutierung von HauptschulabsolventInnen als undurchführbar. Die drei Herkunftsschulen, die schließlich ausgewählt wurden, weisen einige Gemeinsamkeiten auf: Es sind reine Hauptschulen (im Frankfurter Raum existieren parallel auch integrierte und additive Gesamtschulen), sie sind im städtischen Gebiet angesiedelt, jedoch weder in „sozialen Brennpunkten" noch in den privilegierteren Randlagen des Nordwestens, und sie haben einen nominellen Anteil von ausländischen Schülern, der dem rechnerischen Mittel entspricht (s. Kap. 2.3.2). An den Schulen wurden im Rahmen der Vorstudie Interviews mit Deutschlehrkräften geführt.

Bezüglich der ethnischen Herkunft der HauptschulabsolventInnen war in der Projektplanung davon ausgegangen worden, dass sich das Sample – unter Berücksichtigung des erwartbaren repräsentativen Anteils Jugendlicher mit einer nicht-deutschen Muttersprache in Hauptschulklassen des Ballungsraums – etwa zu gleichen Teilen aus Jugendlichen deutscher und nicht-deutscher Herkunft zusammensetzen würde. In Frankfurt werden allerdings 20 % sämtlicher ausländischen SchülerInnen an Allgemeinbildenden Schulen Hessens unterrichtet, und hier liegen knapp die Hälfte, nämlich 38 der insgesamt 82 hessischen Schulen mit einem Ausländeranteil von über 50 %.[11] Auf die Hauptschule bezogen: 18 der 35 hessischen Hauptschulen bzw. Hauptschulzweige mit einem Ausländeranteil über 50 % befinden sich im Stadtgebiet Frankfurt. Hinzu kommt, dass der Anteil Jugendli-

---

[11] Alle statistischen Angaben in diesem Abschnitt sind dem Migrationsreport Hessen 2002, 138–186, entnommen.

cher mit Migrationshintergrund faktisch höher ist als in den offiziellen Daten ausgewiesen, da Jugendliche mit deutschem Pass, aber den gleichen Sprachschwierigkeiten wie ihre ausländischen MitschülerInnen, durch die Statistik nicht erfasst werden.[12] In der Realität findet man in vielen Hauptschulklassen zwei bis drei SchülerInnen deutscher Herkunft.[13]

Die drei Frankfurter Hauptschulen, die von den befragten Jugendlichen besucht worden waren, haben einen Passausländeranteil von über 65%. Für das Sample bedeutet dies, dass der Anteil Jugendlicher deutscher Herkunft an der Gesamtzahl der Befragten geringer als ursprünglich vorgesehen angesetzt werden musste, um die Verhältnisse an Frankfurter Hauptschulen tatsächlich widerzuspiegeln. Maßgeblich bei der Zuordnung der Interviewpartner war im vorliegenden Projekt nicht die durch den Pass dokumentierte Staatsangehörigkeit, sondern die Familiensprache(n) (vgl. die Übersicht über das Sample im Anhang). Insgesamt kann, trotz der beschriebenen Schwierigkeiten, davon ausgegangen werden, dass unser Sample die Gruppe der HauptschulabsolventInnen in einem großstädtischen Ballungsraum angemessen repräsentiert.

## 2.3.2 Die Herkunftsschulen

Die ausführliche Beschreibung der Schulen, ihres Bildungsangebotes und des Schulklimas erfolgt nach der Selbstauskunft der Schulleitungen, um zum einen die Vergleichbarkeit der Leseklimata evident zu machen und zum anderen ein Bildungsterrain zu beschreiben, das AkademikerInnen in der Regel nicht kennen.

Eine der Schulen liegt im Osten der Frankfurter Innenstadt, nur einige hundert Meter von der zentralen Einkaufszone Frankfurts entfernt. Hier werden 230 SchülerInnen der Klassen 5 bis 10 auf den Hauptschulabschluss oder den erweiterten Hauptschulabschluss vorbereitet. Besonders leistungsfähige SchülerInnen der Klasse 10 können in einer externen Prüfung den Realschulabschluss zu erlangen.

Die Hauptschule wird vorwiegend von SchülerInnen besucht, die im Umkreis von sechs Kilometern von der Schule entfernt, d.h. im Zentrum, Nordend, Bornheim oder Ostend wohnen, wobei der letztgenannte Stadtteil den größten Anteil an der Schülerschaft stellt. Das Ostend zählt zu den Wohngebieten mit verdichteten sozialen Problemlagen; in der Innenstadt und im östlichen Nordend ist der Ausländeranteil überdurchschnittlich. Zu berück-

---

[12] Die Zahl der Einbürgerungen in Hessen stieg von 1990 bis 1996 um etwa 20.500 auf 27.278 jährlich an und lag, obwohl inzwischen wieder rückläufig, 2000 bei 20.441. Die größte Zunahme weist die Gruppe der 15- bis unter 25-Jährigen auf, die gegenüber 1990 um ein Drittel auf 19,2% anstieg. Ebenso ist der Anteil der 15-jährigen Eingebürgerten seit 1994 sprunghaft angestiegen und ist seither realtiv konstant bei ca. 50% geblieben (Tischler/KisslerTrabert 2002, 127–130).

[13] Diese Einschätzung wird von den interviewten ExpertInnen bestätigt.

sichtigen ist allerdings die gegenwärtige Veränderung der Bevölkerung in den Wohngebieten. So werden das Nordend und Bornheim zunehmend von Besserverdienenden bewohnt und auch im Ostend zeichnet sich allmählich ein Strukturwandel ab; dieses Stadtgebiet soll durch städteplanerische Maßnahmen aufgewertet werden.

Außer der sechsten Klasse sind zur Zeit alle Jahrgangsstufen zweizügig. Die beiden fünften Klassen sind 11 und 13 SchülerInnen stark, ansonsten beträgt die durchschnittliche Klassenstärke 20. Die 10. Klasse setzt sich aus SchülerInnen der eigenen und anderer Schulen sowie der abschlussorientierten Intensivkurse, die an der Schule angeboten werden (s.u.), zusammen.

An der Schule sind derzeit 28 Nationalitäten vertreten, der Ausländeranteil liegt bei knapp 75%. Die weitaus größte Gruppe hiervon stellen türkische Schüler und Schülerinnen (25,4%), gefolgt von SchülerInnen jugoslawischer, italienischer und albanischer Herkunft.

Aufgrund der Größe scheint die Atmosphäre an der Schule eher entspannt, fast familiär. Jede/r kennt fast jede/n, dies gelte nicht nur für die SchülerInnen unter sich, sondern auch in Bezug auf die Lehrerschaft, selbst wenn nicht jede/r Schüler/in alle LehrerInnen im Unterricht habe. Natürlich gebe es auch Grüppchen, diese befeindeten sich allerdings nicht ernsthaft, so die Einschätzung der Schulleitung.

Insgesamt arbeiten an der Schule 26 LehrerInnen, davon sind fünf ausgebildete SonderschullehrerInnen. Das Kollegium setzt sich aus 16 Frauen und 10 Männern zusammen, die in Bezug auf ihre pädagogische Arbeit durchaus unterschiedliche Ansichten hätten. Man unterstütze sich aber gegenseitig, besonders die KollegInnen, die in den Integrationsklassen gemeinsamen Unterricht machten.

Die Schule definiert sich selbst als „aktive Hauptschule, die sich den Anforderungen der Zeit stellt" und SchülerInnen in einer familiären, freundlichen Atmosphäre auf das Berufsleben vorbereitet. Besonders am Herzen liegt der Schule der Gemeinsame Unterricht (GU), in dem SchülerInnen mit sonderpädagogischem Förderbedarf zusammen mit HauptschülerInnen unterrichtet werden. Diese Integrationsklassen sind jeweils mit einem/r Hauptschul- und einem/r Sonderschullehrer/in besetzt. Die Schule ist die einzige integrative Hauptschule Frankfurts. Die schon seit den siebziger Jahren bestehenden Intensivkurse für Seiteneinsteiger stellen einen weiteren Schwerpunkt dar. Hier werden zwei verschiedene Kurstypen angeboten. Der Altersgemischte Intensivkurs (AIK) richtet sich an SchülerInnen im Alter von 11 bis 15 Jahren und zielt auf die Integration der TeilnehmerInnen in den Regelunterricht. Der Abschlussorientierte Intensivkurs (AOK) führt SchülerInnen, die mit 15 oder 16 aus ihren Heimatländern nach Deutschland kommen, in einem zweijährigen Lehrgang zum Hauptschulabschluss. In beiden Kursen steht der Deutschunterricht mit 10 Wochenstunden im Zentrum; die Kurse werden im Schnitt von 12 SchülerInnen besucht.

Um ihren AbsolventInnen den Übergang in den Beruf zu erleichtern, arbeitet die Schule eng mit dem Arbeitsamt und der IHK zusammen. Darüber hinaus kooperiert sie mit dem Internationalen Jugendzentrum (IJUZ), das in unmittelbarer Nähe liegt und eine Lernwerkstatt für verhaltensauffällige, nicht beschulbare Jugendliche eingerichtet hat.

Zwei Sozialpädagoginnen, die eng mit dem Kollegium zusammenarbeiten, betreuen das auf dem Schulgelände gelegene SchülerInnencafé. Es hat in der Mittagszeit geöffnet und bietet kleine Mahlzeiten an. Außerdem wird täglich Mittagessen an die Schule geliefert, dessen Ausgabe die SchülerInnen selbst organisieren.

Die zweite Schule liegt in Bockenheim, einem der westlichen, aber noch innerstädtischen Stadtteile Frankfurts, ist aber keine reine Stadtteilschule; etwa die Hälfte der SchülerInnen kommt aus den verschiedensten Teilen Frankfurts. In Bockenheim wohnen Arbeiterfamilien und Mittelschichtangehörige; außerdem ist es ein traditionell von Studenten besiedelter Stadtteil, da sich hier noch der geistes- und sozialwissenschaftliche Campus der Universität befindet. Mit rund 250 SchülerInnen ist die Schule ebenfalls relativ klein und übersichtlich.

Außer der 10. sind alle Jahrgangsstufen zweizügig. Während in Jahrgangsstufe 5 die durchschnittliche Klassenstärke bei 13 bis 15 SchülerInnen liegt, beträgt sie durch RückläuferInnen von Realschule und Gymnasium in den Klassen 8 und 9 bis zu 25. An der Schule werden der Hauptschulabschluss, der erweiterte Hauptschulabschluss sowie der Mittlere Bildungsabschluss vergeben.[14] Leistungsfähige SchülerInnen belegen ab Jahrgangsstufe 8 einen Vorbereitungskurs auf die Klasse 10, den 50 bis 75 % der durchschnittlich 15 von der eigenen und von anderen Schulen stammenden SchülerInnen mit Erfolg abschließen.[15]

Betrug der Ausländeranteil an der Schule vor 10 Jahren noch 90 %, so ist er seit einigen Jahren rückläufig und liegt derzeit nominell bei etwa 65 %. Hierbei gilt es jedoch zu bedenken, dass viele SchülerInnen mit Migrationshintergrund inzwischen im Besitz eines deutschen Passes sind und somit in der Statistik nicht (mehr) berücksichtigt werden. Türkische SchülerInnen gefolgt von solchen aus Italien, dem ehemaligen Jugoslawien sowie Marokko stellen den größten Anteil, aber mit 35 verschiedenen Nationen besteht an der Schule eine bunte Mischung, so dass sich im täglichen Umgang untereinander Deutsch als Verkehrssprache etabliert hat.

---

[14] Die Bezeichnungen Realschulabschluss und Mittlerer Bildungsabschluss werden häufig synonym gebraucht, unterscheiden sich aber tatsächlich darin, dass nur der Realschulabschluss zum Besuch der gymnasialen Oberstufe berechtigt.
[15] Bewusst bemüht sich die Schule, leistungsstarke SchülerInnen im sogenannten „Quali-Kurs" zu fördern und zu unterstützen, denn nur diejenigen, die die 9. Klasse ohne eine Vier im Zeugnis abschließen, erhalten eine Zulassung für Klasse 10.

Die Atmosphäre unter den SchülerInnen wird von der Schulleitung als unsystematisch angespannt beschrieben. Zeitweise brächten Nichtigkeiten die Stimmung zum Überkochen, gelegentlich komme es auch zu Prügeleien, generell würden Konflikte jedoch verbal ausgetragen.

Das Kollegium besteht aus 10 Lehrern und 12 Lehrerinnen, womit sich die Schule personell ausreichend versorgt fühlt. Eine kürzlich durchgeführte Evaluation ergab im Bezug auf das Arbeitsklima im Kollegium eine hohe Akzeptanz der Arbeitsbedingungen: „Probleme schweißen zusammen," so die Schulleitung. Natürlich gebe es Reibungen, diese seien aber erwünscht, weil der Arbeit dienlich.

An der aktuellen Version des Schulprogramms wird zur Zeit noch gearbeitet. Auch wenn das Lernen immer im Vordergrund stehe, so kann es nach dem Selbstverständnis der Schule nur dann funktionieren, wenn zugleich die Pädagogik stark fokussiert wird. Bevor man ihnen etwas beibringen könne, gelte es, die von ihren Familien meist emotional unterversorgten SchülerInnen „aufzupäppeln". Im Wesentlichen gehe es darum, den SchülerInnen soziale Kompetenzen mit auf den Weg zu geben. Ganz bewusst mische sich die Schule in Sozialisation und Elternhäuser ihrer SchülerInnen ein, sie will in Kooperation mit den Eltern oder dem Jugendamt Erziehungsarbeit leisten. An der Schule selbst ist die Elternmitarbeit aber eher gering.

Im Rahmen des Wahlpflichtunterrichts der Klassen 7 bis 9 bietet die Schule von Mädchenfußball über „Benimmkurs" bis hin zur Schülerzeitung eine ganze Reihe von AGs an. Weiterhin verfügt sie über einen eigenen Hort mit Mittagessen, der durch sinkendes Interesse allerdings in seiner Existenz bedroht ist, was wohl auf die gute Versorgung mit Betreuungsangeboten im Stadtteil selbst zurückgeführt werden kann. Das auf dem Schulgelände untergebrachte Schülercafé wird von drei Sozialpädagogen geleitet, die die Betriebspraktika betreuen und bei Bedarf auch in den Unterricht kommen. Zwischen ihnen und der Lehrerschaft findet eine enge Kooperation statt, allerdings ist das Café ein „lehrerfreier" Ort.

In Höchst, einem Stadtteil im Westen von Frankfurt, befindet sich die dritte Schule. Sie liegt in einer etwas besseren, traditionell an ein großes Industrieunternehmen angebundenen Wohngegend, das ausländische Arbeitskräfte seit langem in großer Zahl beschäftigt. Während der Großteil der AbgängerInnen der Schule bisher gewissermaßen regelhaft von diesem Unternehmen übernommen wurde, ist dies seit wenigen Jahren nicht mehr der Fall.

Die beiden Zweige der Schule, Grund- und Hauptschule, werden jeweils von etwa 250 SchülerInnen besucht, wobei die Klassen 1 bis 6 im Hauptgebäude, die Klassen 7 bis 10 in der etwa 500m entfernten Außenstelle der Schule unterrichtet werden. Im Gegensatz zur dreizügigen Grundschule ist die Hauptschule außer in der einzügigen Jahrgangsstufe 6 zweizügig. Waren vorher Klasse 5 und 6 einzügig, so scheinen die seit einiger Zeit vorgenommenen Querversetzungen dafür zu sorgen, dass wieder mehr Eltern ihre Kinder in der Hauptschule anmelden.[16] Im Durchschnitt sind 20 SchülerInnen in einer Klasse. An der Schule können der Hauptschulabschluss, der erweiterte Hauptschulabschluss sowie der Mittlere Bildungsabschluss erworben werden.

Der Ausländeranteil beträgt nominell etwas mehr als 65 % und ist seit einigen Jahren unverändert. Türkische, italienische und spanische SchülerInnen sind die am stärksten an der Schule vertretenen ausländischen Bevölkerungsgruppen. Danach kommen Seiteneinsteiger aus Kriegsgebieten wie Bosnien oder Afghanistan. Insgesamt sind derzeit 34 verschiedene Nationen in der Schülerschaft vertreten.

Laut Schulleitung gibt es an der Schule viele verhaltensauffällige Kinder, so dass es gelegentlich zu Aggressionen und heftigen verbalen Konflikten komme. Viele SchülerInnen hätten allein erziehende Eltern, zudem nehme die Zahl ausländischer Mütter, die kein deutsch sprechen, zu, da hier aufgewachsene Ausländer oft Frauen aus der Heimat der Eltern heirateten.

Das Kollegium setzt sich aus 36 Lehrerinnen und 9 Lehrern zusammen. Auch hier zeigt sich die Schulleitung zufrieden mit der personellen Versorgung, würde sich aber Verstärkung wünschen, um eine Nachmittagsbetreuung aufbauen zu können. Das Kollegium wird als recht harmonisch beschrieben.

Elternmitarbeit wird als Problem aufgefasst. Es bestehe Fortbildungsbedarf, wie man Eltern besser einbeziehen könne. Zur Zeit gebe es zwar einen recht aktiven Elternbeirat, aber der Kreis engagierter Eltern sei klein. Schon in der 1. Klasse kämen nur zwei Drittel der Eltern zum Elternabend, was auch auf mangelnde Deutschkenntnisse zurückzuführen sei. Die Zahl nehme in der Hauptschule dann stetig weiter ab.

Der Wahlpflichtunterricht im Hauptschulzweig ist klassen-, nicht jahrgangsstufenübergreifend organisiert. Die SchülerInnen können Fächer wie Werken oder Hauswirtschaft wählen. Ein Anliegen der Schule ist es, sich zum Stadtteil hin zu öffnen. In diesem Rahmen findet eine Zusammenarbeit mit einer ansässigen städtischen Kindertagesstätte und einem Hort– beide Ein-

---

[16] § 75 Absatz 3 des hessischen Schulgesetzes besagt, dass SchülerInnen, „die die fünfte Jahrgangsstufe der Realschule, des Gymnasiums oder der entsprechenden Schulzweige schulformbezogener Gesamtschulen besuchen, obwohl die Klassenkonferenz der Grundschule eine Empfehlung für einen anderen weiterführenden Bildungsgang erteilt hatte (§ 77 Abs. 3), und deren Lernentwicklung, Leistungsstand und Arbeitshaltung die Anforderungen des gewählten Bildungsganges nicht erfüllen und eine erfolgreiche weitere Teilnahme am Unterricht des gewählten Bildungsganges nicht erwarten lassen (§ 77 Abs. 2)", am Ende des Schulhalbjahres oder des Schuljahres in eine andere Schulform versetzt werden können. Diese Praxis wird als Querversetzung bezeichnet (Hessisches Schulgesetz in der Fassung vom 02.08.2002.).

richtungen werden überwiegend von SchülerInnen der Schule besucht – statt. Nachmittags bieten Mitglieder der evangelischen Gemeinde in den Schulräumen eine Hausaufgabenhilfe an, für deren Plätze eine große Nachfrage herrscht. Den HauptschülerInnen stehen zweimal pro Woche zwei Pädagogen der Caritas zur Verfügung. Sie kommen in die Schule und kümmern sich um die Belange der Schüler und SchülerInnen. In Bezug auf Berufsvorbereitung arbeitet die Schule mit dem Arbeitsamt zusammen, dessen MitarbeiterInnen in den Unterricht kommen, aber auch Einzelberatungen durchführen.

Die Schule sieht sich als eine Institution, in der alle LehrerInnen bereit sind, auf die Probleme ihrer SchülerInnen einzugehen und Rücksicht zu nehmen. Ziel ist, den SchülerInnen Leistungswillen zu vermitteln. Dabei sei sich die Lehrerschaft darüber im Klaren, dass nicht unbedingt immer die gewünschte Leistung dabei herauskomme. Primär sollen sich die Kinder angenommen fühlen, das Selbstwertgefühl gestärkt und „jedem Kind jeden Tag eine neue Chance" gegeben werden.

Mit der Wahl dieser Schulen sind in unserem Sample sowohl Jugendliche aus dem innerstädtischen Osten und Westen als auch aus einem Stadtteil am westlichen Rand Frankfurts vertreten. Die drei Schulen stellen weder bezüglich ihrer Größe noch der Schülerschaft Extreme dar, vielmehr handelt es sich hierbei um eine Auswahl, die für die Gesamtsituation an Frankfurter Hauptschulen als aussagekräftig bezeichnet werden kann. Von der Selbstdarstellung der Schulen her kann von einem eher lesefördernden Klima ausgegangen werden.

### 2.3.3 Beschreibung des Samples

Von den insgesamt 30 durchgeführten Interviews mit AbsolventInnen der drei ausgewählten Frankfurter Hauptschulen erfüllten, wie oben ausgeführt, 27 die formalen und inhaltlichen Kriterien zur Übernahme in die Gesamtauswertung. Es handelt sich dabei um 15 männliche und 12 weibliche Befragte (s. die Übersicht über das Sample im Anhang). Allen folgenden Angaben liegen diese 27 ausgewerteten Interviews zugrunde.

Hinsichtlich der Herkunftskultur der befragten Jugendlichen spiegeln sich Verhältnisse an den ausgewählten Schulen in der Zusammensetzung des Samples wider. Erwartungsgemäß entstammt die Mehrheit, nämlich 23 der 27 Befragten, aus Familien mit Migrationshintergrund. Mit sieben Befragten bilden Jugendliche, deren Familien aus den Maghrebstaaten stammen, die numerisch stärkste Gruppe (Ali, Davud, Halima, Jamal, Jasmina, Karim, Mohamed). Es handelt sich dabei durchweg um Kabylen (Berber), eine Gruppe, die sich im Zuge der Arbeitsmigration in die BRD vorrangig in Frankfurt/M. angesiedelt hat (vgl. Tietze 2002). Neben der mündlichen Kenntnis einer Berbersprache – diese Sprachen sind als Schriftsprachen nicht geläufig – verfügen alle diese Befragten über zumeist elementare Erfahrungen mit der Amtssprache ihrer Herkunftsländer, dem Arabischen.

Eine weitere Gruppe bilden Befragte, deren Familien aus den ‚klassischen' Herkunftsländern hiesiger Arbeitsmigranten stammen: Mindestens ein Elternteil kommt bei fünf befragten Jugendlichen aus dem ehemaligen Jugoslawien (Arta, Christian, Danjel, Jossip, Nadine), bei vier aus Italien (Francesca, Laura, Maria, Timi) und bei drei aus der Türkei (Derya, Tuba, Volkan), hinzukommt eine Befragte jordanischer Herkunft (Nadia). Daneben findet sich noch eine Gruppe sogenannter Spätaussiedler, deren Familien aus Polen (Marcel, Tom) und der Sowjetunion (Boris) in die Bundesrepublik eingewandert sind. Eine Minderheit im Sample bilden familiensprachlich-deutsche InterviewpartnerInnen. Denn auch für die Gruppe der Spätaussiedler gilt, dass bis zur Übersiedlung das Deutsche als Familiensprache praktisch keinerlei Funktion besaß und in den Familien kaum mehr Deutschkenntnisse vorhanden waren. Insgesamt kann bei fünf AbsolventInnen von einer sprachlich deutschen Herkunft ausgegangen werden (Martina, Michael, Nadine, Stefan, Susan). Drei dieser fünf Jugendlichen (Michael, Nadine, Susan) entstammen binationalen Partnerschaften, sind aber allein bei ihren deutschsprachigen Müttern aufgewachsen. Das Kriterium Staatsbürgerschaft wurde aufgrund mangelnder Aussagekraft hinsichtlich Sprachverwendung, Sprachkompetenz(en) und kulturellem Selbstverständnis nicht in Anschlag gebracht.

Hinsichtlich der familiären Sprachverwendung lässt sich festhalten, dass in mehr als der Hälfte der Familien neben der Sprache der Herkunftskultur auch dem Deutschen eine relevante Funktion in der Familienkommunikation beigemessen werden kann. So bedienen sich vor allem die Geschwister in ihrer Verständigung untereinander häufig (auch) der deutschen Sprache. In den Familien von sieben Befragten wird nahezu ausschließlich die Sprache der Herkunftskultur gesprochen, die deutsche Sprache besitzt überhaupt keine oder nur eine sehr marginale Funktion im Kommunikationsalltag.

In Bezug auf die Schulkarriere der Befragten ergibt sich das folgende facettenreiche Bild: Mehrheitlich haben sie ausschließlich das deutsche Schulsystem durchlaufen, doch immerhin sechs InterviewpartnerInnen verfügen über Erfahrungen mit dem Schulsystem des Herkunftslandes (Ali, Arta, Boris, Francesca, Mohamed, Tuba), sie können somit als SeiteneinsteigerInnen bezeichnet werden. Die Integration von SeiteneinsteigerInnen[17] in das Bildungssystem gilt als besonders problematisch (vgl. Beck-Gernsheim 2002, 31f.). Auch innerhalb dieser Subgruppe bestehen wichtige Differenzen; so

---

[17] Die Zahl der sog. Seiteneinsteiger nimmt seit rund 5 Jahren kontinuierlich ab. Dies erklärt sich aus dem Rückgang der Zahl der Spätaussiedler sowie der Zahl der Zuzüge aus dem ehemaligen Jugoslawien, zudem gilt der Nachzug aus den sog. Anwerberländern heute als abgeschlossen, zuzugsberechtigte Kinder gibt es in diesen Ländern kaum mehr (Migrationsreport Hessen 2002, 146).

unterscheidet sich die Dauer des Schulbesuchs im Herkunftsland beträchtlich voneinander. Während Arta, Boris und Mohamed bereits in der Grundschulzeit in die Bundesrepublik gekommen sind und sie somit das Gros ihre Schulzeit in Deutschland absolvierten, erfolgte die Migration bei Ali, Francesca und Tuba erst im Jugendalter, sie haben das deutsche Schulsystem nur vergleichsweise kurz durchlaufen. Ein unmittelbarer Zusammenhang zwischen Schulerfolg und Dauer des Schulbesuchs im Aufnahmeland lässt sich anhand der Bildungskarrieren dieser sechs SeiteneinsteigerInnen nicht belegen. Boris, Ali und Tuba blicken auf einen erfolgreicheren Bildungsverlauf zurück als Arta, Mohamed und Francesca.

Innerhalb des Samples finden sich sieben Befragte (Davud, Danjel, Jossip, Laura, Derya, Jamal, Susan), die auch über Erfahrungen mit höheren Schularten verfügen. Sie haben für einige Zeit eine Realschule oder ein Gymnasium besucht, sind an den dortigen Anforderungen aber gescheitert. Sonderschulen wiederum wurden von zwei weiteren Befragten vorübergehend besucht. Maria wechselte nach Besuch einer Sprachheilschule auf die Hauptschule, Stefan gelang der Übergang von der Schule für Lernhilfe auf die Regelschule nach der sechsten Klasse. Nach Abschluss der Hauptschule unterzogen sich drei der Befragten der (externen) Realschulprüfung, die von zwei Jugendlichen (Susan, Ali) erfolgreich bestanden wurde. Der (vorübergehende) Besuch einer höheren Schule und Versuche des Erwerbs eines höheren Bildungsabschlusses lassen Bildungs- und Aufstiegsaspirationen in den entsprechenden Herkunftsfamilien vermuten. Die Bildungsabschlüsse der Geschwister einiger Befragten verweisen in die gleiche Richtung, in immerhin fünf Familien finden sich Geschwister mit Abitur. Drei der Befragten, Jamal, Jossip und Davud, thematisieren explizit, dass sie den Aufstiegs- und Bildungserwartungen ihrer Familien nicht gerecht wurden.

Die vielfach beschriebene Heterogenität der Schülerschaft an Hauptschulen (s. Kap. 2.1), deren unterschiedliche Lernvoraussetzungen und Leistungsmöglichkeiten, spiegeln sich also auch in diesem Sample unmittelbar wider. Sie bildet sich in der aktuellen Ausbildungssituation der Befragten weiter ab. Zum Zeitpunkt der Interviewdurchführung absolvieren 15 Befragte eine Berufsausbildung, fünf besuchen eine weiterführende Fachschule, weitere sieben sind bislang ohne Ausbildungsplatz und befinden sich zur Vorbereitung auf das Berufsleben in Qualifizierungsmaßnahmen unterschiedlicher Träger.

## 2.3.4 Herkunftsmilieus

Mehrsprachige Herkunft ist in unserem Sample wie gesehen die Regel. Sie ist auch in unserem Fall verbunden mit einem niedrigen sozioökonomischen Status der Familien. Der Migrationsreport Hessen (Tischler/Kisseler/Tabert 2002) weist aufs Neue das insgesamt niedrigere Einkommen der Familien nicht-deutscher Herkunft nach und führt die „ungünstigere Einkommenslage" auf die geringere Erwerbsbeteiligung von Ausländern sowie das „bedingt durch Qualifikations- und Berufsstrukturen" niedrigere Erwerbseinkommen zurück (ebd. 240). MigrantInnen beziehen häufiger Sozialhilfe. Nachweislich hängt dies mit „sozialen Merkmalen wie geringerem Bildungsstand, Beschäftigung in Bereichen mit besonders hohem Arbeitslosigkeitsrisiko sowie der Verweildauer in Deutschland" zusammen (ebd. 237). Insofern treffen Migrationshintergrund und relativ niedriges soziales Milieu meist zusammen. Die Kindheit bzw. Jugend der sechs Seiteneinsteiger im Sample dürfte von den spezifischen Schwierigkeiten der ersten Phase des familialen „Migrationsprojekts" gekennzeichnet gewesen sein: Wo Aufenthaltsstatus und Perspektiven in Zuwanderungs- und Herkunftsland noch unklar sind, ist die elterliche „Investition in das Humanvermögen in Form der Schul-, Berufs- und Sprachbildung oder für die Wohnungs- und Jobsuche" eine Entscheidung unter schwierigen Rahmenbedingungen.[18]

Die Geburtsjahrgänge der Jugendlichen, die etwa zwischen 1979 und 1984 liegen, bedeuten zudem, dass die Kindheit und Jugend der Interviewten in eine Zeit fiel, in der die Bundesrepublik zunehmend unter konjunktureller Schwäche und höherer Arbeitslosigkeit zu leiden begann. Während der Anteil der ausländischen Bevölkerung an der Wohnbevölkerung stetig anstieg, nahm der Anteil sozialversicherungspflichtiger ausländischer Arbeitnehmer ab. Der Sechste Familienbericht der Bundesregierung (Deutscher Bundestag 2000, 132 f) weist nachhaltig auf die Schwierigkeiten in den Lebensumständen auch derjenigen Familien aus Anwerbeländern hin, die bereits in der zweiten Generation in Deutschland sind. Entscheidende Parameter für den Erfolg des Migrationsprojekts sind die Identifikation mit diesem Vorhaben und die Bildungsbeteiligung, zumal die Möglichkeiten, als ungelernte Kraft einen Arbeitsplatz zu finden, stark zurückgegangen sind.

Auch die Startbedingungen für Aussiedlerfamilien – in unserem Sample lassen sich drei junge Männer dieser Gruppe zuordnen – haben sich im Zusammenhang mit der starken Zuwanderung ab etwa 1990 verschlechtert. Häufig erleben diese Familien einen „Unterschichtungsprozess", indem ihre beruflichen Perspektiven hinter denen im Herkunftsland zurück bleiben. Dies gilt besonders für die wirtschaftlich schwierigere Zeit seit 1990, in der zugleich Integrationsförderprogramme abnahmen. Dass die Akkulturation dieser Gruppe, in deren Selbstwahrnehmung das Migrationsprojekt endgül-

---

[18] Drei Phasen der Migration werden unterschieden: Zunächst geht es um „Daseinssicherung in der Aufnahmegesellschaft". Die zweite Phase „beginnt mit den Berechtigungen zum Aufenthalt und zur Erwerbsarbeit und der Möglichkeit, sich durch eigenes Geldeinkommen aus Gemeinschaftsunterkünften herauszulösen und sich eine Wohnung zu besorgen." In der dritten Phase „treten die Anforderungen an die Humanvermögensbildungen für Integration, Akkulturation und Assimilation in den Vordergrund der Alltagsprobleme und Alltagsaufgaben." (Deutscher Bundestag 2000, 130f). Der Bericht differenziert hier auch nach Status und Herkunftsland der Zuwanderer: Für den Aussiedler Boris mit gesichertem Aufenthaltsstatus stellt sich demnach die Situation anders dar als für den Marokkaner Ali.

tig und zunächst nicht von der Ambivalenz einer Rückkehrfiktion getragen ist, erschwert ist, zeigen u. a. die sogenannten „Aussiedlerkolonien".[19]

Hinter der allgemeinen Kennzeichnung „Migrationshintergrund" verbergen sich also durchaus unterschiedliche Verhältnisse. Gemeinsam ist ihnen allerdings eine vergleichsweise schwache sozioökonomische. Die Verwirklichung von Bildungschancen hat für den Erfolg des Migrationsprojekts gerade der nachwachsenden Generationen erhebliche Bedeutung. In einigen Interviews werden die Bildungsaspirationen der Eltern für ihre Kinder deutlich. Francesca berichtet, ihr Vater versuche sie zum Lesen anzuregen, Christian leidet unter dem Status des einzigen Hauptschülers im Geschwisterkreis, was als Hinweis auf ein aufstrebendes Klima in der Familie verstanden werden kann. Ein solches Familienklima wird auch in Tubas Herkunftsfamilie sichtbar.

Bei der Schulbildung der Eltern dominiert der Hauptschulabschluss bzw. ein vergleichbarer Abschluss im Herkunftsland. Dreizehnmal geben die jungen Erwachsenen an, ihre Mutter bzw. ihr Vater hätten keinen Schulabschluss, viermal wird der Realschulabschluss genannt, dreimal das Abitur. Die Väter arbeiten zumeist als angelernte Arbeiter (sechs Nennungen) oder im Handwerk (sieben Ausbildungsberufe werden genannt), ähnlich die Mütter (fünf Ausbildungsberufe werden genannt), die auch den Familienhaushalt führen. Es wäre jedoch verfehlt, das Herkunftsmilieu der Interviewten in Hinblick auf Bildungsstand und Berufstätigkeit der Eltern als homogen zu qualifizieren. Der Vater eines Jugendlichen ist Arzt, die Mutter eines anderen arbeitet als Bankangestellte. Lauras Eltern unterhalten ein italienisches Restaurant.[20]

Besonders bei den AbsolventInnen aus den sogenannten Anwerberländern ist damit zu rechnen, dass das deutsche Bildungssystem sich signifikant von dem des Herkunftslandes unterscheidet und für die Familien nur bedingt transparent ist: „Häufig fehlt es an Kenntnissen der hiesigen Bildungsinstitutionen, vor allem des gegliederten Schulsystems, und an Erfahrungen für die Planung der Bildungslaufbahn und der erfolgreichen Begleitung und Unterstützung der Bildungskarriere" (Deutscher Bundestag 2000, 170). Die Beschreibung dieser Familien als „bildungsfern" markiert daher auch eine kulturelle Differenz: fern des deutschen Bildungsbegriffs und -systems.

---

[19] Vgl. Deutscher Bundestag 2000, 136–137. Der Bericht weist aber darauf hin, dass jugendliche Aussiedler oft nicht haben zuwandern wollen; vgl. 138.

[20] Die Angaben der AbsolventInnen zu Schulbildung und Berufen der Eltern sind lückenhaft. In zehn Fällen fehlen Angaben zum Beruf des Vaters. Teilweise werden Angaben offenbar bewusst vermieden, ein Jugendlicher schönt das Bild seines muslimischen Vaters sichtlich.

**Schulbildung der Eltern:**

| Schulbildung | Kein Abschluss | Elementar-bildung | Haupt-schule | Realschule | Abitur |
|---|---|---|---|---|---|
| Mütter | 5 | 11 | 5 | 2 | 2 |
| Väter | 7 | 10 | 5 | 2 | 1 |

Elementarbildung meint die im Herkunftsland übliche Grundbildung. Vermutlich haben einige derjenigen Eltern, die von den Interviewten als „ohne Abschluss" angegeben werden, diese Schule besucht. Maß dieser Aufstellung sind die Angaben der Interviewten (zum Ganzen vgl. die Übersicht über das Sample im Anhang).

Die Lebensverhältnisse der Familien erscheinen teilweise beengt: Einige Interviewte berichten, dass sie sich ein Zimmer mit einem oder mehreren Geschwistern teilen (Halima, Laura). Der überwiegende Teil hat jedoch ein eigenes Zimmer in der elterlichen Wohnung. Die eigene Wohnung ist der Ausnahmefall: Abgesehen von den verheirateten Frauen Tuba und Susan wohnt lediglich Boris nicht mehr bei seinen Eltern.[21]

Die Angaben zur Medienausstattung zeichnen ein weitgehend einheitliches Bild in Bezug auf die audiovisuellen Medien: Fernsehen und Video sind regelmäßig vorhanden, ebenso Stereoanlagen, viele Interviewte verfügen über eigene Geräte. Das Handy ist nahezu Standard. Der Computer hingegen ist nicht selbstverständlich. Lediglich elf Interviewte haben Zugang zu einem Computer zu Hause oder einen eigenen PC. Die Angaben zum Buchbesitz schwanken. Eine größere Anzahl ist allerdings selten: Lediglich Susan berichtet von vollen Regalen in der Wohnung ihrer alleinerziehenden Mutter. Auch in ihrer eigenen Wohnung gibt es ein gefülltes Regal. Tuba verweist auf die zahlreichen Bücher ihres Mannes, Francesca benennt die (wenigen) Bücher der Eltern sehr konkret, indem sie auf die Lexika, Kochbücher und Geschichtsbücher des Vaters verweist. Im eigenen Besitz sind gelegentlich einige Kinder- und Jugendbücher. Tageszeitungen sind eher die Ausnahme denn die Regel. Genannt werden die Bildzeitung, zweimal die Frankfurter Rundschau, eine Bad Sodener Zeitung und Wurfpresse. Als Informationsmedium tritt meist das Fernsehen hervor. Leseanregungen gehen nur in Einzelfällen von familienkommunikativen Kontexten aus. Teilweise empfinden die Jugendlichen dies gegenwärtig als Desiderat: Laura liest ihrer jüngeren Schwester vor, damit diese etwas erlebt, was ihr selbst gefehlt hat. Auch Maria liest mit ihrer kleinen Schwester.

Die Medien werden oft mindestens in zwei Sprachen genutzt: Über Kabel- und Satellitenfernsehen pflegen besonders die Eltern den Kontakt zum Her-

---

[21] Unser Sample veranschaulicht insofern Daten aus dem Migrationsreport Hessen 2002: „Während in deutschen Haushalten eine Fläche von 45 qm pro Person zur Verfügung steht, sind es in ausländischen Haushalten lediglich 28 qm" (Tischer, Kisseler, Trabert 2002, 242); hierbei ist allerdings die Anzahl der im Haushalt lebenden Kinder nicht berücksichtigt.

kunftsland. Die Interviewten selbst sehen teilweise mit den Eltern in der Herkunftssprache fern, allein oder mit Freunden aber eher die auch unter deutschen Jugendlichen verbreiteten Kanäle. Selten sind die gemeinsamen Medienerfahrungen Gegenstand des Gesprächs.

Mithin erlauben die Interviews den Rückschluss auf einen bildungsfernen Hintergrund der meisten befragten HauptschulabsolventInnen. Allerdings muss dieses Attribut im einzelnen gefüllt werden (vgl. die Falldarstellungen und Kurzportraits). Es markiert auch die Differenz zwischen Herkunftskultur und Dominanzkultur.

# 3. Die Vorstudie: ExpertInnenbefragung

Das Sample der ExpertInnenbefragung umfasst insgesamt acht Interviews mit DeutschlehrerInnen an drei Frankfurter Hauptschulen und zwei weiteren im Einzugsbereich, darunter auch diejenigen, die von den Jugendlichen der Hauptuntersuchung besucht worden sind. In den Jahren 1999/2000 wurden an drei Schulen Interviews mit jeweils zwei LehrerInnen durchgeführt, an einer Schule wurden die beiden Lehrerinnen gemeinsam interviewt. Der Kontakt zu den Befragten wurde über unterschiedliche Wege hergestellt. Eine Expertin hat im Rahmen einer Fortbildung an literaturdidaktischen Veranstaltungen der Universität teilgenommen und war darüber bekannt. Weitere ExpertInnen wurden über Anfragen an den Schulen gewonnen. In einem Fall wurde unsere Anfrage über die Schulleitung vermittelt, in einem anderen durch das Sekretariat. Die übrigen InterviewpartnerInnen wurden im Schneeballsystem über die bereits Befragten gewonnen. Die Bereitschaft, über den eigenen Unterricht überhaupt Auskunft zu geben, war insgesamt gering und der Umstand, dass LehrerInnen von Schulleitungen angesprochen wurden, lässt vermuten, dass das Sample eher eine Positivauswahl der LehrerInnen darstellt, die entweder ein besonderes Interesse für ihr Fach Deutsch haben oder sich in der schulischen Arbeit insgesamt profilieren.

## 3.1 Die InterviewpartnerInnen

Mit über 30 Jahren im Schuldienst hat die Expertin Abeck (A.)[1], die „noch die Uraltausbildung in Grund- und Hauptschule bis Realschulabschluss" gemacht hat und neben Deutsch eine Reihe anderer Fächer unterrichtet, den weitaus größten Teil ihrer Berufstätigkeit hinter sich. Auch die Expertin Diehl (D.) gehört nach 18 Jahren an der Schule zu den Erfahrenen. Die Haupt- und Realschullehrerin hat Deutsch und Biologie studiert und verfügt über langjährige Unterrichtserfahrungen in Intensiv-Sprachkursen für SeiteneinsteigerInnen. Beide unterrichten an einer Hauptschule in einem Frankfurter Stadtteil, den Diehl mit den Worten „nicht so ein unproblematisches soziales Pflaster" (D., 667–668) charakterisiert. Die Schule habe je-

---

[1] Alle Namen wurden geändert. Zitierweise: Der Buchstabe bezeichnet jeweils den Namen der ExpertIn, die nachfolgende Ziffer verweist auf die Zeilenangabe in der Transkription des Interviews.

doch, was sich als vorteilhaft erweise, die Möglichkeit darauf zu reagieren[2]. Dazu rechnen die Expertinnen auch den kollegialen Austausch über Unterrichtsthemen und -erfahrungen. Beide betonen die sehr unterschiedliche Leistungsfähigkeit ihrer SchülerInnen[3] und im Interview wird das Bemühen deutlich, darauf mit einem differenzierten und fördernden Unterricht zu reagieren. Literaturunterricht als Teil des Deutschunterrichts ist beiden wichtig und wird von ihnen systematisch angeboten.

An einer Hauptschule im Frankfurter Innenstadtbereich unterrichtet die Expertin May (M.). Sie hat Deutsch für das Lehramt an Haupt- und Realschulen studiert und ist seit 25 Jahren im Schuldienst, davon 15 an ihrer jetzigen Schule, an der sie sich „sehr wohl fühlt". Im Interview präsentiert sich May als erfahrene und von der Schulform überzeugte Hauptschullehrerin.[4] Sie benennt die aus ihrer Sicht spezifischen schulischen wie außerschulischen Problemlagen von HauptschülerInnen und ihren Umgang damit (M., 476–478). Ihr Unterrichtsfach Deutsch macht ihr „noch immer Spaß" (M., 8), Literatur und deren Vermittlung sind ihr als Teil des Deutschunterrichts persönlich wichtig (M., 200f).

An der gleichen Schule arbeitet seit drei Jahren auch der Experte Otto (O.). Wie May verfügt er über eine langjährige, etwa 20-jährige Berufserfahrung als Lehrer. Herr Otto unterrichtet neben seinem Studienfach Deutsch eine Reihe weiterer Fächer und verfügt über eine Zusatzqualifikation „Informationstechnische Grundbildung". Im Interview entwickelt er vor allem die strukturellen Probleme der Hauptschule.[5] Hinsichtlich seines Deutschunterrichts verweist er immer wieder darauf, dass der fachliche Zugang zu den HauptschülerInnen kaum gelinge (O., 458–486) und er didaktische Konzepte und adäquates Unterrichtsmaterial insbesondere für den Literaturunterricht vermisse.[6]

An einer Haupt- und Realschule mit Förderstufe arbeiten die Expertinnen Resch (R.) und Böhm (B.). Die Schule in der Offenbacher Innenstadt liege

---

[2]  A. verweist in diesem Zusammenhang beispielsweise auf die kleinen Klassen (16–18, manchmal 20 SchülerInnen), in denen die Kinder besser gefördert werden könnten. Vgl. A., 648–673.

[3]  So führt A. an, dass „man […] also Hauptschüler nicht unterschätzen" solle (A., 376) und D. ergänzt: „Einige sind recht leistungsstark." (D., 373).

[4]  Im unmittelbaren Vorfeld des Interviews äußert die Expertin, dass sich ihre Einschätzung und Einstellung gegenüber der Hauptschule gewandelt habe. Während sie zu Beginn ihrer Berufspraxis auch aus schulpolitischen Überzeugungen die Gesamtschule präferiert habe, sehe sie nach Erfahrungen an einer Integrierten Gesamtschule ihre „Schülerklientel" an der Hauptschule besser gefördert. [Das Vorgespräch wurde protokolliert].

[5]  Herr Otto verweist in diesem Zusammenhang immer wieder auf die großen Klassen sowie auf den großen Anteil an, von ihm so genannten, „Abbrechern" aus anderen Schulformen, die in die bestehenden Klassen integriert werden müssten.

[6]  Das an der Schule eingeführte Lesebuch benutze er nicht, weil die Texte zu schwer seien (O., 76–92).

in einer Altbaugegend mit schlechter Wohnsubstanz (B., 1–3), aus der wegziehe, wer es sich leisten könne (R., 9–13).

Resch unterrichtet neben ihren (ursprünglichen) Studienfächern Mathe und Kunst auch die des „GL-Bereichs" und Deutsch, wofür sie die Lehrbefähigung nachträglich erworben hat. Sie präsentiert sich im Interview als Lehrerin, die sich für ihren Unterricht und darüber hinaus in der Arbeit der Fachkonferenz engagiert. In diesem Engagement sieht sie sich von ihren KollegInnen kritisiert. Mit Blick auf die Schulform Hauptschule und deren Schülerschaft kennzeichnet sie es als grundlegendes Problem, Teile der Schülerschaft schulisch nicht mehr erreichen zu können: „… man muss immer unterscheiden zwischen Willigen und Unwilligen." (R., 411–412) Während ihr Unterricht die Erstgenannten im Blick hat, denen sie versucht auch individuelle Lernwege zu eröffnen und Hilfestellungen anzubieten, können die Letztgenannten nach ihrer Ansicht auch an der Hauptschule nicht mehr unterrichtet werden.

Böhm, die von sich selbst sagt, sie habe nur wenig Erfahrung in der Hauptschule, beschreibt ihre Tätigkeit als Sozialarbeit (B., 716) und schätzt im Ganzen die schulischen Möglichkeiten eher pessimistisch ein: „Ich denke nicht, dass viel bleibt, was in der Schule angelegt ist" (B., 771/772). Die Ursachen dafür sieht sie in einem Komplex aus sozialer Benachteiligung[7] und fehlender Motivation[8] eines Teils ihrer SchülerInnen (B., 252). Im Fach Deutsch, wie in ihrem Unterricht überhaupt, komme es ihr deshalb darauf an, die SchülerInnen „lebenstüchtig" zu machen, damit sie „im Aktuellen" zurechtkommen (B., 248). Literatur als Gegenstand des Deutschunterrichts ist in diesem Kontext für sie „nicht so wichtig" (B., 247).

Die Expertin Lang (L.) ist die jüngste der von uns befragten ExpertInnen. Nachdem sie zunächst an einer Schule für Lernhilfe unterrichtete, wechselte die gelernte Sonderpädagogin vor fünf Jahren an eine Hauptschule in der Frankfurter Innenstadt. Dort werden im Rahmen eines Integrationsprojektes LernhilfeschülerInnen und HauptschülerInnen gemeinsam unterrichtet; die Integrationsklassen dabei jeweils von einem Team, das Lang als „engagiert" bezeichnet (L., 1–14). Im Interview benennt Lang die Besonderheiten ihrer Lerngruppe und ihre Suche nach einem konstruktiven Umgang mit dieser spezifischen Arbeitssituation. Als gelingend beschreibt sie thematische Angebote, die die SchülerInnen unmittelbar „betreffen, […] sie ansprechen", sowie Projektphasen. Im Literaturunterricht, der ihr „ein Anliegen" ist, setzt sie bevorzugt produktive Verfahren ein.

Die Expertin Hecht (H.) unterrichtet an einer kooperativen Gesamtschule außerhalb Frankfurts. Im Interview hebt sie vor allem die strukturellen

---

[7]  Ihre SchülerInnen kämen aus armen, kinderreichen und bildungsfernen Elternhäusern und erhielten wenig Förderung (vgl. B., 68–80).

[8]  Zur Schulmotivation führt B. aus, einige „kämen lediglich, weil es in der Schule immer noch interessanter ist als allein zu Haus." (B., 2–12)

Probleme hervor, die die Arbeit in den Klassen der Hauptschule kennzeichneten. Der Deutschunterricht müsse stark auf den Ausgleich der zum Teil erheblichen Defizite gerichtet sein, was auf Kosten des Literaturunterrichts gehe (H., 195). Bei zusätzlich geringer Motivation der SchülerInnen durch anhaltende schulische Misserfolgserlebnisse und fehlender Unterstützung von Seiten der Eltern sieht die Expertin ihre eigenen Möglichkeiten, mit Erfolg kompensatorisch zu arbeiten, erschöpft: „Aber das geht ja schon seit dem vierten Schuljahr oder dritten Schuljahr und das ist jetzt [in der achten Klasse] einfach zu spät. Die haben keine Lust mehr, da kann ich jetzt nichts mehr machen" (H., 158–160).

Von den acht Befragten sind sieben weiblich und einer männlich. Alle verfügen über langjährige Unterrichtserfahrung: Eine Expertin arbeitet seit fünf Jahren, die übrigen sind über zehn Jahre, davon vier 20 und mehr Jahre im Schuldienst tätig. Mit Ausnahme der Sonderpädagogin sind alle ExpertInnen ausgebildete Haupt- und RealschullehrerInnen für das Fach Deutsch, wobei eine Expertin die Lehrbefähigung für Deutsch nachträglich erworben hat. Ein weiterer Experte hat sich im Verlauf seiner Berufstätigkeit für ein weiteres Fach nachträglich qualifiziert. Mindestens drei ExpertInnen verfügen über Unterrichtserfahrung an unterschiedlichen Schulen und Schulformen (additive bzw. integrierte Gesamtschulen).

## 3.2 Die Perspektive der ExpertInnen auf die Bedingungen des Unterrichts an der Hauptschule

Alle ExpertInnen machen in den Interviews Aussagen über die spezifischen Bedingungen des Unterrichts an Hauptschulen im großstädtischen Milieu Frankfurts. Die soziale Zusammensetzung der Schülerschaft der Hauptschule kennzeichnen sie als die entscheidende Rahmenbedingung, über die sich die Erfordernisse ihrer schulischen Arbeit bestimmen. Übereinstimmend rekonstruieren die ExpertInnen zwei Kernprobleme, die sie zugleich als strukturelle Barrieren für einen gelingenden Bildungsverlauf ihrer Klientel markieren:

- die eingeschränkten Deutschkenntnisse der SchülerInnen, die in der Mehrheit aus Migrantenfamilien stammen,

- die Herkunft der SchülerInnen aus bildungsfernen Elternhäusern, die die schulische Arbeit nicht unterstützten.

Die ExpertInnen berichten übereinstimmend, in der Mehrzahl SchülerInnen mit Migrationshintergrund zu unterrichten. Den Anteil herkunftssprachlich deutscher Kinder schätzt May an ihrer Schule auf etwa zehn Prozent (334–380, in diesem Sinne auch A. und D. (77–83, 86–92), Resch schätzt den Anteil nichtdeutscher Schüler auf 75 Prozent (R., 10). Abeck und Diehl führen aus, an ihrer Schule gebe es auch Klassen, in denen kein einziges muttersprachlich deutsches Kind sei. Diese Aussagen beziehen sich nicht auf die

Staatsangehörigkeit der SchülerInnen. So merkt etwa May an, sie habe mittlerweile viele Kinder mit deutscher Staatsangehörigkeit, was eine Aussage über den Integrationswillen der Familie sei, aber keine über die Sprachsozialisation. Eine andere Expertin führt aus, sie habe zwischenzeitlich „ganz viel Deutsche", „aber die sind von der Kultur her Marokkaner oder Türken, die den deutschen Pass haben." (M., 277–278; 48, so auch O., 13) In diesem Sinne auch Abeck: „Die unter Deutsch laufen sind jetzt deutsche Staatsbürger. Das sind eigentlich Marokkaner und Türken" (A., 81–82; 33).

Von allen ExpertInnen wird die mangelnde Sprachfähigkeit in der Zielsprache als zentrales Problem angesprochen.[9] Ein Teil geht davon aus, dass die SchülerInnen nur in der Schule Deutsch sprechen: „Wenn die mittags nach Hause kommen, ist Deutsch vergessen" (A., D., 93). Die ExpertInnen vermuten sprachliche Defizite aber auch für die Herkunftssprache. Auch die Mütter sprächen „in so nem Mischmasch. Ich hör die ja oft reden, die springen von einer Sprache in die andere …" (M., 543ff). Ähnlich äußert sich auch Otto, der darauf hinweist, dass nur wenige Kinder den muttersprachlichen Unterricht besuchten, weil die Eltern nicht darauf drängten und das Erlernen der deutschen Sprache vorzögen. Dies funktioniere aber nicht. Es entstehe dann oft eine Zwischensprache mit sehr reduziertem Wortschatz und grammatikalischem Aufbau (O., 488–526). Bei vielen SchülerInnen nicht-deutscher Eltern, so formuliert eine Expertin sehr drastisch, würden „die Grundlagen der deutschen Sprache" fehlen, „das macht sich im Laufe der Jahre eben doch bemerkbar" (A., 95–102).

Neben fehlenden sprachlichen Differenzierungsmöglichkeiten in der Zweitsprache Deutsch mangele es den SchülerInnen insbesondere an schriftsprachlichen Kompetenzen. Es fehlten die Grundkenntnisse, so dass Sprache „gar nicht als Werkzeug benutzt werden kann" (O., 201–210). Eine weitere Expertin erklärt, die Schüler müssten auch in höheren Klassen noch an die Lese- und Schreibfähigkeit herangeführt werden, da viele gar nicht lesen könnten (B., 47) und „sehr seltsam schreiben" würden (B., 61). Die fehlende Sprachkompetenz ihrer SchülerInnen sehen die ExpertInnen als die eigentliche „Bremse" im Bildungsverlauf, während die kognitiven Fähigkeiten der SchülerInnen recht ausgeprägt sein können. So weisen zwei ExpertInnen darauf hin, dass die sogenannten ausländischen SchülerInnen die eigentlichen Leistungsträger an der Schule seien. Ausschließlich Jugendliche nicht-deutscher Herkunft hätten dort in den vergangenen Jahren im Anschluss an das 10. Hauptschuljahr den Realschulabschluss erreicht (A. und D., 619–645).

---

[9]  Die folgenden Ausführungen geben die Einschätzungen der ExpertInnen wieder, die sich auf SchülerInnen beziehen, die ihre gesamte Schullaufbahn in der Bundesrepublik durchlaufen (haben). Sie beziehen sich nicht auf sogenannte „Seiteneinsteiger", die ohne Deutschkenntnisse aufgrund ihres Lebensalters in die Sekundarstufe I aufgenommen werden.

Gleichwohl, so die Ausführungen einer Expertin, seien die Sprachkenntnisse der SchülerInnen, wie mangelhaft und defizitär sie im Hinblick auf einen erfolgreichen Bildungsverlauf auch immer einzuschätzen seien, für die Familien bedeutsam. Die ExpertInnen berichten, den Jugendlichen wachse häufig die Aufgabe zu, für ihre Eltern als Dolmetscher gegenüber Ämtern und Ärzten aufzutreten: „Die Türkinnen, die Marokkanerinnen, die können weder Deutsch noch lesen oder schreiben. Der Vater kaum. Also […] wir habens immer erlebt, dass die Kinder mit aufs Amt müssen […]oder zum Arzt, zum Frauenarzt auch, um da zu übersetzen […]. Da muss sogar der kleine Sohn mit …" (B., 73–74).

Die ExpertInnen charakterisieren die Herkunftsfamilien der SchülerInnen als bildungsfern und sozial schwach und sehen dies im engen Zusammenhang mit den sprachlichen Schwierigkeiten der SchülerInnen (explizit benennen diesen Zusammenhang fünf der von uns befragten ExpertInnen[10]). Mittelschichtkinder seien an ihrer Schule fast gar nicht mehr anzutreffen, so Resch (9–14). Die Familien verfügten zumeist nur über geringe Einkommen, ein nicht unerheblicher Teil der Eltern sei arbeitslos oder von Arbeitslosigkeit bedroht, etwa ein Drittel ist nach Meinung zweier Expertinnen (A. und D.) Sozialhilfeempfänger. Auch würden die Eltern über keine oder nur geringe Schulbildung verfügen: „… die Eltern sind zum Teil, die Mütter sind Analphabeten, wenn man die muslimischen Mütter hat" (B., 69). Nicht unterschätzt werden dürften in diesem Zusammenhang die rechtlichen Rahmenbedingungen. In manchen Fällen verfügen weder Kinder noch Eltern über einen gesicherten Aufenthaltsstatus in der Bundesrepublik. So berichtet eine Expertin: „Bei mir sind dann so Kriegsflüchtlinge, die, die haben Duldung, das ist ein ganz schlimmes Schicksal. Wir haben da Leute seit Jahren sitzen, die werden alle Viertel Jahre im Grund nach Haus geschickt." (D., 686–690).

Insgesamt schätzen alle ExpertInnen die häusliche Situation ihrer SchülerInnen als nicht förderlich ein. Zu Hause fehle die Ruhe, ein Teil sei zu Hause „eingespannt" (M., 74), Tagesabläufe seien nicht strukturiert: „Schule ist nur so lang sie in der Schule sind." (M., 85). Und die Eltern „sind dann froh, wenn sie sich nicht mehr großartig um ihre Kinder kümmern müssen" (H., 341–341). Begründet wird dies von den LehrerInnen z. B. damit, dass die Eltern „andere Probleme …" (L., 559) hätten.

Auch würden die SchülerInnen in der Freizeit keine Aktivitäten ausüben – und auch von ihren Eltern nicht dazu angehalten –, bei denen die deutsche Sprache vonnöten sei, wie etwa die Teilnahme an Musikunterricht, Zusammensein mit deutschsprachigen FreundInnen oder sportliche Aktivitäten im

---

10 Ein Experte macht keinerlei Angaben zu den Herkunftsfamilien seiner SchülerInnen. Im Interviewleitfaden ist die soziale Herkunft der SchülerInnen nicht berücksichtigt, doch machen sieben ExpertInnen im Interviewverlauf immer wieder Angaben zu diesem Bereich.

Verein: „Die haben dann auch keine deutschen Freunde" (A., und D, 102–103), so die resümierende Aussage von zwei Expertinnen. Implizit rekonstruieren die ExpertInnen auch hier einen scharfen Zusammenhang mit dem Herkunftsmilieu ihrer SchülerInnen. Explizit verweisen zwei ExpertInnen auf ihre Erfahrungen mit koreanischen SchülerInnen, die von ihren Eltern stärker gefördert worden seien und denen der Übergang auf eine weiterführende Schule gelungen sei. Die elterlichen Wohnungen der SchülerInnen werden von den ExpertInnen als nahezu frei von „Büchern und Zeitschriften" vermutet. Außer „Umsonstblättern" (R., 141), einer Fernsehzeitung sowie der BILD-Zeitung fänden sich in vielen Familien wenig oder keine Lektüreanregungen, hingegen dominierten die audiovisuellen Medien. Häufig wird nach Ansicht der ExpertInnen ferngesehen, insbesondere herkunftssprachliche Sendungen. Nach Aussage einer Expertin haben die Schülerinnen und Schüler oft eigene Geräte, auch Videorecorder seien mehr oder weniger Standard. Wenn es die finanziellen Möglichkeiten erlaubten, sei auch ein Computer vorhanden. Insgesamt seien die AV-Medien „unheimlich stark vertreten" (R., 139), so die übereinstimmende Einschätzung der ExpertInnen. Das Fernsehen sei „ein wesentlicher Lebensmittelpunkt" (O., 455) Der Experte führt aus: „Es ist kein Vorurteil, das ist Realität. Fernsehen der läuft einfach […], und der Fernseher ist […], wenn's ein Kinderzimmer gibt, auch im Kinderzimmer" (O., 444–447). Das Fernsehen spiele entsprechend beim Freizeit- und Medienverhalten der HauptschülerInnen die bei weitem bedeutendste Rolle, weil es den SchülerInnen eine schnellere und mühelosere Unterhaltung erlaube als etwa Lektüre: „Lesen ist eine Anstrengung" (M., 377). Auch Musik-Medien (darunter Walkman, aber auch CD-Player, Kassettenrecorder usw.) seien in der Freizeit der SchülerInnen sehr wichtig. Jeder Zweite besitze ein Handy.

Dagegen komme in Richtung Lesen von vielen Elternhäusern „gar nichts, wirklich gar nichts" (L., 558); diese Einschätzung formulieren sieben der acht befragten LehrerInnen explizit. Eine Expertin berichtet, dass sie nur bei vier von 20 Schülerinnen und Schülern eine Unterstützung der Eltern in Bezug auf Lesen vermuten würde und dies seien SchülerInnen aus „eher intakten Verhältnissen" (L., 461–462). Die Regel sei vielmehr, dass die SchülerInnen auch biographisch nicht auf lesefördernde Vorleseerfahrungen zurückblickten: „Ich glaub [das Vorlesen] hat nie eine Rolle gespielt, ich denk, das ist der Punkt. Ich glaube nicht, dass es da in fast allen Familien, es gibt immer Ausnahmen, so ein Ritual gab, wo das Lesen eine Rolle gespielt hat" (M., 338–340). Insgesamt, so die übereinstimmende Einschätzung der ExpertInnen, wachsen die Schülerinnen und Schüler in einem nahezu „lesefreien" Bereich im Familienzusammenhang auf und werden erst durch die Schule mit Lesen und der Schriftsprache Deutsch konfrontiert. Von einer autonomen Freizeitlektüre ihrer SchülerInnen gehen die ExpertInnen entsprechend nicht aus. Sie vermuten eine solche auch nicht in der Herkunftssprache: „Die lesen […] im Grunde […] nicht" (B., 122); „Sie lesen ganz wenig" (M., 295). Soweit die ExpertInnen überhaupt eine Freizeitlektüre ihrer SchülerInnen vermuten, neigen sie dazu, den Jungen die Lektüre von Computerzeitschriften, Comics und Sportzeitungen zuzuschreiben. Die jüngeren Schüler würden auch Pokèmon-Hefte (H., 266) lesen und die älteren vor allem die Bildzeitung: „Viele unsrer Schüler lesen später wirklich die Bildzeitung, die schleppen die auch in die Schule" (A., 767f); „Also ich hab zwei Schüler, die, mittlerweile hat sich ein dritter angeschlossen, die kommen morgens immer mit der Bildzeitung." (L., 377f). Die Mädchen würden eher die Zeitschrift *Bravo* (B., 133; H. 289ff.; O., 264; L., 388) lesen, aber auch „Billigromane" und Schminkhefte" (H., 302 und 361). Konkrete Aussagen über die Privatlektüre ihrer SchülerInnen vermag allerdings nur eine Expertin zu machen. Sie nennt unter den „teilweise [...] ganz eigenartige[n] Dinge[n]", die ihre SchülerInnen lesen: eine Biographie von Reagan, ein Buch über Entwicklungspsychologie („Das hat sie vom Titel her oder überhaupt von der Thematik her angesprochen, [...] durchgelesen hat sie's natürlich nicht, aber sie hat immer mal wieder drin gelesen"), einen Bericht von Amnesty International über die Todesstrafe, ein Akte-X Buch (vgl. L., 354–369). Einen festen Platz im Medienensemble ihrer SchülerInnen räumen die ExpertInnen dem Lesen nicht ein.

Entsprechend pessimistisch schätzen die ExpertInnen auch die Leseperspektive ihrer SchülerInnen ein. Bei schlecht ausgeprägten schriftsprachlichen Fähigkeiten, die die ExpertInnen auch noch am Ende der Schulzeit feststellen, vermuten sie, dass nur vereinzelt SchülerInnen eine lustvolle Beziehung zur Lektüre entwickelten. Lesen sei für die meisten eine Quälerei: „Es gibt einfach Leute, die quälen sich mit Büchern." (D., 435). Ihre pessimistische Einschätzung begründen die ExpertInnen dabei durchaus unterschiedlich. M. etwa führt aus, sie könne sich schwer vorstellen, „warum sie die Kurve dazu kriegen sollten" (M., 386), wenn die SchülerInnen gar nicht das Gefühl hätten, dass ihnen etwas fehle. Es gäbe einfach keine Wurzeln für das Lesen bei ihren SchülerInnen, „die leben anders" (M., 402/403). Lesen habe für ihre SchülerInnen nie eine Rolle gespielt, es sei in ihrem Lebenslauf einfach nicht vorhanden (M., 334–372). Böhm, die ihren SchülerInnen gleichfalls keine Perspektive als LeserInnen gibt, entwirft ihnen eine Zukunft, in der „die Mädchen [...] einen Haufen Kinder kriegen und eine große Familie haben und die Jungs [...] irgendwo in schlechtbezahlten oder Hilfsjobs arbeiten müssen" (B., 304ff). So würden die meisten weder viel Zeit noch Ruhe und somit vermutlich auch wieder kein Interesse am Lesen haben (B., 308ff).

Die wenigen SchülerInnen, die Zugang zum Lesen fänden, täten dies häufig im Aufbegehren gegen die widrigen sozialen Umstände im Elternhaus, als Abgrenzung zum familiären Hintergrund. (A., 195–242, ähnlich auch M., 412–413). Hier machen die Hälfte der ExpertInnen (M., L., O. und R.) zudem eine deutliche Geschlechtsspezifik aus. Insbesondere muslimische Mädchen müssten kulturbedingt viel Zeit zu Hause verbringen, so dass es passieren könne, dass sie „auch tendenziell mal zu einem Buch" (M., 417) greifen: „Was machen sie mit der vielen, vielen Zeit. Und in der Verzweiflung kommen sie vielleicht irgendwie mal an en Buch" (M., 407ff, 412/413).

## 3.3 Die Perspektive der ExpertInnen auf den Literaturunterricht

### 3.3.1 Stellenwert, Themen, Didaktik und Geschlechtsspezifik des Literaturunterrichts

Die ExpertInnen wurden im Interview gebeten den Stellenwert des Literaturunterrichts innerhalb ihres Deutschunterrichts zu bestimmen. Dazu fragten wir auch nach dessen quantitativen Anteilen. Der faktische Anteil allerdings kann auf der Grundlage der vorliegenden Interviews nicht bestimmt werden.

Es fällt auf, dass die ExpertInnen mit einer Ausnahme Literaturunterricht mit der Behandlung sogenannter Ganzschriften identifizieren (anders nur M.). Die Antworten reichen von 50 Prozent Literaturunterricht – ein Wert, der lediglich von einer Expertin genannt wird und sich auf die außergewöhnlich intensive Arbeit mit einer umfangreichen Klassenbibliothek bezieht – über ein Drittel (O., 231–256) bis „ganz wenig" (B., 235/236). Drei Expertinnen (A., D. und R.) geben an, eine Ganzschrift pro Halbjahr zu lesen, drei weitere (L., O. und M.) streben eine Ganzschrift pro Schuljahr an, bezeichnen damit aber eher ein Ziel als eine Praxis. Daneben findet sich die Aussage, dass die Behandlung eines Jugendbuches im Schuljahr etwa zwei Monate in Anspruch nimmt (M., R.). Im Verhältnis zur Anzahl der Wochenstunden wären dies ca. 20 Prozent der Unterrichtszeit, die dem Fach Deutsch in den Jahrgangsstufen sieben bis neun jeweils zur Verfügung steht. Allen ExpertInnen ist die Lektüre wichtig und einige legen explizit Wert darauf, dass sich diese Bücher vom Lesebuch unterscheiden und als ganze Texte wahrnehmbar sind.

Die Lektüre eines Kinder- oder Jugendbuches wird punktuell ergänzt durch, wohl eher kleinere, Unterrichtseinheiten und/oder das Angebot zumeist kürzerer literarischer Texte – Gedichte, Kurzgeschichten, Fabeln, die im Lesebuch oder in Anthologien enthalten sind oder als Kopien eingebracht werden. Eine Expertin (M.) berichtet über die Arbeit mit thematischen Einheiten, beispielsweise zum Thema „Krieg" oder „Liebe", die sie selbst zusammenstellt und bei denen sie verschiedene Textgattungen miteinander zu verbinden sucht. Eine andere, die Veranstaltungen an der Universität zur Leseförderung besucht hat, stellt ihrer Klasse eine private Sammlung von 150–200 Titeln Kinder- und Jugendliteratur zur Verfügung, aus deren Angebot die SchülerInnen monatlich ein Buch auswählen müssen, um es in der Klasse nach der Lektüre vorzustellen.

Bleiben in den Interviews die Aussagen zum quantitativen Anteil des Literaturunterrichts im Deutschunterricht der ExpertInnen insgesamt unscharf, so finden sich doch Aussagen, in denen die subjektive Einschätzung seiner Relevanz deutlich wird. Bei Abeck wird der Literaturunterricht den ‚eigentlichen Aufgaben' des Deutschunterrichts nachgeordnet: Auf die Frage nach den Inhalten des Deutschunterrichts gibt sie an, er sei „gegliedert in dieses berühmte Rechtschreibüben und Grammatiküben, aber wir haben immer auch Literatur dabei" (A., 119–121). Literatur wird hier zuletzt genannt und wirkt wie ein ‚Anhängsel', jedoch nicht wie eine konzeptionell im Deutschunterricht verankerte Vorgabe. Dies ist insofern überraschend, als gerade Abeck und ihre Kollegin Diehl ihren Unterricht als relativ stark von Literatur geprägt darstellen (mit einer Ganzschrift pro Halbjahr und kleinen Formen). Der hohe Anteil wird allerdings als ungewöhnlich betrachtet. Hecht hält mit Berufung auf die Rahmenrichtlinien fest: „Es soll was gelesen werden" (H., 22) und formuliert die Beobachtung, dass es im Laufe der Schulzeit immer weniger werde mit den „Geschichten" (H., 311/312). Der „Leseunterricht" dagegen sei auch in den höheren Klassen wichtig, aber „der Literaturunterricht kommt zu kurz" (H., 409/410; auch O., 466/467).[11]

Ein bemerkenswerter Zusammenhang besteht zwischen dem Stellenwert des Literaturunterrichts im Deutschunterricht und der Frage nach der Repräsentativität des eigenen Unterrichts. Hier lässt sich die Tendenz ablesen, den eigenen Unterricht gerade dann nicht als repräsentativ anzusehen, wenn dem Literaturunterricht darin ein vergleichsweise hoher Stellenwert zugemessen wird. So hält etwa Diehl den Unterricht an ihrer Schule, an der halbjährlich eine Lektüre gelesen werden soll, nicht für repräsentativ (D., 610/611). Lang grenzt sich explizit von einem älteren Kollegen ab, der das Lesen von Ganzschriften in der Hauptschule für schlichtweg verfehlt gehalten habe. Seine Haltung gibt sie folgendermaßen wieder: „Nein, das können wir nicht machen, weil (1 Sek.) die schaffen das nicht. Die schaffen es nicht, ein Buch zu lesen. Und das frustriert sie und dann lesen sie nie wieder" (L., 60–62). Ähnlich berichtet May von der Erfahrung, dass ihre Kollegen ihren Literaturunterricht als Überforderung der SchülerInnen betrachten: „Wir sind ja Hauptschule hier" oder „Mach mal halblang", zitiert sie diese (M., 198–202). Diese Haltung finden wir bei vier der acht ExpertInnen unseres Samples. Die ExpertInnen deuten hier eine Haltung an, wonach Literatur für Hauptschüler im Grunde kein angemessener Gegenstand sei, weil die mangelhafte Lesefähigkeit der SchülerInnen literarische Rezeptionsfähigkeit verhindere. Explizit wird dies in einem Interview formuliert. Die Expertin ist sich nicht sicher, ob ein „Hauptschüler so für Literatur motiviert sein muss" (B., 727). Um sich in der Welt zu orientieren, müsse man

---

[11] Vermutlich spiegelt sich hier die stärker berufspragmatische Orientierung in den höheren Hauptschulklassen, die auch die Rahmenrichtlinien zumindest für die Klasse 9 vorgeben (Rahmenrichtlinien, 23). Entsprechend weist auch M. darauf hin, dass ab der 8. Klasse das Thema Übergang Schule – Beruf zunehmend Raum einnimmt (M., 44/45).

keine Literatur lesen, dies seien „die höheren Weihen" (B., 741) und solche hätten an der Hauptschule nichts zu suchen. (B. 738). Der Umstand, dass ein Teil der ExpertInnen sich gegen diese Einstellung explizit verwahrt, verweist zumindest auf das Vorhandensein der Problematik.

Entsprechend entfällt nach Darstellung der ExpertInnen der größte Anteil der Unterrichtszeit auf andere Bereiche des Faches, auf die Arbeit mit dem Sprachbuch (O., 230), auf Grammatik und Rechtschreibunterricht (A., M., O.) – eine Expertin berichtet eine Wochenstunde für ein ritualisiertes Rechtschreibtraining reserviert zu haben (M., 478–500) –, aber auch auf Sprecherziehung (D.) und die Schulung der Lesetechnik, die als Voraussetzungen für den Literaturunterricht betrachtet werden. Die Notwendigkeit zeitintensiver Lesetrainings, die auf die Schulung des sinnentnehmenden Lesens zielen, wird von allen ExpertInnen betont. Bevorzugt greifen die ExpertInnen hier auf das Lesebuch zurück, von dem Lang vermutet, dass sich die Hälfte ihrer derzeitigen KollegInnen daran vollständig orientierten (L. 495–500, ähnlich R., 366–378). May meint, insgesamt dominiere die Arbeit mit kürzeren Texten. Das (stundenweise) Springen von Thema zu Thema sei an ihrer Schule bei den KollegInnen weit verbreitet (M., 435–447).

Die beschriebene Akzentuierung des Unterrichts begründen die ExpertInnen mit den großen sprachlichen Schwierigkeiten der SchülerInnen. Sie stimmen alle darin überein, dass im Umgang mit Texten sprachliche Klärungsprozesse bis in die höheren Klassen hinein notwendig sind: Es komme vor, dass innerhalb einer Stunde nur Begriffe geklärt würden, ohne dass überhaupt über den Text gesprochen werde, so Otto (O., 531–593). Ähnlich auch May, die erklärt, das Textverständnis müsse immer abgesichert werden, es sei wichtig dafür zu sorgen, „dass wirklich alle Schüler das Wichtigste mitbekommen, damit die Geschichte weiterläuft" (M., 108–117). In diesem Sinne äußern sich auch Abeck und Diehl zu den Schwierigkeiten beim Zeitunglesen. Und wo die deutsche Sozialisation fehle, fehle z. B. auch das Wissen um die unterschiedlichen Darstellungsperspektiven von Zeitungen, „dass so ne Zeitung wie die Rundschau ne Sache anders darstellt … in einem Kommentar als politisch anders Stehende." (A. und D., 757–759) Während hier die Sozialisation insgesamt im Blick ist, summiert Lang, die Sprachkompetenz sei „das größte Problem." (L., 67/68).

**Themen des Literaturunterrichts**

Da Literaturunterricht von den befragten ExpertInnen weitgehend mit der Lektüre von Kinder- und Jugendliteratur identifiziert wird, ist thematisch von Interesse, welche Lektüren von den Lehrkräften ausgewählt werden. Es zeigt sich, dass eine kleine Anzahl gut eingeführter und erprobter, um didaktisches Material ergänzter Titel von den Lehrkräften bevorzugt eingesetzt wird: Max von der Grün, *Vorstadtkrokodile*, sowie verschiedene Titel von Peter Härtling wie *Ben liebt Anna*, *Das war der Hirbel* (Jgst. 5/6), Scott O'Dell, *Insel der blauen Delphine* (Jgst. 7), Wolfgang Kuhn, *Mit Jeans in die Steinzeit* (Jgst. 7), Ann Ladiges, *Blaufrau* (Jgst. 8), Hans Peter Richter, *Damals war es Friedrich* (Jgst. 8/9), außerdem Christiane F., *Wir Kinder vom Bahnhof Zoo* oder Morton Rhue, *Die Welle* sowie *Das Tagebuch der Anne Frank.* Hinzu kommen Titel wie *Wiebke und Paul* von Ursula Fuchs oder *Schneckenhäuser* von Renate Welsh, daneben *Hallo ... Falsch verbunden* von Marilyn Sachs. Als eher ungewöhnlich erscheint die Lektüre von Antoine de Saint-Exupérys *Der kleine Prinz* in einer 10. Hauptschulklasse. Die ExpertInnen greifen in der Regel auf Klassensätze zurück, die in der Schule vorhanden sind oder aus der Stadtbücherei entliehen werden können.

Kinder- und Jugendliteratur dient dazu, lebensweltliche Probleme der SchülerInnen zu thematisieren. So berichtet eine Expertin darüber, wie sie ausgehend von der Lektüre der *Vorstadtkrokodile* die Schüler einen Aufsatz über ihre Erfahrungen mit Gangs habe schreiben lassen. Im Zusammenhang mit *Hallo ... Falsch verbunden* wurde zum Thema Familie gearbeitet. Darüber hinaus begründet sich die Lektürewahl thematisch häufig über fächerübergreifende Zusammenhänge. Dies wird dadurch begünstigt, dass die DeutschlehrerInnen als KlassenlehrerInnen zumeist auch weitere Fächer in ihrer Klasse unterrichten.[12] Je höher die Klassenstufe, desto deutlicher ist dieser Zusammenhang, wie besonders die Titel, die ab der Jahrgangsstufe 8 eingesetzt werden, zeigen. Im Ganzen bestätigt sich, dass Kinder- und Jugendliteratur häufig als Themenlieferantin eingesetzt wird.

### Didaktik des Literaturunterrichts

Die ExpertInnen stimmen darin überein, dass der Literaturunterricht insbesondere aufgrund der Sprachprobleme schwierig ist und daher spezieller Anstrengungen bedarf. Eine besondere Schwierigkeit bestehe vor allem darin Texte auszumachen, die einerseits für die SchülerInnen thematisch interessant und andererseits sprachlich zu bewältigen seien (O., 75). Angesichts der geringen Lesemotivation der SchülerInnen, von der die ExpertInnen einhellig berichten, müsse auf die Auswahl der Texte ein besonderes Augenmerk gelegt werden. Entsprechend versuchen die ExpertInnen die thematischen Interessen der SchülerInnen aufzunehmen. Auch der Umfang des Textes müsse berücksichtigt werden: „Wenn ein Buch über hundertfünfzig Seiten hat, oh Gott, das ist wie so ein Berg, ja. Und das, das schreckt ab." (L., 75/76; in diesem Sinne auch D., 189/90; B., 34–68). Daneben wird das positive Verhältnis der LehrerInnen zum Text genannt (M., 38), oder es wird die subjektive Vorliebe zum Auswahlkriterium. Sie ermögliche es, für Stoffe zu interessieren und zu begeistern (H., 26–28). Immer wieder werden

---

12 Das Prinzip, den Klassenlehrer/die Klassenlehrerin mit einer möglichst großen Anzahl von Stunden in der eigenen Klasse einzusetzen, ist an den Schulen der ExpertInnen etabliert (R. 34–38, A., 25). Die Schulen versuchen damit auf die spezifischen Erfordernisse des Unterrichts in der Hauptschule organisatorisch zu reagieren. Das Hauptfach Deutsch wird unter diesen organisatorischen Prämissen zum „Klassenlehrerfach", das häufig auch fachfremd unterrichtet wird. (R., 41).

Identifikationsmöglichkeiten mit den „HeldInnen" als Motivationsfaktoren und Lektüreanreize deutlich (explizit bei L., O. und H.). Abeck und Diehl betonen zudem die Spannung (z. B. A., 359). In der 8. und 9. Klasse spielen Probleme wie Identitätsentwicklung, Rollenfindung innerhalb von Gruppen, Erfahrungen mit dem Körper und Beziehungsthemen eine wichtige Rolle. Diese thematischen Anknüpfungspunkte werden zweimal explizit dem Kriterium „literarische Qualität" vorgeordnet. Positive Erfahrungen machen Lang und Böhm mit Texten, die sehr direkt in die Lebenssituation der Jugendlichen sprechen. So gestaltete Langs Klasse ein umfangreiches Radioprojekt zum Thema „ausländische Mädchen in Frankfurt". Freiwillig lasen die Schülerinnen umfangreiche Erfahrungsberichte und stellten diese vor.

Die Notwendigkeit solcher Motivation über Wiedererkennung und Identifikation gilt sowohl für ästhetische als auch für sachliche Texte. Letztere finden zur Schulung von Grundfertigkeiten – sinnentnehmendes Lesen – Einsatz: „unterstreichen, markieren, rausschreiben" (L., 226). Sinnentnehmendes Lesen wird mit hoher Übereinstimmung als große Schwierigkeit beschrieben In sechs von acht Interviews wird dies explizit. Dabei fällt auf, dass die Schwierigkeit nicht vornehmlich als ein Problem der mangelnden Sprachkompetenz in der Zweitsprache Deutsch beschrieben wird. Die Techniken der Sinnerschließung, die noch in der 9. Klasse „super, super schwierig" seien, sind nach Lang für einen Literaturunterricht unverzichtbar (L., 227), dies sei aber eine Fähigkeit, „… die nicht so stark ausgebildet [ist]" (L., 71).

Wenn Hecht darauf hinweist, dass für den – ihres Erachtens dominanten – Leseunterricht auch literarische Texte zum Einsatz kommen, so zeigt sich insgesamt eine Tendenz, mit literarischen und pragmatischen Texten gleichermaßen Lesefähigkeiten zu schulen. Dem kommt große Bedeutung zu: „Lektüre ist ganz wenig, aber Lesenlernen schon mehr", so Böhm (B., 235/236). Die mündliche Leseschulung beschreibt Diehl als „Sprecherziehung": Es gehe auch um Betonungen, Vorlesen in Prüfungen (D., 213–217). Der konkrete Umgang mit Literatur unterscheidet sich daher oft nicht vom Umgang mit sogenannten Sachtexten. Wo es um die Erschließung der Inhalte geht, wird das Medium nicht notwendig als musisch-ästhetisches zur Geltung gebracht. So erzählt Abeck von der gemeinsamen Lektüre des Tagebuchs der Anne Frank: „Nacherzählung, Inhaltsangabe wird da auch dran trainiert." (A., 199)

Übereinstimmend geben die ExpertInnen an, große Teile der Lektüre gemeinsam in der Klasse zu lesen, vielfach laut und reihum. Dieses zeitintensive 'Lesetraining' bereite den SchülerInnen ihrer Klasse Freude, so Lang. (142–144). Schnell seien die Finger oben, so Otto (386/387). Diehl gibt an, längere Passagen würden genossen (463–464). Ist der Einstieg in die Lektüre gelungen, wird mitunter zu Hause weiter gelesen. Resch betont jedoch, dass der Literaturunterricht inklusive Lesen und Texterschließung in der Unterrichtszeit stattfinden muss (in diesem Sinne auch

M., 53–88). Abeck weist auf die unterschiedlichen Leistungsstärken in ihrer Klasse hin. Wo die Worte nicht verstanden würden, sei es schwer zu sagen „so, nu lest mal da weiter und guckt mal, ob ihr den Inhalt kapiert, geschweige denn den Gehalt" (A., 135–136). Die inhaltliche Klärung sei deshalb besonders wichtig. Sie läuft über Nacherzählung, konkretes Nachfragen der Lehrerin im Unterrichtsgespräch, über die schriftliche Beantwortung von Fragen, mitunter auch über ein begleitend geführtes Heft, in dem die SchülerInnen Inhalte protokollieren (L., 9. Klasse; Lesetagebuch auch bei R.). Darüber hinaus nutzt Hecht in ihrer 7. Klasse weitergehende Angebote der benutzten Ausgabe: Bilder besprechen und beschreiben, selbst welche malen. Zwei Expertinnen arbeiten produktionsorientiert (L. und R., zu R.s Behandlung von Ganzschriften 281–332).Eine Expertin führt zudem an, sie habe auch SchülerInnen in der Klasse, die einen dem Realschulabschluss vergleichbaren Schulabschluss anstrebten. Gerade für diese Gruppe sei es wichtig, dass etwas gelesen werde. Mehr als in der Hauptschule scheint daher in ihren Augen die Ganzschriftenlektüre in der Realschule notwendig und möglich.

Fünf ExpertInnen (A., D., H., L. und O.) bewerten es positiv, wenn es gelang, Leselust zu wecken. So erzählt Lang von der Lektüre *Hallo ... Falsch verbunden* und summiert die Einflussfaktoren, die zum Erfolg beitrugen: „Es ist jetzt keine anspruchsvolle Literatur, ist es nicht, ja. Aber es spricht die Schüler und Schülerinnen an. Es ist ein komplettes Buch und es sind Themen, die sie interessieren, und die Sprache ist adäquat ... da waren Schüler dabei, die sonst *nie* lesen, die haben es verschlungen, die haben daheim gelesen. Also das war toll" (L., 84–89).

Die Leselust ist ein Wert an sich. So wehren sich Abeck und Diehl auch nicht dagegen, mal über *Hanni und Nanni*, Inbegriff anspruchsloser Mädchenliteratur, zu sprechen, wenn die Schülerinnen Spaß an diesen Büchern hätten und sie in ihrer Freizeit läsen. Die Expertinnen betrachten diese Lektüren als Möglichkeiten, ins Lesen einzusteigen, und berufen sich dabei auf ihre eigene Lesebiografie: „Das war mein Einstieg in alles Weitere" (D., 237). Die Lust an solchen Texten führen sie auf ein Eskapismusstreben zurück: „Die möchten entrücken" (A., 248) oder sich in eine „heile [Kinder-] Welt" zurückversetzen, wie Otto ausführt: „[...] auch selbst im siebten Schuljahr, die haben sich oft so eine schöne heile Welt aus der Grundschulzeit oder Kindergartenzeit [erhalten], die pflanzt sich eigentlich manchmal fort bis zum neunten Schuljahr. [...] Aber dass so etwas, dass Bücher zum alltäglichen Leben gehören, kann ich nicht feststellen" (O., 63). Zwei ExpertInnen sehen die affektive Komponente als bedeutsam an. Lesen gilt ihnen nicht nur als kognitive Kompetenz. Es ist „auch gemütsbildend und nicht nur das große Wissen" (A., 242–243). Diehl setzt daher auch schon mal eine Geschichte zur Entspannung ein (D., 603).

Mit dem Verständnis der Worte bzw. des Inhalts, dem Lesetraining und dem Wecken der Leselust allein ist es allerdings nicht getan. Die ExpertInnen halten es vielmehr übereinstimmend für wichtig, dass die SchülerInnen sich zu den Texten äußern können und ihre Gedanken artikulieren, berichten aber auch von den Schwierigkeiten, die dieser vertiefende Umgang mit Literatur bereite. Gefragt nach der Bedeutung des Interpretierens gibt Hecht an, dass dies den SchülerInnen sehr schwer falle und charakterisiert die Ergebnisse als „sehr mager" (H., 260). Lang vermeidet das klassische fragend-entwickelnde Unterrichtsgespräch und nutzt verschiedene produktive Verfahren im Umgang mit dem Text. Zum Interpretieren im üblichen Sinne hätten wenige die Kompetenz, wichtig sei ihr, dass die Schüler klärten und auch mitteilen könnten: „Was spricht mich dabei an, wie versteh ich es?" (L., 327). Sprache, Lesen und Schreiben seien für viele SchülerInnen negativ besetzt: „Das ist genau der Bereich in der Schule, wo sie immer Schwierigkeiten hatten."

Einen geringen Stellenwert haben folglich textanalytische und interpretatorische Verfahren, die auch auf die Schulung literarischer Rezeptionsfähigkeit abzielen. Lediglich eine Expertin betont dies als besonderes Anliegen: „... find ich oft. sie bekommen so eine Ahnung, was es alles gibt, ... was da drin stecken kann in einem Satz. In einem Satz kann soviel drin sein. Das ist oft wunderbar" (M., 176–179). Die Expertin formuliert ihre Erfahrung, dass so mehr hängen bleibe, die SchülerInnen zumindest eine Ahnung von Bedeutungsmöglichkeiten gewännen, „als wenn ich immer quasi auf ihrer Ebene bin, diese Einfachheit, Einfachheit, Einfachheit" (M.,167–169). Und eine weitere Interviewpartnerin hält fest: „... da steigen die erstaunlich dahinter. Also da bin ich immer ganz platt, weil man ja denkt, also nun sind die schon ein bisschen blöd oder was, aber da merke ich, das kann man mit denen machen"(A., 527–535).

Die unterrichtliche Behandlung literarischer Texte als ästhetische kennzeichnet die Expertin May zusammenfassend als gänzlich untypisch für den Deutschunterricht an Hauptschulen. Ihr sei es aber wichtig, den SchülerInnen nichts vorzuenthalten, eine Haltung, die sich explizit auch bei Abeck und Lang findet; „dann machen wir so [literarische] Ausflüge" (M., 123), wenn auch solcherart Literaturunterricht an einem Teil ihrer SchülerInnen vorbei gehe. Sie benennt hier deutlich geschlechtsspezifische Unterschiede.

Den Schwierigkeiten zum Trotz bringen manche LehrerInnen durchaus auch literarhistorisch anspruchsvolle Texte in den Unterricht ein. Die Schüler sollen auch mal „was von Goethe gehört haben" (L., 293). Eine Vorauswahl unter dem Stern eines 'Viel zu schwer' sei eine vergebene Chance, denn „wenn man ihnen was vorstellt und ihnen das erklärt, wird's ..." (D., 797/98). Insgesamt sind Ausflüge zu klassischen Autoren, deren Texte, so explizit Diehl (485–487), für die SchülerInnen schwieriger seien, allerdings selten. Genannt werden neben Goethe Gedichte von Lasker-Schüler, Benn (A., D.) und Fontane (D.), *Der kleine Prinz* von Saint-Exupéry (M.). Positive Erfahrungen machen Abeck und Diehl dabei mit dem biographischen Zugang. Informationen zur Beziehung zwischen Benn und Lasker-Schüler hätten Interesse für die Gedichte geweckt und Verstehensmöglichkeiten eröffnet. Erfahrungen mit Sprache als Medium zum Selbstausdruck stellte Lang ins Zentrum, die eine Einheit zu Liebeslyrik durchführte. Die SchülerInnen schrieben Elfchen und Stufengedichte und stellten die Computerausdrucke aus. Auch die formale Struktur von Gedichten wurde erarbeitet.

Neben diesem genuinen Literaturunterricht wird bei einigen ExpertInnen als wichtiges Anliegen deutlich, auch Anlässe zur Lektüre außerhalb des Unterrichts zu schaffen. So lassen Abeck und Diehl Referate zu Büchern halten. Sachthemen werden bearbeitet, Bücher vorgestellt. Die LehrerInnen gehen dabei stark auf die Interessen und Bedürfnisse der SchülerInnen ein. Hervorgehoben wird das Ziel, die Selbständigkeit der SchülerInnen, die sich in der Bücherei mit zusätzlichem Material versorgen und über ökonomische Erschließungstechniken verfügen, zu fördern (z. B. A., 359–372). Dass das Problem der Lektürebeschaffung für die SchülerInnen nicht nachrangig ist, zeigt die Beschreibung einer Expertin, die mit ihrer Klasse als einzige intensiv mit einer umfangreichen Klassenbücherei mit Titeln der Kinder- und Jugendliteratur arbeitet: „... und [ich] hab' ihnen dann eine Liste gegeben, erst hatte ich nach Autoren geordnet. Damit können die nichts anfangen. Ja, das sagt ihnen überhaupt nichts, nicht mal Kästner sagt ihnen was. Härtling auch nicht, ja. Aber sie kennen Titel: *Ben liebt Anna*. Und wenn ich dann sortiert hab' nach Abenteuer oder Krimi oder Freundschaft oder Liebe, dann suchten sie eher, mussten dann aber am Regal, standen sie dann oft etwas dumm da und wussten also auch noch nicht mal, wie sortiert man jetzt, nach Vor- oder Nachnamen. Also es ist, Pionierarbeit." (R., 196–204). Die Expertin erwartet von ihren SchülerInnen monatlich die Lektüre eines Buches. Ihre Leseförderung sei gerade bei Schülerinnen erfolgreich. Sie weiß aber auch von einem Schüler zu berichten, der im Anschluss an die Hauptschule erfolgreich die Berufsfachschule besucht. Der Schüler habe ihr bei einem Besuch erklärt: „Ja, Frau Resch, das war gut, dass sie uns gezwungen haben soviel zu lesen. Deswegen kann ich jetzt so, ich kann jetzt gut und schnell lesen und deswegen kapier ich das alles jetzt auch viel besser" (R., 230–233). Allerdings geht auch Resch nicht davon aus, dauerhaft Leselust geweckt zu haben.

### Geschlechtsspezifische Differenzen

Ein Teil der befragten ExpertInnen benennt für Literaturunterricht geschlechtsspezifische Differenzen. Es fällt auf, dass dies ausschließlich diejenigen ExpertInnen sind, die dem Literaturunterricht in ihrem Deutschunterricht überhaupt eine Bedeutung beimessen. Dies sind vier der von uns Befragten. Exemplarisch für die übrigen sei hier auf Böhm verwiesen, die zusammenfassend formuliert, sie sehe keinen Unterschied zwischen Mädchen und Jungen, was das Interesse am Lesen generell betreffe. Wichtiger seien Intelligenz und Motivation (B., 389–409).

Die vier ExpertInnen, deren Interviews die Grundlage für die folgenden Ausführungen bilden, machen sowohl quantitative Aussagen als auch solche über inhaltliche Vorlieben. Darüber hinaus werden geschlechtsspezifische Differenzen im Umgang mit Literatur beschrieben, die Einblicke in die Qualität von Lektüreprozessen ermöglichen.

Die Befragten machen die Erfahrung, dass ihre Lektüreangebote von den Mädchen häufiger und, so die Wahrnehmung, engagierter genutzt werden als von den Jungen. Resch etwa, die von ihren SchülerInnen die monatliche Lektüre eines Jugendbuches verlangt, berichtet, dass es die Mädchen waren, die über das geforderte Pensum hinaus gelesen hätten (R., 90–118). Und Lang führt aus, dass ausschließlich Mädchen Literatur bei ihr persönlich nachfragten. Auch im Rahmen eines Radioprojektes seien es die Mädchen gewesen, die weitaus engagierter vorbereitend gelesen hätten, womit auch eine Quantität bezeichnet wird (L., 265–273). Zu den thematischen Interessen bei freier Lektüreauswahl – auch ihre Klasse hatte die Aufgabe monatlich ein Buch zu lesen – führt Böhm aus, die Mädchen hätten Romane gelesen, in denen „ein bisschen was mit Sex vorkam" (B. 389–409), die Jungen dagegen Science-Fiction oder Krimis. Resch dagegen summiert, die thematischen Interessen der SchülerInnen seien entwicklungs-, nicht geschlechtsspezifisch bestimmt (R., 212).

In den eher qualitativen Aussagen der ExpertInnen zum Umgang der SchülerInnen mit literarischen Texten zeigen die Interviews einige interessante Differenzierungen: Während May zusammenfassend feststellt, tendenziell falle es Mädchen leichter als Jungen, Zugang zu Literatur und deren Analyse zu finden, und einige „pfiffige Jungs, die darauf einsteigen" (M., 210–220, hier 214), lediglich als Ausnahmen anführt, erlauben vor allem zwei weitere Interviews genauere Einblicke in die Qualität von Lektüreprozessen. So erläutert Lang ausgehend von ihren Erfahrungen mit der Lektüre *Hallo ... Falsch verbunden* von Marilyn Sachs die Geschlechterdifferenzen. Während sich die Mädchen zur Lektüre „offen, auch empört oftmals und sehr impulsiv", im Ganzen „emotionaler" geäußert hätten, kennzeichnet sie den Umgang mit dem Text durch die Jungen als zurückhaltender in den mündlichen Kommentaren. In den schriftlichen Äußerungen dagegen sei die Beteiligung „deutlich rüber gekommen" (L., 172–182). An anderer Stelle führt sie aus, dass im Rahmen einer produktionsorientiert angelegten Unterrichtseinheit zu Liebeslyrik vor allem die Jungen „tolle Sachen gemacht und unheimlich viel von sich preisgegeben" (L., 279–284) hätten. Vor dem Hintergrund dieser Erfahrungen ist es der Expertin deshalb wichtig, geschlechtsspezifische Zuordnungen nicht vorschnell festzuschreiben: „Wobei also ich mag das gar nicht so strikt sagen, weil ich schon den Eindruck hatte, die Jungs, für die war das auch, die haben sich auch angesprochen gefühlt" (L., 172–182).

Von tendenziell ähnlichen Erfahrungen im schulischen Leseverhalten ihrer SchülerInnen berichtet auch Diehl. Befragt nach Geschlechterunterschieden bei der Lektüre von Mirjam Presslers *Bitterschokolade* führt sie aus, das Problem der „Findung der Eigenidentität auch über die Körperlichkeit in der beginnenden Pubertät, das haben die Jungs ja auch. Also da geht's ja im Grunde, du musst ein großer starker Mann mit Muskeln sein ..." Gerade in schwierigen Klassen lasse sich das Buch deshalb gut lesen: „... selbst Rabauken werden still und finden vielleicht den Übergang dazu, dass sie ja vielleicht auch anders bisschen sein wollen als sie sind" (A., D., 150–178). Und Abeck erläutert an einem anderen Literaturbeispiel, *Das Mädchen aus [Islamabad]*, wie ein Text, der eine „Mädchengeschichte" erzählt, eine besondere Lesefaszination bei ihren Schülern ausgelöst habe: „... wie die das wissen wollen, was da passiert, ja ... da sind die Mädchen nix, gar nix dagegen, wissen Sie, wie gefesselt" (ebd.). Auch umgekehrt läsen Mädchen Jungengeschichten mit „genauso viel Spannung", wie die beiden ExpertInnen an der Lektüre von William Goldings *Herr der Fliegen* beispielhaft ausführen (A., D., 168–171).

### 3.3.2 Perspektiven des Literaturunterrichts an der Hauptschule

Literaturunterricht hat aus der Sicht der ExpertInnen spezifische Voraussetzungen, die an der Hauptschule nur bedingt vorhanden sind. So betont Lang, dass es dort, wo noch so viele Grundlagenkenntnisse vermittelt werden müssten, „einfach auch nicht möglich (sei), mehr zu machen" (L., 219–220). Literaturunterricht erscheint als ein mühseliges Geschäft, wie insbesondere Diehl am Ende des Interviews summiert: „Wir führen ... so einen permanenten Kampf" (D., 773–774). Ernüchtert äußert sich Böhm zum Deutschunterricht insgesamt: die Fortschritte der SchülerInnen seien gering, etwa ein Drittel der SchülerInnen würde „nie Rechtschreiben lernen und nie richtig lesen lernen" und habe daran auch kein Interesse (B., 277–289). Die Annahmen der ExpertInnen zur Freizeitlektüre ihrer SchülerInnen sowie die Einschätzung der Leseperspektive ihrer ‚Ehemaligen' sind – wie gezeigt – kaum geeignet, solcher Enttäuschung entgegenzuwirken.

Entsprechend pessimistisch schätzen die ExpertInnen auch die Möglichkeiten der Schule ein, kompensatorisch im Hinblick auf die ungünstigen Zugangsvoraussetzungen ihrer SchülerInnen zu arbeiten. Im Horizont sind Chancen kompensatorischen Arbeitens in der Hauptschule nur in den Interviews, in denen die Befragten dem Literaturunterricht überhaupt einen relevanten Stellenwert einräumen. So formuliert Diehl: „Ich glaub, dass viele nicht lesen, dass aber manche dann zum Lesen [...] kommen, weil wir ihnen die Fertigkeiten geben und sagen, das kann Spaß machen und manche sagen auch, Mensch, es gibt interessante Sachen in der Bücherei, da kostet's nix." (D., 415–418). Und Abeck bestätigt, wenn auch modifizierend: „Also, ich denke, es ist ein Bruchteil, den wir dazu kriegen, und die bleiben auch dabei" (A., 424–425). Von einem umfassenden Erfolg ihrer Bemühungen gehen sie freilich beide nicht aus.

## 3.4 Handlungsleitende Erfahrungen und Erklärungen der ExpertInnen

Im thematischen Vergleich der ExpertInneninterviews fallen zunächst die übereinstimmenden Argumentationsfiguren auf, mit denen die ExpertInnen die Bedingungen des Unterrichts an Hauptschulen im großstädtischen Milieu kennzeichnen: bildungsfernes Herkunftsmilieu und eingeschränkte Deutschkenntnisse der mehrheitlich aus Migrationsfamilien stammenden SchülerInnen (vgl. ausführlich Kap. 2.2) werden von allen ExpertInnen – unabhängig vom Interviewleitfaden, der das Thema nicht explizit vorsieht – als zentral benannt. Der straffe Zusammenhang dieser Faktoren im Hinblick auf Bildungsbeteiligung und Kompetenzerwerb, wie ihn die PISA-Studie für die Bundesrepublik erbracht hat, dominiert die Problemwahrnehmung der ExpertInnen. Freilich wird hier eine andere Perspektive eingenommen. In der Wahrnehmung der ExpertInnen stellen die Faktoren Migration und bildungsfernes Herkunftsmilieu ein nahezu unüberwindliches Hindernis dar. Als LehrerInnen an der Hauptschule sehen sich die ExpertInnen in der Situation, SchülerInnen zu unterrichten, denen sie keine oder nur unzureichende Voraussetzungen für einen gelingenden Schulbesuch attestieren. Unterricht stellt sich ihnen dar als das Angehen gegen hohe Bildungsbarrieren. Vor diesem Hintergrund sehen sich die ExpertInnen fachlich weitgehend auf die Vermittlung von Sprachkenntnissen und schriftsprachlichen Grundfertigkeiten verwiesen. In den Interviews treten diese Inhalte als die den Deutschunterricht dominierenden hervor, unbeschadet einer enormen Spannbreite der Unterrichtsgegenstände insgesamt. Differenzierende Aussagen werden in den Interviews gewissermaßen erst beim „zweiten Anlauf", in detaillierten Narrationen zum Unterricht, der Leistungsfähigkeit der SchülerInnen etc. getroffen.

Die ExpertInnen stimmen zwar in der Einschätzung der Bedingungen des Deutschunterrichts an der Hauptschule generell überein, doch insbesondere an der Frage nach Bedeutung und Funktion des Literaturunterrichts werden markante Differenzen deutlich. Diese ergeben sich weniger auf der Ebene der Angabe allgemeiner Zielsetzungen, sondern vielmehr in konkreten Auswahlentscheidungen sowie didaktischen und methodischen Überlegungen für konkrete Unterrichtsgegenstände. So geben die ExpertInnen mehrheitlich an, die Vermittlung von Lesespaß sei ihnen ein wichtiges Ziel des Literaturunterrichts. Die induktiv gewonnene Auswertungskategorie „Mir ist wichtig, dass die SchülerInnen Spaß am Lesen haben" wird in sechs von acht Interviews gefüllt. Eine Expertin macht zu dieser Auswertungskategorie keine Aussagen, gehört aber zu denen, die Literaturunterricht systematisch anbieten. Eine weitere teilt dieses Ziel explizit nicht. Das Ergebnis unseres kleinen Samples bestätigt damit Forschungsergebnisse. Das Ziel „Vermittlung von Lesespaß" erhält in Befragungen von Lehrkräften regelmäßig hohe Zustimmung (Runge 1997, 235). Im Horizont des Unterrichts ist hier eine Idee des literarischen Lesens, die sich mit Genusserleben, Interesse und Involviertheit der Person verbindet. Der Literaturunterricht zielt damit auf eine Haltung, weniger auf definierte Lernziele. Für diese Haltung gegenüber dem Gegenstand sehen die ExpertInnen allerdings keine Voraussetzungen, blicken die SchülerInnen biographisch in ihrer Wahrnehmung doch mehrheitlich nicht auf lesefördernde Erfahrungen im Elternhaus zurück. Die ExpertInnen sehen sich im Literaturunterricht mit der besonderen Schwierigkeit konfrontiert, didaktisch mit dem Wechselverhältnis von niedriger Lesekompetenz und fehlender, zumindest nicht stabiler Lesemotivation unter den Bedingungen der Mehrsprachigkeit umgehen zu müssen. Diese Schwierigkeiten des Literaturunterrichts in der Hauptschule hält die Hälfte der von uns Befragten für nahezu nicht lösbar. Entsprechend werden Handlungsperspektiven nicht entworfen. Dem Literaturunterricht weisen diese ExpertInnen eine weitgehend untergeordnete Rolle zu. Die Möglichkeiten literarischer Bildung in der Hauptschule werden, unbeschadet der Anerkennung der Zielperspektive, faktisch aufgegeben und im konkreten Umgang mit Lektüre im Unterricht stellenweise wohl auch scharf konterkariert. Freilich können die ExpertInnen auch nicht auf didaktische Konzepte zurückgreifen, in denen die spezifischen Bedingungen des sprachlichen und literarischen Lernens in der Hauptschule systematisch oder wenigstens exemplarisch bearbeitet wären.

Folgende Desiderata sind aus den ExpertInneninterviews erkennbar:

– Literaturunterricht erscheint nicht (mehr) als integraler Bestandteil des Deutschunterrichts der Hauptschule. Als Unterrichtsgegenstand wird Literatur von der Hälfte der befragten ExpertInnen in Frage gestellt gegenüber dem dominierenden Grammatik- und Rechtschreibunterricht. Diejenigen ExpertInnen – immerhin die Hälfte der Befragten – die Literatur systematisch anbieten, markieren diese Akzentsetzung des Unterrichts selbst als ungewöhnlich und nicht repräsentativ. Literatur als Gegenstand des Deutschunterrichts der Hauptschule muss damit auch gegenüber den dort unterrichtenden LehrerInnen (neu) legitimiert werden. Darüber hinaus bedarf es auch einer Legitimation gegenüber der politisch-administrativen Ebene. Der seit dem Schuljahr 2002/2003 geltende hessische Hauptschullehrplan erteilt dem literarästhetischen Lesen eine fast vollständige Absage. Er unterscheidet sich darin markant von dem bis dahin geltenden Rahmenplan Deutsch, der dieser Dimension breiten Raum gab.

– Es fehlen weitgehend Unterrichtskonzepte, die die spezifischen Bedingungen des Literaturunterrichts in der Hauptschule, also die Voraussetzungen der SchülerInnen für das sprachliche und literarische Lernen, aufnehmen, so dass Lesen in seinem Gebrauchs- und Unterhaltungswert entdeckt werden kann. Als ungeeignet erscheinen insbesondere solche Konzepte der Leseförderung, die fast ausschließlich auf die Genussdimension des Lesens, also auf die Lesemotivation abzielen und diese zugleich als verschüttete Erfahrung voraussetzen. Auf solche Erfahrungen blicken SchülerInnen der Hauptschule zumeist gerade nicht zurück. Konzepte des „Lesezaubers" berücksichtigen zudem die auch noch in höheren Klassen der Hauptschule nur gering ausgeprägte Lesekompetenz der SchülerInnen nicht, sondern setzen sie fälschlich voraus.

# 4. Fallbezogene Auswertung

Im Folgenden werden insgesamt sieben Befragte in Falldarstellungen ausführlich vorgestellt, Kurzportraits aller übrigen InterviewpartnerInnen finden sich im Anhang. Ausschlaggebend für die Ausarbeitung einer Einzelfallstudie war der Stellenwert des Lesens in der Medienbiographie der Interviewten. Für alle sieben porträtierten Befragten besitzt Lesen eine relevante Bedeutung. Mit Ausnahme von Francesca verfügen sie zudem alle über nennenswerte Leseerfahrungen und thematisieren diese im Verlauf des Gesprächs.

Für Francesca trifft dies gerade nicht zu, sie verweigert sich explizit Leseanforderungen und erläutert im Interview ihre Haltung: Lesen ist zur Negativfolie geraten, vor der sie sich demonstrativ abhebt. Im Unterschied zu ihr entwerfen alle übrigen Porträtierten eine positiv getönte Einstellung zum Lesen: Maria präsentiert eine dezidiert instrumentelle Lesehaltung. Sie unterwirft sich einem regelmäßigen und systematischen Lesetraining, in der Hoffnung dadurch ihre Sprachfähigkeiten und letztendlich ihre Berufschancen zu verbessern. Auch Alis Leseerfahrung und Lesemotivation steht in einem vergleichbaren Kontext. Zur Vorbereitung auf den (externen) Realschulabschluss beschäftigt er sich in einem mühsamen und intensiven Lektüreprozess mit Plenzdorfs *Die neuen Leiden des jungen W.*. Der Erfolg der Prüfung lässt die Anstrengung zu einer positiv besetzten Leseerfahrung werden. Obgleich auch Michael eine eindeutige Leistungsorientierung erkennen lässt, steht seine Lesepraxis in keinem unmittelbaren Zusammenhang zu seinen beruflichen Aufstiegsplänen. Angelehnt an die Medienpraxis seiner Freundin eignet er sich deren Lektürehabitus an, übernimmt zugleich deren berufliche Zukunftsorientierung und gewinnt daraus eine veränderte soziale Identität. Halima, Susan und Tuba schließlich verfügen insgesamt über die umfangreichsten Leseerfahrungen in unserem Sample, sie alle können auf Phasen intensiver Lektüre zurückblicken und darüber ausführlich und reflektiert berichten. Für Halima und Tuba besitzt Lesen offenkundig eine identitätsstützende Funktion. Der Verlauf von Susans Mediensozialisation wiederum – sie wechselt vom Gymnasium auf die Hauptschule und wird dort wenig gefordert – ist unverkennbar von den Vorstellungen ihres bildungsorientierten Herkunftsmilieus geprägt: Lesen ist selbstverständlicher Bestandteil der Medienpraxis.

Alle Darstellungen sind einheitlich strukturiert: Zunächst werden Angaben zur aktuellen Lebens- und Ausbildungssituation des/der Befragten gemacht, relevante Informationen zu Zustandekommen, Verlauf und Klima des Gesprächs gegeben. Im Anschluss daran wird die Bedeutung des Lesens im

Kontext der Mediennutzung rekonstruiert und die Medienbiographie der Porträtierten entworfen. Darauf folgt die Auswertung der Aussagen und Einschätzungen, die zum schulischen Lese- und Literaturunterricht angetroffen wurden. Ein abschließendes Resümee interpretiert die ausgebreiteten Materialien zusammenfassend und rückt sie in den theoretischen Bezugsrahmen der Lesesozialisationsforschung ein.

## 4.1  Lektüre als Bildungshürde: Ali

Zum Zeitpunkt des Interviews ist Ali 18 Jahre alt. Er ist in Marokko geboren und erst seit 5 Jahren in der Bundesrepublik. Der Kontakt zu Ali ergab sich über das Internationale Jugendzentrum (IJUZ). In diesem Treffpunkt kommen vor allem männliche Jugendliche muslimischer Herkunft zusammen und verbringen dort in der Regel täglich ihre Freizeit. Am Tag des Interviews herrscht eine leise, aber deutliche Aufregung, weil ein afghanisches Mädchen in Konflikt mit ihrer Familie geraten ist, als diese von Zärtlichkeiten mit ihrem Freund bei einer Disco im IJUZ erfuhr. Die Rede ist von heftigen Sanktionen des Vaters und einer Zwangsverlobung. Als Ali in die Cafeteria kommt, fragt er zunächst die Sozialpädagogin nach Neuigkeiten bezüglich des Vorfalls. Er ist in eine modische dunkle Kunststoffjacke gekleidet. Bis das Interview beginnen kann, spielt er mit ein paar anderen Kicker und nutzt die Gelegenheit zum Show-Off. Das Gespräch mit den anderen dreht sich um die Ausbildungssituationen der Jugendlichen. Ali legt Wert darauf, festzustellen, dass seine Ausbildung im Hotelfach besser und interessanter ist als die eines anderen, der Maler wird, und bittet die Interviewerin um eine Stellungnahme. Es sieht so aus, als wolle er ihr Interesse wecken und außerdem eine gewisse Anerkennung ernten. Insgesamt gibt er sich locker, ist aber etwas verkrampft. Während des Interviews, das sie in einem Gruppenraum des IJUZ führen, raucht er mehrere Zigaretten und spielt mit dem Ascher, ist zunächst zappelig und guckt später öfter raus, als die Video-AG im Hof zu arbeiten beginnt und auch mal jemand durchs Fenster schaut. Die Interviewerin empfindet die Situation als angenehm und ihn als sympathisch, kontaktfreudig und wach, seine Geschichte erscheint ihr interessant. Gelegentlich sind die Dialoge auch witzig und die Interviewerin hat am Ende das Gefühl, dass die Geschlechterrollen die Situation mit bestimmt haben und Alis Verhalten teilweise etwas Flirtendes hatte. Ali selbst meint nach 45 Minuten Interview, als die Kassette umgedreht werden muss, es mache ihm Spaß. Er kokettiert in diesem Zusammenhang auch damit, eigentlich Probleme mit dem Reden zu haben (314–318).

Als er sich nach dem Interview einen verschlüsselten Namen geben soll, schlägt er zunächst Roberto vor, wählt dann aber auf Bitten der Interviewerin hin einen, der wie sein wirklicher Name seine fremdkulturelle Herkunft anklingen lässt, „Ali".

Ali lebt noch bei seinen Eltern. Er hat drei ältere Geschwister, ein Bruder wohnt in der Nähe. Mit ihm hat er viel Verbindung. Seine beiden Schwestern sind – wohl zwangsweise aufgrund ihres Alters – in Marokko geblieben. Ali ist jeden Sommer dort und besucht sie. Beide Eltern haben keinen Schulabschluss und sind nicht alphabetisiert. Der Vater arbeitet als Maurer, die Mutter ist Hausfrau.

Im letzten Sommer hat Ali an einer Frankfurter Hauptschule den (externen) Realschulabschluss gemacht. Auf seine Leistung ist Ali stolz. Zum Zeitpunkt des Interviews ist er noch nicht in einem regulären Ausbildungsverhältnis, sondern wird vom Arbeitsamt finanziert. Er hofft, in Kürze von dem Hotelbetrieb, in dem er arbeitet, übernommen zu werden.

Viele Passagen des Interviews sind weniger durch Narrationen als durch eine dialogische Struktur gekennzeichnet. Gerade zu Beginn häufen sich längere Pausen. Ali stellt sich als Vielseher vor und erzählt provokativ von seiner Vorliebe für romantische Filme:

I: *„Was ist denn ein guter Film?"*
„Für mich? So romantische (lacht)."
*„So mit en bisschen Liebe und nem Happy-ending"*
„Ja, so was guck ich gern. Ich hasse so Drama oder so Action und so was, hass ich auch, wegen Gewalt, weil, das ist kein Fi-, also kein Film für mich."
*„Aha, was gefällt dir an so Filmen? Also wenn es dann die sind, die du gerne guckst."*
„An die Filme? Die Mädchen (lacht). (*„Die Mädels?"*). Die Mädels."
*„Weil sie hübsch sind oder warum?"*
„Sehr sogar. Also sonst kann sie nicht da sein, sonst kann sie nicht den Job bekommen (3 Sek.)."
*„Und (1 Sek.) Also abgesehen mal davon, dass sie gut aussehen, was ist daran noch interessant?"*
„Ihr Körper. (lacht) Ihr Aussehen. Halt (4 Sek.) Alles an, an ihnen, besser gesagt. Alles. Wie sie reden. Wie sie schauspielen. Alles an die Mädels gefällt mir und deswegen guck ich die halt gern an" (13–20).

Offensichtlich möchte Ali von der Interviewerin als Mann wahrgenommen werden, ohne dass er dabei aggressiv wirkt. Von sich aus geht er nicht über auf die Ebene der filmischen Handlung. Erst als die Interviewerin eine typische Handlung skizziert, nimmt er den Faden auf:

„Es ist halt so, weil bei jede Filme gibt's halt zwei Partner und es gibt immer Strei–, also Streit zwischen denen, aber am Ende kommen die trotzdem zusammen und daran gefällt mir's, also ich meine, wie es halt geschafft haben, was für ein Problem die hatten und davon lernt man halt (lacht)." (30)

Wie an vielen anderen Stellen des Interviews nimmt Ali hier Stichworte der Interviewerin auf und eignet sie sich an, Hinweis darauf, dass er sich so von ihr gestützt weiß und dies sicherstellen will. Entsprechend schließt er auch mit der allgemeinen Aussage, von dieser Art der Problemlösung im romantischen Film lerne man halt: Die Aussage ist unspezifisch und wird unwidersprochen bleiben.

Ali sucht aber offenbar auch nach Unterstützung in Bereichen, die ihn unmittelbarer betreffen. So äußert er im weiteren Verlauf des Interviews im Zusammenhang mit gelegentlicher Unzufriedenheit bei der Arbeit, er könne die Lehre ja dann abbrechen, und gibt so den Impuls für einen Dialog, der damit endet, dass er selbst vernunftgemäß artikuliert, es sei doch besser, die Ausbildung zu Ende zu machen und dadurch bessere Aussichten auf Anstellung zu haben (262).

Alis bevorzugte Themen sind die Auseinandersetzung mit der Ausbildungssituation und der bestandene Schulabschluss. In Hinblick auf die Ausbildung betont er seine Pflichten gegenüber den Gästen, die schon mit dem frühen Aufstehen beginnen. Er gibt sich engagiert, weiß aber auch um die Unsicherheit der Situation, da er noch in der Probezeit ist. Probleme mit den Chefs müssen vermieden werden (6). Die Ungewissheit seiner Lage macht ihm zu schaffen. Das Thema Schulabschluss trifft gut mit dem Interviewthema zusammen, da er hier eine intensive Lektüreerfahrung einbringen kann. Ihm liegt dabei offenbar vor allem daran, seine Schullaufbahn als Erfolgsgeschichte zu erzählen (s.u.).

Als 18-jähriger Schulabgänger muss Ali derzeit sein Freizeitverhalten umstellen: Das IJUZ, in dem er früher täglich seine Freunde traf, steht ihm jetzt nur noch an bestimmten Tagen offen. Eine umfassende Neuorientierung ist mithin im Gange.

Es hat nicht den Anschein, als würde Ali bestimmten Themen ausweichen. Allerdings bekommen wir nur ein unausgeführtes Bild von den familiären Verhältnissen: Dass Ali die Eltern als eine Autorität betrachtet, wird ebenso deutlich wie dass er sich von ihnen als nichtalphabetisierten Menschen ohne Schulbildung zu distanzieren sucht. So entspricht Ali elterlichen Erwartungen in Hinblick auf die Schlafenszeit und den -ort (beim Bruder ja, bei Freunden und Freundinnen nein, 62). In bezug auf politische Informiertheit stellt er den Vater weit über sich und vermeidet daher Gespräche mit ihm über marokkanische Nachrichten (er, Ali, habe „keinen Plan"). Aufgrund des „muslimischen Schämens" (vgl. 179) kann er bestimmte Themen mit ihm auch nicht besprechen, so die Entstehung der Beziehung seiner Eltern. Abgrenzung wird deutlich, als er das Fernsehverhalten der Eltern beschreibt:

„Es gibt kein Interesse, die gucken einfach Fernseher" (78).

Die Frage nach elterlichem Vorlesen beantwortet er lachend: „Die können doch nicht lesen" (168).

Einige Ungereimtheiten deuten darauf hin, dass Ali besonders daran liegt, sich selbst als erfolgreichen jungen Erwachsenen in Deutschland zu beschreiben. Er betont, dass er noch nicht lange hier ist, dass er aber in der Schule sehr gute Noten gehabt habe. Später muss er allerdings einräumen, dass er in Deutsch eine Vier hatte und nur auf Nachfrage mit Genehmigung des Rektors und des Lehrers den mittleren Abschluss hat versuchen können. Um so erfolgreicher muss er nach dem Bestehen der Prüfung erscheinen.

Während er einerseits erklärt, seine Eltern hätten Einwände dagegen, wenn er bei Freundinnen übernachte, erzählt er andererseits von einem dreimonatigen Sommerurlaub mit der Freundin in Marokko. Diese Freundin kommt bei Gesprächen über sein Freizeitverhalten nicht mehr vor.

Eindeutig identifiziert er sich mit seiner marokkanischen Herkunft: Die „muslimische Scham" wird in ihrer Geltung nicht hinterfragt, und dass die Familiensprache Marokkanisch ist, begründet er nicht nur mit den mangelnden Deutschkenntnissen des Vaters. Vielmehr habe man so „auch dieses Gefühl, dass man ein Marokkaner ist" (126).

Zugleich gibt sich Ali als junger Erwachsener, der in der hiesigen Jugendkultur angekommen ist: Ein Handy gehört ebenso dazu wie demnächst der eigene Fernseher. Beides sind Einkaufspläne für die nächste Zukunft.

Implizit wird auch sein Konzept zukünftigen Soziallebens deutlich: Anders als für seine Großmutter, die mit ihrem Mann verheiratet wurde, kommt für ihn nur die Richtige in Frage:

„So, also so stell ich mir nicht das Leben vor, wenn ich heiraten möchte. Aber wenn man heiratet, dann heiratet man halt die Richtige, die man jetzt hier, sein ganzes Lebens weit –" (176–177).

## 4.1.1 Bedeutung des Lesens

Mehrmals charakterisiert sich Ali als Nicht-Leser: Er lese nicht gern (183), mehr noch, er sei „nicht so ein Typ, der gern liest" (193). Nicht-Lesen erscheint so als stabiler Charakterzug, darin vergleichbar der späteren Selbstkennzeichnung als kein „Typ, der mit jemand redet." (gemeint sind Problemgespräche, 256). In dieser Darstellung wird deutlich, dass Ali „Lesen" nicht als notwendiges Element seines Selbstkonzepts – „junger Erwachsener mit (beruflicher und sozialer) Zukunft" – ansieht. Nicht-Lesen ist kein Fehlverhalten, für das man sich entschuldigen müsste, Lesen mithin kein notwendiges Zukunftsprojekt. Nicht zu lesen ist hinreichend damit begründet, dass man es nicht gerne tut.

Dennoch verweist Ali auf eine Lesepraxis: Täglich kaufe er sich die Bildzeitung und lese sie. In welcher Weise bleibt allerdings unausgeführt:

„Ich lese nicht so gern (I: „aha"). Auf der Schule aber, halt, auf der Schule muss man lesen, aber zu Hause Bücher oder so –"
I: „Also auch nicht mal irgendwie mal ne Zeitung oder, oder?"
„Doch Zeitungen, Bildzeitung les ich, aber halt zu Hause Bücher mein ich

(„*ja*"), so halt Liebesdrama, das les ich nicht so. Weil, d– man liest und liest, man kapiert nix (lacht). Deswegen wozu soll ich lesen, aber Bildzeitung kauf ich halt jeden Tag. Da sind manche, die Lügen drin (lacht)"
„*Stimmt, aber die kapiert man.*"
„Die kapiert man (lachen beide)."
„*Wie aber eh, jetzt noch mal, also, du sagst diese Liebesdramen kapierst du nicht. Du könntest die ja auf arabisch lesen, oder?*"
„Ja halt arabisch ka–, ja, wo –"
„*Gibt's hier nicht so?*"
„Doch, ich kann ja halt arabisch lesen und schreiben. Ich glaub, die gibt's hier, aber ich bin nicht so ein Typ, der gern liest. Ich wälz, ich schau's mir, ich schau mir halt gern Filme an, aber ob ich halt immer das gleich lese, das mach ich halt nicht."
„*Machst du nicht so.*"
„Ich find's, ich lese nicht so gern" (183–195).

Die Bildzeitung wird von Ali nicht als Informationsmedium verstanden. Er unterscheidet zudem Zeitungslektüre von Buchlektüre und identifiziert letztere mit Liebesdramen, die von seinen filmischen Vorlieben her seinen Interessen entgegen kommen müssten. Hindern tut ihn hier nicht nur die sprachliche Schwierigkeit, der er mit dem Griff nach arabischen Texten begegnen könnte, sondern auch der schon benannte „Charakterzug", dass er eben einfach nicht gerne lese. Diese Unlust erstreckt sich auch auf Zeitschriften. Nach mehrmaligem Nachfragen gibt er an, gelegentlich bei der Schwester eines Freundes die *Bravo* anzuschauen (209), die aber, wie er zuvor betont, eine Mädchenzeitschrift sei und für ihn nicht interessant (203). Eine Frankfurter Zeitung habe er noch nie gelesen.

Der rhetorisch ausgeführten Nicht-Lesepraxis steht eine intensive Fernsehnutzung gegenüber. Begrenzt wird diese derzeit lediglich dadurch, dass er morgens früh aufstehen muss und daher abends nicht zu lange gucken kann:

„… ohne Fernseher kann ich halt nicht aushalten (*I: „ja, ja"*), weil man ok, es gibt ja halt Radio, aber man hört ja nur, aber beim Fernseher hört man, sieht man. Deswegen ist viel interessanter. Und, also ohne Fernseher kann ich halt auf gar keine Fall auskommen" (102).

Fernsehen hat für Ali Erlebnisqualität. So berichtet er zunächst auch von Spielfilmen, die ihn ansprechen. Wenn er beim Zappen, das er zwar nicht benennt, aber offenbar praktiziert, auf solche Filme trifft, sieht er sie zu Ende an (8). Nach dem Charakter dieser Filme gefragt, nennt er romantische Filme, später gibt er an, auch erotische Filme auszuleihen. Möglicherweise differenziert er zwischen beiden nicht. Die nähere Charakterisierung dessen, was ihn an romantischen Filmen interessiert, die hübschen Mädchen und ihr Körper vor allem, lassen darauf schließen, dass das Anschauen solcher Filme für Ali mit erotischem Genuss verbunden ist. Dass er das Fernsehen jedenfalls genussvoll praktiziert, zeigt sich auch daran, dass er, sobald er ohne seine Eltern guckt, das Licht ausmacht und mit dem Film „mitgeht". Die Eltern hingegen haben in seinen Augen ein gänzlich anderes Fernsehverhalten: „Es gibt kein Interesse, die gucken einfach Fernseher" (78). Entsprechend ist das Fernsehen in der Regel auch nicht Gegenstand des Gesprächs in der Familie, wenngleich häufig gemeinsame Praxis. Diese ergibt sich jedoch eher aus der Notwendigkeit, sich den Fernseher zu teilen. Die Eltern sehen auch arabische Programme, die Ali zum Teil mitverfolgt: „Manchmal kommen gute Filme" (76).

Gemeinsame Praxis ist das Fernsehen außerdem mit dem Bruder: Ali leiht in einer Videothek im Ostend Filme aus, die beide gemeinsam ansehen. Ali nennt erotische Filme, später aber auch Karatefilme, eine Vorliebe für amerikanische Produktionen, und lehnt Horrorfilme ab (12; 134; 140). Außerdem betont er: „Ich hasse so Drama oder so Action und so was hass ich auch, wegen Gewalt, weil, das ist … also kein Film für mich" (12).

Über die Inhalte der Filme, die er sieht, erfahren wir wenig: Für die romantischen Filme nimmt Ali die Beschreibung der Interviewerin auf, wonach es meist um zwei Liebende ginge, die dann in irgendeine Problemlage geraten, die zum Schluss gelöst wird (30). In Karatefilmen besteht die Handlung Ali zufolge oft in Racheakten, die Familienangehörige nach Verbrechen verüben. Zumindest diese Vorliebe Alis steht in gewisser Spannung zu seiner Aussage, Drama und Action möge er nicht. Spaß an Kampfszenen und Gewalt passt aber nicht in seine Selbstkonstruktion. Offenbar möchte er als „zivilisierter" junger Mann erscheinen: In der Schilderung seiner Arbeit im Hotelservice ist das Dasein für die Gäste ein wichtiges Motiv (6).

Gemeinsam dürfte diesen Filmen sein, dass dramatische Situationen aufgelöst werden, so dass der Zuschauer aus einer emotional vergleichsweise ruhigen Lage in Aufregung geführt wird, aber wieder zur Ruhe kommt, wenn die Ordnung wieder hergestellt wird, ein Genusserleben, das der Rezeption von Unterhaltungsliteratur entspricht. Zugleich weisen dies Filme vermutlich auf Wunschträume Alis. Die Helden der Karatefilme insbesondere stehen für Männlichkeitsbilder.

Neben der genussorientierten Fernseh- bzw. Videopraxis steht, weniger ausgeprägt, die Nutzung des Mediums zur Information: Nicht durch Zeitung oder andere Schriftmedien informiert sich Ali über das Weltgeschehen, sondern über Nachrichten, insbesondere über die marokkanischen, die er oft mit seinem Vater zusammen anschaut. Sie sind allerdings nicht Gegenstand des Gesprächs. Ali begründet dies damit, dass er sich zu wenig auskenne im Unterschied zu seinem Vater und seinem älteren Bruder. Er möchte vermeiden, dass diese das merken. Hier zeigt sich Ali ganz in der Rolle des jüngsten Familienmitglieds. Daneben hat er aber offenbar auch kein Interesse an dieser Art Programm und an Gesprächen darüber:

A: „… Ich hab gar kein Plan von was die reden. Ich guck's mir halt an, aber es interessiert mich halt nicht. Und mit meine Brüder redet er darüber, weil wenn meine Brüder da sind, dann, da ist eigentlich, dann, sagen wir so, irgendwas auf der Welt passiert, da reden die halt, warum es passiert ist, weswegen und so. Ich hö-, ich muss ja, also ich muss mir anhören, aber dass ich irgendwas dazu zu diese Thema sage, mach ich halt nicht, ich weiß, wenn ich was sage, da haben die mich, ich hab ja keinen Plan (lacht)" (222).

Ali legt nahe, dass er die Nachrichten eher deshalb guckt, weil er zur entsprechenden Tageszeit zu Hause ist und sein Vater sie dann anschaut.

Neben Spielfilmen zum Genuss und Nachrichten zur Information schaut Ali auch Musicchannels. Er hat eine besondere Vorliebe für Videoclips, die er gezielt aufnimmt, um Videos mit seinen Favoriten anschauen zu können:

„Die sind am besten die Videoclips, also ich hab mir letztens den, den letzten Clip von Jennifer Lopez, das war den Hammer (lacht). Der war gut. Ich guck mir also, ich, ich hab ihn ja sogar aufgenommen. Das guck ich mir jeden Tag an (lacht)" (48).

Musik spielt insgesamt eine große Rolle. Ali bezeichnet sich als HipHop-Fan (44), hört Planet Radio und sieht Viva. Zum Einschlafen habe er immer das Radio an (34). Er hört dabei das, was gegenwärtig in seiner Altersgruppe populär ist – abgesehen von Techno –, sieht die entsprechenden Videos und hat so Anteil an einer bestimmten Form westlicher Jugendkultur. Daneben, führt er aus, höre er auch arabische Musik, besonders solche aus Ägypten oder Syrien, wo auf Hocharabisch gesungen werde. Ali verfolgt übers arabische Fernsehen die Hitparaden dieser Musik (108), ein Hinweis auf die Identifikation mit seiner Herkunftskultur.

In den Zusammenhang jugendkultureller Zugehörigkeit lässt sich wohl auch die Nutzung des Handys einordnen: Es dient für Verabredungen, auch per SMS, und zum Spielen. Der Tatsache, dass er gegenwärtig kein Handy besitzt, wird eilig die Angabe hinzugefügt, dass er sich demnächst wieder eins kaufe. Offenbar gehört ein Handy zur Selbstdarstellung zwingend hinzu: „Ohne Handy kann ich ja nicht rauskommen" (224).

Zu den „angesagten" jugendkulturellen Praktiken gehört daneben das Chatten im Internet. Es bezeichnet den einzigen Umgang Alis mit dem Computer, erfolgt nach seinen Angaben aber täglich in einem Internet-Café. Er versucht dabei, mit Mädchen in Kontakt zu treten, und bedauert offenbar, dass er durch das Medium keine persönlichen Kontakte herstellen kann. Dennoch ist das Chatten auch eine soziale Praxis unter Anwesenden: Es sitzen immer zwei an einem Computer, „der eine mit Maus und der andere schreibt" (385), so dass die Kommunikation übers Netz Gegenstand der Kommunikation der beiden User im Café sein könnte. Ali macht aber keine klare Angabe dazu, mit wem er das macht.

Mit SMS und dem Chatten sind auch zwei schriftkulturelle Tätigkeiten benannt, die auf Lesefähigkeiten angewiesen sind. Dabei sind die Texte kurz, die Thematik vermutlich vertraut, so dass die Anforderungen geringer sein dürften als im Umgang mit Büchern. Wie wendig Ali im Umgang mit Schrift ist, kann auf der Basis des Materials nicht beurteilt werden. Immerhin hat er in der Schule Maschinenschreiben gehabt: „letztes Jahr hab ich mich halt bemüht, ich hab Zwei Computer gemacht [gemeint ist offenbar die Note Zwei]. Normalerweise ... hatt ich immer die Vierer ...“ (377).

### Lesen im biographischen Kontext

In Alis früher Kindheit spielt das Lesen keine Rolle: Auf die Frage nach dem Vorlesen muss er darauf hinweisen, dass seine Eltern ja nicht lesen könnten. Auch das Erzählen von Geschichten abends im Bett hätte es nicht gegeben: „Also in Marokko wir haben nur geschlafen, das war's. Wir haben solche Märchen nicht“ (172).

Befragt nach eher lebensgeschichtlichen Erzählungen gibt er an, seine Großmutter habe ihm erzählt, wie ihre Ehe zustande gekommen sei:

„Ja mein Großmutter halt, sie hat mir keine Geschichten erzählt, aber (4 Sek.) also halt ab und zu mal besser gesagt, also die Geschichte von sich, wie sie halt mein Opa geheiratet hat und so. Das war komisch (lacht). (I: „so – Lebensgeschichte?“) Ja. Das war –“
I: „Was war daran komisch?“
„Na ja, es war halt, bei denen damals war kein Liebesgeschichte, sondern einfach, die kommt, die kam zu meine Großmutter und haben ihr gesagt, du heiratest übermorgen. Und dann (unverständlich) heiratet. So war's halt damals bei uns, hat sie mir erzählt, ich hab kein Plan, wie das ist. Hat sie mir erzählt, aber ich weiß nicht, ob's in der heutige Zeit so ist, dass die Eltern zu dem Sohn und der Tochter dahin gehen und sagen, also wir haben einen Mann für dich, du wirst übermorgen oder so nächste Woche heiraten. So, also so stell ich mir nicht das Leben vor, wenn ich heiraten möchte. Aber wenn man heiratet, dann heiratet man halt die Richtige, die man jetzt hier, sein ganzes Lebens weit –“ (174–177).

Nicht klar ist, wie alt Ali zur Zeit dieser Erzählungen war. Die Rekapitulation im Interview jedenfalls trägt Distanzierungszeichen: Ali grenzt sich von dieser Lebensführung ab und ist gleichzeitig nicht informiert genug, hat „keinen Plan“, ob es solche Heiratsarrangements in Marokko immer noch gibt.

Die Medienpraxis, an die er sich erinnert, bezieht sich wiederum auf das Fernsehen. Seine Angaben zum Beginn seiner Intensivnutzung dieses Mediums sind uneindeutig: „Also Fernsehen hab ich mit drei geguckt ... aber sagen wir so mit sieben, acht ungefähr“ (96). Damals habe er vor allem Zeichentrickfilme angeschaut (98), mit 15 habe er begonnen, Musikprogramme anzugucken (105).

Über das „Wie“ der kindlichen Mediennutzung fehlen die Angaben. Es bleibt festzuhalten, dass in seinem Zuhause eine Förderung literaler Aktivitäten nicht stattgefunden hat und mithin ein wesentlicher Faktor für die Entwicklung einer dauerhaften Lesepraxis auch im Erwachsenenalter nicht gegeben ist.

### Lesen in der Schule

Im Interview wird lediglich eine Lektüre des Deutschunterrichts thematisiert. Ali hat zur Vorbereitung des Realschulabschlusses im zehnten Schuljahr der Hauptschule Plenzdorfs „Die neuen Leiden des jungen W." gelesen. Die Erinnerung an den Deutschunterricht und die Lektüre sind geprägt von der einschneidenden Erfahrung, die Prüfung trotz aller Schwierigkeiten und Ängste bestanden zu haben. Ali kann sich als erfolgreich darstellen. Mehrmals kommt er auf die Prüfung zu sprechen. Hinter diesem Erlebnis tritt die Lektüre zwar zurück, doch kann Ali sowohl über Inhalte Auskunft geben als auch über methodische Aufbereitung. Andeutungsweise artikuliert er eigene Einstellungen zur Geschichte wie zur Leseerfahrung.

Die Rekonstruktion der Lektüre ist eingebunden in die Leistungsanforderungen der Schule; aufgrund seiner meist guten Noten habe er das zehnte Schuljahr machen wollen:

„Und dann hab ich, also hab ich mein Lehrer gesagt, ich möchte noch. Da hat er mir gesagt, das ist aber zu schwer für dich. Hab ich ihn gefragt, was soll man da machen? Er hat mir so ein Buch gegeben (266)."

Rektor und Lehrer sind auf seinen Wunsch, den Realschulabschluss zu machen, eingegangen. Die Lektüre war schwierig: „ich les, hab aber gar nicht kapiert" (282).

Ali hat den Text dann gemeinsam mit dem Sozialpädagogen des IJUZ, Hassan[1], erarbeitet:

„Ich hab mit Hassan gemacht, Charakterisierung wie heißt das Wort noch mal, das andere?"
*I: „Inhaltsangabe?"*
„Inhaltsangabe. Genau. Und dann, was ist der Unterschied zwischen Plenzdorf und eh, („Goethe?") Goethe (lacht)."
*„Jetzt sag mir nicht, du hast den Goethe auch gelesen"*
„Nee, nee, da war doch vor zweihundert Jahren und (*I: lacht*) –"
*„Das ist ja kein Grund."*
„Ja kein. Nee (unverständlich). Ja, deswegen hab er auch den neue Buch hat geschrieben, damit jeden, damit die Jugendliche halt den ganze Buch verstehen. Weil von Goethe, weil halt Schrift und die Sprache war viel anders und deswegen war's mit Goethe viel einfacher. Ich meine mit Plenzdorff. War's halt viel einfacher" (270–276).

An die Erarbeitung hat er positive Erinnerungen:

---

[1] Name geändert.

„Ich hab die ganze Buch gelesen, hat, mit Hassan hat's eigentlich voll Spaß gemacht, weil wir haben's so gemacht, den, der Buch hat rund fünf, hundertfünfzig Seiten glaub ich. Wir haben immer halt, also ich hatte ein Monat Zeit für den Buch zu lesen. Wir haben immer jede, fast jeden Tag immer fünfzehn Seiten deswegen, ich mein fünfzehn Seiten gelesen, und über diese fünfzehn Seiten hab ich ein Inhaltsangabe geschrieben" (276).

Hassan habe ihn nach jedem Block gefragt, was er verstanden habe, dann hätten sie gemeinsam gelesen und er hätte es ihm erklärt. Ali macht deutlich, dass er nur mit Hassan das Buch habe lesen können und verweist wieder darauf, dass er selbst kein Typ sei, der gern lese. Er trifft eine explizite Unterscheidung zu geübten Lesern, für die 150 Seiten dann auch kein Problem seien: „Wenn man sich daran gewöhnt hat, da hat man's halt irgendwie drauf" (282).

Offensichtlich hat Hassan durch seine konsequente Begleitung eine hinreichende Lesemotivation schaffen können. Ali schrieb den Anforderungen entsprechend Inhaltsangaben für jeden fünfzehnseitigen Block und bereitete eine Charakterisierung der Hauptfigur vor. Parallel wurde im Unterricht gearbeitet. Die Wiederholungen nahm Ali hin und ordnet sie retrospektiv den nicht zu hinterfragenden Prüfungsnotwendigkeiten zu:

„Und den beste, der beste Inhaltsangabe schreiben wir (lacht) an der Tafel. Da schreiben wir alles ab, damit (*I: „von der Tafel ins Heft?"*). Ab–, aber danach haben wir den ganz, ganz Inhaltsangabe abgeschrieben, aber, aber jeder hat trotzdem, jeder musste sein eigene Inhaltsangabe machen, wegen den Prüfung. Weil sonst, sonst wenn wir dahin gehen und man, ist eh das gleiche, weil jeder, es ist fast das gleiche, aber man muss halt andere Wörter dafür finden. Ist so" (328).

Das Prüfungserlebnis gibt er an zwei Stellen des Interviews wieder, wobei er das Thema stets selbst aufbringt. Beide Erzählungen sind von Dramatik getragen, die erste zeigt vor allem eine Erfolgsdynamik, die zweite die Angst des Kandidaten:

„Und dann Prüfung. Ich war, den, also wir waren fünf, also fünf Mädchen waren da und ich war der einzige Junge (*I: lacht*) Guckt man, so Scheiße einzige Junge (lacht). Ich war erst, ich war der dritte dann. Ich geh so rein. Mein Lehrer saß neben mir und zwei saßen vor mir. Da sag ich mir, okay dann gebt den, den Buch ein Inhaltsangabe. Ich hab den Buch Inhaltsangabe gegeben, danach hab ich den Edgar Wibeau, hab ich ihn charakterisiert und ich hab noch die drei, noch die drei Fragen hab ich noch beantwortet. Danach hat er mir gesagt, okay, geh. Danach war's frei" (278).

„... an dem Tag wo ich Prüfung hatte, fünfzehn Minuten lang vor, ham die mir gesagt, okay, du gehst jetzt in einen Raum, damit du halt bisschen nachdenkst, wie um was das geht. Ich war in diese Raum, aber irgendwie hab ich's ganze voll vergessen. War ja, ich war ja unter eine Schock, besser gesagt, ich hab voll fast vergessen. Danach kommt, kommt der Mann da raus, sagt zu mir, du bist jetzt dran. Da hab ich ihm gesagt, ich hab es ganz vergessen. Hat er zu mir gesagt, intressiert mich nicht (lachen beide). Du gehst jetzt da rein. Ich we-, ich glaub an dich (unverständlich). Ich war da drin und dann ham die mir die Fragen gestellt und hab so eine Angst gehabt. Es war kein Spaß, ich hatte richtige Angst. Und das Problem ist, weil ich hat Angst, weil, ich will ja, ich bin ja so gekommen, bis zum Prüfung. Ich hab ja halt, ich hab mich ja bemüht und ich hatte Angst, dass ich in den Prüfung, alles was ich gemacht habe, umsonst das Ganze war. Das ganze umsonst war. Deswegen hab ich mir gedacht, hey okay" (312).

Die unterstützende Rolle des Lehrers spielt in beiden Narrationen eine Rolle. Ali erwähnt, dass er neben ihm saß. Besonders in der 2. Erzählung spricht er ihm eine Schlüsselrolle für das eigene Durchhalten zu: „Ich glaub an dich". Durch die Lektüre hat ihn Hassan begleitet, jetzt tritt der Lehrer als Triebkraft auf. Offensichtlich braucht Ali diese Form der Unterstützung und persönlichen Nähe.

Während Ali die Prüfungsthematik selbst aufnimmt und erzählerisch ausgestaltet, muss die Interviewerin auf inhaltliche Aspekte oder solche der Bearbeitung im Unterricht hinführen:

I: „ ... Und wie fandste das Thema so?
„Cool (I: „ja?") Geht so. Der Buch, der war in Ordnung."
„Warum?"
„(lacht) Warum? (gerät ins Stottern) Soll ich erklär'n, was gemeint ist? Soll ich jetzt Freund, war'n in eine Werkstatt („ja"). Danach haben die, danach hat der Chef von, von Edgar, der halt mit dem Edgar Streit gehabt, glaub ich. Ich hab's ganz voll vergessen grad ..." [hier beginnt eine langwierige Rekonstruktion des Inhalts; 286].

Dass er den Inhalt des Buches, das er im März 2000, also knapp ein Jahr vor dem Zeitpunkt des Interviews, gelesen hat, vergessen habe, betont Ali noch an anderer Stelle (306). Er erinnert sich vage an die Liebesgeschichte zwischen Edgar und Charlotte, die Dimension der Story, die ihm offenbar besonders nahe gegangen ist. Gefragt danach, was ihn an der Hauptperson interessiert habe, meint er:

„... dass er sich in ihr verliebt hat, obwohl er wusste, dass sie, dass sie halt den, ich hab kein Plan wie der Mann von ihr heißt ... Den hat's irgendwie überhaupt nicht interessiert, dass sie verheiratet war. Weil, klar, sie hat geliebt und die war halt verheiratet und der wollt trotzdem weiter kommen. Er wollt, also so weiter machen, dass sie halt irgendwann zu ihm kommt und ihn heiratet ..." (320).

Ali erinnert sich also an eine romantische Geschichte, in der die Liebe treibende Kraft ist, ein Schema, das er auch in den romantischen Filmen findet, die er in seiner Freizeit genießt. So verbindet er die Leseerfahrung auch mit der Empfindung von Interesse und Spannung und einer Enttäuschung am Schluss:

„Also ich fand eigentlich, ich fand den Buch viel intressant. Ich fand ihn, ich hab's nicht so, der Hassan der hat mit mir gelesen. Ich fand es viel intressanter und, an dem Buch hab ich halt, wenn, wenn man ein Seite liest, da ist man darauf gespannt auf die andere Seite, was da passiert ... was passiert danach. Und irgendwie, ich lese, ist klar, ... ich lese und lese, danach letzte Seite, er ist tot (lacht) (*I: „Shid"*). Shid. Warum geht's nicht weiter?" (312).

Alis Lektüre kann als empathisch bezeichnet werden. Voraussetzung dafür, dass er sich dieser Geschichte so hat nähern können, war die starke Unterstützung im Leseprozess, die er besonders durch den Sozialpädagogen erfahren hat. Ali selbst betont, dass er allein die Schwierigkeiten nicht hätte bewältigen können.

Die methodische Aufbereitung im Unterricht war offensichtlich an dem Ziel orientiert, in der Prüfung eine Inhaltsangabe und eine Charakterisierung Edgar Wibeaus geben zu können. An produktive Verfahren erinnert Ali sich nicht. Die Plenzdorf-Lektüre sei das einzige Buch gewesen, das er in den vier Jahren auf der Hauptschule gelesen habe (338). An den übrigen Deutschunterricht erinnert er sich kaum. Vorwiegend durch Detailfragen der Interviewerin kommen andere Unterrichtsinhalte in den Blick. Er bestätigt, Rechtschreibung und Grammatikunterricht gehabt zu haben (346). Vage erinnert er sich an die Themen „Hitlerzeit" und Demokratie, ist aber nicht sicher, ob das in Gesellschaftslehre oder Deutsch Thema war (344). Auf Nachfrage gibt er an kein Lesebuch gehabt zu haben, erinnert sich aber an die Lektüre kürzerer Geschichten in der 8. Klasse zum Erlernen der Inhaltsangabe (368). Andere Inhalte waren Bewerbungstraining und Umgang mit Computern, Blindschreiben (377). Filme habe er im DU nicht gesehen (403).

Während Alis Erzählungen von der Prüfungslektüre und vor allem der Prüfung selbst lebendig sind, hat der übrige Deutschunterricht, jenseits des Ansporns, den mittleren Abschluss zu schaffen und seine Fähigkeiten unter Beweis zu stellen, keine nachhaltigen Spuren hinterlassen.

Über die reine Leistungsorientierung geht sein Umgang mit der Lektüre Plenzdorfs aber insofern hinaus, als er thematische Interessen in dem Buch benennen kann. Als Liebesdrama gelesen, gewinnt die Lektüre affektiven Charakter. Voraussetzung für das hier positiv besetzte Lesen ist die persönliche Unterstützung des Sozialarbeiters, teilweise wohl auch des Lehrers. Ali, der nicht so ein „Typ" ist, der „gern liest", kann nun der Lesearbeit etwas abgewinnen.

### 4.1.2 Ein Nicht-Leser mit (Aus-)Bildungsziel

Ali erscheint in diesem Interview als spätadoleszenter Jugendlicher. In mehrfacher Hinsicht befindet er sich im Übergang: Die Schulzeit ist beendet, wirkt allerdings noch nach, was sich besonders in den lebendigen Erzählungen zur Schulzeit zeigt, aber auch im Kontakt zu seinem Klassenlehrer. Eine Ausbildungsmaßnahme hat begonnen, ein Lehrvertrag ist aber noch nicht erreicht.

Am Horizont erscheinen andere Lebensformen als diejenige der Herkunftsfamilie. Partnerschaften und ihre Gestaltung werden Thema. Diese Situation birgt Unsicherheiten.

Als Marokkaner, der erst vier Jahre in Deutschland lebt, rechnet sich Ali einerseits seiner Herkunftskultur zu, andererseits partizipiert er mit seinem Freizeit(medien)verhalten an jugendkulturellen Praktiken des neuen westlichen Kontextes. Zu den üblichen Entwicklungsaufgaben des Jugendlichen kommt bei Ali also noch diejenige der Akkulturation, die spezifische Probleme birgt. Die „Konfrontation mit der „bikulturellen Situation" trifft die Jugendlichen [nicht-deutscher Herkunft] besonders hart und erschwert im hohen Maße ihren Individuations- und Identifikationsprozess" (Bründel/Hurrelmann 1995, 296). Der Vorfall um die junge Afghanin, der Ali bewegt, dürfte ihn mit dieser Problematik aktuell konfrontieren. Ali sucht angesichts von Unsicherheit Unterstützung bei der Interviewerin. Sein Versuch, Erwartungshaltungen zu entsprechen, indem er z. B. Stichworte aufnimmt, deutet auf einen für Jugendliche nicht-deutscher Herkunft in der beschriebenen Situation besonders charakteristischen hohen Anpassungsdruck hin. Bründel/Hurrelmann (1995) weisen darauf hin, dass die Bewältigungsressourcen für diese Gruppe oft weniger groß sind, da die ebenfalls mit der Akkulturation kämpfenden Eltern ihre protektive Wirkung nicht entfalten können (ebd., 294). So sind sie einerseits Vorbilder, andererseits aber auch Gegenbilder, deren Lebensstil die Jugendlichen beim Versuch des Ankommens in Deutschland hinter sich lassen wollen. Diese Spannung zwischen der Orientierung an der Familie und ihren Normen und dem Versuch, einen westlich-jugendkulturellen Lebensstil zu pflegen, zeigt auch Ali: Einerseits scheint er die Autorität des Vaters anzuerkennen, seiner politischen Informiertheit gegenüber empfindet sich Ali als defizitär. Die „muslimische Scham" lässt Tabuverletzungen nicht zu, so dass Ali z. B. nicht partnerschaftlich mit seinem Vater über dessen Partnerschaft reden kann. An die Maßgaben der Eltern bzgl. seines Soziallebens hält er sich. Und am Sprechen des Arabischen ist ihm die Selbstwahrnehmung wichtig, dass er ein Marokkaner ist. Andererseits grenzt er sich von der Medienpraxis der Eltern und wohl auch von ihrem Bildungsstand ab.

Von dieser Lebenssituation ist auch Alis gegenwärtige Mediennutzung geprägt. Lesen nimmt dabei nur eine untergeordnete Rolle ein. Die – im Interview nicht ausgeführte – Lektüre der Bildzeitung ist die einzige regelmäßige Lesepraxis, und in seiner Selbstbeschreibung „Ich bin nicht so ein Typ, der gern liest" bringt Ali seine Nicht-Leserschaft prägnant zum Ausdruck. Die Ergebnisse der Lesesozialisationsforschung werden insofern bestätigt, als Ali im familiären Umfeld keine Leseförderung erfahren hat, das wichtigste Moment auf dem Weg in die Entwicklung einer stabilen Lesemotivation mithin nicht gegeben war. Der Wechsel des Landes, des Bildungssystems und der Sprache und Kultur in der Pubertät dürfte diesen Mangel verstärkt haben, zumal Ali mit erheblichen neuen Anforderungen konfrontiert war.

In Hinblick auf sein bevorzugtes Medium, das Fernsehen, ist seine Biographie von Kontinuität geprägt: Als Vielseher konstatiert er für seine eigene Medienbiographie allerdings einen Wandel der Genres und eine Verbreiterung des Spektrums. Nach den Zeichentrickfilmen kamen die Musicchannels, jetzt bevorzugt er daneben romantische und erotische Filme sowie Karatefilme. Ein Zurücktreten der Fernsehlust im Alter von 15 oder 16 Jahren zugunsten von Freundschaften bzw. ersten partnerschaftlichen Beziehungen, wie es die Jugendstudie des DJI als charakteristisch für ihr Sample ermittelt hat (Barthelmes/Sander 2001, 112), lässt sich bei Ali nicht beobachten. Trotz des täglichen Besuchs im IJUZ verdrängen soziale Aktivitäten das Fernsehen also nicht.

Die gegenwärtigen filmischen Vorlieben werden im Zusammenhang seiner derzeitigen Lebenssituation am Ende der Adoleszenz verständlich: Seine für sein Alter typische Vorliebe für romantische Filme (Barthelmes/Sander 2001, 213), aus denen nach seiner Auskunft auch etwas über Partnerschaften gelernt werden kann, deuten einerseits darauf hin, dass er seine eigene Zukunft als Freund oder Mann vor Augen hat. Andererseits zeigt sich ein Interesse an Körperlichkeit, Erotik und entsprechenden Filmen, das er auch artikuliert.

Offensichtlich hat Alis Fernsehpraxis aber auch kompensatorische Funktion. Seine Rede von einer Freundin wirkt unglaubwürdig. Deutlich wird, dass seine Eltern gegen intensive körperliche Beziehungen einschreiten: Übernachten bei Freundinnen kommt nicht in Frage. Darüber hinaus haben die Filme seiner Beschreibung nach auch traumhafte Züge und verweisen auf eine Art „Lebensroman", den Ali im Film sucht (Barthelmes/Sander, 2001; 152): die aufregende Beziehung zu einer schönen Frau. In dieses Muster lässt sich auch die Vorliebe für Karatefilme einordnen: Explizit grenzt er sich von der Kampfpraxis ab, doch erscheinen die Helden als Bilder von Männlichkeit (ebd., 154), die für Ali bedeutungsvoll, wenn auch unerreichbar sind. Er schätzt offensichtlich die dramatische Entwicklung um den Heros, der einen Konflikt mit seiner disziplinierten Körperkraft löst. Der Modus seiner Fernsehpraxis verweist zudem darauf, dass er diese Filme als genussvolle Gegenwelten erlebt, in die er quasi eintaucht. Er erlebt die innere Dramatik der Filme, die er am liebsten „mitgehend" rezipiert, lustvoll.

Alis musikalische Interessen, die sich in Radiohören und dem Anschauen und Aufzeichnen von Videoclips zeigen, weisen in charakteristischer Weise auf die Partizipation an jugendkulturellen Praktiken (ebd., 100): HipHop einerseits, arabische Musik – im IJUZ alltägliche Jugendunterhaltung und Gesprächsthema – andererseits.

Die einzige Lektüreerfahrung, von der Ali ausführlich zu berichten weiß, steht im institutionellen Zusammenhang seiner Deutschprüfung. Seine erheblichen Schwierigkeiten mit der deutschen Schriftsprache lassen das Lesen zum geradezu sportlichen Sich-Durchbeißen werden, das sich von der genussvollen Rezeption der Spielfilme deutlich unterscheidet, auch wenn der von ihm als romantische Lebensgeschichte rekonstruierte Roman seinen filmischen Vorlieben entspricht.

Die Frage nach Alis Lesekompetenz (Hurrelmann 2002b, 275–286) lässt sich nur schwer beantworten: Seine eigenen Angaben zu den Leseschwierigkeiten lassen vermuten, dass er mit der kognitiven Dimension in Hinblick auf Worterkennung, Satzidentifikation und ähnlichem Schwierigkeiten hat. Lesemotivation zeigt er insoweit, als er mit dem Lesen ein Ziel außerhalb der Lektüreerfahrung verfolgt, nämlich den Schulabschluss. Genusserleben kann er mit der Lektüre insofern verbinden, als ihm die gemeinsame Erarbeitung mit dem Sozialpädagogen Spaß gemacht hat. Ali verfügt über ein Genrewissen „Liebesdrama", das er aus seiner Fernsehpraxis kennt, allerdings nur bedingt selbständig artikulieren kann, das er aber im Falle der Lektüre – wiederum bedingt – aktivieren kann. Er verbindet zwar positive Gefühlserlebnisse mit der Lektüre. Diese sind jedoch von ihrem Kontext des unterstützten und gemeinsamen Lesens nicht zu entkoppeln. Die Gratifikation bestand vor allem in der bestandenen Prüfung. An diese Prüfung und ihre Vorbereitung ist auch die Reflexion der Lektüre gebunden.

Es darf vermutet werden, dass die reflexive Dimension generell der Anleitung bedarf. Im Interview zeigt sich Ali in dieser Hinsicht wenig selbständig. Hier dürfte sich die in aller Regel fehlende Anschlusskommunikation auswirken: Auch seine Filmpraxis wird – von jeher – nur bedingt Gegenstand des Gesprächs. Daher erscheinen Medien bei Ali auch nicht als „Bewältigungsressource" in der aktuellen Umbruchsituation, sondern eher als eine Möglichkeit, einen Raum außerhalb der alltäglichen Anstrengung zu finden. Der realitätsferne „Lebensroman" dominiert.

Der kommunikativen Bearbeitung ist Ali allerdings zugänglich. Er kann dann auch einer Tätigkeit positive Seiten abgewinnen, die er an sich als mühsame Anforderung begreift, dies vor allem dann, wenn sie für sein persönliches Fortkommen Bedeutung hat. Hier – und nicht in seinem freizeitlichen Medienverhalten – liegt vermutlich ein Potential für die künftige Bearbeitung von Entwicklungs- und Lebensaufgaben.

## 4.2 Lesen als heimlicher Ausbruch, als kulturelle und soziale Praxis: Halima

Halima, eine in der Bundesrepublik geborene Marokkanerin, ist zum Zeitpunkt des Interviews 19 Jahre alt. Sie ist das vierte von fünf Kindern, die alle noch in der elterlichen Wohnung in engen Verhältnissen leben. Halima teilt das Zimmer mit mehreren Geschwistern, lediglich der ältere Bruder hat ein eigenes Zimmer. In der Familie wird sowohl Deutsch als auch die Herkunftssprache gesprochen, wobei das Deutsche die Verkehrssprache unter den Geschwistern ist, während mit den Eltern eher, aber nicht ausschließlich, die Herkunftssprache gesprochen wird. Halima gibt an, dass die Mutter nicht Deutsch lesen könne. Sie selbst spricht akzentfrei Deutsch.

Halimas Vater hat bis zu seiner Verrentung als Rangierarbeiter bei der Bahn gearbeitet, eine Berufstätigkeit der Mutter kommt im Interview nicht zur Sprache. Ein älterer Bruder studiert Informatik, eine ältere Schwester arbeitet in einer Apotheke. Zwei jüngere Geschwister (zehn und 14 Jahre alt) besuchen noch die Schule.

Halima hat nach der Grundschule eine Hauptschule besucht und diese 1999 nach der zehnten Klasse mit dem Hauptschulabschluss verlassen. Am Realschulabschluss ist sie nach eigenen Aussagen knapp gescheitert. Sie findet nach langem Suchen einen Ausbildungsplatz als Pharmazeutisch-Kaufmännische Angestellte in einer Apotheke und befindet sich jetzt im zweiten Ausbildungsjahr. Die Ausbildung macht ihr Spaß, insbesondere hebt sie das positive Arbeitsklima und das gute Verhältnis zu ihrer Chefin hervor. Sie hat die Perspektive, nach Abschluss der Ausbildung „noch mal was anderes auszuprobieren" (13), möglicherweise den verpassten Realschulabschluss nachzuholen (251).

Der Kontakt zu Halima ist über die Berufsschule hergestellt worden. Das Interview selbst findet während ihrer Arbeitszeit in einem Aufenthaltsraum in der Apotheke statt. Halima ist es wichtig, dass ihre Anonymität unbedingt gewahrt bleibt. Keinesfalls dürften die Eltern etwas erfahren. Sie erklärt, das Zusammentreffen mit Fremden, der Aufenthalt außerhalb des Hauses sei ihr verboten. Diese strenge Reglementierung ist vermutlich religiös begründet.[2] Halima führt das allerdings nicht aus und kritisiert es auch nicht. Eher spricht sie in einem freundlichen Ton über ihre Eltern, insbesondere über die Mutter. Die Mutter toleriert auch Halimas zeitweisen Rückzug aus dem Trubel der Großfamilie ins elterliche Schlafzimmer: „[…] Also meine Mutter denkt sich, lass sie lesen […] lass sie in Ruhe […]" (72).

Mit dem Vater teilt sie die Vorliebe, sich im Garten der Familie aufzuhalten.

„Ich bin gerne im Garten, les ich gerne […] Wenn ich im Garten bin mit meinem Papa, weil ich und mein Papa, wir fahren meistens zu zweit, weil mein Papa ist en Arbeitstier, der arbeitet dann gerne im Garten […] und, und dabei les ich halt und da läuft auch nebenbei en Sender, en Radiosender […] und dann les ich dort […]" (48).

---

2  Für türkische Familien ist der Zusammenhang zwischen Migration und restriktiver Erziehungspraxis insbesondere gegenüber ihren Töchtern belegt. Vgl. Deutscher Bundestag (2000), 108.

Trotzdem übertritt Halima das elterliche Verbot, lässt sich auf das Interview ein und arrangiert, wie es scheint problemlos, den Termin während der Arbeitszeit. Eine Distanzierung zu den elterlichen Werten drückt sich hier aus, die für Halimas gegenwärtige Lebenssituation kennzeichnend ist.

Die Heimlichkeit, in der das Interview stattfindet, prägt auch die Beziehung zur Interviewerin. Eine Atmosphäre der Komplizenschaft stellt sich ein, auf deren Grundlage sich eine gleichberechtigte Beziehung zwischen Interviewerin und Interviewter entwickelt. Am Thema des Interviews ist Halima interessiert, als erklärte Leserin hat sie dazu etwas zu sagen und erzählt detailliert. Narrative Passagen prägen das Interview. Dabei präsentiert sie sich eloquent und souverän, stellenweise auch selbstironisch. Andererseits äußert sie verschiedentlich negative Selbsteinschätzungen. So liest sie zwar mit Interesse Wissenstests in Zeitschriften, will auch wissen, was sie kann, wundert sich aber nicht, wenn sie falsch liegt: „Ich halt mich nicht für besonders schlau" (88). Dieses negative Selbstbild wird umso stärker, je weiter Halima biographisch zurückblickt. Sie sei ein „schlimmes Kind" (188) gewesen und summiert: „[Ich] würd mich anders verhalten in vielen Dingen. Würd ich mal sagen" (158). So grenzt sich Halima insbesondere von ihrer durch extensives Fernsehen geprägten Medienpraxis während ihrer Grund- und Hauptschulzeit ab. Doch die Passage lässt insgesamt die Interpretation zu, dass die Abgrenzung umfassender ist. Insgesamt sind die Interviewpassagen zu dieser Lebensphase vergleichsweise knapp.

Biographisch befindet sich Halima an einem Wendepunkt, der äußerlich durch das Ende der Schulzeit und die Aufnahme einer Ausbildung markiert ist und seinen Ausdruck auch in einem radikalen Wandel ihrer Medienpraxis findet.

„Seit ich angefangen hab zu arbeiten. Ich find, jetzt fällt mir erst auf, wie wenig Zeit ich eigentlich habe […] und die, die Zeit, die ich früher hatte, die hab ich alle im Fernsehen verschwendet. Find ich […] jetzt. Weil ich denk jetzt einfach, ich denk jetzt einfach auch anders […]" (158).

Entsprechend kritisch und mit dem erkennbaren Bedürfnis nach Distanzierung betrachtet sie von ihrem jetzigen Standpunkt das Verhalten der jüngeren Geschwister:

„[…] Aber meine zwei kleinen Geschwister sind genauso dämlich wie ich am Anfang und die haben noch kein Interesse an Büchern" (172).

Etwas Sinnvolles tun, die knapp bemessene Freizeit nicht vor dem Fernseher verschwenden, das ist Halimas Credo, das im Interesse am Lesen und im Umgang mit Büchern praktisch wird. Thematisch ist für sie die Frage nach ihrer Zukunft als muslimische Frau bedeutsam. Hinsichtlich ihrer Außenkontakte von den Eltern streng reglementiert, sucht sie dieses Lebensthema lesend auf.

## 4.2.1 Bedeutung des Lesens

Halima ist nach eigener Definition Leserin. Zehn Bücher, so gibt sie an, schaffe sie in einem „guten Monat". Lesen bildet etwa seit den beiden letzten Hauptschuljahren den Fokus ihrer Mediennutzung und stellt zugleich einen relevanten, möglicherweise den einzigen kommunikativen Zusammenhang außerhalb der Familie dar. Über Lektüre und den Austausch über Gelesenes stellt sie in den engen Grenzen, die ihr gesetzt sind, soziale Beziehungen her.

„Weil es die Wahrheit ist" (27): So beschreibt Halima ihr Interesse an Lebensberichten muslimischer Frauen, die ihren Weg in Auflehnung gegen einen autoritären Vater finden und die sie im fiktionalen Genre wirklichkeitsorientiert liest.

„Also jetzt, ich hatte en Buch, wie, also „Ich aus dem Hause Al-Saud" hieß das. Ich eh, Töchter, *Ich Prinzessin aus dem Hause Al-Saud*[3] hieß das [...] ja. [...] das hat mir sehr gut gefallen, ich hab's mir gekauft und ich hab das mindestens schon zehnmal gelesen (*I:„ tatsächlich?"*) So, so schön find ich es [...] Und mich stört es auch nicht etwas wieder zu lesen, wenn es interessant ist und wenn es mich immer wieder [...] voll ergreift [...]. Und es gibt noch zwei, drei weitere Bücher dazu, die hab ich auch en paar mal gelesen, aber nicht gekauft dann [Erzählung des Inhalts]. Das erzählt sie alles, das macht sie hinter dem Rücken ihres Vaters, das kommt dann im zweiten Buch raus, der Vater toleriert es, aber ist nicht damit einverstanden [...] und in dem dritten hat sich dann halt eben ihr Lebensstil geändert, sie ist nämlich nach Europa dann am Schluss gezogen [...]" (21–25).

Interesse und Faszination der ganz offensichtlich genussvollen Lektüre stehen für Halima in einem engen Zusammenhang mit ihrer eigenen Lebenssituation.

*I: „Und was fasziniert dich daran so?"*
„Weil es die Wahrheit ist [...]. Es ist wahr und das fis– faszinert mich dann. Und wenn sie das locker und hinnehmen kann, dass ihr Leben so ist und sie ihr Leben auf ihre Art meistert und daher, dass es wahr ist, fasziniert es mich. [...] Und ja, daher dass ich wahrscheinlich auch Muslimin bin und dann [...] so etwas kommt, dann interessiert mich das. Weil ich mein, vielleicht, es, es muss nicht sein, aber vielleicht erwischt es mich ja auch mal auf diese Art und Weise. Nur kann ich mir sagen, ja die hat's geschafft, dann schaff ich's ja auch ganz locker [...]. Und vielleicht deswegen, weil mich so was halt tierisch interessiert" (26–31).

---

3   Jean P. Sasson (Hrsg): *Ich Prinzessin aus dem Hause Al-Saud*. München: Goldmann Verlag. Weitere Titel: *Ich Prinzessin Sultana, und meine Töchter* und *Ich Prinzessin Sultana, Freiheit für mich und meine Schwestern*. Erstmals 1992 erschienen liegen inzwischen mehrere Auflagen und Sonderausgaben vor.

Hier zeigt sich ein erstes Moment ihres Lesekonzepts. Mit der Kategorie „Wahrheit", die sie auf die Texte anwendet, bezeichnet sie, was sie in enger Beziehung zu sich selbst sehen kann. Die Lektüre bietet das „wahre Leben" in fiktiven / teilfiktiven Erzählungen im Gegensatz, mindestens in Abgrenzung zur wirklichen Wirklichkeit. Dabei versteht sie unter „Wahrheit", worin sie ihre eigene Lebenssituation gespiegelt sieht: muslimische Frau, die erwachsen und mündig wird und der es gelingt, ihren Weg zu gehen. Funktional wird diese Lektüre im Sinne einer Ermutigung: „ja die hat's geschafft, dann schaff ich's ja auch ganz locker" (30). So führt sie aus, die Bücher mehr als zehnmal gelesen zu haben und von ihnen immer wieder ergriffen worden zu sein (31). Sich aufgehoben fühlen in Geschichten, in die sie genussvoll abtaucht, ohne sich ganz von der eigenen Lebenssituation abzuwenden, scheint das zentrale Motiv ihres Lesens zu sein.

Wahrheit im Sinne von Faktizität interessiert sie dagegen gerade nicht. Tagesereignisse, Nachrichten gehören für Halima nicht zur Dimension, in der sie Relevantes, „Wahres" denkt und erwartet. Möglicherweise, weil sie nicht unmittelbar einzuordnen sind und nicht den Trost des guten Endes bieten. So führt sie zu den aktuellen Tagesereignissen – der Anschlag auf das World Trade Center war zur Zeit des Interviews aktuelles Thema der Medien – aus:

„Weniger. Das ist, dass es ich nicht lese, weil. Das was jetzt zuletzt passiert ist, das wollt ich gar nicht lesen. Das ist mir viel zu, zu traurig, zu schlimm. Da– das geht mir dann nah, das tut mir dann so was von Leid […] und so, aber ich möchte das nicht selber lesen, weil […] das geht mir dann nicht aus em Kopf" (78).

Die Tageszeitung ist für sie deshalb kein Medium, auf das sie gezielt und regelmäßig zugreift. Die Frankfurter Rundschau nimmt sie sporadisch an ihrem Arbeitsplatz zur Kenntnis, manchmal die Jugendzeitschrift *Fan*, „aber nur wenn da so was ist, was mich interessiert." (84) Sie interessiere sich „nicht stark dafür" (ebd.).

Tagesereignisse und politische Nachrichten sind deshalb auch nur in Ausnahmefällen Anlass zur Kommunikation. Dagegen stellen die Lektüreerfahrungen einen bedeutenden Gesprächsgegenstand mit einer Freundin dar[4], die unter Halimas Einfluss ähnliche Lektürepräferenzen entwickelt hat (39).

Einen festen Platz in Halimas Lesepraxis haben neben den genannten Texten Heftchenromane, von denen sie mindestens drei, aber eher mehr im Monat liest. „Die könnt ich jederzeit lesen" (60), führt sie dazu aus und beschreibt ihre Motivation weiter:

„… das reizt eher die Vorstellung […] das reicht dann, das reizt eher mich, die Vorstellung. Mir gefällt dann diese Romane, wo die sich gegenseitig

---

4 Im Interview erwähnt Halima an außerfamiliären Kontakten insgesamt nur eine Freundin, mit der sie offenbar zusammen in die Berufsschule geht. Das ist ein weiterer Hinweis darauf, dass ihre Außenkontakte stark eingeschränkt sind.

niedermachen und dann rauskommt, das sind ja in Wirklichkeit in einander verliebt und (*I: „und dann kriegen sie sich doch, genau"*) das reizt dann. […] die könnt ich jeder Zeit lesen, ist doch wirklich so […]" (60).

Andere Interviewpassagen lassen die Vermutung zu, dass sie an den Texten auch erotische Komponenten reizen.

Auf dem Interesse an Groschenromanen gründet zudem der heimliche Kontakt zur Besitzerin eines Kioskes in unmittelbarer Nachbarschaft zu ihrem Arbeitsplatz.

„Hier in der Nähe […]. Also neben dran em, des dürfen sie nicht, weil, also das darf jetzt ihr Mann nicht erfahren, die Besitzerin, die hat die Groschenromane, die verkauft sie eigentlich […] Und die kriegt jeden Monat drei Stück […] Ich darf dann alle drei lesen und dann geb ich sie ihr wieder und ich muss nichts bezahlen […], ich bin dann ganz ordentlich damit, dann pass ich ganz stark auf die auf […], weil ich genau weiß, wenn es mal auffällt, dann kriegt sie ja auch irgendwie Ärger und das will ich nicht. Wenn schon jemand so lieb zu mir ist."
*I: „… wie kam das, dass ihr das verabredet habt?"*
„Ja, ja das war Zufall. […] ich hab mir mal einen durch Zufall gekauft […] dass das ein Groschenroman war, wußt ich gar nicht […] Und ja, dann hab ich den ihr mal gegeben und jetzt tauschen wir halt die Bücher, es ist nämlich auch so ne Fanatikerin. […] Wir ham nämlich den selben Geschmack […]" (61–70).

Die Lektüre ist in dem Fall die Grundlage des sozialen Kontaktes, Anschlusskommunikation an Lektüreerfahrungen scheint den beiden „Fanatikerinnen" ein wesentliches Motivationsmoment zu sein. Halima tritt in dieser Beziehung als kompetente Gesprächspartnerin auf, deren Empfehlungen auf- und angenommen werden. Es fällt auf, dass sie diese Beziehung strukturell ähnlich beschreibt wie die zu einer Freundin, der gegenüber sie gleichfalls als diejenige auftritt, die Lektüreempfehlungen gibt.

Auffällig ist dabei zudem die Heimlichkeit des Kontaktes zwischen Halima und der Kioskbesitzerin, die die leihweise Überlassung der Romane vor ihrem Mann verbergen muss. Gleichwohl scheint sich der Kontakt unproblematisch realisieren zu lassen; eine Parallele wiederum zur Interviewsituation. Auch die Gespräche mit der Freundin unterliegen diesem Verdikt. Zwar ist der Kontakt selbst kein Geheimnis, aber die Gespräche laufen im Unterricht, wo sie, wie Halima betont, „eigentlich am Computer arbeiten sollen" (39).

Wie die Anschlusskommunikation an Lektüre, so ist der Lektüreprozess selbst für Halima gleichfalls etwas, das Rückzug und Nische ist, möglicherweise Distanzierungen erlaubt. Auffällig sind in diesem Zusammenhang die Orte, die sie zum Lesen aufsucht. Außer im Liegestuhl im Garten liest Halima bevorzugt im Zimmer des Bruders oder im elterlichen Bett:

„[…] Da bin ich frei, hab dann zu Hause auf der Matratze von meinem Bruder. […] Mein Bruder hat sein eigenes Zimmer […] und dann geh ich da rein […], schließ zu und da wird dann gelesen. […] oder im Bett von meinen Eltern" (lachen beide).

*I: „Echt, da darfst du hin?"*

„Ja, weil das ist einfach ein bequemer Ort und […] eigentlich dürfen wir dahin um zu lernen, […] Nur ich nutze das immer für's Lesen, weil ich das schöner finde. […] Großes Bett und dann in die Mitte und dann wird gelesen […], das ist schön (*I: „ja, toll" (lacht)*)" (48–52).

Deutlich markiert sie das Moment des intimen Lesens, des Rückzugs aus dem Trubel der Großfamilie, möglicherweise aber auch das der Distanzierung von der Familie und den familiären Gewohnheiten. Denn ihre Lektüreerfahrungen werden innerhalb der Familie nicht zurückgebunden. Anschlusskommunikation an Lektüreprozesse sucht sie gezielt außerhalb, wo sie wiederum überhaupt erst die Grundlage für Kontakte bilden. Darüber hinaus stellt ihre umfangreiche Lektürepraxis eine Besonderheit in der Familie dar. Während die Eltern nicht lesen, liest der ältere Bruder nach ihrer Aussage ausschließlich Zeitungen (Stern, Focus, Frankfurter Rundschau, Bildzeitung), die Schwester liest die Apothekerzeitung, die jüngeren Geschwister hätten kein Interesse an Büchern. Halima ist die einzige Buchleserin: „aber sich jetzt so, da bin ich eher die einzige" (76).

Neben Halimas intensive Lesepraxis tritt eine ausgeprägte Fernsehpraxis. Bevorzugt sieht Halima Liebes-, Mystery- und Horrorfilme:

„[…] Also entweder richtig extrem Horror oder richtig extrem schnulzig. Eins von beiden muss es sein" (128).

Hinsichtlich der Liebesfilme existiert eine gemeinsame Fernsehpraxis mit den Schwestern, die Horrorfilme sieht sie zumeist alleine. Eine Ausnahme bildet hier lediglich der ältere Bruder, der sich ab und an „herablässt", mit ihr zu sehen und, wenn sie ihn „anbettelt" (130), evtl. auch Videofilme mitbringt. Der Vater hingegen ist von dieser Medienpraxis ausgeschlossen:

„[…] ich kann mit mein Papa kein Fernseh gucken, da schäm ich mich (lacht) […] wenn da ma ne Küssszene kommt oder so was (*I: „ach so, ja klar"*) und dann versink ich im Boden. Nee, nee, die kann ich nich. So Nachrichten oder so was guck ich mit mein Vater, aber ansonsten […] tu ich das dann alleine" (143–146).

Zwar ironisiert sie verbal sehr stark den Konsum der Filme, insbesondere der Liebesfilme – sie bildet die Analogie „Groschenfilme" – macht aber zugleich deutlich, wie sehr sie das Abtauchen in die Geschichten genießt:

„[…] Und dann ham sie beide geheult und es ist raus grad und dann kann ich schon en Taschentuch neben dran legen, das ist schön" (126).

In der Vorliebe für Horrorfilme wird erneut auch ein Moment der Distanzierung von der Familie erkennbar.

„Ja ich liebe Horrorfilme. [...] Ja ich bin, ich bin total das Gegenteil von meinen Geschwistern. [...] Also ich liebe so was, ich guck so was, so was von gerne. Einfach nur sich gruseln, so zittern oder so was, das tu ich gerne" (106).

Halima verstärkt das Moment der Distanzierung, indem sie weiter ausführt, sie wisse gar nicht, woher diese Vorliebe bei ihr komme, die Mutter beispielsweise sei geradezu empfindlich und werde von den Bildern verfolgt. Ähnlich ergehe es der Schwester. Das ist ein weiterer Hinweis auf die Distanz zum weiblichen Rollenmuster, aus dem sie sich mit ihren eigenen Genrepräferenzen herausbewegt.

Obgleich sie Filme in großem Umfang rezipiert, geht sie nicht gerne ins Kino. Sie berichtet von einem Kinobesuch mit Kolleginnen, der ihr nicht gefallen habe, obwohl der Film, eine Liebeskomödie, ihrem Geschmack entsprochen habe. Sie sei gerne zu Hause, sie sei gerne für sich, im Kino sei es ihr zu laut und zu unruhig (134–136). Möglicherweise ist die Ablehnung des Kinos als ein Moment der Akzeptanz der Reglementierung ihrer Bewegungsfreiheit durch die Eltern zu lesen.

Darüber hinaus hört Halima jugendtypische Radiosendungen, bevorzugt private Musiksender. Musik, die ihr gefällt („alles außer Techno"), nimmt sie auf Kassette auf, um sie auf dem Weg zur Arbeit zu hören. Musik bildet zudem häufig im Hintergrund die Untermalung ihrer intimen Inszenierungen des Lesens.

Besonderes Interesse hat sie beim Radiohören außerdem für Horoskope. Das morgendliche Horoskop auf FFH hört sie nach Möglichkeit täglich, auch wenn sie diese Praxis im Interview stark ironisiert:

„Das mach ich aus Spaß, [...] da kann ich mich auf was freuen und dann guck ich immer, ja wollen wir mal sehen, wie gut die geraten haben. [...] Oder manchmal kommt, em, sie haben heute einen ganz ausgeglichenen Tag und sie sollten sich an jemanden fallen lassen. Und (*I: lacht*) ja sie gehen immer davon aus, dass man einen Partner hat [...]. An welche Brust soll ich mich denn fallen lassen oder sonst?" (98).

Das Radiohoroskop findet zwar ihr Interesse, aber Horoskope in Zeitungen gefallen ihr nicht. Die seien kompliziert und beschränkten sich meist auf Finanzangelegenheiten (100).

### Lesen im biographischen Kontext
In Halimas Kindheit und Pubertät spielte das Lesen keine Rolle. Gleichwohl blickt sie auf paraliterarische Erfahrungen zurück. Die Mutter hat ihr Geschichten aus *Tausend und einer Nacht* erzählt, wobei sie den Umfang nicht erinnert, auch Rituale wie das Erzählen einer Gute-Nacht-Geschichte

benennt sie nicht. Halima erzählt außerdem, dass ihre Mutter sie auf Filme aufmerksam gemacht habe. Da Halima die arabischen Filme nicht vollständig verstanden habe, habe die Mutter Teile davon für sie übersetzt (174).

An Büchern habe sie als Kind und als Jugendliche kein Interesse gehabt. Bilderbücher etwa hätten bei ihr „nicht lang überlebt" (186). Die Mutter habe zunächst immer wieder Bücher mitgebracht, es nach einer Zeit aber aufgegeben. Der Aufforderung der Mutter, sich aus der Bibliothek ein Buch auszuleihen, sei sie zwar nachgekommen, aber sie habe die Bücher nicht wirklich gelesen oder sie hätten in der Ecke gelegen (192). Sie berichtet in diesem Zusammenhang auch von Leseschwierigkeiten (vgl. unten: Lesen im schulischen Kontext).

Leitmedium war früher das Fernsehen. Halima berichtet von intensivem Fernsehkonsum, wobei ihre Erinnerung sich vermutlich vor allem auf die Grund- und Hauptschulzeit bis etwa zur achten Klasse beziehen. Bereits nachmittags, im Anschluss an die Schule, habe sie ferngesehen. Beginnend mit Zeichentrickfilmen bis zu Serien wie *Acapulco Heat* und *Bay Watch* habe sie alles gesehen (151–154).

Ausführlichere Aussagen zu Inhalten und Interessen macht sie nicht. Sie markiert diese Lebensphase im Interview allerdings ausgesprochen negativ und versucht sich davon vollständig zu distanzieren.

„[…] und dann saß man davor und die Zeit verging und man verblödete vor der Glotze (lacht) (unverständlich) (156) […] und früher bin ich eben total dumm gewesen und saß die ganze Zeit vorm Fernseher" (160).

Die Hinwendung zu Büchern erfolgt nach Halimas Aussage am Ende der Schulzeit auf Anstoß der Mutter, letztlich schreibt sie es aber dem Zufall zu:

„[…] Ich weiß nicht, Zufall. Meine Mutter hat mir ma ein Buch gekauft. […] Und hat sie gemeint, ja kannst ja ma lesen […] Schalt den Fernsehen aus und lies […]."
*I: „Und was waren das für Bücher, die deine Mutter da gekauft hat?"*
„*Prinz Eisenherz, Tausend und eine Nacht* […] *Grimms Märchen* […] gut, Fernsehen interessiert mich sowieso nicht mehr in der Zeit, hat ich so die Schnauze voll von diesen ganzen Serien, kannt ich alle schon auswendig […] dann hab ich einfach angefangen."
*„Hast du, hat deine Mutter gesagt wie sie auf die Idee kam, das auf einmal zu machen?"*
„Nur so. Weil ich hab nur, Mama mir ist langweilig, Mama mir ist langweilig […] und dann hat sie mir halt gedacht, okay. Nur durch Zufall. […] Also meine Mutter hat manchmal solche Dinge oder sie kommt ma mit einer CD an" (162–168).

Es wird im Interview nicht klar, weshalb dieser neuerliche Hinweis der Mutter zu lesen, um so der Langeweile zu begegnen, von Halima nun aufgegriffen wird. Auch die Texte, die sie nennt, erscheinen eher nicht geeignet, bei einer 15- oder 16-jährigen Motivation zum Lesen zu wecken. Unklar bleibt zudem die Motivation der Mutter, die von Halima nicht als Leserin, jedoch immer wieder als Anregerin zum Lesen beschrieben wird.

Biographisch markiert Halima die Hinwendung zu Büchern rundherum positiv, als grundlegenden Wandel ihrer Haltungen und Anschauungen: „ [...] ich denk jetzt einfach, ich denk jetzt einfach auch anders [...]" (158).

### Lesen im schulischen Kontext

Auch im Blick auf ihre Schulzeit differenziert Halima ihre Biographie in eine Zeit als aktive erfolgreiche Leserin und passive, ihre Zeit verschwendende Nichtleserin. Sie berichtet, von Anfang an Schwierigkeiten in der Schule gehabt zu haben; nicht zuletzt im Fach Deutsch:

„[...] Ich mein ich hatte seit der ersten Klasse wirklich tierisch Probleme. Ich konnte [...] ich konnte wirklich nicht gut schreiben, ich hatte tierisch Probleme" (202).

Da sie zu faul gewesen sei, die Hausaufgaben zu machen, habe sie von der ersten Klasse an eine Hausaufgabenhilfe besucht. Im Rahmen der Hausaufgabenhilfe hat sie auch die örtliche Bibliothek kennen gelernt und einen Bibliotheksausweis erhalten (192), wie sie ausführt.

Problematisch sei ihre Schullaufbahn vor allem deshalb gewesen, weil sie von den Lehrern in keiner Weise Unterstützung erhalten habe. Geändert habe sich das erst in der neunten und zehnten Klasse. Erstmals hätten sich da Lehrer um sie und ihre Probleme gekümmert:

„Ich persönlich kann nicht schreiben, deutsch schreiben [...] und erst in der Zehnten hat sich meine Deutschlehrerin mit mir hingesetzt und hat mit mir geguckt [...] Und sie hat halt gemeint, ich bin zwar, eigentlich darf ich das nicht, aber ich werte deine Arbeiten nicht [...]" (198).

Neben der Unterstützung im Rechtschreibunterricht habe sie auch Hilfen beim Schreiben von Bewerbungen erhalten, die LehrerInnen hätten Anteil an ihren Bemühungen um einen Ausbildungsplatz genommen (206).

Halimas positive Erinnerungen an die beiden letzten Hauptschuljahre beziehen sich offenbar insbesondere auf die emotionale Anteilnahme, die sie durch die Lehrerin erfährt und die sie auch überträgt auf die Gegenstände des Unterrichts, nicht zuletzt des Deutschunterrichts, der in dieser Zeit ausgesprochen literarisch orientiert war. Sie berichtet von drei jugendliterarischen Texten, von zwei Gedichten und Lesebuchtexten, zu denen sie jeweils differenziert Stellung nehmen kann:

„Also in der Neunten haben wir viel gelesen. Wir hatten *Maikäfer flieg* und solche [...] halt Kriegsbücher hatten wir zwei Stück. [...] In der Zehnten haben wir *Die schwarze Wolke* gelesen [...] und em, *Bitterschokolade* [...] Ja und das war's dann, drei Bücher in zwei Jahren. Neunte und Zehnte [...] *Die*

*Wolke* fand ich so, na ja [...] *Bitterschokolade* war interessant und *Aischa*[5] haben wir gelesen, das war sehr (*I: „ach genau, das hast du vorhin gesagt, ja, mmh"*) schön. Das war sehr schön und *Maikäfer flieg*, ging so, na ja. [...] Und das fand ich nicht so schön [...]. Wir hatten keinen Schluss. Also ich fand *Maikäfer flieg*, hab ich gelesen [...] und da gab es en zweiten Teil dazu, den hab ich mir geholt, weil ich dachte, da kommt der Schluss vor [...] Und da, der hatte keinen Schluss, ich weiß nicht, was aus dem Mädchen geworden ist, ich weiß nicht, was das Mädchen danach gemacht hat und so was und das fand ich so Scheiße (lachen beide) [...]. Und deswegen, ich weiß nicht, das, das hat mich gestört [...], weil ich würd gern wissen was aus dem Mädchen geworden ist und was sie jetzt gemacht hat" (198, 212–214).

Der Unterricht ging dabei insbesondere in der zehnten Klasse über die Sicherung des Textinhaltes hinaus. Neben der Arbeit mit dem Lesetagebuch sei in der Klasse auch über die Texte diskutiert worden und die Lehrerin habe die SchülerInnen ermuntert, ihre Meinung präzise zu formulieren, was Halima gut gefallen hat, weil sie sich dadurch gefördert sah:

„Zehnten war es so, dass wir drüber diskutiert ham. Stark. [...] Und daher dass sie das immer sagte, drück dich genauer aus oder sei genauer, präziser, [...] dann wird man das mit der Zeit. [...] Und wir sind alle besser geworden find ich [...]."
*I: „Und das hast du auch gern gemacht, also sich dann, dich dann über diese Bücher, über diese Texte geäußert und was dazu gesagt und so".*
„Mmh. Sehr gerne. Weil wenn ich dann jemand hab, mit dem ich diskutieren kann, dann [...] will ich das auch" (233–235).

Halima entwickelt das Bedürfnis nach Anschlusskommunikation, das ihre Lesemotivation auch über die Schule hinaus trägt. Sie entwickelt zudem schnell bestimmte Lesevorlieben: Sie mag abgeschlossene Geschichten mit gutem Ende. Unabgeschlossenes gefällt ihr nicht. Aus eigenem Antrieb besorgt sie sich die Folgebände zu Nöstlingers Autobiographie *Maikäfer flieg*, ohne zu realisieren, dass das Genre ein klassisches Happy End kaum zulässt. Das ist ein Hinweis auch auf die nunmehr entwickelte hohe Lesemotivation.

Auch kurze Geschichten, etwa Lesebuchtexte, mag sie nicht. Ihr Interesse richtet sich auf umfangreiche Texte, denen sie sich mit dem sprichwörtlichen langen Leseatem hingibt. Diese Fähigkeit hat sie freilich erst durch die umfangreiche Lesepraxis entwickelt, die der Deutsch- bzw. Literaturunterricht von ihr gefordert hat. Sie beschreibt die Veränderung folgendermaßen:

„Und jetzt, wenn ich halt en Buch lese, kann ich dieses ganze Buch wiedergeben, die ersten zwei Monate, die ich gelesen hab [...] und jetzt, jetzt kann ich wirklich, wenn ich lese, bleiben mir so viele Stellen dann immer noch im Kopf liegen [...] und ich erinner mich dann auch dran [...] und das find ich schön" (160).

---

5  Autorin: Federica de Cesco

Allerdings könne sie bis heute nicht laut lesen, sie stottere dabei, weshalb sie auch ihren Geschwistern nicht gerne vorlese (74).

Insgesamt gelingt es der Deutschlehrerin durch einen für Halima anregungsreichen und auf Anschlusskommunikation ausgerichteten Literaturunterricht das schulische Lesen aus dem Leistungszusammenhang zu lösen und an Halimas privates Lesen anzuknüpfen. In den Blick geraten damit auch die kompensatorischen Potenziale eines Unterrichts, der über Inhaltssicherung hinausgeht und persönlich bedeutsame Erfahrungen mit Literatur ermöglicht, wie es bei Halima der Fall ist. Auch zu den Texten, die sie zur Zeit bearbeitet, erhält sie den Anstoß durch die Lehrerin:

„Also das Buch, das Buch kam daher, dass ich vorher mit meiner Lehrerin drüber gesprochen hab, also […] meine damalige Deutschlehrerin […], die hat mit uns ein Buch gelesen, das hieß *Ayscha* und das […] ist fast die selbe Handlung […]. Und das hat mich tierisch, also wirklich sehr gefesselt […] und dann hat sie halt gemeint, die und die Bücher gibt es noch […]" (33).

Der Faktor der persönlichen Zuwendung, die Halima von Seiten ihrer Deutschlehrerin erfahren hat, kann für ihre Lesemotivation dabei sicher kaum hoch genug bewertet werden.

### 4.2.2 Lesend auf- und ausbrechen

Als spätadoleszente Jugendliche hat Halima die für diese Lebensphase typischen Entwicklungsaufgaben zu bewältigen. Die Schulzeit hat sie beendet, auf dem Weg in den Beruf hat sie mit der Aufnahme einer Ausbildung einen ersten, für sie mit erheblichen Schwierigkeiten verbunden Schritt erfolgreich bewältigt. Perspektiven tun sich auf, mit dem jetzt Erreichten will sie sich noch nicht zufrieden geben.

Als Entwicklungsaufgabe, deren Bewältigung noch aussteht, erscheint dagegen die Frage nach ihrer Zukunft als muslimische Frau in Deutschland. Halima kommt aus einer, wie es sich darstellt, intakten marokkanischen Großfamilie, in der sie strengen Reglementierungen im Hinblick auf ihre Außenkontakte unterliegt. Jenseits der Erfordernisse der Ausbildung ist ihr Leben vollständig auf den häuslichen Raum beschränkt. Bründel/Hurrelmann (1995) weisen darauf hin, dass kulturelle Differenzen zwischen deutschen und nicht-deutschen Jugendlichen und jungen Erwachsenen vor allem in der Frage der Freizeitgestaltung aufbrechen. Die kulturelle Differenz führe „zu einer im Vergleich zu deutschen Verhältnissen unverhältnismäßig starken Einschränkung der persönlichen Freiheit und Entfaltungsmöglichkeiten und bindet die Mädchen eng an Haus und Familie" (297).

Halima akzeptiert einerseits diese Normen, unterläuft sie andererseits bei Gelegenheit aber auch, wofür das in aller Heimlichkeit geführte Interview ein Beleg sein mag. Das Moment der Heimlichkeit markiert sowohl spezifische Akkulturationsprobleme, denen sie ausgesetzt ist, als auch eine mögliche Bewältigungsstrategie.[6]

Ihre hohe Motivation zum Lesen speist sich praktisch auch aus den Möglichkeiten, die ihr das Lesen als Rückzug und Nische im Familienalltag bietet. Die Inszenierungen der Leseerlebnisse, die ganz auf Genuss abgestellt sind und von ihr emphatisch mit dem Begriff der Freiheit charakterisiert werden, machen die Bedeutung dieser Nische für Halima kenntlich. Zugleich liefert das Interview Hinweise darauf, dass auch diese intimen Leseinszenierungen nicht vollständig frei von Krisen sind. Befragt dazu, in welchen Stimmungen sie lese, führt sie aus: „Wenn ich viel lieber für mich bin, dann hab ich ne gute Zeit, dann les ich viel, weil dann kann ich keinen sehen, dann will ich auch keinen sehen und dann les ich einfach" (58). Es gibt wohl, so kann spekuliert werden, Zeiten, in denen die genussvollste Lektüre nicht zu befriedigen vermag. Darüber hinaus bietet Halima ihre Selbstdefinition als Leserin zugleich die Möglichkeit der Distanzierung von der Familie, ist sie doch die einzige, die „so" liest. Neben ihr tritt lediglich der ältere Bruder als Leser in den Blick, freilich als männlich sachorientierter Leser politischer Magazine – ein Lesemodus, der für Halima keine Bedeutung besitzt. Möglicherweise unterstellt sie jedoch der Mutter, dass diese um die Bedeutung des Lesens für sie weiß. In der Formulierung, die Halima als mütterlichen Kommentar ihrer Lesepraxis nutzt („lass sie in Ruhe, lass sie lesen", 72), drückt sich ein Moment des Verstandenseins aus. Vermutlich muss auch die Aussage, die Mutter habe letztlich den Anstoß zu ihrer Hinwendung zum Lesen gegeben, in diesem Zusammenhang als Konstruktion gelesen werden, mit der Halima das gute Verhältnis zu ihrer Mutter beschreiben möchte. Denn wir erfahren beispielsweise nichts darüber, dass die Inhalte von Halimas Lektüre zum Gesprächsgegenstand zwischen Tochter und Mutter werden. Dagegen stellt über Lektüre Halima überhaupt erst Kontakte zu anderen her. Aus ihrer Lesepraxis wächst ihr Kompetenz zu, die sie in diesen Beziehungen einsetzen kann. Allgemeiner gewendet, zeigt sich, wie kulturelles Kapital in soziales transformiert wird und für die Identitätsentwicklung zur Bewältigungsressource wird, indem sie eine Stütze ihrer kulturellen Praxis findet.[7] Auffällig ist, dass auch diese Beziehungen (Schulfreundin, Kioskbesitzerin) durch ein gewisses Maß an Heimlichkeit gekennzeichnet sind.

---

[6] Dies ist ein durchaus typisches Verhalten fremdkultureller Jugendlicher: Bründel/ Hurrelmann führen aus, auf die Spannungen und Widersprüche von Normen und Rollenerwartungen, denen die Jugendlichen ausgesetzt seien, reagierten sie mit Verhaltensweisen, die zwischen Überanpassung und Auflehnung, Resignation und Revolte schwankten. Heimlichkeit als aktive Bewältigungsstrategie wird in der qualitativen Studie insbesondere bei Mädchen benannt. Ebd., 296 und 305.

[7] Zur Transformation von Kapitalien in identitätsrelevante Ressourcen vgl. Keupp et al. 1999, 201f.

Wenn auch nicht von Heimlichkeit, so ist auch Halimas weitere Medienpraxis in Teilen doch von einem Moment des Rückzugs, letztlich der Distanzierung geprägt. Dies gilt insbesondere für ihre ausgeprägte Rezeption von Horrorfilmen. Ihre Vorliebe für dieses Genre machen sie innerhalb der Familie zur Exotin. Außer dem Bruder, der hierbei wiederum am Rande in Blick kommt als jemand, der ihr Filme beschafft und sie vereinzelt mit ihr sieht, hält kein Familienmitglied, vor allem kein weibliches, die Bilder aus, die Schwestern nicht, noch weniger die Mutter. Ihre genussvolle Rezeption der Filme speist sich aus dem Wechsel von Anspannung und Spannungsauflösung: „[…] es gibt Passagen da st– dann, dann ist es spannend, dann fürchten Sie sich […] und in der nächsten Minute könnten Sie vor Lachen auf em Boden liegen, so find ich das […]" (110). In der Literatur wird diese Motivation als Angstlust beschrieben und als eine „Mischung Furcht, Wonne, zuversichtlicher Hoffnung auf eine Rückkehr zur Sicherheit" definiert. Im Rezeptionsakt werde eine „Als-Ob"-Haltung kenntlich, die Elemente der Simulation und Reflexion verbinde (Raschke 1996, 57). Die Filme, in denen zumeist Frauen Opfer von männlicher Gewalt sind, erschaffen – entlang der Geschlechterrollen – „Metaphern von Macht und benutzen diese um Macht und Machtlosigkeit zu bezeichnen" (ebd., 72). Die Rezeption der Horrorfilme steht für Halima somit möglicherweise gleichfalls im Kontext der Auseinandersetzung mit der Frage ihrer Geschlechterrollenidentität, dem Thema, das sie auch lesend aufsucht. Hier hätte dies allerdings die Perspektive, den Machtverhältnissen ausgeliefert zu sein, während sie im Gegensatz dazu in der Lektüre Vorbilder für die Bewältigung von Entwicklungsaufgaben sucht und findet.

Halimas Lesepraxis ist im Spiegel der Modellbildungen der Lesesozialisationsforschung markant. Die heute 19-Jährige ist eine kompetente Leserin[8]. Sie verfügt über bedürfnisbezogene Auswahlkriterien, liest zielstrebig und ausdauernd. Mit Lektüre verbindet sie positive, genussorientierte Gefühlserlebnisse und sie verfügt über die Fähigkeit zur Anschlusskommunikation. Bedeutsame soziale Beziehungen stellt sie über Lektüre überhaupt erst her. Lesen ist ihr identitäts- und beziehungsstiftende kulturelle Praxis. Konzeptuell kann Halimas Lesepraxis einmal als Modus des intimen Genusslesens (Graf 2001, 211) gefasst werden. Emotionaler Selbstbezug und sinnliche Anregung machen die Qualität der Lektüre für sie aus. Dabei weist die von ihr praktizierte Wiederholungslektüre Ähnlichkeiten mit der Lektüre der kindlichen Viellesephase auf.

In biographischer Perspektive sind bei Halima fast keine lesefördernden Momente auszumachen. Paraliterarische Erfahrungen hat sie im begrenzten Umfang über das Erzählen der Mutter machen können, aber der Schriftspracherwerb gestaltet sich für sie schwierig (Probleme im Bereich der Rechtschrei-

---

8  Zum Konzept der Lesekompetenz vgl. Hurrelmann, Bettina (2002): Prototypische Merkmale der Lesekompetenz. In: Groeben, Hurrelmann (Hrsg.): Lesekompetenz. Bedingungen, Dimensionen, Funktionen. Weinheim: Juventa. 275–286.

bung etwa sind bis heute nicht vollständig behoben). Auch blickt sie nicht auf eine für die Ausbildung einer stabilen Lesemotivation so wesentliche intensive kindliche Viellesephase zurück. Vielmehr ist ihre Medienpraxis bis ins Alter von 14–15 Jahren dominiert von exzessivem Fernsehen und der Ablehnung von Büchern. In ihrer Hinwendung zu Lektüre kommen vielfältige Faktoren zusammen, die sich in ihrer Wirkung verschränken: Die von Serien geprägte Fernsehnutzung ist schal geworden. Die Frage, die für sie relevant wird, das ist die ihrer Zukunft als muslimische Frau, kann sie in den bisher bevorzugten Formaten nicht finden. Anregungen erhält sie zu diesem Zeitpunkt von ihrer Deutschlehrerin, der zweierlei gelingt. Sie bietet Halima thematisch relevante Lektüre an und der Unterricht ist geeignet, Lesen aus dem Leistungszusammenhang zu lösen, in dem es für Halima bisher immer gestanden hat und an dem sie nach eigener Auskunft gescheitert ist. Anschlusskommunikation an Lektüre scheint in diesem Unterricht eine wesentliche Rolle gespielt und sie in besonderer Weise motiviert zu haben. Ihr positives Verhältnis zum Deutschunterricht ist dabei eng verbunden mit der Person der Deutschlehrerin, ein Muster, das sich auch in den lesebiographischen Texten von AbsolventInnen des Gymnasiums immer wieder findet (Schön 1993b). Schließlich findet Halima im Lesen eine Tätigkeit, in der sie ihren Interessen nachgehen kann, ohne dabei in Konflikt mit den strengen Reglementierungen, denen sie von Seiten ihrer Eltern unterliegt, zu geraten Die Eltern zeigen sich zugleich hochgradig tolerant gegenüber symbolischen Welten und reglementieren Halimas Medienpraxis nicht.

Halimas Mediennutzung steht insgesamt in einem engen und offenen Zusammenhang mit den von ihr zu bewältigenden Entwicklungsaufgaben. Im Wandel ihrer Medienpraxis im Anschluss an die Pubertät findet, so sieht sie es selbst, ein gelungener Bewältigungsschritt seinen Ausdruck. Lesen scheint für sie gegenwärtig weniger tröstende Zufluchtsorte im Imaginären zu versprechen – das wohl auch – als vielmehr das Medium des tatsächlichen Ausbruchs aus der Enge ihrer Biographie und familiären Rolle zu bieten. Ihre Hinwendung zur Literatur und ihre hohe Motivation zum Lesen stehen im engen Zusammenhang mit ihrer Identitätskonstruktion, indem sie Selbstsozialisation eröffnen – eine Chance, die Halima mit hohem Bewusstsein und Eigensinn nutzt wie keine andere unserer Befragten. Literatur wird ihr zur Ressource, die sie für ihre Identitätsarbeit mobilisiert (Keupp et al. 1999, 198), indem sie in diesem Medium ihre aktuellen Lebensthemen aufsucht, nach „Wahrheit" sucht und wohl auch nach Ermutigung und Zielperspektiven. Ihre emphatische Annahme des Lesens als Modus von Welterfahrung und ihre Vorstellungen vom Bildungsgehalt der Lektüre tragen dabei Züge, wie sie sich auch in bildungsbürgerlichen Leseidealen finden, ohne von daher motiviert zu sein.

## 4.3   Lesetraining als Fortbildungslehrgang: Maria

Maria besucht seit ein paar Monaten einen einjährigen Lehrgang des „Vereins zur beruflichen Förderung junger Mädchen und Frauen", der sie auf einen Ausbildungsplatz im Gesundheitswesen vorbereiten soll. Sie ist erst 17 Jahre alt und Tochter italienischer Eltern. Nach dem Hauptschulabschluss hat sie zunächst eine Fachschule für Ernährung besucht. Jetzt macht sie diesen Lehrgang, der sich dezidiert an solche jungen Frauen wendet, die Probleme beim Finden eines Ausbildungsplatzes haben und die das Arbeitsamt aufgrund von Sprachschwierigkeiten und relativ schlechten Zeugnissen nur schwer vermitteln kann. Das Interview kam mit Unterstützung einer Lehrerin der Kurse zustande und findet in einem Raum des Vereins statt.[9] Die Atmosphäre des Hauses ist angenehm, die Beziehungen zwischen den Schülerinnen und Lehrerinnen wirken persönlich. Die Ausbilderinnen bemühen sich offensichtlich, die jungen Frauen zu unterstützen. Maria selbst wirkt nervös. Sie kokettiert aber auch mit ihrer Unsicherheit. Angesichts des Mikrofons meint sie lachend: „Wenn so was nicht vor mir wär" (2). Eigentlich sei sie eine „Schwätztante" (196), Jungen gegenüber aber eher schüchtern (6), und im Interview, so scheint es ihr am Ende, habe sie wenig geredet: „Sonst laber ich nur voll" (196). Während des Gesprächs spielt sie beständig mit einem Umschlag. Die Interviewerin macht zwar immer wieder Unterstützungsangebote, doch entwickelt Maria kaum eine Erzählung, ihre Äußerungen sind vielmehr stets recht kurz, was wohl auch mit ihrer mangelnden Erzählfähigkeit in der deutschen Sprache zusammenhängt. Während vor allem ihre Körpersprache Unsicherheit ausstrahlt, stellt sie sich selbst als Macherin vor: Sie selbst, so vermittelt sie, hat ihre Schullaufbahn schließlich in die Hand genommen, zumal ihre Eltern sie nicht unterstützen konnten. Sie trifft heute begründete Entscheidungen in Hinblick auf ihre berufliche Zukunft. Die Selbstdarstellung enthält ein Moment der Konversion: Auf Schule habe sie keine Lust gehabt, noch der Besuch der Ernährungsfachschule habe sie eigentlich nicht interessiert, jetzt hingegen habe sie verstanden, um was es gehe. An mehreren Stellen des Interviews kommen materielle Grenzen ihres Lebensführung zum Ausdruck: Kinobesuche sind ihr relativ selten möglich, einen Computer kann sie sich nicht leisten.

In Marias Elternhaus wird italienisch gesprochen. Die Eltern – der Vater arbeitet als Putzmann, die Mutter ist Hausfrau – können offenbar fast kein Deutsch. Maria empfindet darin wohl auch ein Moment der Vernachlässigung, weist sie doch explizit darauf hin, dass ihre Eltern sie in Hinblick auf schulische Anforderungen nicht unterstützen konnten und können. Sie hingegen bemüht sich gegenwärtig, ihrer kleinen Schwester zu helfen. Maria kann sich zwar gut auf Deutsch verständlich machen, doch sind ihre Äuße-

---

[9]   Als Beobachterin war eine weitere Mitarbeiterin des Projektes anwesend.

rungen grammatisch fehlerhaft. Außerdem artikuliert sie undeutlich. /ch/ spricht sie durchweg wie /sch/.[10]

## 4.3.1 Bedeutung des Lesens

**Lesen im Medienensemble**

Leitmedium in der Familie ist das Fernsehen. Von ihren Eltern sagt Maria, sie würden 24 Stunden fernsehen, differenziert dann aber, vor allem die Mutter schaue ständig, der Vater nach der Arbeit (94). Die Familie sieht ausschließlich italienische Kanäle. Selber hat Maria ihren Angaben zufolge schon mit zwei bis drei Jahren begonnen, fernzusehen. Darüber, was sie als Kind gesehen hat, erfahren wir nichts. Ihre derzeitigen Vorlieben kann sie aber klar benennen: den Kriminalfilm *Bridges*, *Robin Hood* als Serie, Liebes-Zeichentrickfilme und *Big Brother*. Die Qualität der Medienrezeption bleibt blass, eine intensive Auseinandersetzung mit den Programmen wird nicht erkennbar:

*I: „Was fandst du denn daran interessant? Kannste das sagen?"*
„Ja. Wie die zusammen streiten, ja. Und Paare und auch, die haben jeden Monat so ein Aufgabe zu machen, zum Beispiel singen oder tanzen, Tango, Walzer, muss von jedem, genau und so was" (87–88).

Das Fernsehen ist deutlich als Freizeitmedium konturiert. Maria nutzt den gemeinsamen Fernseher im Wohnzimmer der Familie, nicht den in ihrem Zimmer, da das Familiengerät die größere Bildfläche habe (68). Obwohl auch die Mutter Marias Angaben zufolge viel fernsieht, kommt es nicht zu Gesprächen über die Programme, „weil, da ist nix zu reden. Das passiert und das passiert halt. Das kann man nicht umändern" (100).

Der Austausch von Medienerlebnissen allein bildet folglich für Maria keinen Anlass zum Gespräch. Dennoch ist die Rezeption sozial eingebettet. Gelegentlich geht Maria auch mit Freundinnen ins Kino. Eine erzählende Passage zu einem Film kommt allerdings nicht zustande:

„… Ich war Kino gestern."
*I: „Was haste gesehen?"*
„Oh, das ist gut (lacht). Was hab ich gesehen? Em, wie heißt der Film wieder? (1 Sek.) Dis-, die Namen vom Film kann ich mir nie erinnern."
*„Vielleicht wenn du kurz die Geschichte erzählst. Manchmal kenn ich den."*
„Das war also Komödie, Komödie. Und das, und das gefällt mir am besten, wenn ich lachen kann. Ja, em" (20–24).

Auch andere Medien nutzt Maria, um sich unterhalten zu lassen oder zur Entspannung: Abends im Bett, beim Einschlafen, hört sie übers Radio Musik, vor allem Pop und HipHop. Als Unterhaltungsmedium nutzt sie auch den Computer, hat allerdings nicht oft Gelegenheit dazu. Sie bedauert,

---

[10] Diese Eigenheit ist in der Transskription getilgt.

selbst keinen zu besitzen – „weil leider ist zu teuer" (225) –, hat aber einmal pro Woche die Möglichkeit, von der Schule aus ins Internet zu gehen. Dann chattet sie und verschickt SMS. Auf die Frage, ob sie das Internet auch zur Information nutze, z. B. im Zusammenhang mit dem Referat, das sie kürzlich gehalten habe, stimmt sie zu, präzisiert dann, sie suche, was sie interessiere, besuche z. B. die Seiten von *Big Brother* (232).

Marias Umgang mit schriftlichen Medien steht nicht im Zusammenhang ihrer Freizeitgestaltung, sondern übernimmt eine wesentliche Funktion im Rahmen der Entwicklung eigener beruflicher Perspektiven. Ihr derzeitiges Leseverhalten ist von dem Ziel einer Verbesserung der Sprachfähigkeit bestimmt:

„Wegen mein Deutsch, weil ich kein Ausbildung find und da hab ich gemeint, ich muss mehr üben. Und die T. (eine Lehrerin im Lehrgang) hat auch gemeint, ich sollte mehr lesen und mehr darum machen, dass ich mein Deutsch verbessere. Sonst kann ich mit mein Deutsch kein Ausbildungsplatz" (198).

Täglich liest sie eine halbe Stunde und schreibt eine Seite ab (40; 44). Die Bücher leiht sie sich aus der Bibliothek aus:

I: *„Wie oft gehst du da so ungefähr hin?"* ·
„Mmh, einmal im Monat so. Ja, wenn ich brauch so einen Monat so ein Buch zu lesen, ja, weil ich auch noch ne Menge schreiben muss und so mach ich ganz langsam und dann guck ich auch die Wörter, die ich nicht verstehe."
*„Und das machst du aber wirklich jeden Tag und ziehst das durch?"*
„Muss ich auch wegen mein Deutsch" (55–58).

Maria achtet bei der Auswahl zunächst darauf, dass die Bücher nicht „so schwer" sind (181). Die Umsetzung des Lesetrainings zeigt aber auch spezifische Interessen Marias: Sie spricht von einem Buch über Mädchenbeschneidung, hat gerade ein Referat zum Thema gehalten und sucht in der Bibliothek gezielt nach Literatur über Beschneidung, Vergewaltigung und Frauenmisshandlung. Sie subsummiert diesen Interessenschwerpunkt unter „was geschehen ist" (181). Maria beschreibt ihr Lesen als intensive Arbeit, die viel Zeit in Anspruch nimmt. Vorlesen kann ihr zu Hause niemand. Obgleich sie offenbar interessengesteuert liest, berichtet sie zumindest nicht davon, zwischendurch so angesprochen, gespannt oder motiviert zu sein, dass sie auch mehr als das halbstündige Pflichtprogramm absolviert hat. Ihre Lektüre ist auch nicht Gegenstand des Gesprächs mit Freundinnen, wohl aber eines Referats im Kurs, das ihr offenbar positiv in Erinnerung ist, denn sie betont, es habe eine schöne Diskussion gegeben (185).

Auf die Frage nach anderen Büchern, die sie im Rahmen ihres „Trainings" gelesen habe, berichtet sie summarisch von einem Buch über Jugendliche und einem Buch über ein Mädchen, das eine behinderte Schwester pflegt.

Daneben hat sie *Ben liebt Anna*, Unterrichtslektüre der 5. Klasse, noch einmal hervorgeholt:

„Ich hab's wieder gelesen und so, da erinner ich mich noch en bisschen."
*I: „Gefiel dir die Geschichte?"*
„Ja. Les ich auch noch gerne."
*„Was gefällt'n dir da dran?"*
„Ja, wie der Ben die Anna so, nicht so nett eh fand zuerst und dann fand er sie süß und dann ist er hinterher gegangen und so (lacht), ja."
*„Und dann entwickelt sich das irgendwie?"*
„Ja, dann entwickelt sich und die Schüler sollen nix wissen (lacht), ja, das auch. Und dann, wo die Ferien haben, gingen die in Strand und so was und sonst weiß ich nicht so ganz genau" (117–123).

Maria thematisiert *Ben liebt Anna* nicht als Kinderbuch, sondern als eine auch für sie interessante Geschichte. Die Texte haben einen lebensweltlichen oder gesellschaftspolitischen Bezug, die eigene Lebensphase und die der Schwester (die jetzt in der 5. Klasse ist) sind angesprochen. Das Interesse der jungen Frau liegt offenbar in diesem Bezug begründet.

Keine große Rolle spielen Zeitungen und Zeitschriften: Für Zeitschriften hat sie sich früher mehr interessiert, hat auch mal welche gekauft. Jetzt liest sie sie allenfalls beim Arzt, wo sie die Zeit „rumbringen muss". Anders als die Bücher, die sie sich ausleiht, erscheint ihr z. B. *Bravo Girl* als überflüssige Lektüre: „Da gibt's nichts wichtiges. Ich versteh das nicht, warum so viele Jugendliche lesen" (207). Zu Hause gibt es eine italienische Zeitung, doch wird nicht deutlich, ob Maria sie liest.

Die Beschreibung ihres Leseverhaltens deutet darauf hin, dass Maria mit ihrer Lektüre einen Bezug zu ihrem Dasein herstellen können möchte. Sie betont ein Interesse an Faktizität, dem sie gezielt nachgeht.

**Lesen in biographischer und schulischer Perspektive**
Fiktionalität spielt in den Kindheitserinnerungen eine deutlich erkennbare Rolle, eventuell auch in Hinblick auf die Vorliebe für Zeichentrickfilme. Marias frühe Medienkindheit ist von Vorlese- und Leseaktivitäten einerseits und dem Fernsehen andererseits geprägt. Das Sprachproblem fällt bei dieser Mediennutzung nicht ins Gewicht, da Maria auf italienisch liest bzw. die entsprechenden Programme schaut. Als Kindheitslektüre sind ihr Märchen im Gedächtnis geblieben:

*I: „ ... und hast du als Kind so, manchmal so Geschichten gelesen?"*
„Ja, so *Rotkäppchen* und so was. Das hab ich auch sehr gehabt."
*„Und haben dir deine Eltern manchmal vorgelesen?"*
„Italienisch, ja, aber deutsch können die es nicht."
*„Abends?"*
„Ja, auch nachmittags, wenn ich Bock hab, hab einfach Buch ‚Mama les', und hat sie's mir oft, oft gelesen."

*„Und solche Bücher, da habt ihr auch ein paar zu Hause dann?"*
„Ja, wir haben so Märchenbücher, so dick. Aber auf italienisch" (101–108).

Dass ihre kleine Schwester daran kein Interesse zeige, wundert Maria. Diese lese eher schulbezogen (110). Rückschlüsse darauf, wie kompetent Maria mit der Schriftsprache Italienisch umgeht, lassen die Angaben allerdings nicht zu.

Maria stellt sich im Zusammenhang mit ihrer derzeitigen Lektürepraxis als aktiv und engagiert dar und gibt Hinweise auf ähnliche Motivationslagen in ihrer Biographie: Sie hat zunächst eine Sprachheilschule besucht und ist dort so gut zurecht gekommen, dass sie in der 7. Klasse entschied, auf eine normale Schule zu wechseln: „hab ich mir einfach gesagt, ich will jetzt in normale Schule gehen, einfach probiern und hat ich ein Probezeit und ich hab's geschafft. Bin ich auch dort geblieben" (131).

Für die Zeit auf der Sprachheilschule kann sie Auskunft geben über Lektüre im Deutschunterricht. Hier hat sie *Ben liebt Anna* gelesen und das Buch geschenkt bekommen. Lehrer hätten Buchempfehlungen gegeben.

Die anschließende Zeit auf der Hauptschule erscheint hingegen nicht motivierend. Vielmehr zeichnen die Erzählungen chaotische Szenarien. Marias Narrationen, ausgelöst durch die Frage nach Lektüren im Deutschunterricht, sind in dieser Drastik allerdings einzigartig in unserem Sample:

„Da haben wir nur mit Dings gearbeitet"
*I: „Nur mit Lesebuch?"*
„Nur mit Lesebuch, ja. Wir haben auch fast nix gemacht in Deutsch. Jeder hat was anderes gemacht in Hauptschule."
*„Wie meinst du, jeder hat was anderes gemacht?"*
„Ja, wir hatten zwei Lehrer und der, der wollte auch mit uns üben, aber manche lesen dort, manche spielen. Manche spielen mit sein Handy und schreiben. Danach hat der Lehrer sich hingehockt und hat gemeint: Macht weiter. Das war ihm auch manchmal scheißegal so (lacht)" (145–147).

Auch ihr selber sei die Schule egal gewesen. Gedichte hätten sie mal zu produzieren versucht, das hätte ins Chaos geführt. Sie seien keine Dichter. Sie erinnert sich an Rechtschreibunterricht und Lesenüben, Lautlesen sei dem Lehrer wichtig gewesen, und zwar langsam, damit man nicht über Schwierigkeiten hinweglese. Sie selber lese auch nicht so gerne leise (151–159). Ihre eigene Einstellung zur Schule in dieser Phase fasst sie zusammen: „Damals war ich auch mehr so – Spielzeug und so was. War mir auch wurschtegal von Schule" (171).

### 4.3.2 Auf dem Weg in die eigene Zukunft

Ihrer Selbstdarstellung nach war Maria auch nach dem Hauptschulabschluss noch zu jung für einen Ausbildungsplatz. Ein Realschulabschluss kam nicht in Frage, ihr Englisch sei zu schlecht gewesen. Also verbrachte sie ein Jahr auf einer Fachschule für Ernährung. Sie betont, dass die Schule leicht gewesen sei. Der Schwerpunkt Ernährung traf aber nicht mit ihren eigenen Interessen zusammen (10).

Diese sieht sie in ihrem derzeitigen Programm eher verwirklicht. Der Lehrgang, den sie sich ausgesucht hat, weil er speziell für Frauen ist – sie hätte auch eine andere Maßnahme in Höchst besuchen können –, interessiert sie. Offenbar fühlt sie sich auch wohl und gut betreut und kann daher Vorschläge der Ausbilderin annehmen und umsetzen. Sie wirkt motiviert und sieht eigenes Engagement in Richtung Lernen und Üben als notwendig und erfolgversprechend an. Von Eigenständigkeit und Reflexion zeugen auch einige explizite Abgrenzungen, die sie im Interview vornimmt: von den Leseinteressen der Schwester, vom Fernsehkonsum der Mutter und vom Zeitschriftenkonsum der Altersgenossinnen. Gerade im Zusammenhang der Familienkonstellation zeigt Maria auch biographische Reflexivität. Anders als ihre Schwester hat sie gerne Märchen gelesen. Wie sie hat ihre Schwester im 5. Schuljahr Schwierigkeiten, so dass Maria ihr hilft. Ob die Schulproblematik, die für die Hauptschulzeit deutlich wird, vor allem auf pubertäre Abgrenzungsmechanismen zurückzuführen ist, kann nicht entschieden werden. Positiv markiert die junge Frau jedenfalls die gegenwärtige Ausbildungssituation, die sie offenbar als Chance begreift. Erst nach dem Schulabschluss sieht sie – im Zusammenhang ihres Aufbruchs in die eigene Zukunft – die Entwicklung von Lese- und Sprachfähigkeiten in der deutschen Sprache als eine sie betreffende Anforderung.

## 4.4 Lektürehabitus und soziale Identität: Michael

Michael, zum Zeitpunkt des Interviews 19 Jahre alt, lebt zusammen mit seiner Mutter, einer Bankangestellten, in Frankfurt-Nied. Seine ältere Schwester, eine Friseurin, wohnt in unmittelbarer Nähe. Sein niederländischer Vater lebt seit längerem von der Familie getrennt. Michael ist in Deutschland geboren und aufgewachsen. Das Deutsche ist seine Muttersprache, Niederländisch kann er lediglich leidlich verstehen. Im Anschluss an den Hauptschulabschluss beginnt er zunächst eine Lehre als Installateur, die er abbricht, nachdem er – so Michaels Darstellung – vom Juniorchef des Unternehmens wegen eines Diebstahlvorwurfs tätlich angegriffen wird. Michael absolviert zum Zeitpunkt des Interviews eine Lehre als Friseur, die ihm seinen Angaben zufolge Spaß bereitet.

Michael gibt an, ein gutes Verhältnis zu Mutter und Schwester zu haben. Der Vater scheint dagegen nur eine untergeordnete Rolle zu spielen. Seit seiner Schulzeit spielt und trainiert Michael regelmäßig Basketball. Freunde werden hauptsächlich im Zusammenhang mit dieser sportlichen Aktivität sowie Discothekenbesuchen erwähnt. Zudem berichtet Michael davon, seit längerer Zeit eine feste Freundin zu haben. Dieser Freundin scheint eine wesentliche Funktion für Michaels soziale Identität zuzukommen, sie beeinflusst sowohl Michaels Leseverhalten und Lektürehabitus als auch seinen Wunsch nach beruflichem Aufstieg (s. u.).

Die Vereinbarung eines Interviewtermins mit Michael gestaltet sich äußerst schwierig und gelingt erst nach zahllosen Anrufen des Interviewers. Das Interview und dessen Thematik scheint bei Michael auf kein besonderes Interesse zu stoßen. Zum Interviewtermin erscheint Michael schließlich pünktlich am vereinbarten Treffpunkt und strahlt gute Laune aus. Er hat – entgegen den Befürchtungen des Interviewers – sichtlich Lust, Rede und Antwort zu stehen. Während des Gespräches entwickelt sich eine angenehme und vertrauensvolle Atmosphäre. Dennoch schafft Michael durch seine Körperhaltung eine symbolische Distanz zum Interviewer: Er nimmt mit weitem Abstand zum Tisch Platz, behält seine Jacke während des gesamten Interviews an.

Zu Beginn des Gesprächs wirkt Michael zunächst etwas verunsichert und zurückhaltend. Dennoch kommt er schnell ins Gespräch und erzählt schließlich bereitwillig von seinem Leben und seiner Medienpraxis. Michael erweckt einen ehrlichen und zugewandten Eindruck, wirkt zumeist selbstsicher und offen. Ein offensichtliches Vermeiden bestimmter Themenbereiche oder ein bewusstes Ausweichen vor einzelnen Fragestellungen ist in keiner Phase des Gesprächs auszumachen.

Seine gegenwärtige Lektüre, der *Herr der Ringe* von Tolkien, die er angeregt durch die Rezeption des gleichnamigen Kinofilms liest, schneidet Michael von sich aus an, als er über die Pausengestaltung an seinem Arbeitsplatz berichtet. Michael gibt bereitwillig Auskunft zum Lesestoff und zur Lesesituation, er will seine Lesepraxis gewürdigt wissen.

Michael liegt daran, sich als selbstbewussten, planenden, bildungs- und aufstiegsorientierten Mann darzustellen, der seine Ziele ohne übermäßige Anstrengungen erreichen kann. So nennt er beispielsweise den Wunsch, Berufsschullehrer zu werden, und ist über die verschiedenen Möglichkeiten, dies zu realisieren, gut informiert. Er verweist in dem Zusammenhang auf seine Freundin, die einen höheren Schulabschluss anstrebe, zudem beim Arbeitsamt arbeite und ihn über Weiterbildungs- und Aufstiegsmöglichkeiten informiert habe:

„Nach der Lehre mach ich entweder mein Fachabitur, und dann, hat meine Freundin gesagt, also die arbeitet beim Arbeitsamt, dann muss man so ne Prüfung machen, dass man halt an die Uni kann und so (290).“

In Abgrenzung zu seiner heutigen Leistungsorientierung verweist Michael auf seine ehemalige Faulheit, derentwegen er nur den Hauptschulabschluss erlangen konnte und nun den Beruf des Friseurs erlernen müsse. Faulheit bzw. Lustlosigkeit ist ein mehrfach wiederkehrendes Motiv in Michaels Erzählungen über seine Schulkarriere, sie werden zur Ursache des mäßigen Schulerfolgs stilisiert. Heute präsentiert sich Michael als geläutert und leistungsorientiert, versucht, sich damit vom geringen Sozialprestige seines Bildungsabschlusses und Ausbildungsberufes abzugrenzen.

„Weil, hätte ich mich mehr angestrengt, wäre ich auf 'ner höheren Schule gewesen, hätte ich nicht so einen […] miesen Beruf."
I: „Also, Friseur, das ist für dich nicht so richtig?"
„Ja, es macht schon Spaß mit den Leuten zu tun zu haben, aber so ein Realschulabschluss wäre besser gewesen" (286–288).

### 4.4.1 Bedeutung des Lesens

Michael thematisiert im Verlauf des Interviews ungefragt die Lektüre von Tolkiens *Herr der Ringe*. Den ersten Teil der Trilogie hatte er gemeinsam mit seiner Freundin im Kino gesehen. Sein Interesse am Fortgang der spannenden Handlung bringt ihn dazu, unmittelbar im Anschluss an die Filmrezeption mit der Lektüre der übrigen Bände zu beginnen. Zum Zeitpunkt des Gesprächs hat Michael die Lektüre des zweiten Bandes gerade abgeschlossen und mit der Lektüre des dritten Teils begonnen. Aus den Angaben, die Michael zum Inhalt des zweiten Bandes der *Herr der Ringe*-Trilogie macht, lässt sich eindeutig ersehen, dass er den Band tatsächlich verstehend gelesen hat. Bereitwillig und kompetent beantwortet er die Fragen zum Fortgang der Handlung.

I: „Hast du, Gandalf schon wieder da im zweiten Teil?"
„Ja Gandalf lebt. Der ist in so nem, in so en Fluss gefallen und des Monster ist halt gestorben und der ist halt, der war ja halt, damals hieß er ja Gandalf der Graue und Saruman der Weise und jetzt ist eh, Gandalf ist der Weisen geworden, der hat ganz weiße Kleidung bekommen, sein Bart ist weiß und, und Saruman hat halt keine Kraft mehr gegen ihn was zu sagen" (30–31).

Vor der Lektüre der Tolkien-Bände habe er eine Biographie des Basketballspielers Michael Jordan gelesen sowie mit der Lektüre des Romans *Der Klient* des amerikanischen Bestsellerautors John Grisham begonnen. Den Hinweis, dass es sich bei *Herr der Ringe* um eine Trilogie handle, habe er von seiner Freundin erhalten, die ihm auch die Bände geborgt habe:

„Ich wusst ja nicht, dass dieser Herr der Ringe en Dreiteiler ist […]. Ja, das wusst ich halt nicht, und, und dann hab ich halt darüber gesprochen. Also sie hat mir erzählt, dass sie die anderen Teile hat und da wollt ich halt sofort des Buch haben, was ich dann, was ich auch dann bekommen habe und ja und dann hab' ich gleich angefangen zu lesen" (76).

Michael beschreibt seine Rezeption der Tolkien-Bände als einen äußerst intensiven Lektüreprozess. Er liest den zweiten Band innerhalb einer Woche, bewältigt täglich bis zu einhundert Seiten. Michael betont, dass er bei starkem Interesse an einem Lesestoff bis tief in die Nacht lese, hebt zugleich die Ausnahmestellung der Tolkien-Lektüre innerhalb seiner bisherigen Lesebiographie hervor. Über Erfahrungen mit den Lektüregratifikationen der

Entspannung und Ablenkung sowie der des Erlebens einer fantastischen Gegenwelt zur Realität und einer Erweiterung des eigenen Erfahrungsraumes (vgl. Köcher 1993, 280f) dürfte Michael bezüglich des Lesens bisher noch kaum verfügt haben. Die Faszination, die die Tolkien-Lektüre auf ihn ausübt, schildert er wie folgt:

„Wenn ich was richtig lesen will, wie *Herr der Ringe*, dann les ich auch, dass ich so schnell wie möglich weiß, wie des da endet. Und bei *Herr der Ringe* war's so, also das hab ich bei kein Buch vorher so empfunden. So, so schlimm oder so krass, wo ich sage, des mich des Buch in seinen Bann gezogen hat und ich konnt einfach nich aufhören zu lesen.[…] Und dann, und dann ich konnt nicht aufhören, ich wollt einfach wissen, du liest eine Seite, die ist voll spannend, dann liest du noch ne Seite, die ist noch spannender, du willst, du kannst nicht aufhören, du denkst, ich les noch die Seite fertig und dann musst du einfach noch die nächste Seite und die nächste Seite lesen" (102, 104).

Michael beschreibt die Rolle des Lesens im Ensemble seiner Mediennutzung wie folgt:

„Wenn ich, wenn ich lesen will, wenn ich lesen will, dann les ich. Und wenn ich nicht lesen will, dann hab ich halt keine Lust und guck Fernsehen." (100) „[…] weil wenn ich lesen will, dann will ich lesen und will schnell des Buch hinter mich bringen und wenn ich halt nicht lesen will, dann kommt's schon hin, dass ich mal en halbes Jahr, ein Jahr, zwei Jahr gar nicht les" (246).

Er präsentiert sich damit als Gelegenheitsleser mit längeren Phasen der Leseabstinenz und zugleich als kompetenten Mediennutzer, der je nach Interessenlage zur Auswahl zwischen einzelnen Medienangeboten fähig ist.

Privates (Buch-)Lesen besitzt für Michael ausschließlich eine Freizeit- und Unterhaltungsfunktion. Ein leistungsorientiertes Lesekonzept, das die Selbstkonstruktion der Aufstiegsorientierung trefflich ergänzen würde, ist nicht auszumachen. Der Umfang der Lektürepraxis Michaels ist zudem stark von der jeweiligen Stimmungs- und Interessenlage abhängig, dürfte insgesamt aber eher gering ausfallen. Über die genannten drei Titel hinaus findet keine weitere Privatlektüre Erwähnung.

Im Zusammenhang mit den Berichten zu seinen eigenen Lektüreerfahrungen verweist Michael auch auf die Lesepraxis der Mutter, die er als Vielleserin bezeichnet. Die Lektürestoffe und den Buchbestand der Mutter kann Michael allerdings nur vage umschreiben.

„Ja meine Mutter liest viel. […] Die liest echt viel. Die liest immer so Personenrollen oder […] Ja genau und des liest sie halt. So was liest sie und so Romane und, ja halt so Geschichten" (256–258).

Als Beispiel nennt Michael das Buch zur Filmkomödie *Das merkwürdige Verhalten geschlechtsreifer Großstädter zur Paarungszeit*. Zudem vermutet er, dass sich seine Mutter im Rahmen der Euroumstellung beruflich intensiv mit einschlägiger Fachliteratur beschäftigen musste. Die Lesepraxis der Mutter scheint auf Michaels Mediennutzung kaum Einfluss zu nehmen, Bücher aus ihrem Bestand scheinen keine Leseanregung darzustellen. Eine Funktion als Lesevorbild dürfte der Mutter gegenwärtig kaum zukommen.

Neben der gelegentlichen Lektüre von Büchern liest Michael gegenwärtig weder regelmäßig noch gezielt weitere Printmedien. Vielmehr nutzt er Zeitungen und Zeitschriften eher zufällig bei verschiedenen sich bietenden Gelegenheiten. So lese er manchmal die Bildzeitung, die seine Mutter gelegentlich kaufe, blättere in Arbeitspausen in ausliegenden Zeitschriften oder schaue beim Basketballtraining in Basketballzeitschriften, die ein Sportkamerad mitbringe.

In Michaels Selbsteinschätzung wird sein Fernsehkonsum weder gegenwärtig noch in seiner Lebensgeschichte als sonderlich hoch eingestuft. So berichtet er für seine Kindheit, dass Fernsehrezeption durch elterliche Medienkontrolle begrenzt und zudem in seiner Interessenskala nachrangig angesiedelt gewesen sei.

„[…] ich muss immer erst meine Hausaufgaben machen, bevor ich dann irgendwie Fernseh gucken durfte, und das halt auch ma an den regnerischen Tagen, wenn keiner von meinen Freunden draußen war. Und dann bin ich halt immer sonst draußen gewesen" (108).

Eine ähnlich geringe Fernsehnutzung beschreibt Michael für seine Hauptschulzeit, auch hier wird anderen Freizeitaktivitäten ein höherer Stellenwert zugewiesen.

„Ja, ja ich war früher auch im Schulverein, und da hat ich immer drei Stunden jeden Tag Training. Da kam ich auch erst abends nach Hause und da gab's auch keine Zeit irgendwie Fernsehen zu gucken" (110).

Michael kann noch genaue Angaben zu den TV-Präferenzen seiner Kindheit machen und die gemeinsame Rezeptionssituation mit der Schwester im heimischen Wohnzimmer beschreiben. Michael geht davon aus, in seiner Kindheit an vier Tagen die Woche ferngesehen zu haben. Für die Hauptschulzeit nennt er Actionfilme als bevorzugtes Genre. Heute favorisiert er Sendungen wie *stern TV*, *Frauenknast* und *Wer wird Millionär* und versucht, diese regelmäßig anzuschauen. Oft findet die Rezeption dieser Sendungen gemeinsam mit der Mutter im Wohnzimmer statt, obwohl er in seinem Zimmer über einen eigenen Fernseher verfügt. Ob diese gemeinsame Rezeptionspraxis in eine kommunikative Praxis eingebettet ist, lässt sich Michaels Darstellung nicht entnehmen. Michaels detaillierte Kenntnisse und ausführliche Narrationen zu einzelnen Sendungen stehen in einem gewissen Kontrast zur Selbsteinschätzung eines eher geringen TV-Konsums. Fernsehen dürfte durchaus zu seinen Leitmedien zu rechnen sein.

In Michaels gegenwärtiger Mediennutzung spielt Musikrezeption eine gewichtige Rolle, er hört täglich bereits zum Aufstehen Musik. Als bevorzugte Musikstile nennt Michael HipHop und Rhythm 'n' blues. Und er nutzt mitunter seinen schon älteren Computer, den er zur Verwaltung von Adressdateien verwendet. Daneben findet auch die Playstation zu gemeinsamen Spielen mit Freunden am Wochenende gelegentlich Verwendung; schließlich besucht Michael hin und wieder gemeinsam mit der Freundin ein Kino.

**Lesen im biographischen Kontext**
In Michaels Kindheit dürfte das Medium Buch nicht vollkommen bedeutungslos gewesen sein. So nennt er das Vorlesen von Märchen in deutscher und niederländischer Sprache durch den Vater als eine vorschulische literarische Erfahrung. Durch seine Eltern erfolgte eine Vorbereitung auf die Schule, sie brachten ihm mittels Übungsmaterialien Grundzüge des Lesens und Rechnens bereits vor der Einschulung bei. Der Leseerwerb während der anschließenden Grundschulzeit habe ihm keinerlei Schwierigkeiten bereitet, betont Michael. Für den Zeitraum des Grundschulbesuchs gibt Michael die gelegentliche Lektüre kinderliterarischer Titel an. Phasen umfangreicher und intensiver Lektürepraxis finden sich jedoch in der Kindheit nicht. Konkret erinnert sich Michael an einen einzigen Titel seiner Kindheitslektüre, dessen Inhalt er folgendermaßen zusammenfasst:

„Da ist so ein kleiner Junge, ich weiß nicht mehr, wie's heißt, und da, die Mutter ist krank und der muss halt, von einem Berg muss er ne Pflanze holen die ne Heilpflanze und da, auf dem Berg da soll's so, mehr so Gnome geben. Die sollen gefährlich sein und der trifft halt auf en lieben Gnom und dann ist er der Freunde, der Freund von dem. Und dann macht er Bekanntschaften mit den bösen und so. Und dann wird halt die Mutter noch gesund und der lebt dann mit den Gnomen und so. Das war ein cooles Buch" (128).

Mit zunehmendem Alter verlieren sich indes diese Ansätze einer kindlichen Lesepraxis zusehends, als jugendlicher Hauptschüler schließlich ist Michael vollkommen buchabstinent. Das Fernsehen wird zum wichtigsten Medium.

„Da hab ich gar nix gelesen (…)"
I: „Da haste ma gar nix gelesen?"
„Ne, da hab ich nur Fernseh geguckt" (194–196).

Trotz dieser Buchabstinenz lässt sich für die Hauptschulzeit eine regelmäßige Lektürepraxis ausmachen, die sich auf Zeitschriften und Zeitungen konzentriert. Gelesen hat Michael in dieser Phase regelmäßig *Bravo*, Basketballzeitschriften sowie die *Bildzeitung*.

Zu den Gründen der Wiederaufnahme einer gelegentlichen (Buch-)Lektürepraxis als junger Erwachsener macht Michael keine aufschlussreichen Angaben, diese sei „einfach so durch eigenes Interesse" (428) zustande gekommen.

**Lesen im schulischen Kontext**

Nach Ende der Grundschule findet Buchlektüre ausschließlich im schulischen Kontext statt. Michaels Erinnerungen an diese Schullektüre sind eher vage und unspezifisch, er kann sich lediglich zwei Titel ins Gedächtnis rufen. So erwähnt er die Lektüre von Härtlings Kinderroman *Ben liebt Anna* und die Behandlung des *Tagebuch der Anne Frank*. Ganz allgemein bewertet er Schullektüre als langweilig, begründet dies mit seinem Desinteresse an Literatur: „Ja, weil's nicht so mein Thema ist, was so mich interessiert" (410).

Allein *Das Tagebuch der Anne Frank* ist bei Michael auf Interesse gestoßen, er kann den Plot zutreffend beschreiben und bewertet die Lektüre insgesamt positiv, bezeichnet das Buch als „schon cool" (396).

Michaels Angaben zu Arbeitsformen im Umgang mit Texten beschränken sich auf das Aufzählen allgemeiner Begriffe, er nennt das Anfertigen von Inhaltsangaben, Interpretationen und Charakterisierungen. Nähere Ausführungen, die eine Rekonstruktion seines Deutschunterrichts gestatten könnten, werden nicht geleistet. So ist beispielsweise zum Stellenwert des Literaturunterrichts in Relation zum Sprachunterricht keine definitive Aussage zu finden. Denn auch bei der Beschreibung des Sprachunterrichts belässt Michael es bei der Aufzählung einiger Schlagworte.

Dennoch sind aus Michaels Angaben implizit Hinweise auf seine Interessenstruktur zu entnehmen. In Abgrenzung zur unterrichtlichen Behandlung literarischer Texte lobt Michael den Einsatz von Zeitungen als Unterrichtslektüre. Er begründet dies mit dem breiten thematischen Spektrum, das eine Zeitung abdecke.

„Zeitung lesen ist gut."
*I: „Warum? Ist das besser als Lektüre?"*
„Ja in Lektüre da, da dreht sich ja nur um diese Person und in dieser Zeitung, da steht ja überall die ganze, ganz Deutschland oder ganz Welt, was da passiert. Verschiedene Sachen. Mal spannende Sachen, mal nicht so interessante Sachen" (422).

Ein grundsätzliches Interesse an bestimmten Sachthemen ist also anzunehmen, obgleich konkrete Interessenschwerpunkte nicht auszumachen sind. Zu der Frage, welchen Stellenwert Sachliteratur im Unterricht über die erwähnte Zeitungslektüre hinaus besessen haben könnte, liegen keine Befunde vor.

### 4.4.2 Lektürehabitus und soziale Identität

Michael befindet sich momentan in einer biographischen Umbruchsituation, zu deren Verlauf noch keine Prognose möglich ist. Es ist nicht abzusehen, ob es ihm gelingen wird, seine Leistungsorientierung aufrecht zu erhalten und seine beruflichen Aufstiegspläne zu realisieren. Diese Weiterbildungsperspektive mag auch erheblich zum Durchstehen der Ausbildung in einem „miesen Beruf" beitragen. Beträchtlichen Einfluss auf Michaels berufliche

Zielperspektive dürfte seine Freundin ausüben, die den Erwerb des Fachabiturs bereits in Angriff genommen hat und zudem durch ihre Tätigkeit beim Arbeitsamt über die Möglichkeiten zur Weiterqualifikation informiert ist. Beeinflusst durch seine Partnerin, möchte sich Michael an deren kulturellen Habitus angleichen und sich symbolisch einem höher angesiedelten sozialen Feld als das seiner eigenen Schul- und Berufsausbildung zugehörig fühlen.

Die Beziehung zu seiner Freundin dürfte erheblichen Einfluss auf Michaels Lektürepraxis und -habitus sowie auf seine Selbstkonstruktion ausüben. Lesen und das Gespräch über Lektüre wird im Interview als selbstverständliche kulturelle Tätigkeit präsentiert, obgleich er tatsächlich über eine (noch) vergleichsweise geringe Leseerfahrung verfügt.

Michaels heutige Leistungsorientierung steht im scharfen Kontrast zur angeblichen „Faulheit" der Schulzeit, die als Erklärungsmodell für den mäßigen Schulabschluss das Interview leitmotivisch grundiert. Mit dem Erklärungsmuster „Faulheit" wird das Abschneiden in der Schule zunächst sich selbst zugeschrieben. Diese Selbstkonstruktion besitzt identitätsstützende Funktion, erlaubt sie doch die Abwehr der Möglichkeit, der Erwerb eines höheren Bildungsabschlusses sei einem Mangel an kognitiven Kompetenzen geschuldet. Es wird vom weiteren Erfolg der Bildungskarriere Michaels abhängen, ob und inwieweit es ihm gelingen wird, er diese identitätsstützende Selbstkonstruktion aufrecht erhalten kann.

Obgleich Michael Probleme mit der Bewältigung schulischer Anforderungen ausdrücklich verneint, lassen einige Andeutungen auf Lernschwierigkeiten schließen, die nicht ausschließlich mit „Faulheit" zu erklären sind. So räumt er ein, beim Schreiben zahlreiche Fehler zu begehen, führt dies auf zu geringe Konzentration zurück (284). Des weiteren berichtet Michael davon, sich durch Vortäuschung von Krankheit einzelnen schulischen Anforderungen entzogen zu haben (313). Ob beispielsweise die Trennung der Eltern ihn belastet und auch seinen Schulerfolg negativ beeinflusst hat, darüber macht Michael keine Aussagen.

Hinsichtlich Michaels Lesesozialisationsverlauf ist zunächst zu konstatieren, dass darin durchaus einige leseförderliche Aspekte auszumachen sind. Zu nennen ist hier vor allem das elterliche Vorlesen und das Vorhandensein von Kinderbüchern. Selbst wenn seine Mutter gegenwärtig kein unmittelbares Lesevorbild dargestellt hat, zählt Lesen doch aufgrund ihrer Praxis innerhalb der Familie zu einer alltäglichen und selbstverständlichen kulturellen Tätigkeit. Ambivalenter ist dagegen die elterliche Vorbereitung auf die Schule durch Leseübungen zu betrachten. Diese vorschulische Einweisung ins Lesen lässt ein instrumentelles, mit Aufstiegserwartungen verknüpftes Leseverständnis der Eltern vermuten, das die zur Ausbildung einer dauerhaften Lesemotivation notwendige Erfahrung von Lesen als Selbstzweck behindern kann.

Trotz einiger leseförderlicher Komponenten spielt Lesen in Michaels Biographie keine prominente Rolle, Viellesephasen fehlen vollkommen. In der Jugendphase ist Lesen praktisch bedeutungslos, der schulische Umgang mit literarischen Texten hinterlässt kaum prägende Spuren.

Um so erstaunlicher erscheint es nun, dass Michael mit den Tolkien-Bänden einen umfangreichen und komplexen Text in relativ kurzer Zeit erfolgreich bewältigen kann. Aus seinen Erzählungen zur Lektüre dieser Bände lässt sich erkennen, dass er bis dato keinerlei Erfahrungen mit evasorischem und literarischem Lesen besaß, er aber dennoch über einen langen Leseatem, die Kompetenz der globalen Kohärenzbildung und über entwickelte Fähigkeiten des literarischen Verstehens verfügt. Dass Michael zudem in der Lage ist, Zusammenhänge eines Textes auch auf einer höheren Abstraktionsebene zu erfassen, belegt seine zusammenfassende Wiedergabe des *Tagebuch der Anne Frank* nachhaltig. Michael steht mithin ein Set an hierarchiehöheren Leseverstehensfähigkeiten zur Verfügung, das ihn eindeutig als kompetenten Leser ausweist. Obgleich der Erwerbsprozess dieser Kompetenzen unter vergleichsweise ungünstigen Bedingungen stattgefunden hat, war dessen Verlauf dennoch erfolgreich. Michaels Lesesozialisationsverlauf lässt sich mit den idealtypischen Modellen der Lesesozialisation, wie sie insbesondere von der Lesebiographieforschung (vgl. Graf 1995, Schön 1996) skizziert werden, kaum befriedigend erklären. Seine Lesesozialisation ist vielmehr ein Beleg dafür, dass über die in der bisherigen Forschung skizzierten Modelle hinaus offensichtlich weitere Wege zum Lesen existieren, über deren konstituierende Faktoren bislang noch zu wenig bekannt ist. Aus den vorliegenden Befunden der Lesesozialisationsforschung lässt sich allein ein einziger Faktor bestimmen, der zu Michaels Aufnahme einer Lesepraxis zu einem biographisch relativ späten Zeitpunkt beigetragen haben könnte: Unerwartete LeserInnen, also diejenigen, die trotz vergleichsweise ungünstiger Ausgangsbedingungen dennoch eine nennenswerte Lesepraxis entwickeln, werden dazu häufig von Partnern oder Partnerinnen mit intensiver Lesepraxis angeregt (vgl. Köcher 1988, 2298ff.). Der erfolgreiche Erwerb komplexer Lesekompetenzen lässt sich mit diesem Erklärungsansatz allerdings nicht erklären, da dieser von Michael bereits zu einem biographisch früheren Zeitpunkt geleistet worden sein dürfte. Es ist anzunehmen, dass die schulische Ausbildung zur Entwicklung dieser Fähigkeiten beigetragen hat. Erst das (Lese-)Leitbild seiner Freundin scheint jedoch die kulturelle Praxis Lesen auch für ihn attraktiv zu machen. Horizont ist dabei eine Aufstiegsorientierung, die offenbar wesentlich in der Beziehung begründet ist.

## 4.5 Lesen in einer gebrochenen Bildungskarriere: Susan

Die 21-jährige Susan ist verheiratet und Mutter einer 6 Monate alten Tochter. Zum Zeitpunkt des Interviews ist sie im Erziehungsurlaub, für den sie ihre Ausbildung zur Hotelfachfrau unterbrochen hat.

Susan ist bei ihrer allein erziehenden, berufstätigen Mutter gemeinsam mit ihrer Halbschwester in der DDR aufgewachsen. Nach der Wende ist die damals 10-Jährige mit ihrer Familie nach Frankfurt gezogen. Sie besuchte zunächst ein Gymnasium, wechselte nach Schulschwierigkeiten am Ende der Sekundarstufe I aber auf eine Hauptschule, die sie 1999 mit dem Realschulabschluss verlassen hat. Familiäre Kontakte pflegt sie heute noch zu ihrer Halbschwester und zu ihrem in Algerien lebenden Vater. Zu ihrer Mutter und ihren anderen Geschwistern – Susan gibt an, aus den verschiedenen Beziehungen ihrer Eltern zehn (Halb-)Geschwister zu haben – besteht offenbar kaum Kontakt. Enger ist die Beziehung zur Familie ihres türkischen Mannes, dessen Eltern ebenfalls in Frankfurt leben.

Der Kontakt mit Susan wurde über die Berufsschule hergestellt, die sie trotz Erziehungsurlaub weiterhin besucht. Susan hatte das Interview, das bei ihr Zuhause stattfand, vorbereitet: sie hatte Kaffee gekocht, Zigaretten bereit gelegt, der Ehemann kümmerte sich zumindest im ersten Teil des Interviews um das Kind. Die Interviewsituation genoss Susan sichtlich. Sie erzählte gerne und freute sich, über ihre Erfahrungen berichten zu können. Obwohl sie offen erzählte, sich Zeit nahm und bemüht war, alle wesentlichen Punkte anzusprechen, sind Lücken geblieben, die vor allem ihre frühe Kindheit und Jugend betreffen.

### 4.5.1 Bedeutung des Lesens

**Lesen im Medienkontext**

Susans Lebenssituation hat sich mit der Geburt ihrer Tochter grundlegend gewandelt. Ihre Ausbildung hat sie unterbrochen, die Möglichkeiten der Freizeitgestaltung mit Freunden und auch ihre Medienpraxis hat sich verändert, wie sie berichtet. Alltagsroutinen zur Versorgung des Kleinkindes bestimmen derzeit Susans Tagesablauf, Außenkontakte sind stark reduziert und beschränken sich weitgehend auf das Telefon und den Austausch von SMS mit ihrem Mann, der besten Freundin und ihrer Schwester.

Im Zentrum ihrer Mediennutzung stehen derzeit Radio und Fernsehen, die sie tagsüber aber eher beiläufig nutzt.

„Und so viel Zeit hab ich jetzt auch nicht mehr dazu, wegen meiner Tochter. Also jetzt Filme am Stück gucken oder ne Zeitung in Ruhe lesen, das ist jetzt nicht mehr so viel drin, also früher war das schon so, aber jetzt irgendwie" (5).

*I: „Und Radio? Jetzt hast du einmal erwähnt, Radio hast du nebenbei gehört, als du zur Schule, eh, gefahren bist."*

„Also das ist auch was, was ich nur auf em Schulweg und wieder zurück mache, weil ich da halt ein bisschen meine Ruhe hab und dann hör ich halt Radio"(24–30).

Im Fernsehen sieht sie regelmäßig nachmittags Talkshows, bevorzugt *Arabella*, weil „die Sendung nicht so ins Primitive abschweift" (79/80). Wenn die Tochter ruhig sei, verschaffe ihr das ein paar Stunden „so außer Geweine", die sie genießt.

Susan bedauert, in ihrer derzeitigen Situation keine Zeit mehr zum Lesen zu haben. Sie berichtet, vor der Geburt regelmäßig gelesen zu haben. Während der Schwangerschaft seien dies vorwiegend Baby- und Schwangerschaftsbücher gewesen und sie habe außerdem versucht mit einem „Express-Lernbuch" türkisch zu lernen. Ihre Freundin habe versucht bosnisch zu lernen, die Sprache ihres Mannes, so dass die Freundinnen bei ihren täglichen Treffen sich „intensiv mit Büchern beschäftigt" hätten. Ausführlich berichtet Susan außerdem über ein Buch mit dem Titel *Tatort Algerien*[11]:

„Mich hat's halt interessiert, weil mein Vater aus Algerien kommt. Und em niemand genau sagen kann, wie jetzt halt der Krieg dort entstanden ist, wann er aufhört, worum's überhaupt geht" (278–280).

In dem Sammelband berichten Autoren über ihr Leben in Algerien und Deutschland, sie schreiben über den Krieg in Algerien und erzählen „Fantasiegeschichten mit Wahrheitsbezug", so Susans Genrebeschreibung. Der Text habe ihr einen guten Überblick gegeben, führt Susan aus, während „in den lieben Medien überhaupt nix darüber läuft" (285). Ein Bekannter hat ihr zudem Berichte von Amnesty International über Algerien besorgt, die sie gelesen hat. Sie erwähnt unspezifisch einen weiteren Text zu diesem Themenbereich, den sie nicht zu Ende gelesen hat. In ihren Erzählungen wird auch ihre situative Inszenierung der Leseerfahrungen deutlich:

„Da steht ein Tee, Aschenbecher, Zigaretten, ungefähr so wie jetzt, nur dass das Kaffee ist. Dann em, ich weiß nicht, Chips oder Popcorn, irgendwas Süßes davor, damit ich halt nicht so oft aufstehen muss, ja, weil ich meistens keine Lust mehr hab irgendwie irgendwo wegzugehen, wenn's ein gutes Buch ist. Em, ja, und hoffen, Handy auch daneben. Aber ansonsten. Also so viel vorbereiten muss man ja jetzt für en Buch nicht, ja, aber so versuchen die wichtigsten Sachen, die man halt brauchen könnte, eben griffbereit zu legen und dann halt gemütlich machen, Decke noch drum, ja, und lesen" (854–860).

Mit Bedauern schildert sie, dass diese Form der Inszenierung für sie derzeit nicht möglich ist. Zum Lesen verbleibt ihr jetzt nur noch die Zeit im Bus auf dem Schulweg. Auch die Zeitschriften- und Zeitungslektüre hat sie nach der

---

[11] Donata Kinzelbach (Hrg.) (1999): *Tatort Algerien*. Frankfurt: Suhrkamp.

Geburt ihrer Tochter stark eingeschränkt. Die abonnierte Tageszeitung *Frankfurter Neue Presse* werde nur von ihrem Mann gelesen, sie selbst informiere sich inzwischen ausschließlich über die Radio- und Fernsehnachrichten, weil sie dann nebenbei noch etwas anderes machen könne. Früher habe sie dagegen am Arbeitsplatz gerne in der *Frankfurter Rundschau* die Auslandsberichte gelesen. Interesse hat sie außerdem für Horoskope (146–160).

Während Susan tagsüber Medien beiläufig nutzt, sieht sie abends gemeinsam mit ihrem Mann Spielfilme im Fernsehen oder auf Video. In der Regel sähen sie einen Film pro Abend, die bevorzugten Genres sind Horrorfilme und Komödien. Sie berichtet zuletzt den Film *Dune* gesehen zu haben, auf den sie durch Werbung aufmerksam geworden sei. Auf Nachfrage erklärt Susan, dass sie über den Film nicht gesprochen hätten, weil Science-Fiction als erfundene Sache für sie „jetzt nicht unbedingt Gesprächsstoff" (126) sei. Gespräche im Anschluss an Filme fänden dann statt, wenn es „wahrheitsgemäßere Filme" seien oder wenn einem die Filme ein „bisschen nahe geh'n" (124), beispielsweise Nachrichten über Kriege oder Benzinpreiserhöhungen. Über den Film *Six Pack*, den sie kürzlich gesehen hat, sagt sie, dass die Auswahl eher zufällig zustande gekommen sei, sie hätten über den Inhalt vorab nichts gewusst. Sie beschreibt den Film als „nicht so toll, aber trotzdem interessant" (769), insgesamt „aber halt einfach zu heftig" (775), obgleich er dem von ihnen bevorzugten Genre Horror zuzurechnen ist. Die Handlung wird aus der Perspektive eines Mörders und Vergewaltigers rekonstruiert, der überlegt und geplant seine Gewalttaten verübt, wie Susan berichtet. Über diesen Film hätte sie anschließend mit ihrem Mann gesprochen:

I: [...] „*Kannst du dich da noch an das Gespräch en bisschen erinnern?*"
„Ja das ist halt so, dass so Menschen rumlaufen, dass es das halt wirklich gibt ja. Es ist nun mal so, gibt's. Und em, was dieser Mensch denken muss, was aber auch der Autor denken muss, ja, dass er das irgendwie alles so darstellt. Das war dann schon irgendwie, schwer der Film ne. Em, ah ja, es ist schon, es gibt so Leute, aber es ist ja halt auch viel dazu erfunden ja, dass man irgendwie die Handlung so darstellt und so. Und er zieht ihm auch die Haut runter, wie er des gemacht haben muss ja, so. Wahnsinn. Wie man auf so Ideen kommt. Und dass es halt ein Arschloch ist der Typ also. (Beide lachen) Ja, was sonst?"
„*Ja. Aber ihr ward euch schon relativ einig in der Beurteilung? (ja) Nicht so konträr diskutiert?*" (4 Sek.)
„Auf keinen Fall. Gott sei Dank waren wir uns einig (lacht). Also" (778–790).

Susan berichtet, auch wenn sie mit den Schwiegereltern Filme sähen, würden sie darüber sprechen und Eindrücke austauschen, weswegen ihr die Treffen Spaß machten. Die Auswahl der Filme erfolge zusammen oder durch ihren Schwager, der eine Karte für die Videothek besitze. Zumeist sähen sie deutsche oder deutsch synchronisierte Filme, obgleich die Schwiegereltern nicht perfekt Deutsch sprächen. Auch für ihren Geburtstag, den sie mit Freunden gefeiert hat, hat Susan drei Filme organisiert, um aufkommender Langeweile vorzubeugen.

Neben diesem intensiv genutzten Medium benutzt Susan täglich das Handy. Während der Schwangerschaft für Notfälle angeschafft, schickt sie jetzt vor allem SMS an ihren Mann und ihre Schwester. Sie selbst beurteilt das Handy im Anschluss an einen Hinweis auf ihre anfängliche Skepsis als „superpraktisch, das hätt ich nie gedacht, dass es mein Lieblingsspielzeug wird" (229–230).

Den Computer habe sie bisher nur für berufliche Zwecke genutzt, sie interessiere sich weder für das Internet noch für Computerspiele. Da sie und ihr Mann aber um die Wichtigkeit von Computerkenntnissen für die Zukunft wüssten, dächten sie daran, sich einen anzuschaffen, sobald es die finanziellen Möglichkeiten erlauben.

Obgleich in Susans gegenwärtiger Medienpraxis das Lesen nur eine untergeordnete Rolle spielt, ist es ihr wertgeschätzte kulturelle Praxis, die sie und ihr Mann an die Tochter weitergeben möchten. Beide möchten ein Interesse an Büchern auch bei der Tochter fördern. So habe der Mann der dreiwöchigen Tochter aus *Tausend und einer Nacht* Geschichten vorgelesen. Susan selbst habe der Tochter die Geschichten des Struwwelpeters aus ihrem alten Kinderbuch vorgelesen in der Hoffnung früh Wurzeln für das Interesse an Büchern zu legen.

## Lesen im biographischen Kontext
Susan teilt ihre Biographie in einen Abschnitt der Kindheit bis zu ihrem zehnten Lebensjahr, den sie in der DDR verbracht hat, und einen weiteren Abschnitt in Frankfurt. Dabei erinnert sie die Zeit bis etwa zum zehnten Lebensjahr nicht positiv. Im Interview entsteht der Eindruck, dass sie nicht daran erinnert werden möchte:

*I: „Kannst du dich noch an andere Bücher erinnern? Auch vielleicht als du noch en bisschen jünger warst. Also wenn deine Mutter so viele Bücher hatte („ja eben") da kann ich's mir gar nicht („so viele Bücher") vorstellen, dass sie dir nicht auch vorgelesen hat oder dir Buchtipps gegeben hat."* „Als ich ganz so klein war kann ich mich halt nicht mehr dran erinnern Ich weiß es einfach nicht mehr. Und das was sie am meisten hatte, waren halt Rechtsbücher und so alte, ganz uralte Geschichten. Und das war auch in Altdeutsch alles schön geschrieben ja, das fand se ganz toll. Das konnt ich nicht lesen ja. Also die Dinger, das ging nicht. Also ich konnt's nie entziffern, werd ich auch wahrscheinlich nie, hab ich nicht. Und das fand sie ja ganz toll. (Unverständlich) Und sie hat halt mehr so auf konservativ gestanden. Da war'n schon Bücher die ich mir auch rausgeholt hatte, aber ich weiß jetzt nicht mehr, was für welche, ja" (417–428).

Erst nach beharrlichem Nachfragen der Interviewerin erinnert sie sich daran, dass ihre Mutter Geschichten vorgelesen habe. Susan nennt den

*Struwwelpeter*, den Text, den sie nun ihrerseits ihrer Tochter vorliest. In besonderer Erinnerung ist ihr geblieben, dass die Schwester nach der *Struwwelpeter*-Lektüre mit dem Daumenlutschen aufgehört habe. Obwohl Susan davon ausgeht, dass weitere Kinderbücher vorhanden gewesen seien, kann sie sich an keine konkret erinnern. Auch an Gute-Nacht-Geschichten kann sie sich nicht erinnern. Sie vermutet, dass die Mutter nach der Arbeit keine Lust mehr zum Vorlesen gehabt habe.

Die Schilderungen zur Kindheit bleiben im Vergleich zu anderen Interviewpassagen blass und von Lücken durchsetzt. Fragen nach weiteren Medien in der Kindheit beantwortet Susan mit dem Hinweis, dass es in der DDR „logischerweise nicht viel" Fernsehprogramme gegeben habe. Auf Nachfrage nennt sie die Sendung *Sandmännchen*. Sehr gut erinnere sie sich aber daran, dass ein Fernsehverbot die schlimmste Strafe für sie gewesen sei. Darüber hinaus vermutet sie, dass sie ebenso wie ihre Schwester wenig Fernsehen geschaut habe, weil sie viele Verpflichtungen im Haushalt gehabt hätten. Sie glaubt, dass auch damals schon der Fernseher „so nebenbei" lief. Wichtig war, dass der Fernseher lief, „ob man jetzt guckt oder nicht, egal" (500/501), daher wisse sie auch nicht mehr, was sie geguckt habe. An ein Radio kann sie sich nicht erinnern.

Gleichwohl konstruiert sie sich selbst als Leserin unter den anderen Leserinnen in der Familie. Immer viel gelesen hätten sowohl die Schwester als auch die Mutter, die sich ausschließlich aus Büchern informiert habe. Besonders positiv ist Susans Erinnerung an ihr kindliches und jugendliches Lesen. Sie habe „super gerne gelesen" (316/317). Ebenso wie ihre ältere Schwester habe sie „super lange, super lange Romane" und „Wälzer" am Strand gelesen (vgl. 318/319). Es bleibt unklar, ob dies noch in der DDR war.

In prägnanter Erinnerung sei ihr ein Roman, den sie mit 13 oder 14 Jahren, also nach dem Umzug nach Frankfurt, gelesen hat: *Anna auf Green Gables*. Unmittelbar erinnert sich Susan an den Inhalt, den sie in aller Ausführlichkeit schildert (331–353). Das Buch habe sie so gefesselt, dass sie im Bett liegend bis zum nächsten Morgen gelesen habe: „Aber ich konnte nicht aufhören mit dem Buch, es war ganz schlimm ja" (363). Lesesituation und Inhalt sind für Susan nach vielen Jahren unmittelbar abrufbar, ihre gefühlsmäßige Beteiligung am Schicksal der Protagonistin ist noch in ihren Schilderungen spürbar. Deutlich wird das hohe Ausmaß, in dem das Geschehen von *Green Gables* zur Auseinandersetzung mit gesellschaftlichen Rollenzuschreibungen, zur Selbstvergewisserung und Identitätsentwicklung durch die Leserin genutzt wurde:

„… es geht um ein Mädchen, was sich super hässlich fühlt, weil's rote Haare hat, das arme Kind, und Sommersprossen. Weil's im Waisenhaus aufwächst em, und dann soll's halt zu einem Geschwisterpaar kommen, was auf em Dorf lebt irgendwie. […] Das Mädchen kommt halt da hin, erst mal sind die alle total enttäuscht, weil die wollten doch en Jungen haben. Und auf jeden Fall behalten sie das Kind lange und ziehen das auch auf die beiden Geschwister und werden total lebendig[…]"(126).

Ihre Lektüreinteressen im Alter von 13 –16 Jahren beschreibt sie unspezifisch. Sie habe im Gegensatz zu ihrer Schwester, die Liebesromane bevorzugte, „alles Querbeet" gelesen. Die Bücher lieh sie sich von der Bibliothek aus, aber auch aus den Bücherregalen der Mutter habe sie sich bedient. Mit 15 bis 16 Jahren entwickelte sich bei Susan ein starkes Interesse für Horrorbücher und -filme. Bücher von Steven King fand sie „total super gut" (390). Ihren ersten Gruselfilm *Der Poltergeist* habe sie mit zehn oder zwölf gemeinsam mit der Schwester gesehen. Die Schwester habe ihr die Angst durch den Hinweis, dass es ja nur ein Film sei, genommen. Bei jeder weiteren Filmrezeption sei ihr nunmehr auch während der Rezeption klar, dass es nur ein Film sei. Sie grusele sich nicht. „Trotzdem macht es Spaß die Filme zu gucken, auf jeden Fall" (400/401). Im Vergleich von Buch und Film schneidet das Buch in Susans Wertung deutlich besser ab. Bei Verfilmungen fehle immer eine Menge und man könne im Gegensatz zum Buch keine Fantasie entwickeln. Im Film sei alles klar, so Susan.

**Lesen im schulischen Kontext**
Susans Schulkarriere führte über die ersten Schuljahre in der DDR zum Besuch eines Gymnasiums in Frankfurt. Sie musste das Gymnasium verlassen und wechselte direkt „total unglücklich" (516) zur Hauptschule, über die sie im Interview spricht.

Sie erinnert sich an Unterrichtseinheiten zum Zeitungslesen und Lyrik, letztere sind ihr in besonders guter Erinnerung. Das Zeitungslesen beurteilt sie positiv, da man in der Schule nicht ausweichen könne und es gut sei, Zeitung zu lesen. „Ich weiß nur noch, so mal lesen, zusammenfassen und irgendwann wurd ne Arbeit drüber geschrieben. Aber es war interessant" (540/541). Der Lehrer verstand es auch, die eigenen Schreibversuche zu Gedichten, die zunächst in der Klasse abgelehnt wurden, so zu gestalten, dass am Ende jeder „en tolles Gedicht hingekriegt" (619–621) hat. Ihr Lobgedicht auf ihre Schwester mit dem Titel *Tausend Dank liebe Schwester* wurde vom Lehrer mit „sehr gut" bewertet.

Susan äußert sich „total begeistert vom Deutschunterricht" (630/631) an der Hauptschule, wie sie die Hauptschulzeit insgesamt positiv erinnert. Vermutlich leistete die Hauptschule, nachdem sie am Gymnasium gescheitert war, einen wichtigen Beitrag zur Stabilisierung ihres Selbstvertrauens. Die Schulzeit insgesamt resümierend hält sie fest, dass sie Schule sehr wichtig findet, aber Schule nichts für sie sei, da sie „ein praktisch veranlagter Mensch" sei und gern arbeiten gehe.

### 4.5.2 Unterbrochene Lesegewohnheiten

Susan hat zum Zeitpunkt des Interviews wesentliche Entscheidungen für die nächsten Jahre getroffen. Als junge Ehefrau und Mutter, die hauptverantwortlich die Betreuung und Erziehung ihres Kindes übernommen hat, bleibt ihr wenig selbst bestimmte Zeit. Ihre Medienpraxis rückt sie in diesen Kontext ein und präsentiert sich als Leserin, wenngleich derzeit mit geringer Lesepraxis. Ihre Vorstellung vom Lesen als wertvoller kultureller Praxis basiert auf der hohen Wertschätzung des Lesens, die sie als Kind im familiären Umfeld kennen gelernt hat und auf den Erfahrungen einer intensiven und genussorientierten kindlichen und jugendlichen Viellesephase. Im biographischen Verlauf entwickeln sich ihre Leseinteressen dabei vom literarischen Lesen von Texten aus dem Bereich der Kinder- und Jugendliteratur, gefolgt von der Hinwendung zu Horrorliteratur und Horrorfilmen hin zum sachorientierten Informationslesen, von Ratgeberliteratur und Sachbüchern über Algerien.

In ihrem derzeitigen familiären Kontext ist Lesen keine regelmäßige Praxis. Die Leseerfahrungen und -bedürfnisse des Partners kommen im Interview nicht zur Sprache. Als gemeinsame Interessen werden ausschließlich Filme benannt. Das Medium Fernsehen und Video dominiert dabei auch die Gestaltung von Familientreffen und Geburtstagsfeiern.

Susans Bedauern über ihre derzeitige „Leseabstinenz" verbunden mit affektiv positiv besetzten Erinnerungen an inszenierte Leseerlebnisse impliziert allerdings die Perspektive, dass sie das Lesen wieder aufnimmt, wenn die zeitlichen Spielräume für sie wieder größer werden.[12] Susan ist intrinsisch motivierte Leserin, sie integriert es selbstverständlich in ihren Lebensalltag. Dabei setzt sie Lesen in mehreren Funktionen ein. Alltagspraktisch als Informationsmedium, lust- und lernbezogen bei Büchern über Algerien und Sprachbüchern, rückblickend eintauchend in der Kinderlektüre und mit Angstlust besetzt im Jugendalter. Lesen ist dabei kein nach außen demonstrierter Lebensstil als vielmehr tatsächliche und selbstverständliche In-Gebrauch-Name von Lektüre. Darin unterscheidet sich Susan markant von den übrigen Befragten, sie profiliert ihr bildungsorientiertes Herkunftsmilieu.

## 4.6 Im Lesen zu sich kommen: Tuba

Die 19-jährige Kurdin, eine relativ kleine junge Frau und gepflegte Erscheinung, hat im Sommer vor dem Interview ihren Hauptschulabschluss absolviert. Die Lehrerin vermittelte den Kontakt, und die Interviewerin traf Tuba auf deren Vorschlag hin in der Schule. Das Verhältnis der sehr lebendig auftretenden Interviewpartnerin zu ihrer ehemaligen Lehrerin ist gut, ihre Erin-

---

12 Zeitmangel als Grund für Nichtlesen wird in der Literatur bei Frauen mit kleinen Kindern als glaubhaft angesehen. Längsschnittuntersuchungen belegen, dass vormalige Leserinnen später meist wieder anfangen zu lesen. Vgl. Köcher 1993.

nerungen an die Schulzeit positiv, wie sich im Verlauf des Interviews zeigt. Der institutionelle Rahmen behinderte denn auch nicht ein intensives Gespräch mit persönlichen, ja existentiellen Anteilen. Tubas problembeladener lebensgeschichtlicher Hintergrund spielt im gesamten Interview eine bedeutende Rolle. Sie ist erst vor sechs Jahren aus Kurdistan nach Deutschland geflüchtet. Die Bürgerkriegserfahrungen haben Tuba nachhaltig geprägt. Ob die Interviewerin es sich vorstellen könne, nicht ihre Muttersprache sprechen zu dürfen, fragt sie gegen Ende des Gesprächs. Angesichts der politischen Probleme hätten die Eltern entschieden gehabt, zu Hause kein Kurdisch mehr zu sprechen. Das Türkische habe sie aber nicht so gut beherrscht. Einschneidend dürfte der Verlust des Vaters gewesen sein, der wie ein Onkel offenbar im Kurdenkonflikt in der Türkei ums Leben gekommen ist.

Einige ihrer acht Geschwister lebten zum Zeitpunkt der Ankunft Tubas bereits in Deutschland. Die 14-Jährige kam jedoch allein. Ihre Mutter lebt nach wie vor in der Türkei. Tuba lebte zunächst bei einer Schwester und anschließend bei einem Bruder, der offenbar versucht hat, sie in ihrer sprachlichen Entwicklung zu fördern. Die Familie bot und bietet für Tuba einen Unterstützungskontext, ebenso wie ihr Mann, mit dem sie seit einem Jahr verheiratet ist. In verwirrender Weise spricht sie zunächst von ihrem Freund, betont anschließend aber, verheiratet zu sein. Möglicherweise ist sie die Ehe auch eingegangen, um als 18-Jährige einer Abschiebung zu entgehen. Das Verhältnis zu ihrem Mann beschreibt sie als „glücklich" (245). Er helfe ihr auch dabei, ihr Deutsch zu verbessern, und übe mit ihr am Computer. In der Rolle als Förderer wird er am ehesten erkennbar. Die Bindung an die Herkunftsfamilie ist nach wie vor deutlich.

Derzeit besucht Tuba eine Berufsfachschule mit dem Schwerpunkt Bank- und Wirtschaftswesen, um möglichst anschließend einen Ausbildungsplatz in diesem Bereich zu bekommen. Die Schule erfordert offenbar viel Einsatz. Beinahe täglich, so die Interviewte, würden sie Arbeiten schreiben.

Tuba spricht ein flüssiges, wenn auch nicht immer korrektes Deutsch. Sie intoniert quasi muttersprachlich und ist daher gut zu verstehen. Am Thema des Interviews, besonders am Lesen, ist sie sehr interessiert und bringt das Gespräch von sich aus verschiedentlich auf ihre Lesepraxis. Leider habe sie ihren Zettel vergessen, auf dem sie sich verschiedene Buchtitel notiert hat, die sie gelesen habe, teilt sie anfangs mit. Da sie zum Thema Lesen bereitwillig erzählt, fällt ihr Zögern angesichts der Nachfrage, wie sie denn jetzt lebe, nachdem sie offenbar nicht mehr bei ihrem Bruder sei, besonders auf, ein Hinweis darauf, dass die Darstellung ihres immerhin schon ein Jahr währenden Ehestands noch nicht unproblematisch gelingt. Die Beziehung zwischen Interviewerin und Interviewter ist dennoch recht vertrauensvoll, was insbesondere das Aufbrechen der kurdischen Kindheitsgeschichte gegen Ende des Interviews zeigt (249–251). Tuba bleibt aber offenbar angesichts des Altersunterschieds wie auch des Status der Interviewerin, die ja „Lehrerin" ist und von der Uni kommt, im ganzen Interview beim Sie.

## 4.6.1 Bedeutung des Lesens

**Lesen im Medien- und Freizeitkontext**

Es ist insbesondere das Lesen, dem Tuba – vor anderen Medienpraxen – eine große Bedeutung zuschreibt: In Hinblick auf ihren Selbstentwurf und die Entfaltung ihrer Zukunftsperspektiven birgt die Lektüre für sie offenbar Potentiale, die sie sich erschließen kann und will. Eine ganze Palette von Funktionen ihres Lesens werden erkennbar: Lesen trägt zur Bildung bei, es fördert die Sprachkompetenz im Deutschen und ist mit der Idee der Leistung verbunden, Lesen befriedigt Interessen, Lesen dient der Verarbeitung von Erfahrungen, Lesen vermittelt Genuss und es hat als gemeinsame Praxis mit ihrem Mann eine soziale, auch die Beziehung stabilisierende Funktion.

Die Narrationen Tubas zum belletristischen Lesen machen deutlich, dass sie das Lesen in der deutschen Sprache als Leistung empfindet, dass sie aber zugleich Genusserfahrungen damit verbindet. Stolz berichtet sie, in den gerade zurückliegenden Weihnachtsferien *Der kleine Hobbit* zu Ende gelesen zu haben. Am letzten Schultag habe sie angefangen und dann zwei Wochen gebraucht. Die Anregung dazu ging von ihrem Mann aus: „Der hat gemeint, ah, du liest nicht und so weiter. Ich hab gesagt, wie soll ich lesen und ich hab soviel Stunden. Aber ich habe das fertig gelesen …" (26). Dabei habe sie sich bisher nicht für Fantasy interessiert, aber jetzt wolle sie auch den *Herrn der Ringe* lesen. Der kleine Hobbit hat sie offensichtlich fasziniert:

„Also in die Ferien ich hab abends bis drei Uhr gelesen. Von zehn bis drei Uhr ungefähr oder elf, zwölf bis drei Uhr. Ich hab in die Ferien nur um drei Uhr geschlafen irgendwie" (lachen beide).
*I: „Dann muss dich das ja ganz schön gefesselt haben."*
„Ja, ich war genau drinne, weil ich hab, ich hab so irgendwie das miterlebt, ja. Ich hab gelesen, aber ich hab so vorgestellt, als würd's schön sein so blabla. Weil man liegt da drinne, manchmal es gibt Bücher, dass ich auch so mitgehe. Und ich mag das auch, deswegen les ich, was mich wirklich interessiert" (34–36).

Die Erfahrung des Eintauchens in das Buch, deutlich als Genusserfahrung markiert, formuliert Tuba gleich dreifach: Das Drin-Sein, Drin-Liegen und Mitgehen ist ihr im Gedächtnis geblieben. Sie teilt dieses Erlebnis nun offenbar mit ihrem Mann, der auch den *Herrn der Ringe* schon komplett gelesen und überhaupt eine Vorliebe für Fantasy habe. Er habe ihr das Buch zum Geburtstag geschenkt und sie hätten es gemeinsam angefangen zu lesen (38). So kommt die Lektüre zwar einerseits dem intimen Genusslesen gleich, ist aber andererseits auch eine soziale Praxis, der vermutlich eine wichtige Funktion in der Beziehung zukommt: Über die geteilten Vorlieben wird Gemeinsamkeit hergestellt. Mit ihrem Mann gemeinsam sucht sie auch die Buchhandlung auf, oder sie greift auf seine Bestände zurück. Zwei Regale Bücher habe er und „auch fast alles gelesen" (40). Überdies hat er die *Frankfurter Rundschau* abonniert, in die Tuba gelegentlich reinschaut.

Tubas neu entdeckte Freude an Fantasy führt nun allerdings nicht dazu, dass sie in dieser Sparte direkt weiterliest, vielmehr wendet sie sich gleich Projekten zu, die sie selbst als anspruchsvoller kennzeichnet. Seit längerer Zeit beschäftigt sie sich mit *Sophies Welt*, einem philosophiedidaktischen Roman: „Also das hat mich echt interessiert auch …, wie man philosophisch denkt … Also das ist auch so wie eine Welt, das man auch hingeht." (60) Diese Leseerfahrung bezeichnet sie als Annäherung ('hingehen') an eine Welt, Philosophie interessiere sie und Religion, wie sie mehrmals sagt. Auch *Theos Reise* hat sie gewissermaßen in Arbeit:

„Die beiden Bücher sind echt schwierig, schwierige Bücher und ich versteh manchmal nicht, ja. Vielleicht das liegt auch daran, wenn ich deutsch verstehen würde, worum da geht …, weil ich unterstreiche das alles und ich notier das alles in ein Heft und mein Freund erklärt mir halt, was das ist, also ich hab vor das, diese zwei Büchern einmal lese und dann noch einmal lese, weil eh, das ist echt interessante Buch und eh, also *Theos Reise* interessiert mich echt. Das geht um Religion und wie das ist, wie's entwickelt, wie die zusammenhängen. Wie gesagt, es gibt die Wörter, die ich nicht versteh, vielleicht liegt daran. Ich muss halt mich noch bisschen verbessern, weil die sind echt schöne Bücher, auch *Sophies Welt*" (66).

Qua Lektüre partizipiert Tuba so auch an einer Idee von Bildung in den emphatisch besetzten Feldern Philosophie und Religion. Sie stellt sich schwierigen Themen. Anders als die Lektürearbeiterin Maria, die ähnliche Lesestrategien anwendet, um sich sprachlich zu verbessern, stellt Tuba ihre inhaltlichen Interessen deutlich heraus. Die sprachlichen Schwierigkeiten thematisiert sie, obschon sie nicht unerheblich sein dürften, erst in zweiter Linie. Dass sie sich mit den Themen auseinandersetzt, wird besonders deutlich, als sie von einer Auseinandersetzung mit einem ihrer Brüder berichtet, der ihre Lektüre von *Theos Reise* kritisierte mit dem Argument, sie solle sich zunächst um ihre eigene Religion kümmern, die anderen Religionen seien Sünde: „Ich hab gemeint, du brauchst mir nichts zu sagen, was Sünde ist und was nicht, ja. Wir haben uns echt gestritten über das Buch …" (154). In der Diskussion muss sich Tuba positionieren. Lesen ist für sie mithin nicht nur im inhaltlichen und sprachlichen Bereich eine Leistung, sondern auch in kommunikativer Hinsicht.

**Lesen im biographischen und schulischen Kontext**
Tubas Lesepraxis begann erst nach der Übersiedlung nach Deutschland. Sie hätten zu Hause auch keine Bücher gehabt: „In der Türkei das ist schwierig. Man liest so selten"(72). Vorgelesen habe ihr allenfalls die Schwester, die Mutter habe sehr viel gearbeitet und dann keine Lust mehr gehabt (74–76). Auch in der Schule hat Tuba offensichtlich keine intensiven Lektüreerfahrungen gemacht, erinnert sich unspezifisch, in der ersten Klasse gelesen zu haben. Sie sei auch nicht durchgängig zur Schule gegangen, war längere Zeit krank, dann fehlte es an Schulgeld (70). Möglicherweise ist ihr das Le-

sen in der türkischen Sprache, für sie ja auch eine Fremdsprache, nicht leicht gefallen, zumindest gibt sie an, in Türkisch nicht besonders gut gewesen zu sein (251).

Der schulische Kontext in Deutschland stellt sich ebenfalls nicht von vornherein als ein förderndes Umfeld da. Die 5. und 6. Klasse verbrachte Tuba auf einer Schule, die sie in keiner guten Erinnerung hat. Nachdem sie in einen Förderkurs eingestuft worden ist, landet sie zunächst in einem Kurs mit ausschließlich russlanddeutschen MitschülerInnen: „Man hat einfach so schlecht gelernt … Dann hab ich gemeint, oh mein Gott wie kommst du weiter? …" (86). Nichts sei dort besser geworden, meint sie bezogen auf ihre Deutschkenntnisse (225). Von Anfang an brachte Tuba allerdings ein hohes Maß an Eigeninitiative auf. So wollte sie unbedingt am Lesewettbewerb der 5. Klasse teilnehmen und setzte sich also hin und übte:

„Und dann halt ich wollte unbedingt mitmachen, ja, und hab Inhaltsangabe geschrieben, so schön alles gemacht, und ich hab vor der Klasse gelesen, einer fremden Lehrerin und Klasse und ich wusst nicht mehr, was ich gelesen hab (beide lachen)" (218).

Sie kommentiert: „Ich bin so eine Mädchen, dass ich so alles mitmachen will" und fügt hinzu, dass sie überall gut gewesen sei, wo es ohne die Sprache ging (222). Bei ihrer Schwester, wo sie zunächst lebte, hat sie begonnen, mit Hilfe des Wörterbuchs zu lesen und zu schreiben: „Ja, ich wollte mich schon verbessern. Ich hab schon Bücher gelesen, die ich nicht verstanden habe. Einfach gelesen und geschrieben und Wörter geguckt, wie man was zusammen türkisch passt oder wie man die Sätze baut …" (92). Lebhaft erinnert sie sich an eine Hausaufgabe, mit der sie die Lehrerin verblüffte: „Sie hat gemeint, mach so weiter" (92).

Als sie dann zu ihrem Bruder gezogen sei, habe er dafür gesorgt, dass sie Nachhilfe bekommen habe, um in der Schule weiter zu kommen. Außerdem sei beschlossen worden, in der Familie deutsch zu sprechen – der Bruder ist mit einer Deutschen verheiratet –, so dass sie schließlich die türkische Sprache ziemlich verlernt habe (88–90).

Dass die Familie an Tubas ‚Ankunft' in der deutschen Sprache mitwirkt und sie zugleich in ihren inhaltlichen Interessen fördert, zeigt sich auch darin, dass sie Bücher geschenkt bekommt. *Theos Reise* habe ihr die Mutter der Schwägerin zum Geburtstag geschenkt. Sie wisse, dass sich Tuba für Religion interessiere (160).

Die Jahre auf der Hauptschule betrachtet sie als diejenigen, die sie schulisch weiter gebracht haben. Ja, sie sei gerne zur Schule gegangen: „Ich mag halt so bisschen halt lernen" (227). Allerdings habe sie im vergangenen Jahr große Probleme zu Hause gehabt und sei in der Schule auch abgesackt. Die Gründe der Krise werden nicht recht deutlich. Möglicherweise handelt es sich um den ungesicherten Aufenthaltsstatus der angehenden Volljährigen.

Jedenfalls blickt Tuba auf diese Phase mittlerweile als auf eine abgeschlossene zurück. Nun will sie über die Berufsfachschule den Realschulabschluss erreichen und einen Ausbildungsplatz bekommen (227).

Die Hauptschule stellt für Tuba einen dezidiert lesefördernden Kontext dar. Ihr Deutschunterricht war relativ literaturorientiert. Tuba nennt zwei Bücher, *Hallo, falsch verbunden* von Marilyn Sachs, als Liebesroman klassifiziert (190), und *Crazy* von Benjamin Lebert. Ihre Erzählungen dazu verdeutlichen, dass es um Themen heranwachsender deutscher Jugendlicher geht, auch um Sexualität. In welcher Weise dieses Thema, das für eine muslimische Schülerin heikel sein sollte, im Unterricht behandelt wurde, wird nicht deutlich. Über den Unterricht erfahren wir nur, sie hätten Aufgaben bekommen, Inhaltsangaben und Zusammenfassungen geschrieben (208). Bedeutungsvoller in Tubas Rekonstruktion sind die Leseanregungen der Deutschlehrerin, die speziell für sie gedacht waren: Die Lehrerin hat ihr mehrmals Bücher mitgebracht, von denen sie annahm, dass sie Tuba interessierten. Besonders ausführlich erzählt diese von einem Buch über ein türkisches Mädchen in Deutschland. „Bisschen Politik, Liebe und Träume" fasst sie die Themen zusammen und meint, es habe sie interessiert, weil sie ja selbst Kurdin sei und sie Ähnliches selbst erlebt habe. Auch sie sei aus politischen Gründen hier (128–132). Eine solche Lektüre ermöglicht es ihr offenbar, Erfahrungen zu verarbeiten, auch wenn Art und Tiefe dieser Verarbeitung aus der Narration nicht genau erkennbar werden und sie auch nicht ausführlicher mit der Lehrerin über die Lektüren sprach (188).

### 4.6.2  Lesend die eigenen Perspektiven entwickeln

Offenbar schwankt Tubas Haltung ihren eigenen Perspektiven gegenüber immer wieder zwischen Zukunftsoptimismus und Zukunftsangst. Kann sie einerseits eine positive schulische Entwicklung verzeichnen, so machen doch ihre Erzählungen andererseits deutlich, dass ihre offenbar traumatische Herkunftsgeschichte nachwirkt.

Ihre Lektüren im fiktionalen Bereich – Fantasy, Jugendromane und Liebesromane, wie sie selbst rubriziert (138; 64) – folgen einem bewährten Schema: Verwicklungen werden aufgelöst, die emotionale An-, gar Aufregung kann in eine gewisse Ruhe zurückgeführt werden. Jürgen Barthelmes weist darauf hin, dass Jugendliche in der Adoleszenz in ihrer Medienpraxis ihre Themen aufsuchen. Gerade die Filme, die sie wählen, folgen, so Barthelmes, der „Dramaturgie der Adoleszenz" und dem Schema: Auszug (Trennung), Bewährung (Initiation), Rückkehr (Barthelmes 2002, 28f.). Tubas biographische Situation ermöglicht sogar eine doppelte Analogie, hat sie doch im wörtlichen Sinne einen „Auszug" vollzogen, der obendrein einschneidende, vermutlich sogar traumatisierende Ursachen oder Begleitumstände enthält. Bei der Suche nach den passenden Lektüren, die ihr offensichtlich der Bearbeitung von Erfahrung dienen, erfährt Tuba eine nicht zu unterschätzende Unterstützung durch die Deutschlehrerin.

Andere Medien spielen im gesamten Interview kaum eine Rolle, obwohl möglicherweise die Zeit, die Tuba mit Lektüre verbringt, hinter ihren Video- und Fernsehzeiten zurückbleibt. Zwei bis drei Mal die Woche würden ihr Mann und sie sich Videos ausleihen, besonders Horrorfilme. Zu beschreiben, was sie an diesen Filmen reizt, fällt ihr nicht ganz leicht, deutlich wird jedoch, dass sie die Spannungsempfindung und den Grusel als Gratifikation erlebt:

„Ich weiß nicht, ich glaube so Aufregung oder ich mag am meisten so geisterlich oder so … Ich weiß selber nicht, warum ich soviel Horrorfilme gucke. Das interessiert mich halt … Weil das ist auch bisschen Fantasie, das ist nicht wahr" (239).

Als die Interviewerin anschließend fragt, ob ihr diese Filme keine Angst machten, antwortet Tuba sehr direkt:

„Also ich hab überhaupt keine Angst davon. Ich habe nur Angst vor Leben oder so. […] Ich hab glaub ich bisschen auch Angst vor mein Zukunft. Obwohl das gut läuft also im Moment. Mit mein Mann bin ich glücklich, in die Schule läuft gut. Ich weiß nicht, von des hab ich Angst, ist auch komisch (lacht). Na ja" (243–245).

Explizit benennt sie ihre Zukunftsangst, über die offenbar weder die Ehe noch die recht erfolgreiche Schullaufbahn hinweg helfen, doch hält Tuba daran fest, auf einem guten Weg zu sein: „… so werd ich auch dabei bleiben, (*I: „ja genau"*) weil das ist schon schwer … ich bin hierher gekommen, konnte kein Deutsch und ich hab mich soviel entwickelt, durch eh, in der Türkei die Probleme vergessen …" (247).

Deutlich zeigen diese Passagen, wie sehr ihre Fluchtgeschichte ihre Biographie bestimmt. Tuba selbst stellt ihren Horrorfilmkonsum den tatsächlichen Ängsten gegenüber. Möglicherweise übernehmen diese Filme in anderer Weise eine Spiegelfunktion als dies die Bücher tun, in denen sie sich direkter wiederfindet und deren Realitätsnähe sie hoch einstuft: Lösungen haben in diesen Texten eine gewisse Plausibilität, so dass die Lektüre stützende Funktion hat. Die Horrorfilmrezeption könnte hingegen das Ausleben einer Angst ermöglichen, die Tuba zugleich als grundlos klassifizieren könnte, weil das alles ja „nicht wahr" ist.

Für Tubas vorrangiges Anliegen, die eigene Zukunft zu gestalten, indem sie ihre Schullaufbahn erfolgreich fortführt und einen Ausbildungsplatz findet, spielt auch der Computer eine gewisse Rolle: Sie versucht, Kompetenzen in der Textverarbeitung zu erwerben. Das Internet interessiere sie nicht, gechattet habe sie früher einmal, mittlerweile habe sie daran keinen Spaß mehr. Der Computer hat Werkzeugcharakter. Lesen hingegen eröffnet der jungen Frau offensichtlich Welten. In ihren Erzählungen sind Bücher die

Medien, die für ihre Perspektivenentwicklung die wesentliche Rolle spielen. Die sprachlichen Schwierigkeiten, die sie im Umgang mit der Schriftsprache hat, sind groß, doch sie hindern sie nicht daran, Lektüren auch zu genießen, wie das Beispiel *Der kleine Hobbit* zeigt. Eine wesentliche Gratifikation besteht sicher auch darin, dass sie sich lesend als aktiv gestaltend wahrnimmt: Sie erschließt sich Themenkreise, die sie interessieren, und sie verbessert ihre Sprachkenntnisse.

Erst in Deutschland, nämlich als Tuba bereits 14 Jahre alt war, entstand jener unterstützende Kontext, den Gewohnheitsleser mit weniger unsteten Biographien im glücklichen Falle in der Lebenswelt gewissermaßen mit der Muttermilch vorfinden. Tuba fehlt die in diesen Lesebiographien bedeutsame intensive Lesephase in der Vorpubertät, die erwerbsgeschichtlich wesentlich beiträgt zur Automatisierung der Worterkennung und der weiteren hierarchieniedrigen Textverstehensleistungen. Sie verfügt nun über diese sozialen Kontexte, außerdem offensichtlich über eine sehr hohe Motivation, Intelligenz und Leistungsbereitschaft, mit denen sie über die erheblichen sprachlichen Schwierigkeiten hinwegzukommen versucht. Auch im Blick auf ihre Lektüre während der Hauptschulzeit zeigt sie sich als Persönlichkeit, die vergleichsweise kleine Chancen – wie die zu literarischer Lektüre in der Hauptschule – aufgreift und bestmöglich nutzt. Die junge Frau zeigt sich als eine ambitionierte Leserin, die vom Medium Buch differenzierten Gebrauch zu machen versteht. Entscheidend dürfte sein, dass sie sich lesend Ressourcen für die Erfahrungsverarbeitung und Persönlichkeitsentwicklung erschließt, die sie teilweise kommunikativ erprobt und umsetzt, so im Gespräch mit dem Ehemann, in der Diskussion mit dem Bruder oder auch in der Exploration im Interview. Tuba könnte Leserin bleiben.

## 4.7 Lesen als Ausdruck von Fremdbestimmung: Francesca

Francesca ist zum Zeitpunkt des Interviews 17 Jahre alt. Seit sechs Monaten besucht sie einen Lehrgang des „Vereins zur beruflichen Förderung junger Mädchen und Frauen", der ihre Chancen auf einen Ausbildungsplatz im medizinischen Bereich verbessern soll. Der Kontakt zu ihr wurde über die Mitarbeiterinnen dieser Maßnahme hergestellt. Das Interview hat in den Räumlichkeiten des Vereins im Anschluss an den Unterricht stattgefunden.

Francesca ist vor vier Jahren als 13-Jährige gemeinsam mit ihren Eltern und ihren beiden Geschwistern aus Süditalien nach Deutschland übergesiedelt und lebt seit dieser Zeit in Frankfurt. Der Vater arbeitet als Bauarbeiter, die Mutter hat eine Stelle in einem Supermarkt. Beide Eltern haben nach Francescas Aussagen einen dem deutschen Hauptschulabschluss vergleichbaren Schulabschluss. Ihre heute 20-jährige Schwester ist berufstätig, der 13-jährige Bruder besucht noch die Schule.

Francesca selbst hat in Frankfurt eine Hauptschule besucht, in der sie zunächst für eineinhalb Jahre einen Intensivsprachkurs absolviert hat, um anschließend ab der Jahrgangsstufe 8 am Regelunterricht teilzunehmen. Sie hat die Schule mit dem Hauptschulabschluss im Sommer 2000 verlassen.

Ihre Sprachkenntnisse sind so weit ausreichend, dass das Interview ohne größere Probleme geführt werden kann, allerdings unterlaufen ihr noch viele grammatikalische Fehler. Sie sucht häufig nach Worten und vermag sich zum Teil nur sehr undifferenziert auszudrücken. So bezeichnet sie etwa die Medien Fernsehen, Telefon, Computer jeweils als „mein liebstes" (58, 62, 639), ohne dass im Einzelnen klar wird, ob sie damit tatsächlich eine besondere Qualität ausdrückt. Ausführliche Narrationen finden sich im Interview nur bezogen auf das Medium Fernsehen.

Francesca gibt im Interview keine Hinweise auf soziale Kontakte außerhalb der Familie oder institutioneller Zusammenhänge. Wir erfahren nichts über eine Einbindung in eine Clique oder gemeinsame Freizeitgestaltung, über regelmäßige Besuche von Jugendzentren, die Zugehörigkeit zu einem Sportverein oder ähnliches. Vereinzelt erwähnt Francesca das Zusammensein mit FreundInnen. Innerhalb der Familie scheint die Schwester wichtig für Francesca sein. Mit ihr teilt sie beispielsweise das Interesse für bestimmte Filme. Den Bruder dagegen erwähnt sie gar nicht, die Mutter nur ein einziges Mal. Konfliktträchtig erscheint die Beziehung zum Vater, der nicht zuletzt ihrer ausgiebigen Fernsehpraxis kritisch gegenüber steht.

Francesca verhält sich während des gesamten etwa einstündigen Interviews zurückhaltend bis distanziert. So wendet sie bereits zu Beginn des Interviews ein, dass sie sich womöglich an das, was uns interessiere, nicht erinnern könne. Ganze Bereiche, die sich auf ihre inhaltlichen Interessen oder die Einbettung ihrer Mediennutzung sowie Rezeptionsmodi beziehen, spart sie aus. Von ihren Medieninteressen gibt sie fast nichts preis. Sie äußert sich nicht über Inhalte und Genres, die sie in Fernseh- oder Videofilmen aufsucht, beides sind von ihr intensivgenutzte Medien. Aussagen über Inhalte versucht sie auch dann zu vermeiden, wenn sie direkt danach gefragt wird. Wenn sie sich äußert, formuliert sie Negationen (nicht Terror- oder Action-Filme, nicht Planet-Radio), benennt aber an keiner Stelle inhaltliche Interessen positiv. Entsprechend werden diese Gesprächssequenzen mitunter zu einem kurzschrittigen Frage-Antwort-Wechsel. Ausführliche Narration produziert Francesca dagegen immer dann, wenn sie nicht über sich selbst spricht. Eine der Ursachen dieses Verhaltens muss in der Interaktion zwischen Francesca und der Interviewerin gesehen werden. Eine vertrauensvolle Gesprächsatmosphäre stellt sich nicht her. Dies wirkt sich umso nachhaltiger aus als funktionierende personale Beziehungen für Francesca von besonders großer Bedeutung zu sein scheinen. Erfahrungen des Misslingens (Schwierigkeiten in der Schule und der Praktikumsstelle) rückt sie immer in den Horizont fehlender Zuwendung ein. Im Kurs, den sie zum Zeitpunkt des Interviews besucht, fühlt sie sich dagegen wohl, weil sie dort genau dies erfährt. Es liegt nahe, diese Haltung vor dem Hintergrund der Übersiedlung der Familie in die Bundesrepublik zu sehen. Für die damals 13-Jährige hat dies den Bruch aller sozialen Beziehungen zu Gleichaltrigen bedeutet.

### 4.7.1 Bedeutung des Lesens

**Lesen im Medien- und Freizeitkontext**
Francesca präsentiert sich als Nichtleserin, die an keiner Stelle des Interviews eine von intrinsischer Motivation getragene Lesepraxis erkennen lässt. Vielmehr ist Lesen vollständig eingerückt in den Horizont von Leistung und Anforderung, dem sie sich verweigert. Ihre Ablehnung bezieht sich dabei auf alle Print-Medien, schließt Zeitungen und (Jugend-)Zeitschriften genauso ein wie Bücher. Differenzen werden allerdings deutlich in der argumentativen Begründung der Ablehnung.

Bezogen auf Zeitungen und Zeitschriften führt Francesca aus, dort nichts Bedeutsames zu finden, allenfalls punktuell scheint ihr die Zeitung ein angemessenes Informationsmedium. So berichtet sie, im Zusammenhang mit der Suche nach einem Ausbildungsplatz den Anzeigenteil der Zeitung gelesen und sich dazu auch weitere speziellere Zeitungen gekauft zu haben. Außerdem habe sie auch manchmal den Immobilienteil gelesen, da sie aber keine Wohnung suche, mache dies keinen Sinn und sie brauche „nicht zu gucken" (130–131). Über ein gelegentliches Blättern in der Bravo geht ihre Zeitschriftenlektüre nicht hinaus. Neben fehlendem Interesse hebt sie außerdem hervor, dass die Verständnisbarrieren beim Lesen deutschsprachiger Zeitungen hoch seien. Wenn Francesca die Barrieren nicht überwinden kann, führt das regelmäßig zum Leseabbruch:

„Einmal am Samstag, wenn der *Frankfurter Rundschau* rauskommt, dann guck ich mal. Aber das ist en bisschen schwieriger, weil ich, wenn also, ich kann es doch lesen, aber ich, ich versteh auch, aber nicht alles, was da steht. Zum Beispiel wenn da steht auf Deutsch ja, und nicht alles, was em, was eigentlich dasteht und manchmal nervt, mach ich zu und weg schmeiß. Das ist eh, wenn jemand dann versteht nicht, des ist en bisschen komisch, weil ich lese drei-, vier-, fünfmal, aber. Das bringt immer nix" (120–126).

Anders strukturiert ist Francescas Ablehnung des Bücherlesens, sie verweigert es aktiv. Wie einzelne Zeitungen gehören auch Bücher zur familiären Medienausstattung. Diese Bücher seien „nicht einfach so zum Lesen" (273), was auf Lexika hindeutet. Sie nennt den Vater als denjenigen in der Familie, der manchmal italienische Bücher lese. Er privilegiert diese Tätigkeit gegenüber dem Fernsehen und tut dies explizit als Kritik an Francescas Fernsehpraxis: „Nein, der findet das nicht gut […] Der meint es ist so besser ein Buch lesen als diese Filme gucken" (324–334). Die Bücher, die der Vater angeschafft hat, liest sie nicht. Sie gibt an, gar nicht zu wissen, was für Bücher das sind:

„Ja, der meint, der hat so viel gekauft und da meint er, ihr könnt das Bücher lesen. Ich mein, nein ich mag das nicht. Ich mag das echt nicht. Aber wenn ich muss, kein Problem" ( 339–341).

Anders als bei der Zeitungslektüre, bei der sie stark mit ihrer mangelnden Sprachkompetenz argumentiert, steht für das Buchlesen das eigene Wollen im Zentrum: „Ich mag das echt nicht. Aber wenn ich muss, kein Problem". Aber Francesca mag nicht. In dieser grundsätzlichen Ablehnung bringt sie sich selbst zur Geltung. Es geht hier für sie nicht um Sprachkompetenz, sie verweigert sich dem von außen an sie herangetragenen Zwang zum Lesen.

Die Ablehnung der Print-Medien ist gerahmt von der intensiven Nutzung audio-visueller Medien. Francescas Leitmedium ist das Fernsehen. Den Computer dagegen, der nicht zur häuslichen Medienausstattung gehört, kann sie nur punktuell im institutionellen Kontext von Berufsschule und Qualifikationsmaßnahme nutzen, was sie bedauert. Musik spielt eine Rolle als Nebenbei-Medium. Im Fernsehen, das Francesca täglich über viele Stunden hinweg nutzt, sieht sie ausschließlich italienische Sender. Dabei strukturiert ihre Lieblingsserie, die sie täglich werktags sieht, zumindest ihren nachmittäglichen Zeitplan:

„Ich muss immer Fernsehen noch gucken und ich hab ein bestimmte Uhrzeit wann mein Film fängt und wann aufhört dann, ja, ich bin immer pünktlich da, wenn der Film fängt [an]" (67–70).

Inhaltlich beschreibt sie die Serie, in der es um ein Liebespaar gehe, als eine „mehr für junge Mädchen". Darüber hinaus erscheint ihre Fernsehnutzung eher wahllos. Francesca hat keine Fernsehzeitung, sondern sieht „alles was da ist, ist egal ob das Nachricht ist oder was weiß ich […] dann guck ich immer" (93–95). Neben Fernsehserien und -filmen sieht Francesca auch Videofilme in italienischer Sprache. Sie bevorzugt Spielfilme und schließt Action und Terror-Filme aus.

Die von ihr bevorzugten Formate und Inhalte ermöglichen ihr ein offenbar genießerisches Abtauchen und emotionales Involvement:

„[…] das ist nur, das, also das ist nicht was echt passiert, weil ich guck, dass die weint und ich mein, oh wie traurig, siehst du, sie weint […]. Ich mag diese Filme. Ich kann auch nicht anderes machen, wenn ich diese Filme nicht gucke" (328–333).

Kennzeichnend für ihre Rezeption ist die Wiederholung:

„Ich guck mehrmals. Weil ich erinner mich nicht mehr, was ich alles jetzt gesehen habe. Das erste Kassette, ich erinner mich nicht mehr, ich guck mehrmals" (177–179).

Sie sieht die Filme immer alleine, im eigenen Zimmer, vor dem eigenen Apparat. Anschlusskommunikation über das Gesehene schließt sie dezidiert aus: „Das bleibt für mich, was ich seh, das nehm ich" (321).

Es zeichnet sich ein Rezeptionsmuster ab, das die Funktion hat, in der Wiederholung emotional angenehme Situationen zu reproduzieren, die lebensweltlich nicht kommunikativ vermittelt werden. Wenn Francesca immer wieder betont, dass sie nichts anderes tun, nichts anderes an die Stelle dieser Filme setzen könne, so scheint deren Entlastungsfunktion als kurzfristige Ablenkung von Lebens- und Realitätsproblemen auf und verweist auf einen Konnex aus passiver Mediennutzung und der Tendenz zur Realitätsflucht, die eine psychische Stabilisierungsfunktion hat. Die Qualität ihres Freizeitverhaltens leitet sich aus der sozialen und psychischen Lage ab (Groeben/Scheele 1975, 86, 88). So sind fiktionale Welten, die ihr die Filme bieten, kein Weg, auf dem sie sich Welten außerhalb des eigenen Erfahrungsbereiches erschließt und so aktiv aneignet.

Obwohl sich Francesca als Intensivnutzerin (audio-)visueller Medien präsentiert, wird im Interview doch eine ambivalente Haltung deutlich. So beschreibt sie das Fernsehen auch als Ersatz für andere, anregendere Tätigkeiten:

„Weil ich nix zu machen hab. [...] Ich bin fast immer hier und am Samstag geh'n wir einkaufen. Aber am Sonntag ist alles zu und manchmal ist es schlecht Wetter und was soll ich machen dann? Nix. Fernsehen, Fernsehen, Fernsehen gucken. Immer was gleich" (147–150).

Ähnliche Äußerungen macht sie hinsichtlich der Freizeitgestaltung mit Freunden. Es sind für sie misslungene Treffen, wenn dabei der Fernseher oder das Videogerät läuft:

„Ja und wenn manchmal meine Freundin kommt, dann gucken wir zusammen, wenn die bei mir zu Hause kommt, es ist en bisschen langweilig eine Kassette zu gucken. Am besten ist es so sprechen, labern, was wir gemacht haben. Wir erzählen uns, was wir gemacht haben" (191–195).

Fernsehen und Video mit Freunden sind also lediglich Ersatz für die erwartete Kommunikation.

Die Ursachen dieser ambivalenten Haltung sieht Francesca selbst im Kontext der Übersiedlung aus Italien in die Bundesrepublik:

„Also ich bin in Italien geboren und die, da guckt man nicht so viel Fernsehen, weil es gibt auch was anders zu machen, gibt's Freunde und rausgehen, spazieren oder worauf, aber seit ich hier bin gekommen, weil ich auf einmal, kann man sagen alleine ja ohne Freunde. Und dann, das ist klar, wenn man dann nix zu machen hat. Was kann ich machen, fernsehen gucken" (207–212).

Die Aussage „Was kann ich machen?" ist symptomatisch für Francescas Wahrnehmung ihrer aktuellen Lebenssituation. Eine gewisse Hilflosigkeit, Orientierungslosigkeit, auch Perspektivlosigkeit drücken sich hier aus, auf die sie mit Passivität reagiert.

**Lesen im biographischen und schulischen Kontext**

In biographischer Perspektive ist auffällig, dass Francesca ihre Kindheit und Jugend bis zur Übersiedlung aus Italien in die Bundesrepublik als fast frei von Medien beschreibt. Zur familiären Medienausstattung gehörten, quasi von Anfang an, neben dem Fernseher und dem Videogerät auch eine Tageszeitung und Bücher. Als Datum sind zwar Erinnerungen an abendliche Vorlesesituationen in der Kindheit belegt, Francesca misst ihnen aber im Rückblick erkennbar keine Bedeutung bei. Das Radio nennt sie als Nebenbeimedium bei der Hausarbeit. Die Trennlinie ist eindeutig gezogen: Francesca konstruiert die Kindheit in Italien – wohl idealisierend – als Zeit intensiver Gemeinsamkeit mit Gleichaltrigen. Sie präsentiert sich hier als „Macherin", die ihr Leben in die Hand genommen hatte. Sie konstruiert eine andere Lebenshaltung und damit verbunden, eine andere Medienpraxis als die, die für sie aktuell Gültigkeit besitzt.

Diese Perspektive bestimmt auch ihre Ausführungen zu ihren schulischen Erfahrungen, für die sie eindeutige Zuordnungen trifft. Lesen, so führt sie aus, sei in Italien nicht so wichtig gewesen, dort habe man in der Schule mehr geschrieben (466). Ihre Schulzeit in Deutschland ist zunächst bestimmt vom Erlernen der deutschen Sprache. Für den anschließenden Deutschunterricht in der Hauptschule erinnert sie dominant den Grammatikunterricht und auf Nachfrage die Lektüre des Jugendbuches *Blaufrau*. Insgesamt beschreibt sie ihren Deutschunterricht als eine Mischung aus Über- und Unterforderung. Francesca fühlt sich intellektuell in der Hauptschule unterfordert und hat den Eindruck, mit Aufgaben „für Kindergarten", wie sie es ausdrückt, beschäftigt worden zu sein. Überfordert fühlt sich Francesca dagegen mit den an sie gestellten Anforderungen im Umgang mit Texten. Der deutschen Sprache noch nicht mächtig, muss sie, was sie besonders im Zusammenhang mit der Behandlung der Lektüre beschreibt, das jeweils Gelesene zusammenfassen und ihre eigenen Texte korrigieren:

„[…] ich hasse es auch, wenn wir eine Seite lesen zum Beispiel, da kann sie sagen, macht ihr eine Zusammenfassung, aber da müssen wir lesen, korrigiere […]. Das geht doch *nie*, weil ich kann doch noch nicht deutsch verbessern. Wenn sie sagte mir nicht, dass hier falsch ist, wie soll ich wissen" (438–443).

Verständnisschwierigkeiten sei mit einer Aufforderung zum nochmaligen Lesens begegnet worden:

„[…] Dann […] hat sie gesagt, lest ihr noch mal das Ganze durch, was wir gemacht haben, und wenn ihr versteht nicht, ihr sollt dann wieder das ganze Buch lesen" (413–416).

Diese Anforderung akzeptiert Francesca nicht mehr und schließt mit dem Hinweis: „Ich hab nicht gelesen." (416). Lesen als kulturelle Praxis wird von ihr ganz der Fremdsprache und ihren Schwierigkeiten mit dieser Sprache zugeordnet und damit eingeordnet in Leistungsanforderungen, von denen sie sich missachtet und überfordert fühlt.

## 4.7.2 Lesen als Leistung

Als spätadoleszente Jugendliche hat Francesca die für diese Lebensphase typischen Entwicklungsaufgaben zu bewältigen. Die Schule hat sie beendet, die berufliche Orientierung ist aber noch nicht erfolgt. Die Voraussetzungen für einen Ausbildungsplatz versucht sie gerade erst zu schaffen. Der Ablösungsprozess von den Eltern ist noch lange nicht abgeschlossen, möglicherweise ist er gerade erst in Gang gekommen. Sie drückt im Interview eine große Unzufriedenheit mit ihrer derzeitigen Lebenssituation aus, deren eine Ursache auch darin begründet zu sein scheint, dass sie weder emotional noch sprachlich in Deutschland bzw. in Frankfurt angekommen ist. Auch dies ist eine Entwicklungsaufgabe, die ansteht, und für die ihr, so scheint es, nur wenige Ressourcen zur Verfügung stehen. Auf diese Situation, in der ihr Perspektiven fehlen, reagiert sie gegenwärtig eher passiv und trotzig.

Diese Haltung kennzeichnet auch ihre Medienpraxis. Die vermutlich stark idealisierte Darstellung ihres früheren Lebens in Italien, das sie in allem als das Gegenteil dessen kennzeichnet, was ihr Leben gegenwärtig ausmacht, kann sie beim Fernsehen vermutlich wiederfinden. Dabei ist ihr bewusst, dass sie gleichsam nur aus „zweiter Hand" lebt, wie dies in ihrer ambivalenten Haltung gegenüber der eigenen Medienpraxis deutlich wird.

Lesen hat sie dagegen ganz der hiesigen Lebenswelt und besonders dem institutionellen Kontext Schule zugeordnet. Dort ist es verbunden mit den Schwierigkeiten des Erlernens der (bis heute) fremden Sprache. Weder der Hauptschulbesuch noch der erfolgreiche Hauptschulabschluss trägt für sie etwas zur Perspektiventwicklung bei. Sie sieht sich chancenlos und macht dies ganz an der Schriftsprache Deutsch fest. In dieser schlechten Passung zwischen schulischen Anforderungen und psychischer und lebensweltlicher Lage, wird möglicherweise für sie der Zugang zu Schriftwelten überhaupt versperrt. Lesen bleibt ihr, so eingerückt, eine von außen an sie herangetragene Anforderung. Auch der Vater legt es ihr nahe und verbindet damit eine Kritik an ihrer Fernsehpraxis. Beiden Anforderungen, den schulischen wie den väterlichen, verweigert sie sich. Möglicherweise identifiziert Francesca im Vater den Verantwortlichen für die Übersiedlung der Familie und damit für ihre derzeitige unbefriedigende Lebenssituation. Im Interview ist diese Verweigerung nahezu das einzige Moment, in dem sie als Handelnde in eigener Sache erkennbar wird.

# 5. Fallübergreifende Auswertungen

## 5.1 Entwicklungsaufgaben

Die befragten AbsolventInnen befinden sich auf einer bedeutsamen biographischen Schwelle. Sie haben die Schule vor einem, zwei oder drei Jahren verlassen und müssen sich den Anforderungen von Ausbildungsverhältnissen stellen. Für diejenigen, die bisher keine Lehrstelle haben, gilt es, Förder- oder ABM-Maßnahmen zu nutzen und Perspektiven für eine eigenständige Zukunft zu entwickeln. Die Ablösung vom Elternhaus ist im Gange oder steht zumindest am Horizont. Partnerschaften, Peer- und Freundschaftsbeziehungen werden ausgebaut und übernehmen immer wichtigere Funktionen. Der Eintritt ins Erwachsenenalter manifestiert sich auch in der Auseinandersetzung mit der geschlechtlichen Identität. Die Auseinandersetzung mit und der Aufbau von Wertorientierungen begleiten die Identitätsentwicklung.[1]

Keine dieser Entwicklungsaufgaben ist neutral gegenüber der meist bikulturellen Bildungsgeschichte. In vielfacher Weise prägt der Migrationshintergrund den Bildungsverlauf der jungen Erwachsenen bis heute. Die sprachliche Sozialisation ist dabei nur ein Indikator für die kulturelle Differenz, die besonders zu Buche schlägt, weil sie zumeist die Differenz zwischen Minorität und Dominanzkultur in Frankfurt ist.

„Kultur" erscheint immer mindestens in Doppelgestalt. Diese „Konfrontation ... trifft die Jugendlichen [nicht-deutscher Herkunft] besonders hart und erschwert im hohen Maße ihren Individuations- und Identifikationsprozess" (Bründel/Hurrelmann 1995), wobei innerhalb unseres Samples die Spannung unterschiedlich stark empfunden wird: Die Italienerin Laura etwa hat offenbar mit weit weniger Wertekonflikten, die sich aus ihrer italienischen Herkunft ergeben, zu kämpfen als ihre arabischen Altersgenossinnen, die sich z. B. mit elterlichen Erwartungen an das Leben einer muslimischen jungen Frau auseinandersetzen müssen. Die Mazedonierin Arta darf nur noch mit ihren Cousinen aus dem Haus. Aber auch die jordanische Christin Nadia berichtet von den dauernden „Familienkonferenzen" zum Thema Ausgehen. Die Auseinandersetzung des Marokkaners Ali mit dem Vater ist zugleich die eines Neufrankfurters, der wohl spüren möchte, dass er ein

---

[1] Zu den Entwicklungsaufgaben vgl. Oerter/Montada (1998), 326–330; zum letzten Aspekt vgl. Fend (2000), 383.

Marokkaner ist (so seine Begründung für den Sprachgebrauch zu Hause), der aber auch zur westlichen Jugendkultur gehören will.

Für den Umgang mit der kulturellen Spannungslage sind die Jugendlichen oft nur unzureichend gerüstet. Bründel/Hurrelmann (1995) weisen auf einen für Jugendliche nicht-deutscher Herkunft in der beschriebenen Situation besonders charakteristischen hohen Anpassungsdruck hin. Die Bewältigungsressourcen für diese Gruppe seien oft weniger groß, da die ebenfalls mit der Akkulturation kämpfenden Eltern ihre protektive Wirkung nicht entfalten können (ebd., 294). Dies dürfte zugleich die Auseinandersetzung mit den Eltern erschweren. Hinzu kommt, dass die Jugendlichen teilweise einschneidende, auch traumatische Erfahrungen im Zusammenhang mit ihrer Migrationsgeschichte gemacht haben, die ihre Identitätsentwicklung prägen. Bei der Kurdin Tuba ist dieses Moment überdeutlich. Auch die Türkin Derya deutet solche Erfahrungen an.

Insgesamt fällt eine für die Altersgruppe erstaunlich starke Bindung an die Herkunftsfamilie auf, die sich auch auf den Geschwisterkreis erstreckt (besonders deutlich bei Ali und Tuba, Halima, Jamal, Arta, Timi und Stefan) und wohl auch mit der Stabilisierungsfunktion der Familie im fremdkulturellen Kontext zu tun hat. Dass neben den beiden verheirateten Interviewpartnerinnen nur Boris eine Wohnung außerhalb der elterlichen hat, ist ein Hinweis darauf. Freilich schlagen hier auch materielle Probleme zu Buche. In den Interviews mit den Muslimen Karim, Jamal, Volkan und Derya wird zudem die Identifikation mit der islamischen Herkunft ihrer Familien deutlich. Die Türkin Derya, die neuerdings wieder gern in die Türkei reist, stilisiert diese geradezu zum „ethnic revival".[2]

Im Verhältnis zu den Eltern schließen sich Abgrenzung und Identifikation keinesfalls aus. Was möglicherweise für Heranwachsende insgesamt gilt, nimmt hier besonders deutliche Formen an: Kritik an elterlichen Einschränkungen wird bei den AbsolventInnen mit Migrationshintergrund in der Regel nicht laut, ein weiterer Hinweis auf die Bedeutung familiärer Bindung. Signifikant erscheint vor diesem Hintergrund die Beobachtung, dass gerade die deutschsprachigen Interviewten Susan, Nadine, Michael und Marcel sich von ihren Eltern deutlich abgrenzen.

Für jeden Einzelnen stellt sich mithin die Frage nach der Verfügbarkeit von kulturellem Kapital und Sozialkapital als Ressource für die Identitätsentwicklung. Vor dem Hintergrund der besonderen Belastungen, denen insbesondere die jungen Erwachsenen mit Migrationshintergrund ausgesetzt sind, muss der Sozialisationsfunktion der Schule eine gesteigerte Bedeutung zugeschrieben werden. Angesichts der kulturellen Vielfalt stellt sich die Frage nach der „Enkulturationsfunktion" von Schule und Deutschunterricht neu: Die Kultur, in die es einzuführen gälte oder die Ressourcen zur

---

2  Diese Phänomen wurde vor allem bei männlichen türkischen Jugendlichen beobachtet, s.u. zur Koranlektüre. Vgl. Deutscher Bundestag (2000), 110.

Stabilisierung der Persönlichkeiten zur Verfügung stellen könnte, stellt sich als eine erst noch zu konturierende Größe dar.

## 5.2 Familiäre Kommunikation

Befragt zu Medieninhalten als Kommunikationsanlässen und zum Stellenwert präliterarischer Kommunikation geben die InterviewpartnerInnen auch Auskunft über Formen und Themen der Kommunikation innerhalb ihrer Familien. Diese Angaben erlauben Rückschlüsse auf das dortige Interaktions- und Kommunikationsklima. Ein Zusammenhang zwischen familiärem Kommunikationsklima und Leseverhalten gilt in der Lesesozialisationsforschung als belegt (Fritz 1991, Hurrelmann 1993, Wieler 1997). Dabei gilt ein ‚kommunikatives Vakuum' (Fritz 1991) einer erfolgreichen Lesesozialisation als abträglich, eine ‚freizeitaktive Interaktions- und Kommunikationsstruktur mit hoher familialer Kohäsion' (Hurrelmann 1993, 184) dagegen als tendenziell förderlich. Vermutet wird die Existenz eines ‚kommunikativen Vakuums' vorrangig in Familien bildungsferner Herkunft.

Von der Mehrzahl der Befragten wird ein positives Bild des familiären Klimas gezeichnet – trotz eines nicht immer konfliktfreien Ablösungs- und Abgrenzungsprozesses, den sie aktuell zu bewältigen haben. Innerhalb der Familien mit Migrationshintergrund scheinen *Familien- und Verwandtschaftsbeziehungen* von besonders gewichtiger Bedeutung zu sein, ihnen dürfte ein hoher Stellenwert im Migrations- und Integrationsprozess zukommen (vgl. Deutscher Bundestag 2000, 111ff.). Am ausführlichsten wird dieses Phänomen von Volkan thematisiert:

„Also, wir halten alle zusammen, wenn's drauf ankommt, egal, der eine kann irgendeine gottverlassene Stelle sein und der andere kann hier in Deutschland sein, wenn der Probleme hat, dann fliegen wir sofort zum ihm, klären des, finanzielle Gründe, egal was es ist, kommen wieder zurück. Also wir sind so die Familie, wir halt alle zusammen. Egal ob wir Streit haben oder nicht. Das ist egal. Und so ist halt unsere Familie, unsere, meine Familie, ich bin irgendwie voll stolz auf meine Familie, ich weiß nicht und eh stolz bin ich indem, ja so, dass die zusammenhalten" (Volkan, 32).

Eine ähnlich starke Einbettung in familiäre Unterstützungskontexte, die mit einer aktiven und intensiven innerfamiliären Kommunikation einhergeht, lässt sich auch bei Tuba nachweisen. Die Einbindung in großfamiliäre Bezugssysteme ist aber nicht gleichzusetzen mit der Existenz einer ausgeprägten Interaktions- und Kommunikationskultur innerhalb dieses Bezugssystems. Arta verneint dies für ihren großfamiliären Kontext ausdrücklich, betont zudem, sich selbst nur auf Aufforderung an der familiären Kommunikation zu beteiligen.

Der *Kommunikationsalltag in den Familien* der Befragten ist insgesamt in sich ausdifferenziert und wird inhaltlich nicht von Medieninhalten dominiert. Die Angaben der Mehrzahl der Befragten lassen vielmehr vermuten, dass Medieninhalte kaum zu den zentralen Themen der familiären Kommunikation zählen dürften. Sechs Befrage verneinen explizit, dass Medieninhalte überhaupt Gesprächsthemen abgeben. Bei der Mehrheit der übrigen Befragten lässt sich ein insgesamt geringer Stellenwert von Medieninhalten innerhalb der Familienkommunikation aus ihren Angaben vermuten. Nur bei einer Minderheit dürfte ein intensiver kommunikativer Austausch darüber stattfinden. Eine solche Ausnahmestellung kommt Stefan zu, der regelmäßig Gespräche mit seiner Mutter über die SF-Serie *Stargate* führt, die von beiden gleichermaßen begeistert rezipiert wird. In den Erläuterungen, die zum geringen Stellenwert von Medieninhalten in der familiären Kommunikation abgegeben werden, schwingt unverkennbar Verwunderung über Sinn und Zweckmäßigkeit einer solchen Kommunikationspraxis mit: „Mh, ne, weil mh, da ist nix zu reden (lacht). Das passiert und das passiert halt. Das kann man nicht umändern. Ja" (Maria, 100), so erläutert Maria das Unterlassen einer Unterhaltung über die gemeinschaftlich rezipierte Reality-Soap *Big Brother*. „Nein, ich, also jeder liest es und der hat es auch verstanden und dann lassen wir's" (Arta, 114), erklärt Arta zur Rezeption der Bildzeitung, die sie gemeinsam mit ihrem älteren Bruder praktiziert. Susan wiederum differenziert zwischen fiktionalen und realitätsbezogenen Medieninhalten, ‚frei erfundenen Sachen' billigt sie keine Relevanz für Gespräche zu:

„Also wenn's auch en bisschen wahrheitsgemäßere Filme sind oder wenn's so Filme sind, die en bisschen nahe geh'n, dann reden wir natürlich schon drüber, aber Science Fiction Film, da gibt's jetzt nicht so viel. Ja, das ist halt, ne erfundene Sache, frei erfunden, von daher, ist das jetzt nicht unbedingt Gesprächsstoff" (45).

Gemeinsame Medienrezeption findet durchaus statt, der Kommunikation im Zusammenhang mit dieser Praxis wird von der Mehrheit der Befragten aber kein herausragender Stellenwert zugewiesen. Beiläufige Kommunikation über Medienereignisse und Medieninhalte dürfte in das Alltagsgeschehen eingebettet sein und in kursorischen Erwähnungen und Beurteilungen ihren Ausdruck finden. Eine intensive kommunikative Verarbeitung von Medienangeboten scheint dagegen im familiären Kontext der Mehrzahl der Befragten weniger stattzufinden, die Qualität solcher anschlusskommunikativen Prozesse dürfte auf eher niedrigem Niveau angesiedelt sein.

Neben der Kommunikation zum Alltags- und Familiengeschehen und gemeinsamen Interessengebieten sowie zur Arbeits- und Ausbildungssituation zeichnen sich aus den Erzählungen einige weitere *Themengebiete der Familienkommunikation* ab. So findet in einigen Familien mit Migrationshintergrund eine mündliche Überlieferung der Familien- und Migrationsgeschichte statt. Neun Befragte berichten über biographische Erzählungen ihrer Eltern oder Großeltern. Auch die politische Situation im Herkunftsland der Eltern wird in einigen der Migrantenfamilien regelmäßig thematisiert. Immerhin vier der Befragten berichten über politische Gespräche im Familienkontext, die zumeist von den Vätern initiiert und geführt werden. Religiöse Themen besitzen in einigen muslimischen Familien einen gewissen Stellenwert. Weitere Gesprächsthemen im Familienkontext betreffen Erziehungsfragen, insbesondere die Frage des abendlichen Ausgehens bietet offensichtlich reichhaltigen Konflikt- und Gesprächsstoff. Von einer intensiven familiären Debattenkultur berichtet Nadia, deren Vater regelmäßig ‚Familienkonferenzen' einberuft, um ausgiebig und kontrovers die politische Situation im Nahen Osten zu diskutieren oder die Freizeitgestaltung seiner Kinder zu problematisieren. Hinweise auf eine ähnlich streng strukturierte und ritualisierte Form der Kommunikation finden sich in keinem weiteren Interview, häufiger dienen gemeinsame Mahlzeiten als Gelegenheit zur Kommunikation.

Als Initiatoren von Familiengesprächen werden in den Familien mit Migrationshintergrund mehrheitlich die Väter benannt, dies mag als Indiz einer patriarchalisch ausgerichteten Familienstruktur erachtet werden.

Vorlesen sowie andere Formen des mündlichen Umgangs mit fiktionalen Texten und ästhetisch vorstrukturierter Sprache (Gedichte, Lieder) gelten als Faktoren, die das (spätere) Leseverhalten positiv beeinflussen können (Hurrelmann 1993, Wieler 1997). Zudem gestatten diese Faktoren Rückschlüsse auf das generelle Interaktionsklima in den Familien. Eine Analyse des Materials im Hinblick auf diese *prä- und paraliterarischen Kommunikationsformen* ergibt den folgenden Befund: Zwölf Befragte erinnern das Vorlesen fiktionaler Texte, weitere vier erinnern entsprechende Erzählungen, eine das regelmäßige Vorsingen von Liedern, von den übrigen zehn Befragten wird Vorlesen und Erzählen explizit verneint. Die Erinnerungen an die erzählten und vorgelesenen Stoffe und Geschichten bleiben zumeist recht vage, am häufigsten werden Märchen bzw. einzelne Märchentitel erwähnt. Ebenso bruchstückhaft werden zumeist die Vorlesesituationen erinnert (vgl. Kap. 5.5 Lesegeschichte).

Boris begründet diesen fragmentarischen Charakter seiner Erinnerungen wie folgt:

„Ja gut, man war halt ein Kind und ja, hat sich schon gefreut irgendwie und. Viel gehört oder ich weiß nicht. Viel gehört hat man da auch nicht, weil, weil du kriegst ja, schläfst, wenn du sehr müde bist ge– kriegst du da auch nicht viel mit von der Geschichte, aber halt, ich denk mal, so in der Zeit hab ich dir, könnt ich mir die Geschichte so wie en Puzzle zusammen häng– hängen. Aber sonst. Ja, haben die gemacht" (Boris, 115).

Aussagen zur Intensität und Qualität der paraliterarischen Kommunikationsformen sind aus den Berichten der Befragten zu ihren Vorlese- und Erzählerfahrungen kaum abzuleiten. So ist beispielsweise nicht zu ermitteln, ob diese in dialogisch oder monologisch ausgerichtete Interaktionsstrukturen eingebettet waren. Lesefördernde Effekte werden vorrangig bei dialogisch gestalteten Vorlese- und Erzählsituationen angenommen (Wieler 1997).

Die Vorstellung, in den Herkunftsfamilien von HauptschülerInnen seien insgesamt eingeschränkte und monologische Interaktionsformen vorherrschend, lässt sich aus den Angaben der Befragten nicht bestätigen. Vielmehr ergibt sich ein vielstimmiges Bild, es finden sich durchaus Hinweise auf kommunikations- und interaktionsintensive Familienstrukturen. Einblicke in Qualität, Inhalt und Struktur der Kommunikationsprozesse und damit auf potenziell leseförderliche Aspekte dieser Interaktionsformen bietet das vorliegende Material allerdings nur in Ansätzen. Dies gestattet nur in Einzelfällen den Versuch einer Rekonstruktion des Zusammenhangs der familiären Interaktionsstrukturen und des Leseverhaltens. Nachweisen lässt sich dieser Zusammenhang im vorliegenden Sample nachdrücklich am Verlauf der Lesesozialisation von Tuba (s. Kap. 4.4).

## 5.3    Mediennutzung

Während das Freizeitlesen erwartungsgemäß nur bei einer Minderheit der Interviewten eine Rolle in der Mediennutzung spielt, kommt den filmischen Medien durchweg ein prominenter Stellenwert zu. Fernsehgeräte und Videorekorder gehören ausnahmslos zur Grundausstattung der Haushalte aller Befragten. Hinsichtlich ihrer Mediensozialisation können alle Befragten der ‚Fernsehgeneration' zugerechnet werden. Anfang und Mitte der achtziger Jahre geboren, findet ihre Mediensozialisation zeitgleich mit der Etablierung der privaten Fernsehanstalten statt, die Verfügbarkeit zahlreicher Fernsehprogramme zu jeder Tageszeit ist selbstverständlicher Bestandteil ihrer Mediennutzung. Die nachhaltige Veränderung der bundesdeutschen Medienlandschaft, die sich im Verlauf der Kindheit der Befragten vollzogen hat, hat in ihren Erinnerungen an die Medienkindheit offenbar keine prägenden Spuren hinterlassen. An einen Wandel der Rezeptionsgewohnheiten aufgrund der Einführung kommerzieller Fernsehanstalten und der damit einhergehenden umfangreichen Zunahme des Programmangebotes erinnert sich keine/r der Interviewten. Einzig Tom, der Ende der Achtziger als Übersiedler aus Polen in die Bundesrepublik kam, thematisiert den scharfen Kontrast zwischen polnischer und bundesdeutscher Medienlandschaft:

„Ich sag mal, da lief mal einmal in der Woche en Trickfilm und da gab's schon Vorfreude ja [...] Hier gab's total tausend Trickfilme ja und das war total anders ja überhaupt die Spielzeugwelt war total anders ja, für mich war's was Neues, also ich sag mal, jeder Tag war eine Aufregung ja, wo man sagt: wow, Wahnsinn, ja" (Tom, 149–153).

Sämtliche InterviewpartnerInnen können auf *Phasen zeitintensiver AV-Mediennutzung* zurückblicken. Den Schriftfassungen der Interviews ist die hohe Bedeutung der Bildmedien schon rein optisch zu entnehmen: In allen längeren Erzählpassagen widmen sich die Befragten meist ihren Erfahrungen mit Filmen und Fernsehsendungen, geben deren Inhalt, ihr Interesse daran oder die jeweiligen Rezeptionssituationen wieder. Für die Mehrzahl der Befragten gilt zugleich, dass ihre bislang quantitativ umfangreichste Mediennutzungsphase bereits der Vergangenheit angehört. Sie war im Übergang von der Kindheit ins Jugendalter angesiedelt. In der subjektiven Wahrnehmung der jungen Erwachsenen haben die Bildmedien demgegenüber aktuell erheblich an Bedeutung eingebüßt:

„Vorher hab ich ganz viel Fernsehen geguckt. Da war, da kommt ja jeden Tag gleiche Komödie halt so. Da hab ich es jeden Tag geguckt halt. Ich hab's immer, Reihenfolge halt, Fortsetzung folgt, jeden Tag hab ich das geguckt, Komödie so halt so. Aber jetzt geht nicht mehr" (Karim, 118).

Rund ein Viertel der Befragten distanziert sich zudem geradezu demonstrativ von ihrer kindlichen Mediennutzungspraxis, der retrospektiv ein Suchtcharakter attestiert wird. So bezeichnet sich Marcel beispielsweise selbstkritisch als ehemaligen „Fernseh-Junkie und „TV-Fascho" (Marcel, 92, 106).

Während im Verlauf der Jugendphase mit einer zunehmenden Orientierung auf Aktivitäten außer Haus und einer wachsenden Bedeutung sozialer Kontakte die Mediennutzung oftmals schon einen gewissen Bedeutungsverlust erfährt (vgl. Barthelmes/Sander 2001), geht der Einstieg ins Berufsleben, den die Mehrheit der Befragten gerade vollzieht, in aller Regel mit einer beträchtlichen Umorganisation der Sehgewohnheiten einher. Das veränderte Zeitbudget und die Umstrukturierungen ihrer sozialen Lebenswelt (Partnerschaft, Mutterschaft etc.) wirken sich vor allem zu Lasten der zeitintensiven Fernsehgewohnheiten aus. Trotz dieses tendenziellen Bedeutungsrückgangs haben Filmmedien unverändert einen großen Anteil am Medienzeitbudget der jungen Erwachsenen, sie zählen weiterhin zu den Leitmedien ihrer Mediennutzung. Für Ali handelt es sich dabei um eine Frage von nahezu existentieller Bedeutung:

„Weil ohne Fernseher kann ich halt nicht aushalten, […] ok es gibt ja halt Radio […], aber beim Fernseher hört man, sieht man, deswegen viel interessanter" (Ali, 102).

Langeweile und Mangel an alternativen Freizeitbeschäftigungen sind für viele Befragte auch heute noch die Hauptmotive ihrer Fernsehrezeption:

„Weil ich nix zu machen hab .[…] Nix, Fernsehen, Fernsehen, Fernsehen. Immer was gleich. […] Ich kann auch nicht anderes machen, wenn ich diese Filme nicht gucke" (Francesca, 53). „Eh, die Langeweile steigt und deswegen greif ich oft mal zum Fernseher und des mach ich" (Davud, 129).

Bei ihrer *Auswahl von Fernsehsendungen* orientieren sich alle Befragten fast ausschließlich an den Angeboten und der Programmstruktur der privaten TV-Anstalten. Das öffentlich-rechtliche Fernsehen wird ignoriert oder explizit abgelehnt, einzig den Nachrichtensendungen wird eine Berechtigung zuerkannt. Tom begründet seine Ablehnung mit der Fernsehpraxis seiner Eltern, die er wie folgt beschreibt:

„ZDF, diese HR 3, WDR und Gottes Willen, das sind solche Sender wo wirklich da läuft irgend so en Mist, keine Ahnung, da steht ne Kuh oder en Pferd und die gucken sich des zehn Minuten lang an, wie die Kuh da steht" (Tom, 22).

Neben den privaten deutschsprachigen Sendeanstalten werden in allen Familien nicht-deutscher Herkunft noch regelmäßig Programme der Herkunftsländer empfangen. Intensiv genutzt werden diese aber zumeist nur von der Elterngeneration. Die Mehrheit der jugendlichen HauptschulabsolventInnen aus Familien mit Migrationshintergrund rezipiert vorrangig deutschsprachige Sendungen. Zumindest bei der Gruppe der kabylischen Jugendlichen gilt es aber zu berücksichtigen, dass Medienangebote in ihrer Muttersprache schlicht fehlen, ihre Arabischkenntnisse wiederum zur Rezeption entsprechender Programme kaum genügen. Ihre Konzentration auf deutschsprachige Programmangebote kann somit nicht unbenommen als Indiz einer Integration in die Medienwelt der Mehrheitsgesellschaft bewertet werden. Halima beispielsweise schildert eindrücklich ihre Probleme bei der gelegentlichen Rezeption arabischsprachiger Programmangebote:

„Wenn so en [...] arabische Kanal, en arabischer Film läuft, der schön ist, dann ruft sie [die Mutter] mich auch immer [...] (unverständlich) magst du gucken? Einen Teil versteh ich und den anderen Teil übersetzt sie mir" (Halima, 174).

Als Orientierungshilfe in der Vielfalt der Programmangebote greifen nur wenige Befragte auf Programmzeitschriften oder den Videotext zurück. Der Sendeplatz der bevorzugten Sendungen ist den Interviewten entweder bekannt oder sie treffen eine Auswahl durch Zappen: „Ich bin Zapper. Ich zapp immer durch und gestern hab ich Sport geguckt" (Jossip, 18), beschreibt Jossip seine Auswahlstrategie. Nadine wiederum betont die Geläufigkeit und Selbstverständlichkeit, mit der sie Zappen einsetzt:

„Ich schalt, ich schalt immer rum, ich bin halt en Mensch, der schaltet viel. Andere brauchen länger, ich schalt halt die ganzen Programme innerhalb einer Minute durch" (Nadine, 190).

Als dominantes Genre ihrer *kindlichen Fernsehnutzung* erinnern die Befragten am häufigsten Zeichentrickfilme, ihnen wird – abgesehen vom tatsächlichen Inhalt – der Status eines kindgerechten Mediums zugebilligt. Konsumiert wurden Zeichentrickfilme aller Art und zum Teil in großem Umfang: „Von A–Z. Ob's brutal war oder einfach nur Schlümpfe" (Jossip, 168).

Die vorherrschende Stellung von Zeichentrickserien in der kindlichen TV-Praxis erklärt sich auch aus der Programmstruktur. In der Kindheit der Befragten Ende der Achtziger und Anfang der Neunziger stellen Zeichentrickfilme den Hauptanteil der intentionalen Kinderprogramme (Heidtmann 1992, 84). Neben den Zeichentrickserien werden Actionserien, Unterhaltungsshows und Kindersendungen als beliebte Programmformen benannt. Werden ausführliche Beschreibungen der kindlichen TV-Rezeptionsgewohnheiten gegeben, erfolgt in impliziter oder expliziter Form eine Distanzierung von dieser Praxis:

„Da war diese Zeit eh, gab's noch *Tele 5* und dann kam diese *Wrestling*-Shows im Fernsehen. (2 Sek.) Und ich hatte glaub ich so an die fünfzig Videokassetten, ich hab mir jede Folge da aufgenommen und ich hab das echt geguckt wie blöd, den ganzen Tag lang. [...] War so ne Manie irgendwie" (Marcel, 139–145).

Auffällig ist, dass keine/r der Befragten inhaltliche Erzählungen zur Film- und Fernsehrezeption der Kindheit liefert. Begründet wird dies mit fehlender oder lückenhafter Erinnerung. Rückschlüsse auf individuelle Funktionen der Rezeptionspraxis sind somit nur schwer möglich. Die Darstellungen der Interviewten beschränken sich auf das Aufzählen einzelner Sendungen, die häufig nur vage benannt werden, auf das Anführen genereller Genres oder einzelner Gestalten und auf die Angabe des beträchtlichen Umfangs, in dem sie gesehen wurden:

„Da hab ich eh fast den ganzen Tag nur Fernseh geguckt, hab nur selten was für die Schule gemacht. Aber jetzt ist das mit em Fernsehen schon sehr gering geworden" (Martina, 23).

„Ich war verrückt nach Fernsehen. Ich sage ehrlich die Wahrheit. Ich hab *immer* Fernseh geguckt. Das war fünfte, sechste Klasse. Nur Fernsehen" (Jamal, 400).

Auch für die kindliche Fernsehpraxis wird Langeweile als Hauptursache der zeitintensiven Nutzung angeführt:

„Aber Fernsehen, früher hab ich viel Fernsehen geschaut, wusst ich nicht, was mit meiner Zeit so anfangen, was ich so mit der Zeit anfangen sollte. Hab ich immer Fernsehen geschaut, so fünf bis sechs Stunden jeden Tag fast" (Christian, 32).

Befragt zu ihren *aktuellen TV-Vorlieben* zählen die Interviewten alle Unterhaltungsformate auf, von Soaps, Serien und Talkshows über Musik-, Comedy-, Quiz- und Sportsendungen bis hin zu Spielfilmen jeglicher Provenienz. Informationssendungen fehlen dagegen fast durchgängig. Dennoch unterscheiden sich die Rezeptionspräferenzen und die Rezeptionspraxen der Befragten erheblich voneinander. Trotz einiger jugendkultureller Gemeinsamkeiten, wie sie sich beispielsweise in der Beliebtheit von Musikchannels äußern, bestehen deutliche individuelle Ausprägungen in der Rezeptionspraxis, so dass hier nur eine Skizzierung von Tendenzen möglich ist. Zur Charakterisierung ihrer Präferenzen bedienen sich die Interviewten der Genrebezeichnungen der Fernsehanstalten, sprechen beispielsweise von Drama oder Komödie. Komödie ist die am häufigsten benutzte Genrebezeichnung, zudem die einzige, die durchweg positiv besetzt ist. Darunter werden von den Befragten allerdings höchst unterschiedliche Formate subsumiert, das Spektrum reicht von Comedy-Sendungen und Klamaukserien bis hin zu als witzig apostrophierten Action- und Karatefilmen. Komödie wird von den Jugendlichen gleichgesetzt mit Spaß-Haben, sich über einzelne Szenen lustig machen zu können. Neben dieser Vorliebe für ‚Komödien' lässt sich keine weitere übergreifende Gemeinsamkeit bei den Genrepräferenzen ausmachen.

Bei den bestehenden Vorlieben sind neben individuellen auch *genderspezifische Ausprägungen* zu erkennen. So schätzen die männlichen Befragten tendenziell eher Actionfilme, die Interviewpartnerinnen bewerten dagegen Liebes- und Romantikfilme hochrangiger. Während diese Aussagen den Erwartungen bezüglich genderspezifischer Vorlieben zu entsprechen scheinen, trifft dies auf das Horror-Genre nicht zu. Etwa die Hälfte der Interviewten sieht Horrorfilme, zu gleichen Teilen handelt es sich dabei um männliche und weibliche Befragte. Doch ausschließlich die weiblichen Horrorfans bekennen sich in den Interviews deutlich zu dieser Gattung und liefern inhaltliche, auch affektiv gefärbte Berichte: „Ja ich liebe Horrorfilme. Ich guck so was, so was von gerne" (Halima, 106).

Ausführliche Narrationen zu ihrer Horrorfilmrezeption sowie Versuche, die Faszination näher zu beschreiben, die Produkte dieses Genres auf sie ausüben, werden ebenfalls ausschließlich von weiblichen Jugendlichen geliefert.

Trotz unterschiedlicher Genrepräferenzen sind die konkreten Praktiken auch an aktuellen Angeboten und den Interessen der Peers bzw. Partner orientiert. Dies gilt insbesondere für die Auswahl von Kinofilmen, da hier die Rezeption durchgängig gemeinschaftlich erfolgt.

Der Bitte, von ihrer aktuellen Filmrezeptionspraxis ausführlich zu erzählen, kommen zwar annähernd alle befragten Jugendlichen nach. Allerdings fehlt ihnen häufig die Fähigkeit, den Plot eines Films oder einer Serie so wieder zu geben, dass das Geschehen einigermaßen kenntlich wird. Trotz längerer narrativer Passagen im betreffenden Interview lässt sich oft die Handlung des jeweils erzählten Filmes nicht klar rekonstruieren. Das Thema in seinen Zusammenhängen in etwa anzugeben bereitet der Hälfte der Interviewten beträchtliche Schwierigkeiten. Diese Probleme beruhen dabei weniger auf Schwierigkeiten der retrospektiven Versprachlichung, vielmehr bestehen offenkundig schon *Verstehensschwierigkeiten bei der Filmrezeption* selbst:

„Ja endet gut und schlecht. Also i– es kommt je nachdem an wer, wer die Geschichte versteht oder nicht. Ich hab's sie zum Beispiel jetzt noch nicht verstanden, ich muss mir den Film noch mal angucken" (Danjel, 192).

Auch Martinas Auswahlkriterium lässt sich als Hinweis auf gelegentliche Verständnisprobleme interpretieren:

„Ja also das Wichtigste ist, dass em, dass ich den Sinn begreife, also damit ich weiß, worum es geht, weil wenn ich den, wenn ich nicht weiß, worum's geht ja, dann ist der Film für mich blöd" (Martina, 260).

An einigen Befragten, insbesondere Maria, Francesca, Timi, scheint ihre aktuelle Mediennutzungspraxis nahezu spurlos vorüberzugehen. Ihre Erzählungen bleiben blass und vage, die Rezeptionsgewohnheit beliebig, eine subjektive Bedeutsamkeit des Gesehenen ist in den Interviews nicht auszumachen. Für sie sind die gegenwärtigen Medienerfahrungen offensichtlich in der gleichen Weise inhaltlich gleichgültig und affektiv fern wie die Medienpraxis der späten Kindheit, die für alle Interviewten als gewissermaßen überwundene Phase nicht affektiv getönt oder detailliert abrufbar ist und retrospektiv tendenziell abgewertet wird.

Unter denjenigen Interviewten, denen kohärente Erzählungen zu Medieninhalten gelingen, finden sich sämtliche Befragte wieder, die auch über ein Mindestmaß an Erfahrung im Umgang mit narrativen Schrifttexten verfügen. Im vorliegenden Sample sind es je nach Gewichtung fünf bis acht der Interviewten, die vergleichsweise elaboriert über Filmerfahrungen oder Leseerfahrungen sprechen. Darunter finden sich auch drei elaboriertere Erzähler von Filmerfahrungen, die keine weiteren Erfahrungen mit narrativen Schrifttexten aufweisen.

Wo ausführlich über Medienerfahrungen berichtet wird, können Rückschlüsse auf die Involviertheit, den *Grad der inneren Beteiligung*, und die *Gratifikationen*, die die jeweiligen Rezeptionsformen den Rezipienten gewähren, gezogen werden. Bei der Analyse der Daten unter dieser Fragestellung zeigen sich eindrucksvoll die Effekte einer geschlechtsspezifischen Sozialisation. Einige der Interviewpartnerinnen schildern ausführlich ihre innere Beteiligung, etwa ihr Gerührtsein bei Liebesfilmen und ihre emotionale Anspannung bei der Rezeption spannender Filme und geben zudem Werturteile ab:

„Und dann ham sie beide geheult und [...] dann wi– kann ich schon en Taschentuch neben dran legen, das ist schön, [...]" (Halima, 126). „Ich denk dann, mein Gott, was passiert en jetzt, was passiert en jetzt, wenn da so jetzt ne Szene kommt, wo alles ganz ruhig ist" (Martina, 285).

Die Angaben der männlichen Befragten beschränken sich dagegen fast durchweg auf knappe, oft nüchterne, demonstrativ distanzierte Bemerkungen: „Es war schon net schlecht" (Boris, 43), lautet beispielsweise das lakonische Urteil von Boris über die Rezeption des hochdramatischen Horrorfilms *Scream*. Die ausführliche Beschreibung des Plots sowie die Schilderung der Rezeptionssituation in der Peergroup lassen eine innere Beteiligung zwar vermuten, im Interview wird diese Involviertheit aber nicht sichtbar.

Innere Beteiligung und Evasion kann man generell als prominente Gratifikationsformen jeglicher Rezeption fiktionaler Genres ansehen. Welche Gratifikationsformen im Mittelpunkt des Interesses der Medienrezeption der Befragten stehen, lässt sich im Folgenden am Beispiel der Horrorrezeption verdeutlichen. Explizit benannt werden drei solcher belohnenden Momente der Filmrezeption: An erster und wichtigster Stelle steht die mit der Rezeption verbundene emotionale Anspannung, die durchweg angeführt wird:

„Einfach nur sich gruseln, so zittern oder so was, das tu ich gerne" (Halima, 106).

An zweiter Stelle steht die Lust an Gewaltdarstellungen:

„Wie so der Kopf abgehackt wird und das Blut so spritzt. Ja, das bringt's schon" (Martina, 227).

Schließlich gilt das Interesse der eingesetzten Tricktechnik. Letzteres dürfte vorrangig der Rationalisierung und Distanzierung, dem Bewusstmachen der Fiktionalität des Gezeigten und somit der Angstbewältigung dienen.

Zentrale und herausragende Gratifikation bleibt aber die emotionale Anspannung, der in der gesamten Rezeptionspraxis der Befragten eine eminent wichtige Bedeutung zukommt – unabhängig vom jeweils rezipierten Genre: „Also entweder richtig extrem Horror oder richtig extrem schnulzig. Eins von beiden muss sein" (Halima 128), so beschreibt Halima ihre genreübergreifende Suche nach intensiven Emotionen.

„Der ist ja total schön (unverständlich) zum Heulen von Anfang bis Ende" (Laura, 84), so charakterisiert Laura den Spielfilm Legenden der Leidenschaften.

Ebenso werden Unterhaltungsformate zum Ausleben von Emotionen eingesetzt. Derya schildert ihre Rezeption einer Talkshow:

„Gestern hab ich zum Beispiel geheult, als ich Fernsehen geguckt hab [...] Em, da war mein zweiter Lieblingssänger sagen wir's mal so. Em, zu Gast bei einer Talkshow und em, ich lieb den Mann über alles [...] seine Musik, die macht mich einfach kaputt, wenn ich des höre. Überhaupt er selbst auch" (Derya, 96).

Die gesuchte affektive Intensität der Film- und Fernsehrezeption scheint ihr funktionales Komplement in dem Umstand zu finden, dass das Fernsehen als Medium oft mit „Langeweile überbrücken" und „Zeit totschlagen" assoziiert wird. Medial evozierte Emotionen bieten dabei einigen der Befragten offenbar die Chance, diese Langeweile zu überwinden, sich einen Ausgleich zu adoleszenztypischen Gefühlen der Lustlosigkeit, Gedankenleere und schlechten Laune zu verschaffen, sie erfüllen vermutlich im Gefühlshaushalt dieser Befragten eine kompensatorische Funktion.

*Anschlusskommunikative Prozesse* lassen sich am häufigsten im Zusammenhang mit Kinobesuchen und der Rezeption von Spielfilmen nachweisen. Knapp die Hälfte der Befragten berichtet davon, dass Spielfilme im Freundeskreis Gesprächstoff liefern. Diese Kommunikation konzentriert sich dabei hauptsächlich auf einzelne Details, auf die ‚geilsten Szenen' (Danjel), behandelt dramaturgische Höhepunkte, Spezialeffekte und besonders witzige Sprüche der Protagonisten oder ergeht sich in Schwärmereien für ausgewählte Schauspieler. Auch das Nachspielen besonders komischer Szenen wird erwähnt:

„Ja über so, über komische Sachen, da äffen wir mal öfters was nach oder da versuchen (wir) immer irgendwas nachzumachen aus dem Film dann" (Christian, 61).

Im familiären Kontext dagegen spielen Prozesse der kommunikativen Weiterverarbeitung von Filmen eine vergleichsweise nachrangige Rolle (s.o.).

Für die aktuelle Mediennutzungspraxis der Befragten kann der Film- und Fernsehrezeption ein bedeutsamer Stellenwert beigemessen werden. Obgleich die Nutzungsdauer in Relation zur Kindheit zurückgegangen ist, nimmt sie unverändert beträchtliche Zeitkontingente in Anspruch. Ihre Funktion als Leitmedien haben Film und Fernsehen nicht eingebüßt, obgleich ein Bedeutungsverlust von den Jugendlichen benannt wird. Die Nutzung bleibt in die Freizeitgestaltung integriert, sie dient zudem der Strukturierung des Alltags.

Neben den filmischen Medien zählt insbesondere *Musik* zu den Leitmedien der Interviewten, sie nimmt im Ensemble der Mediennutzung eine herausragende Stellung ein. Musik wird als wesentliches und unverzichtbares Element der Lebensgestaltung und des Alltags bezeichnet. ‚Musik hören' ist zudem die einzige Mediennutzungspraxis, die durchweg positiv bewertet wird. Selbstkritische oder auch kulturpessimistische Einschätzungen und Argumentationsfiguren, wie sie insbesondere gegenüber den AV-Medien bezüglich der individuellen und der gesellschaftlichen Rezeptionspraxen vorgebracht werden, fehlen hier vollkommen. Exemplarisch lässt sich die gewichtige Bedeutung, die der Musik zuerkannt wird, mit folgender prototypischer Formulierung Lauras illustrieren:

„Also ohne Radio könnt ich echt nicht leben, also ohne Musik ist für mich echt […]" (Laura, 4).

Derartige Aussagen finden sich in den Interviews mehrfach:

„Musik ist doch schon sehr, sehr wichtig für mich" (Marcel, 360). „Also Musik spielt ne ganz wichtige Rolle in mein Leben" (Christian, 63). „Musik ja, des ist eigentlich meine Hauptsache" (Timi, 29).

Musik begleitet die Befragten rund um die Uhr, wird zum morgendlichen Wecken eingesetzt, auf dem Weg zur Arbeit und bei der Arbeit, während alltäglicher Verrichtungen wie Aufräumen oder Duschen und bei der Erledigung schulischer Arbeiten gehört, als Zweitmedium neben TV-Rezeption oder Computerverwendung genutzt, läuft in den frequentierten Jugendzentren und Cafés und dient schließlich zum Abschluss des Tages als Einschlafhilfe. Die prominente Rolle, die der Musikrezeption zugeschrieben wird, steht dabei in Kontrast zu einer Rezeptionsweise von geringer Intensität. So ist zwar der Alltag der Befragten von einem permanenten Klangteppich unterlegt, Musik allgegenwärtig. Mit dieser Allgegenwart gerät Musik aber weitgehend zu einem Hintergrundmedium, das selektiv wahrgenommen, dem nur selten konzentrierte Aufmerksamkeit gewidmet wird:

„Ich hör, also wenn ich nach Haus komm, hör ich immer Radio. Mach ich das Radio an, leg mich in mein Zimmer, mach Hausaufgaben oder weil ich komm ja eh erst immer so um sieben nach Hause. Dann wird erst ma gegessen, Abspülen und während ich abspüle hör ich dann auch immer Radio (lacht). Also das Radio ist echt den ganzen Tag an." (Laura, 64).

Befragt, wie intensiv sie die im Haushalt ununterbrochen laufenden Radioprogramme verfolge, erklärt Nadine:

„Ja nicht so richtig, aber manchmal, wenn dann halt irgendwann en gutes Lied kommt oder so, dann achteste schon drauf, dann rennste in die Küche und machts lauter" (Nadine, 130).

Radiogeräte und Geräte zum Abspielen von Tonträgern zählen ebenso wie Tonträger selbst zum festen und selbstverständlichen Medienbesitz aller Interviewten.

Musik wird zudem am Fernsehapparat rezipiert, die TV-Musikchannels und *Musik-Videoclips* erfreuen sich eines großen Zuspruchs. Für Ali beispielsweise stellen Musik-Videoclips die attraktivste Form der Musikrezeption dar. Die eindeutig erotische Ausrichtung zahlreicher Videoclips dürfte auch zur Beliebtheit eines Musiktitels nicht unwesentlich beitragen:

„Die gefallen mir am meisten (lacht) […] Die sind am besten, die Videoclips, also ich hab mir letztens den, den letzten Clip von Jennifer Lopez, das war den Hammer (lacht) Der war gut. Ich guck mir also, ich, ich hab ihn ja sogar aufgenommen. Das guck ich mir jeden Tag an (lacht)" (Ali, 46–48).

Alis Erzählung verdeutlicht zugleich markant, wie schwierig und auch tendenziell unmöglich es ist, die Rezeption von Bild- und Audiomedien trennscharf zu scheiden. Musikrezeption im jugendkulturellen Kontext bedeutet auch ‚sich Musik anzuschauen', der Klangteppich wird durch einen Bildteppich ergänzt.

Trotz der gewichtigen Bedeutung, die der Musikrezeption durchgängig zugewiesen wird, definiert sich keine/r der Befragten über den bevorzugten Musikstil oder über die Zugehörigkeit zu einer jugendkulturellen Musikszene. Nach ihren *musikalischen Präferenzen* befragt, nennen die Interviewten ein breites Spektrum diverser Musikrichtungen. Der Musikgeschmack orientiert sich dabei nicht ausschließlich am Mainstream und den aktuellen Charts. HipHop ist die am häufigsten genannte Musikstilrichtung, zehn Befragte zählen HipHop dabei zu ihren Lieblingsmusikrichtungen, nur zwei lehnen HipHop dezidiert ab. Insgesamt sieben Jugendliche mit Migrationshintergrund berichten über eine bemerkenswerte Form der Musikrezeption: Sie hören regelmäßig Musiktitel aus ihren Herkunftsländern, sowohl traditioneller als auch populärer Stilrichtung, und greifen dabei auf die Musikchannels der Herkunftsländer zurück. Offenbar halten sie über diese Rezeptionspraxis einen Bezug zu ihrer Herkunftskultur aufrecht. Traditionelle und volkstümliche Musik der Herkunftsländer wird selbstverständlich neben aktuellen Hits und Stilrichtungen gehört, ist in die alltägliche Rezeptionspraxis integriert: „Äh, also HipHop, sagen wir mal so. Aber auch viele also meine Landslieder so. Eh, eher so Volksmusik" (Christian, 65), beschreibt

Christian das Nebeneinander unterschiedlichster Musikstilrichtungen in seiner Rezeptionspraxis.

Die beschriebene Allgegenwart und die dadurch abgeschwächte Aufmerksamkeit für einzelne Rezeptionsakte bedeutet nicht zwangsläufig eine vollkommene Beliebigkeit der Musikrezeption. Aus den Erzählungen der Interviewten wird deutlich, wie gezielt und funktional Musik zum Einsatz kommt. Musikrezeption dient dabei der Beeinflussung von Stimmung und Befindlichkeit, besitzt die Funktion des *Mood Management*. Am prägnantesten beschreibt diese Funktion Laura, die Radiosender gezielt nach ihrer jeweiligen Stimmungslage auswählt:

„Kommt drauf an wie ich eh, in Stimmung bin, also wenn ich Lust auf em, soulige Musik hab, also auf langsame Musik, dann hör ich *Radio FFH*, weil da von zehn bis zwölf em, Traummusik läuft. Und wenn ich eher gutgelaunt bin und noch nicht müde bin und nicht einschlafen will, dann hör ich *Planet Radio*. Also es kommt je nach, nach meiner Laune. Wie meine Laune so ist" (Laura, 13).

Befragt zur Rezeption von Audiomedien in Kindheit und Jugend, betonen alle Interviewten die Kontinuität des Stellenwertes der Musik. Für alle hat sie einen festen und bedeutsamen Rang in der Mediennutzung inne:

„Musik? Höre ich immer schon gerne. […]. Seit ich klein bin, es ist total der Hammer" (Laura, 288–290). „Musik hören? Ja, d's, seit, früher als Fernseh gucken" (Karim, 146).

Einen Funktionswandel der Musikrezeption, eine Veränderung im Musikgeschmack oder einen Verlust der vorpubertären Intensität des Musikerlebens schildert keine/r der Interviewten. In Studien zur Musikrezeption wird dagegen auf einen solchen Verlust der Intensität des Hörerlebens ab der Pubertät ausdrücklich hingewiesen (Behne 2001, 145).

Über die frühere Nutzung von *Hörspielkassetten für Kinder* berichtet rund ein Viertel der Befragten. Aufgrund der hohen Verbreitung, die für kindliche Zielgruppen konzipierte Tonträger besitzen (Heidtmann 1992, 63ff.), ist anzunehmen, dass weitere Befragte über Erfahrungen mit diesem Medium verfügen, diese aber nicht der ausdrücklichen Erwähnung wert erachten. Eindeutige Hinweise auf einen intensiven Gebrauch dieses Audiomediums ergeben sich allein aus Martinas Angaben:

„Mh ja deswegen ist auch en Kassettenrekorder ka– kaputt gegangen […] Ich hat die Angewohnheit immer wenn ich ne Geschichte zu Ende ge– zu Ende gehört hab, muss ich's mir noch mal anhören. V: Wie oft hast du die dann gehört da? M: Mh, fünfmal.[…] Hintereinander" (169–174).

Die Bedeutung dieser Tonträger schwindet mit Ende der Kindheit, offensichtlich übernimmt kein äquivalentes Medium diese Funktion. Auf Erfahrungen mit Audiobooks für ältere Zielgruppen kann keine/r der Befragten verweisen.

Während die Haushalte aller Interviewten mit Fernseh- und Audiogeräten ausgestattet sind, gilt dies für *Computer* noch nicht im gleichen Maße. Elf Befragte verfügen über einen internetfähigen Computer, weitere sieben über einen Computer ohne Internetzugang. In den Haushalten der übrigen neun Befragten ist (noch) kein Computer vorhanden. Computernutzung und *Computerbesitz* stehen in der Gesamtbevölkerung der Bundesrepublik in engem Zusammenhang zu Bildungsabschluss, sozioökonomischem Status, Geschlecht und Alter (Franzmann 2001, Boesken 2001). Das Fehlen eines internetfähigen Computers liegt bei Angehörigen des vorliegenden Sample wahrscheinlich in eingeschränkten finanziellen Ressourcen begründet und kann als ein Indikator des niedrigen soziökonomischen Status der Befragten betrachtet werden. Susan spricht dies ganz direkt an:

„Wir haben kein Computer,[…] (wir) wollen (uns) schon Computer zulegen, dauert aber aus finanziellen Gründen noch en Stück" (Susan, 64).

Marcel wiederum berichtet darüber, dass der Internetanschluss der Familie aus ökonomischen Gründen abgemeldet werden musste:

„Internet ham wir nicht mehr, des hatten wir mal. Aber das war meiner Mutter dann zu teuer" (Marcel, 354).

Ausschlaggebend dürfte die eingetretene Arbeitslosigkeit der Mutter gewesen sein, die noch weitere Einschränkungen nach sich zog. Die mit der Internetbenutzung verbundenen Kosten werden auch von weiteren Interviewten problematisiert. Beim Computerbesitz zeigen sich auch prägnante *genderspezifische Differenzen*, von den neun Befragten ohne Computer sind sieben weiblich. Damit verfügt nicht einmal die Hälfte der Interviewpartnerinnen über einen Computer. Unter den vier weiblichen Befragten, die einen Internetanschluss in ihrer Familie haben, finden sich zudem zwei (Halima, Martina), die diese Möglichkeit kaum nutzen.[3]

Privater Besitz ist keine notwendige Bedingung für Nutzung und Zugang zu Computer und Internet. Nahezu alle Befragten berichten von Erfahrungen im Umgang mit Computern, verweisen auf dementsprechende Angebote in Schulen, Freizeiteinrichtungen und Internet-Cafés sowie auf berufliche Anforderungen. Nur ein Befragter räumt offen ein, bislang über keinerlei Interneterfahrung zu verfügen und nur geringe Kenntnisse im Umgang mit Computern zu besitzen:

„Internet bin ich noch nie gewesen. Also doch schon mal, aber das war mit so Kollegen in so nem Café, aber das war sehr kurz und keine Ahnung, wie die's gemacht haben, ich kann da nicht zusehen wie die das, wie die reingegangen sind oder so was. Ne, ne. Aber so mit Computer flach oh so jetzt, oberfläch-

---

[3] Der typische Computernutzer ist auch in der Gesamtbevölkerung weiterhin männlich, jung und verfügt über eine höhere Schulbildung, obgleich bei Frauen und Menschen mit formal niedriger Schulbildung Computernutzung und Computerbesitz zwischen 1992 und 2000 einen deutlichen Zuwachs erfahren haben (Boesken 2001, 130).

lich kenn ich mich schon aus, da hat man das mir in der Schule beigebracht. So in der alten, ja. Ich sag mal da müsste ich schon ein bisschen so jetzt am Computer, so vielleicht zehn Minuten sitzen, dass ich da jetzt raus finde, was jetzt wieder was ist. Wobei ich sag mal die Computer, die wir in der Schule genutzt, waren, die waren eher super alt und so deshalb" (Tom, 68).

Verwendung findet der Computer vorrangig als Spielgerät und Kommunikationsmittel, in erheblich geringerem Umfang auch als Arbeitsmittel.

Mehr als die Hälfte der Befragten berichtet über Erfahrungen mit *digitalen Spielen*. Zurückblickend wird die Spielpraxis in Kindheit und Jugend dabei von einigen der Interviewten ähnlich (selbst-)kritisch beurteilt wie ihre damalige zeitintensive TV-Rezeption. Der Spielpraxis wird Suchtcharakter attestiert, sie wird als Form der Zeitverschwendung, als Mittel der Überbrückung von Langeweile angesehen. Am prononciertesten wird diese Haltung von drei männlichen Befragten (Jamal, Tom, Marcel) vertreten, alle drei können auf Phasen intensiver Nutzung digitaler Spiele zurückblicken. Am schärfsten formuliert Tom seine heutige Ablehnung digitaler Spiele, fordert rigorose Verbote und wirft implizit seinen Eltern Erziehungsversagen vor.

„Und Computer sind noch das allerschlimmste, ja wirklich das is. Um alter um so älter ich werde um so mehr weiß ich, dass das Scheiße ist, wirklich. Wenn es, wenn's nach mir ginge, ich würd meinen Eltern wirklich verbieten, dass sie mir irgendso en Play Station kaufen oder so, weil das ist wirklich Sauscheiße ist, tut mir Leid, ist so" (Tom, 42).

Tom begründet sein scharfes Urteil mit seiner ehemaligen Praxis:

„Sucht wirklich, weil ich sag mal es ist schon krass, wenn man da anfängt ein Spiel zu spielen dann, dann spielt man wirklich da mehrere Stunden ja, wenn man sich so en Rollenspiel gekauft hat. Wirklich ab die ganzen, ich glaube Sommerferien versessen an diesem Spiel. Ich hatte viereckige Augen, meinte meine Mutter" (Tom, 46).

Diese ablehnende Haltung gegenüber digitalen Spielen wird von der Mehrheit der Befragten nicht geteilt. Vielmehr lässt sich die ungebrochene Faszination, die Computerspiele ausüben, an den Schilderungen einiger Befragter deutlich ablesen. Am markantesten lässt sich dies mit den Aussagen Stefans illustrieren, der ausführlich über sein Faible für Strategiespiele berichtet und ausdrücklich deren Realitätsbezug lobt:

„Momentan spiel ich Colterport II. Dazu muss man eine Weltherrschaft errichten, also von Anfang an bis zum Ende baut man Städte auf und treibt Handel und so Sachen […], also man sucht sich sein Land aus, das man spielt und dann teilt der Computer einem die andern Gegenspieler mit und das sind dann andere Länder, Nationen eben. Und dann spielt man gegen die. […]
*I: „Und was gefällt dir an diesen Spielen?"*
„Ja (4 Sek.) insgesamt, also das Spiel, find ich, ist ja wie in der Wahrheit aufgebaut und es ist eben das mir daran gefällt. Man führt eine Stadt so wie sie

wirklich früher geführt wurde, geführt wurde und man führt sie auch noch weiter, so wie sie geführt wird, jetzt und in der Zukunft. Also am meisten gefällt mir eigentlich das Politische und der Städteaufbau" (Stefan, 21–33).

Auch bei der *Spielpraxis* zeigen sich markante *genderspezifische Unterschiede*, fast ausschließlich männliche Jugendliche berichten über ihre Erfahrungen mit digitalen Spielen.[4]

Neben den Spielmöglichkeiten werden die *Kommunikationsmöglichkeiten* des Computers genutzt, rund ein Drittel der Befragten berichtet über Erfahrungen mit Chatrooms. *Chatten* dient dabei offensichtlich der unverbindlichen Kontaktaufnahme zu Gesprächspartnern des anderen Geschlechts, nur ein männlicher Jugendlicher (Davud) nutzt Chatrooms als Foren des Informationsaustauschs. Die Einschätzung des Chattens fällt recht unterschiedlich aus. Jamal schätzt deren Unverbindlichkeit:

„Eh, wenn i– also um ehrlich zu sein nicht. Wenn ich chatte, eh, dann eh, will ich doch nicht die Nummer von des Mädchen haben oder so. Ich will halt nur mit den chatten, so Spaß haben, wie geht's, ja alles klar? Von wo kommst du? Aus Marokko oder aus Deutschland oder aus Türkei oder etc. und so, was weiß ich wovon" (Jamal, 203).

Nadia wiederum lobt Chatten unter pragmatischen Gesichtspunkten, empfiehlt es als Möglichkeit, Maschine schreiben zu üben, Geschwindigkeit und Geläufigkeit beim Tippen zu erhöhen:

„Ich tippe so schnell, da, da, gucken die so, ham die gesagt, wo hasten du des gelernt. Ich kann jedem raten der, der eh, schnell tippen lernen will, der soll chatten (lacht)" (Nadia, 429).

Laura dagegen berichtet über negative Erfahrungen:

„[…] außerdem hab ich echt so schlechte Erfahrungen gemacht, weil die Typen mich dann immer angerufen haben Da hab ich dann keine Lust mehr drauf. Irgendwann ist echt da der total Perverse (lacht). Ja." (Laura, 300).

Martinas Formulierung, „weil da gibt's da jetzt nur so Idioten" (Martina, 189), mit der sie ihr Einstellen des Chattens nach einer kurzen intensiven Nutzungsphase begründet, könnte auf ähnlich negative Erfahrungen verweisen.

Problematisiert wird am Chatten zudem der Kostenfaktor und erneut die Suchtgefahr, die auch dieser Mediennutzungspraxis unterstellt wird. Jamal benennt Suchtgefahr als Problem der Anfangsphase seiner Internetnutzung:

„Für mich war, früher, wo ich Internet habe, war chatten süchtig. Da war ich auch ganze Zeit nur am Chatten" (Jamal, 254).

---

4  Geschlechtsspezifische Unterschiede in der Nutzung digitaler Spiele, wie sie für die achtziger und frühen neunziger Jahre beschrieben wurden (vgl. Heidtmann 1992, 128), scheinen im Blick auf unsere Befragten unverändert fortzubestehen.

Zum Versenden von *E-Mails* wird das Internet bislang nur von einer Minderheit benutzt. Nur vier Befragte berichten von einer dementsprechenden Praxis. Allein Jamal scheint diese Form der Kommunikation intensiv zu nutzen, um mit Freunden und Verwandten in Kontakt zu bleiben:

„Von mein (unverständlich) also Verwandte in Holland oder in Belgien. Und em, Frankreich halt und Spanien hab ich auch Verwandte, E-mails halt oder so von Cousinen, Freunde, Freundinnen. Denen mail ich auch dann hin und her" (Jamal, 242).

Als Möglichkeit der *Informationsbeschaffung* wird das Internet bislang ebenfalls nur von einer kleinen Gruppe (Davud, Stefan, Jossip, Nadia) genutzt. Davud informiert sich über Aktien, Stefan und Jossip berichten davon, ausbildungsrelevante Informationen im Internet recherchiert zu haben. Nadia erzählt, das Internet zur Erledigung schulischer Anforderungen zu nutzen. Sie erwähnt, eine Interpretation für den Deutschunterricht aus dem Internet bezogen zu haben und damit bei ihrer Lehrerin auf Kritik gestoßen zu sein. Den Einwand der Lehrerin kann sie nicht nachvollziehen:

„Ich hab mal ne Interpretation runtergeladen. Goethe, glaub ich, war des und em, ich hab des halt noch mal en bisschen aufkorrigiert, so dass diese schwierigen Wörter nicht mehr so viele sind, so dass sie jeder versteht und hab die ihr gezeigt, das hat ihr nicht so gepasst. Sie hat gesagt, du sollst das mit deinen eigenen Wörtern und da hab ich gemeint, das ist doch meine und ich hab die bearbeitet, runtergeladen, also ist doch eigentlich [...] Das hat ihr auch nicht gefallen" (Nadia, 33).

Schließlich dient der *Computer als Arbeitsgerät*, das zum Verfassen von Arbeitsberichten und Bewerbungen oder zum Anfertigen schulischer Hausarbeiten eingesetzt wird. Insgesamt sechs Befragte führen diese Möglichkeiten explizit an, ohne aber dieser Einsatzmöglichkeit des Computers einen zentralen Stellenwert zuzuschreiben. Für eine Befragte, Martina, besitzt der Computer schließlich noch eine randständige Funktion als Hilfsmittel in ihrer privaten expressiven Schreibpraxis, gelegentlich überträgt sie selbstverfasste Geschichten in den Computer.

Zusammenfassend lässt sich festhalten, dass der Computer bei den Befragten hauptsächlich als Unterhaltungsmedium Verwendung findet, die Möglichkeiten des Gerätes somit nur in Teilen genutzt werden. Diese eingeschränkte Nutzung erklärt sich z.T. wohl aus der Ausstattungssituation. Es mangelt den Befragten zudem an äußeren Anforderungen, den Computer für intellektuelle Arbeit zu nutzen, damit am notwendigen Maß von Übung und Erfahrung im Umgang mit komplexeren Einsatzmöglichkeiten des Computers und des Internets. Die kompetente und umfassende Nutzung dieses Mediums setzt ein hohes Maß an Medienkompetenz voraus, über das die Befragten vermutlich eher nicht verfügen. (Computer-)Medienkompetenz korreliert bekanntermaßen hoch mit weit entwickelter Lesekompetenz (Hurrelmann 1998). Trotz einiger Einschränkungen hinsichtlich der Kosten und möglicher Suchtgefahren wird Computernutzung insgesamt von den Befragten tendenziell positiv bewertet.

Im Kommunikationsalltag der Interviewten kommt dem *Handy* eine Schlüsselstellung zu. Der Besitz eines Handy zählt ebenso zu den Selbstverständlichkeiten wie die Nutzung der SMS-Funktion. Die geringe Bedeutung des E-Mails erklärt sich aus der führenden Rolle der SMS bei der informellen schriftlichen Kommunikation. Das Handy dient zudem nicht nur als Kommunikationsmittel, sondern auch als Unterhaltungsmedium, das zur Ausführung digitaler Spiele eingesetzt wird. Allein der hohe Kostenfaktor führt zu Einschränkungen und nötigt einige der Befragten zu einer sparsamen Verwendung der SMS-Funktion. Michael beschreibt anschaulich diese Problematik der SMS-Kommunikation und seine Konsequenzen:

„Mh, ich sag so, wenn man *SMS* schreibt, dann schreibt der andere zurück und dann schreibt man wieder zurück und dann kost's viel mehr als würd man telefonieren, also. Ich hab zehn Sekunden Takt drin und dann kann ich eigentlich alle zehn Sekunden telefonieren. Aber das ist auch zu dumm und dann ruf ich immer eigentlich an, weil es ist dann eh, billiger als zu *SMSen*" (Michael, 166).

Grundsätzliche Bedenken gegenüber Handy und den damit verbundenen Kommunikationspraxen, die über eine Kritik an der finanziellen Belastung hinausgehen, klingen in keinem der Interviews an. Dem Handy, als historisch noch jungem Kommunikationsmittel, ist es innerhalb kürzester Zeit gelungen, sich als unverzichtbarer Bestandteil des Kommunikationsalltags der Befragten zu etablieren.

## 5.4 Lesen: Einstellungen und Praxen

### 5.4.1 Nicht-Leser und Leser: Typen und Konzepte

„Ich bin kein Typ, der gern liest", „Bücher les ich nicht gern": Mit diesen oder ähnlichen formelhaften Wendungen unterscheiden neun männliche (Ali, Boris, Christian, Karim, Marcel, Mohammed, Tom, Timi, Danjel) und vier weibliche Befragte (Francesca, Nadine, Derya, Arta) zwischen sich selbst und dem Gegentypus „Leser". Weniger explizit ordnen sich noch zwei andere Befragte denjenigen zu, die eher nicht lesen (Jasmina, Jossip). Daneben finden sich InterviewpartnerInnen, die die kulturelle Hochschätzung des Lesens reproduzieren (Davud, Jamal, Nadia, Marcel, Volkan), sich selbst mitunter auch als der Gruppe der Leser zugehörig darstellen (Nadia, Volkan, Davud, Jamal), zum Teil zugleich jedoch keine Lesepraxis erkennen lassen (Nadia, Marcel, Volkan).

Vielfach wird vor dem Hintergrund eigenen Nicht-Lesens ein abstraktes Konzept von Lesen sichtbar. Die Abgrenzung von der Gruppe der Leser bedeutet für Timi und Christian zugleich eine Abgrenzung von denjenigen, die lesen statt am ‚wirklichen Leben' aktiv teilzuhaben. So unterscheidet Timi sich und seine Familie:

„... wir sind eigentlich alle nicht so großartige Leser von Zeitungen, Bücher oder so. Wir unternehmen eigentlich selber was" (Timi, 68).

Und Christian argumentiert:

„Lieber mit der Freundin weggehen, was trinken, aber zu Hause im Bett zu liegen und ein Buch zu lesen. Ich bin ja noch jung. Vielleicht wenn ich vierzig bin ..." (Christian, 88).

Die Angabe, angesichts der Ausbildungssituation und des eigenen Freizeitprogramms (z. B. Sport) zum Lesen keine Zeit zu haben, dürfte auf ähnliche Gewohnheiten fußen (Karim, Marcel). Vordergründiger sind Hinweise auf die Schädlichkeit des Lesens für die Augen (Nadine) oder der Hinweis darauf, dass schwere Bücher und Zeitungen als U-Bahn-Gepäck schlicht unpraktisch und lästig sind (Davud; Marcel).

Nur in zwei Fällen findet das Nicht-Lesen eine explizite Begründung in manifesten Leseschwierigkeiten. Ali, in Marokko geboren und erst zwei Jahre vor seinem Schulabschluss nach Deutschland gekommen, argumentiert auf der Ebene fehlenden Verständnisses:

„Doch Zeitungen, Bildzeitung les ich, aber halt zu Hause Bücher mein ich so halt Liebesdrama, das les ich nicht so. Weil, man liest und liest, man kapiert nix (lacht). Deswegen wozu soll ich lesen..." (Ali, 187).

Tom hingegen stellt sich vor allem als Kind der Fernsehgeneration vor und sieht seine Probleme mit Texten darin verankert:

„Ich sag mal, ich gehör zu diese Jugendlichen, wo man sagt, man hat sich schon als Kind ja, diesen Fernsehn ausgesogt [-gesaugt; ip], und man sagt, bow, ich will jetzt keine irgendwie Zeilen haben, ich komm überhaupt mit Texten kaum klar ja" (Tom, 42).

Angesichts des teilweise zwar gut verständlichen, aber grammatisch meist nicht korrekten mündlichen Sprachgebrauchs der jungen Erwachsenen, für die Deutsch die 2. oder 3. Sprache ist, steht zu vermuten, dass Leseschwierigkeiten deutlich verbreiteter sind (im Zusammenhang mit einer Lesepraxis im Sinne der sprachlichen Arbeit werden sie mehrfach explizit; s. Kap. 5.4.2).

Auch dann, wenn sich die Befragten dieser Gruppe nicht explizit auf das Lesen von Büchern beziehen, so bauen sie mit ihrer Abgrenzung vorwiegend das prototypische Handlungsmuster des Lesers als einer Person auf, die sich aus freien Stücken und mit Genuss einer längeren Lektüre hingibt. Das mehr oder weniger regelmäßige Lesen von Zeitschriften und Zeitungen, auf das acht Befragte verweisen, macht für sie selbst noch keinen „Leser" aus (Ali, Christian, Karim, Marcel, Nadine, Arta, Timi und Danjel): Solche Lektüre wird auch eher als ein Durchblättern, Lesen von Überschriften und

Anschauen von Bildern mit gelegentlichem „Hängenbleiben" charakterisiert. So führt Jamal aus:

„… und dann zum Beispiel, wenn ich nichts zu tun habe, diese, se Zeitschrift, die ich mitnehme nach Hause, blätter ich dann ein bisschen durch. Zum Beispiel, ja, wie schon gesagt, *Spiegel* oder *Focus* oder *Stern*. Dann schau ich mir ein bisschen durch oder alles mögliche, PC oder Sportzeitschriften schau ich mir auch dann durch" (Jamal, 131; vgl. auch Marcel 201; Nadine 34).

Ali hat allerdings auch mit Zeitschriften Leseprobleme, die er benennt:

*I: „Also* Bildzeitung *hast du genannt und Zeitschriften? (5 Sek.) Nicht so?"* „Ich hab's noch nie eine gelesen. Ich weiß ja nicht, um was es überhaupt grad geht. Weil ich keine so eine Bravoleser, weil, das was da drin ist, intressiert mich halt nicht. Deswegen. Ich find es so, aber die Freundin, ich mein die Schwester von Freund, von mein Freund, die hat's immer zu Hause, liest immer vor mir. Aber ich guck sie halt manchmal mit ihr die Bilder an. Aber halt, dass ich lese. Ich find ich steh nicht so darauf" (Ali 208/209).

Lesen bedeutet für diese InterviewpartnerInnen konzeptionell vor allem, sich einem Buch von Anfang bis Ende zu widmen, eine erhöhte Anforderung an die Ausdauer und die Notwendigkeit, einen Inhalt über einen längeren Zeitraum zu verfolgen. So begründen Jasmina und Nadine ihre Nicht-Lesepraxis:

„Ich mein, wenn man ein Buch liest, muss man schon von Anfang bis Ende durchlesen, dass man weiß überhaupt, um was es geht. Weil ich mein, wenn man nur vielleicht einmal in der Woche mal Zeit hat und Lust zu lesen, ist dann auch schon langweilig. Und weiß man schon nicht mehr, wie was um was es dann geht. Von daher fang ich erst gar nicht an" (Jasmina, 108).

„Ich weiß bei nem Buch, da muss so, ich find en Buch soll man von Anfang bis Ende lesen, weil dann versteht man diesen, den, also das, den Text des Buches und den Inhalt nicht. Man muss es halt von Anfang bis Ende durchlesen, und das ist dann halt schon für Leute, die gern lesen. Ich würd sagen, nicht dass ich unbedingt nicht gern lese, ich lern, also lese schon gerne, aber es kommt halt immer drauf an, was (…), ich kauf mir lieber dünne Bücher (…) ich bin halt mehr so ein Bravo, Fernsehzeitschriften, Zeitungen und alles" (Nadine, 404).

Beide grenzen sich also von einer Lesepraxis ab, die sich mit dem sprichwörtlichen langen Atem längeren Geschichten hingibt. Immersives Lesen und das Nicht-Aufhören-Wollen kennen diese InterviewpartnerInnen nicht als Erfahrung, sondern eher als typische Haltung des Lesers.

Einer solchen Idee des Lesens entsprechend entwirft sich Nadia als Leserin, die sich mit dem Buch ins Bett zurückzieht. Gegenwärtig findet sie allerdings nicht so recht zum Buch. Etwas gewunden führt sie aus:

„Ich les gerne Bücher, aber em, so in letzter Zeit muss ich sagen hab ich nicht, nicht viel gelesen."

*I: „Weil? Keine Lust, keine Zeit?"*

„Ich hab keine Lust, keine Zeit und dann hat man auch was anderes vor und da hat man einfach keine Lust, also ich mag das immer abends so mit der Taschenlampe zu gucken oder so was zu lesen. Es sind auch viele Bücher, die mich auch immer gefesselt ham, aber ich hab auch jetzt keinen gehabt, der mich beraten hat so mit den Büchern. Da war auch kein interessantes dabei…" (Nadia, 152–154).

Neben der Idee genussvollen Lesens im Refugium findet sich die Vorstellung des Lesens als bildende, nützliche Praxis, ohne dass diese im eigenen Leben etabliert würde:

„Also man kann immer draus lernen, wenn man liest. Man sagt ja, wer lesen kann, hat Vorteile. Irgendwo sehe ich das auch so. Wer lesen kann, hat wirklich Vorteile. Man kann viel lernen beim Lesen" (Volkan, 750–752).

Angesichts der Hochschätzung des Lesens verlangt die eigene Nicht-Praxis nach Begründung. Nadine verortet sie explizit nicht im Bereich der eigenen Fähigkeiten:

„Ja, das ist einfach nur meine Faulheit, würd ich sagen. Ansonsten ich würd eigentlich, ich bin eigentlich schon ein Mensch, der viel lesen kann. Also ich müsste mich eigentlich nur durchsetzen, mir irgendwas holen und einfach nur anfangen zu lesen. Es ist immer nur der erste Schritt, wenn ich einmal gemacht hab, dann …" (Nadine, 468–470).

Auf diese Weise stellt sich Nadine als potentiell partizipierend an der hoch bewerteten kulturellen Praxis vor, und ihr Nicht-Lesen wird zur Entscheidung, die auch anders ausfallen könnte.

Die Erfahrung des Gelingens, wenn der Anfang gemacht ist, kennt der Nicht-Leser Tom, der seine Leseschwierigkeiten auf die mangelnde Praxis des typischen Fernsehkindes zurückführt. Er kann aber von der Lektüre eines Buches berichten, das er im vergangenen Jahr von einem Kollegen ausgeliehen bekam:

„Ich sag mal, wenn man das jetzt nicht sehr oft liest, Bücher, man liest zum ersten Mal, das ist die ersten Seiten so, ach es geht und so, es ist wie so ein, so ein schwer hoher Berg, den man hochklettert, aber dann macht man, nach einer Weile ging es, war's schon, auch angenehm eigentlich" (Tom, 92).

Während Nadines Interessen in Sachen Lesen vage bleiben und Tom von seinem als singulär qualifizierten Leseerlebnis offenbar selbst überrascht ist, verfolgt Jossip mit seinem guten Vorsatz ein konkretes Ziel:

„… ich will wieder anfangen Bücher zu lesen, weil mein Deutsch ist ziemlich schlecht geworden. Und das hilft da schon bisschen. Ist auch interessant Bücher. Nur der Anfang ist schwer für mich, Anfang erstmal reinzukommen. Aber wenn man erst mal drin ist, dann geht's" (Jossip, 124; vgl. Jamal, 168).

Lesen erscheint diesen Dreien, obwohl sie sich selbst eher den Nicht-Lesern zurechnen, als eine Option. Alle betonen die Anfangshürde. Anders konstatiert der größte Teil der Gruppe (12 Befragte) das Nicht-Lesen ohne Bedauern und ohne eine Perspektive in Richtung einer sozial erwünschten Lesepraxis zumindest verbal zu entwickeln.

### 5.4.2 Durch das Lesen Deutsch lernen

Einige Interviewte setzen das Lesen als Mittel ein, um bestimmte berufliche und persönliche Ziele zu erreichen: Lesen hilft bei der Entwicklung von Sprachfähigkeit im Deutschen, ist Mittel zum Erreichen eines Schulabschlusses oder verbessert die Chancen auf einen Ausbildungsplatz. Dabei geht es zunächst um die Technik des Lesens als solcher, die bei Maria, Tuba, Ali, aber auch Jamal als oft mühsame Arbeit erscheint.

Dieser Lesemodus stellt eine Erweiterung der „instrumentellen Lesehandlung" dar, die Graf herausgearbeitet hat: „Der Text ist das Hilfsmittel, um auf ökonomischem Weg eine bestimmte Absicht zu verfolgen" (Graf 2001, 207). Unter den Bedingungen von Mehrsprachigkeit ist nicht nur der Text oder sein Inhalt das Mittel, sondern die Technik des Lesens wird zum eigenen Ziel. Dabei helfen Wörterbücher, Vokabelhefte, aber auch Kommunikationen mit kompetenten Anderen.

Maria, eine junge Frau italienischer Herkunft mit deutscher Schullaufbahn, versucht durch konsequentes Lesetraining ihre Fähigkeiten im Umgang mit der deutschen Sprache zu entwickeln und so den Weg in die Ausbildung zu schaffen:

„Ja, wenn ich brauch so einem Monat, so ein Buch zu lesen, ja, weil ich auch noch ne Menge schreiben muss und so mach ich ganz langsam und dann guck ich auch die Wörter, die ich net verstehe. (…) Muss ich auch wegen mein Deutsch" (Maria, 119–125).

Zum Zeitpunkt des Interviews orientiert sie sich in ihren Leseinteressen an dem, was „wichtig" ist, und grenzt sich dabei auch von einer jugendlichen *Bravo-Girl*-Lesephase ab.

Maria, deren familiäres Umfeld wenig Leseanregungen bereit hielt, betreibt diese Art des Lesens eingebettet in Anschlusskommunikationen: Sie wurde angeregt durch eine Sprachlehrerin der Fördermaßnahme, die sie nach dem Hauptschulabschluss besuchte. Die Lehrerin riet, Maria solle täglich eine halbe Stunde lesen und eine Seite Text abschreiben. Kurz vor dem Interview konnte Maria ihre Lesearbeit durch ein Referat in die Lerngruppe einbringen. Es habe eine schöne Diskussion gegeben, erzählt sie und legt so zumindest nahe, dass sie dieser Kontext zusätzlich motiviert.

Ali, wie gesehen „kein Typ, der gern liest", erinnert sich äußerst lebendig an die intensive Lektüre von Plenzdorfs *Die neuen Leiden des jungen W.*, ein Text, der für ihn den Weg zum qualifizierten Hauptschulabschluss bedeutete und den er sich in intensivem Austausch mit dem Sozialarbeiter eines Frankfurter Jugendzentrums erschloss.

Tuba, die erst seit fünf Jahren in Deutschland lebt, hat von sich aus angefangen, mit und im Wörterbuch zu lesen, und führt lesebegleitend Hefte, in denen sie sich neue Wörter notiert. In ihrer kurdischen Kindheit hat das Lesen kaum eine Rolle gespielt; auch der Schulbesuch war unregelmäßig. Wichtiger Ansprechpartner für ihre heutigen Lesestudien ist ihr Mann. Tubas inhaltliche Interessen sind deutlicher erkennbar als Marias: Ihr Lesen begreift sie eher als ein Erschließen von Welt denn als Weg zur neuen Sprache.

Es liegt nahe, die Bedeutung der Anschlusskommunikation für die Interviewten hoch zu bewerten. Die soziale Einbettung des Lesens trägt deutlich zur Motivation der jungen Erwachsenen bei. Die Befunde bestätigen damit jüngere Konzeptualisierungen zur Lesekompetenz,[5] doch die lesesozialisatorischen Voraussetzungen der Interviewten decken sich nicht mit denjenigen, die als förderlich für die Ausprägung einer stabilen Lesemotivation erkannt wurden. Keiner dieser Interviewten ist in einem Klima groß geworden, in dem das Gespräch über oder anlässlich von literarischen oder/und nicht-fiktionalen Texten eine signifikante Rolle gespielt hätte (s. Kap. 5.5). Gegenwärtig kommt der Anschlusskommunikation bereits bei der ersten Erschließung des Textes eine wichtige Funktion zu. In den Schilderungen von Tuba und Ali erscheint das Lesen selbst als soziale Praxis. Auch darin unterscheidet es sich vom Konzept des intimen, genussorientierten Lesens. Zumindest bei Maria und Ali ist die Lesepraxis von einer Pflicht getragen: Sie gehört zu den Bedingungen schulischen und beruflichen Erfolgs, den beide anstreben.

## 5.4.3 Durch das Lesen Interessen nachgehen

Eine weitere Facette instrumentellen Lesens, die in Genusserfahrungen übergehen kann, zeigt sich bei einer Gruppe männlicher Interviewpartner, die in Verfolgung spezifischer thematischer Interessen insbesondere Zeitschriften lesen und diese Praxis in Kommunikationen mit Freunden und Familienangehörigen einbinden: Stefan, dessen Hauptmedium der Computer ist, greift in diesem Zusammenhang auf Printmedien zurück:

---

[5] Die Fähigkeit zur Anschlusskommunikation wird in einem elaborierten Begriff von Lesekompetenz neben bestimmten kognitiven Leistungen, emotionalen, motivationalen und reflexiven Fähigkeiten selbst als deskriptives Merkmal der Lesekompetenz erfasst, vgl. Hurrelmann 2002b, 278. In Situationen der Anschlusskommunikation manifestiere sich Lesen als kulturelle Praxis, indem individuelle Bedeutungskonstruktionen und Textreflexionen in soziale Kontexte zurückgebunden würden. Neben bereits vorhandenen Leseerfahrungen bestimme nicht zuletzt die Erwartung an Anschlusskommunikation insbesondere mit Gleichaltrigen in verfügbaren sozialen Kontexten Stärke und Ausprägung der Lesebereitschaft (ebd.).

„Ich lese meistens die *Computer-Bild* em, em, *PC-Games*. Dann noch *PC-Star* und so Sachen eben. ... Wenn interessante Themen drinne sind, kauf ich se ... ein Freund von mir kauft sie immer, dann geh ich zu ihm und les da die Zeitschrift" (Stefan, 279–283).

In vergleichbarer Weise greift Timi zu Zeitschriften über Motorsport und zu einem Waffenmagazin, das er bei seinem Cousin vorfindet (57–62).

Bei beiden ist die Zeitschriftenlektüre auch eine soziale Praxis: Die Verständigung über gemeinsame Interessen und Anschauungen bzw. die Herstellung von Gemeinsamkeit über das Medium könnte eine Gratifikationserfahrung darstellen, für die sich gerade die Periodica anbieten.

Informationsorientiert liest auch Susan, die allerdings eine insgesamt differenziertere Lesepraxis aufweist (s. Kap. 5.4.3).

Ein intensiver Zeitschriftenleser ist außerdem Jamal, der in einem Zeitschriftengrosso jobbt und so einen einfachen Zugang zu einer Fülle von Periodica hat. Seine inhaltlichen Interessen sind aber eher unspezifisch und an der Tagesaktualität orientiert. Auch er profitiert sprachlich von der Lektüre, zum Teil mithilfe des Wörterbuchs:

„Ich hab haufenweise voller Zeitschriften, am meisten mit *Focus*, *Spiegel* und *Stern*."
I: „ *Und die liest du selber auch gern?* "
„Die les ich auch durch. Da lern ich auch etwas daraus, zum Beispiel jetzt mit Krieg, oder so. Was, zum Beispiel, was, was früher wusst ich gar nicht mal wie paar Worte, wie zum Beispiel eh, jetzt hab ich es auch vergessen" (Jamal, 111–113).

Interessenorientiert lesen in unserem Sample typischerweise vor allem Männer.[6] Wo Frauen aus dem Kreis der Interviewten sachorientiert Lektüre auswählen, steht dies im Zusammenhang einer differenzierten Lesepraxis, in der auch andere Textsorten vorkommen und die erkennbar Funktionen der Subjektkonstitution übernimmt.

### 5.4.4  Im Lesen die eigene Biographie bearbeiten

Vier junge Frauen treten mit einer Lesehaltung hervor, bei der Lektüre Funktionen der Selbstvergewisserung und Entwicklung von Identität übernimmt und zugleich Genusserfahrungen ermöglicht. Drei dieser Leserinnen widmen dem Lesen relativ viel Zeit, lesen den eigenen Angaben zufolge gern und bewältigen auch größere Textmengen. Halima scheint Bücher und Heftchen geradezu zu verschlingen:

I:: „*Em, jetzt hast du gesagt, wenn ein Buch dich interessiert, dann liest du das auch mal so ganz schnell, kannst du so irgendwie so mal übern Dau-*

---

6  Zur geschlechtsspezifischen Ausrichtung von Leseinteressen vgl. im Überblick Eggert/Garbe 1995, 79–80.

*men sagen wie, wie viel Bücher du vielleicht so liest im Monat oder in der Woche oder?"*

„Mh, das kommt drauf an. Also wenn ich n guten Monat hab, nur ne gute Zeit drauf hab, dann kann ich schon zehn schaffen. Aber nur wenn ich genug viel Zeit hab. Ja. Weil dann les ich meine Groschenromane, meine Schnulzromane, dann hab ich diese älteren Bücher, die les ich dann auch. Und ja und dann halt irgendwas was mich dann intressiert aus dem wahren Leben und dann krieg ich viele hin. Aber wenn halt nicht gute Zeit, dann schaff ich im Monat grad mal zwei oder drei Bücher" (Halima, 53–54).

Halima, Tuba und Susan erscheinen als Genussleserinnen mit regelmäßiger Praxis. Laura kennt entsprechende Leseerfahrungen, ohne dass dies jedoch in eine regelmäßige Praxis führte. Sie genießt es besonders, in einen langen Roman förmlich einzutauchen und das Leseerlebnis zu inszenieren. Zum Jahrtausendwechsel hat sie Barbara Wood, *Die Prophetin*, gelesen:

*I: „Und das haste dann irgendwie so in den Ferien mal in so in einem Rutsch durchgelesen?* (L: „ja") *Auch so im Bett oder…"*
„Im Bett, ja. Immer eingekuschelt, war ja Winter, war ja kalt halt (*I: „mmh"*). Heizung voll aufgedreht" (Laura, 119–129).

Allerdings liest Laura gegenwärtig selten. Das Gratifikationserlebnis ist lediglich als Erinnerung erkennbar und nicht Grundlage einer stabilen Lesemotivation.

Aufgrund der aktuellen Lebensumstände hat Susan, Mutter eines Kleinkindes, nur noch wenig Gelegenheit zum Lesen, was sie selbst bedauert: An die Stelle des gemütlichen Schmökerns auf dem Sofa mit Zigaretten, Tee und Süßigkeiten in Reichweite ist die weniger stete Zuglektüre getreten. Besonders in Erinnerung geblieben ist ihr aus der letzten Zeit das Buch *Tatort: Algerien*, das vor allem Lebensberichte enthält und das sie interessiert hat, weil ihr Vater Algerier ist:

„… um sich en kleinen Überblick zu verschaffen halt war das ganz informativ, natürlich jetzt nicht, ich weiß jetzt natürlich nicht hundertprozentig Bescheid über den Krieg ja. Aber es ist halt schon gut mal was da drüber zu lesen ja. Weil in den lieben Medien überhaupt nix darüber läuft ja. Kommt gar nix da drüber. (*I: „Ja, das stimmt."*) Deswegen muss man halt irgendwie gucken, wo man woanders die Informationen herbekommt" (Susan, 113).

Susan verfolgt über die Lektüre Themen, die sie berühren, und wählt entsprechend aus. Politische Interessen sind mit biographischen Beziehungen verknüpft. Vor der Geburt ihrer Tochter hat sie außerdem einige Baby- und Schwangerschaftsbücher gelesen, daneben hat sie mit einem Türkischlehrbuch die Sprache ihres Partners zu lernen begonnen, während ihre beste Freundin versuchte, die bosnische Sprache ihres Mannes zu lernen (Susan, 211). Beide sind offenbar bestrebt, einen Zugang zur Herkunftskultur ihrer Partner zu gewinnen.

Klassische Genusslektüren wie Liebesromane fallen eher in die Kindheit und Jugend Susans, eine Zeit, in der sie Stephen-King-Bücher verschlang. Die Breite ihrer Interessen weist darauf hin, dass Lesen für Susan in vielfältiger Weise Zugang zu Welten eröffnet und dass sie es zur Bearbeitung ihrer Lebensthemen als „flexible, an Situationen und Lebenslagen anpassbare Handlungsmöglichkeit" (Graf 2001, 200) einsetzt.

Susan ist unsere einzige Interviewpartnerin, die auf eine intensive Lesephase in der Kindheit und einen lesefördernden familiären Kontext zurückblickt:

„Wir hatten auch super viele Bücher zu Hause. Meine Mutter so eher die Rechtsabteilung (lacht). Eh, meine Mu–, meine Schwester hat irgendwie Liebesromane gehabt und ich hab alles durcheinander gelesen. Querbeet ja. Also, von da mal ein Buch genommen, von da irgendwie, von der Bibliothek oder. Super viel gelesen. Meine Mutter die hat halt echt Regale voll gehabt mit Büchern ja. War alles voll" (Susan, 136).

Bevor sie auf die Hauptschule wechselte, bezog sie überdies Leseanregungen aus dem Literaturunterricht des Gymnasiums, die sie später vermisste.

Im Gegensatz zu den eher günstigen lesesozialisatorischen Voraussetzungen, die im Interview mit Susan erkennbar werden, erscheinen Halima und Tuba als unerwartete Leserinnen (s. Kap. 5.5): Weder das Elternhaus noch die frühe Schulzeit übten einen intensiven Einfluss auf die Lesepraxis aus. Eigenmotivation und stützende Kontexte wirken sich erst seit relativ kurzer Zeit deutlich in der Entwicklung von Leseinteressen und -haltungen aus.

Halima und Tuba haben bedeutsame Lektüreerfahrungen gemacht mit Texten, die in ihre Lebenssituation als junge Frauen muslimisch-arabischer bzw. kurdischer Herkunft in Deutschland hineinsprechen. Tuba berichtet von einem Buch, das ihr ihre Deutschlehrerin mitgebracht und das sie sehr interessiert gelesen hat:

„Und die erzählen was, was die erlebt haben. Also das ist auch bisschen wahre Geschichte. Ich bin auch in der Türkei und em, ein Onkel und so weiter erschossen worden. Ich bin auch bisschen politische Gründe hier. Des hat mich halt interessiert, weil ich auch bisschen selber erlebt habe" (Tuba, 132).

Diese Lektüre hat für Tuba sichtbar eine existentielle Dimension und trägt wohl auch zur Bearbeitung traumatischer Kindheitserfahrungen bei. Wie Susan weisen Halima und Tuba eine in sich differenzierte Lesepraxis auf: Halima liest Heftchenromane neben Lebensberichten muslimischer Frauen, in denen sie für sich selbst Perspektiven findet. Tuba hat mit großer Faszination und sehr schnell Tolkiens *Der kleine Hobbit* gelesen, das ihr ihr Mann empfohlen hatte. Sie versucht sich an *Sophies Welt* und *Theos Reise*, um ihre philosophischen und religiösen Interessen zu befriedigen.

Neben diesen Frauen zeigen noch zwei männliche Interviewpartner eine Affinität zu einer genießenden Lesehaltung gegenüber fiktionalen Texten: Davud stellt sich als vom „*Harry-Potter*-Fieber" angesteckt dar. Allerdings muss bezweifelt werden, ob die Lesepraxis dieser Selbstkonstruktion entspricht. Seine Erzählungen zur Lektüre bleiben blass, nur auf den Beginn der Story geht er ein. Es darf vermutet werden, dass Davud vor allem an dem Typus „Leser" partizipieren will. So gibt er an, auf dem Weg zur Schule immer ein Buch dabei zu haben, korrigiert sich aber später, es handle sich eher um kleinere Bücher, schließlich nennt er als Beispiel Beilagen aus dem *Stern*. *Harry Potter* lese er im Bett vor dem Einschlafen (Davud, 78–97). Die Charakteristik bleibt blass:

„Also ich mein das ist, das ist schon ein bisschen übertrieben, das ist nicht glaubhaft, aber das kann man lesen. Ich find das in-, interessant" (Davud, 85).

Michael hat innerhalb eines kurzen Zeitraums *Herr der Ringe* gelesen und kann in ein detailfreudiges Gespräch mit dem Interviewpartner einsteigen. Anstoß war der Kinofilm. Seine Freundin hat ihm anschließend die weiteren Bände der Trilogie ausgeliehen, die er geradezu verschlungen hat. Für Michael hat das Leseerlebnis allerdings Ausnahmecharakter:

„Das ist eigentlich, wenn ich was richtig lesen will wie *Herr der Ringe*, dann les ich auch, dass ich so schnell wie möglich weiß wie des da endet. Und bei *Herr der Ringe* war's so, also das hab ich bei kein Buch vorher so empfunden. So, so schlimm oder so krass wo ich sage, das ist mich des Buch in seinen Bann gezogen hat und ich konnt einfach nicht aufhören zu lesen."

*I: „So nachts bis um vier Uhr so (*M: „ja genau"*) völlig müde"*
„Und dann, und dann ich konnt nicht aufhören, ich wollt einfach wissen, du liest eine Seite, die ist voll spannend, dann liest du noch ne Seite die ist noch spannender, du willst, du kannst nicht aufhören, du denkst, ich les noch die Seite fertig und dann musst du einfach noch die nächste Seite und die nächste Seite lesen" (Michael, 102–104).

Michael tritt jedoch nicht als Gewohnheitsleser hervor. Einen *John Grisham* hat er lediglich angelesen. Michaels Lektüre bedeutet sicher nicht zuletzt eine gemeinsame Erfahrung mit seiner Freundin. Diese hat für ihn Leitbildfunktion in Hinblick auf die Gestaltung seiner beruflichen Zukunft: Wie sie könnte er, so überlegt er, nach der Ausbildung mit dem Fachabitur studieren und eventuell Berufsschullehrer werden. Hier deutet sich ein bedeutendes Thema an, in dessen Zusammenhang das Lesen allerdings nicht explizit eingebettet wird.

Auch unsere Ergebnisse bestätigen also die Befunde der Lesesozialisationsforschung in Hinblick auf die geschlechtsspezifische Verteilung von Lesehaltungen. Der Typus der weiblichen Genussleserin mit Interesse an fiktionaler Literatur (vgl. Eggert/Garbe 1995, 80) ist zwar zahlenmäßig nicht oft vertreten, aber immerhin erkennbar. Wenn Halima, Tuba, Laura und Susan das intime Lesen als Praxis kennen, so wird dieser Lesemodus doch immer rückgebunden an Kommunikation. „Genuss" wird auch nicht allein angesichts literarisch evozierter fantastischer oder romantischer Traumwelten innerlich erfahren, sondern folgt offenbar auch aus dem sozial inszenierten Leseerlebnis. Affektiv positiv besetzt sind freilich auch diejenigen Leseerfahrungen, die nicht den klassischen Genres immersiver Lektüre entsprechen. Die Breite der Leseinteressen von Halima, Tuba und Susan ist auffällig und deutet darauf hin, dass die Gratifikationserfahrung „Genuss" eine differenzierte Lesehaltung motiviert. Für alle LeserInnen spielen anschlusskommunikative Kontexte eine wichtige Rolle, sei es als Ort des Austauschs über Lektüre, als Anregungspotential oder als Unterstützung bei der Erschließung von Texten. Die Lesepraxis bedeutet daher auch kommunikative und literarische Partizipation,[7] die Gemeinsamkeit mit bedeutsamen Anderen herstellt oder stützt und zur Stabilisierung der Lesemotivation beiträgt. Sie bedeutet zugleich die Partizipation an bestimmten Diskursen des öffentlichen und literarischen Lebens, an denen die „Nicht-Leser" nicht partizipieren.

### 5.4.5 Durch das Koran-Lesen kulturelle Teilhabe ausweisen

In vier Interviews mit muslimischen AbsolventInnen spielt das Koranlesen als schriftkulturelle Praxis eine Rolle. Volkan, Karim, Jamal und Derya stellen sich dezidiert als Angehörige des Islam vor. Das Koranlesen steht in Zusammenhang mit dem Besuch der Koranschule etwa im Zeitraum der Pubertät. Während Derya und Jamal auf eine Zeit solchen „Lesens" zurückblicken – alle gehen seit drei bis vier Jahren nicht mehr in die Koranschule –, erscheint bei Karim und Volkan das Lesen als stetige Forderung von Religion und Familie, mit der sich die jungen Männer identifizieren. Beide betonen die Wichtigkeit dieser Lektüre. Allerdings erscheint die Praxis in beiden Interviews als weder zeitlich noch qualitativ besonders intensiv. Die Vermutung liegt nahe, dass sich die Interviewten hier vor allem als Muslime darstellen wollen. Die Koranlektüre kann auch als Ausdruck des „ethnic revival" verstanden werden, der besonders unter männlichen Jugendlichen mit türkischem Hintergrund beobachtet wurde: „Türkische Migrantensöhne antizipieren höhere ökonomisch-utilitaristische Erwartungen an sich, als sie von ihren Eltern geäußert werden, sie haben stärkere normative Geschlechtsrollenorientierungen und stärkere externale Kontrollüberzeugungen als ihre Väter…". Dies führe zu einer stärkeren Orientierung an den überlieferten Normen als es in der Väter-Generation der Fall sei (Deutscher Bundestag 2000, 110). Es ist anzunehmen, dass sich die normative Orientierung auch auf das Feld der Religion erstreckt. Der „ethnic revival" wird als Ausdruck schwacher oder fehlender Situationskontrolle interpretiert (ebd.). Ihm kommt daher erhebliche Bedeutung für die Stabilisierung der Persönlichkeit zu. Diese Beobachtungen lassen sich möglicherweise auch auf Muslime marokkanischer Herkunft in Frankfurt übertragen.

Gefragt nach Lesevorlieben, führt z. B. Karim aus:

---

[7] Vgl. auch die Beobachtungen Grafs in Graf 2001, 209–211.

„… halt so Koran, bisschen über Islam und so, das les ich halt gern."
*I: „Liest du das auch öfter dann so, oder?"*
„Kommt drauf an, wenn ich Zeit hab, dann les ich das. Wenn nicht, dann schlaf ich halt oder mach ich was anderes.
*„Wie machst du das, schlägst du irgendwo auf oder? Und liest dann?"*
„Ne, man muss schon nach, auf der ersten Seite anfangen. Wenn halt, immer wenn ich fertig bin halt, dann mach ich halt so in, leg ich's Band drauf, dass ich nicht vergesse, bis wo ich hin gelesen hab. Bis ich halt das Buch durchgelesen hab" (Karim, 164–168).

Als Motiv seiner Praxis pointiert er: „ich will wissen halt, wie's ist als Moslem so" (Karim, 172).

Karim benutzt wie früher Derya und Jamal einen arabischen Koran, wobei das Hocharabisch dieser Schrift sich von dem Arabisch der marokkanischen Herkunft unterscheidet. Diesen zweifellos hohen schriftsprachlichen Anforderungen stellen sich die Jugendlichen. Jamal formuliert apodiktisch: „Also, Koran (2 Sek.) gibt's nur einmal und zwar auf Arabisch" (Jamal, 81). Volkan hingegen rezipiert den Koran auf türkisch, was nicht den normativen Vorgaben der Religion entspricht und auf eine weniger rigide Praxis schließen lässt.

Die genaueren Beschreibungen des „Lesens" in der Koranschule machen deutlich, dass zum Dechiffrieren der arabischen Texte Hilfsmaterial verwendet und die arabische Schriftsprache nur begrenzt erlernt wird:

„… da gibt's erst ma so en, so en kleines Heftchen wo die Buchstaben einem beigebracht werden. Und danach wird's immer mehr und werden's Wörter, dann werden es Sätze und danach werden es ganze em, Absätze" (Derya, 193).

Ziel ist nicht die Lektüre im wörtlichen Sinn, sondern das Auswendiglernen der zentralen Suren, um am Gebetsritus teilhaben zu können.[8] Bei Jamal unterstützt die Mutter den Lernvorgang, Hinweis darauf, dass die Praxis einen Ort in der Familienkommunikation hat:

„Nee, nicht Koran lesen. Man sagt uns die Sorts, also wie nennt man, Sorats heißt das bei uns, so Gebete, auswendig."
*I: „Ach, die lernt ihr auswendig."*
„Also, ja. Das sind so zehn Sätze, acht Sätze, die sind. Diese Gebete, die sind Bedeutungen. Die sind auch auf Arabisch, die versteh ich halt leider nicht. Ich lern die nur auswendig, aber was ich nicht eh, verstehe, ist halt (lacht), was es heißt, was es bedeutet."
*„Und habt ihr da nen Lehrer (J: „Ja, ja"), die, die, der euch die sozusagen vorspricht (J: „Ja") in der richtigen Weise oder?"*
„Ja, der spricht uns vor. Nee, der meint so zum Beispiel eh, gibt er uns, hört mal zu eh, wir lernen, nehmen wir mal an (1 Sek.) irgend so was aus dem

---

8  Vgl. Sen/Aydin 2002, 35. Zur Bedeutung von Koranschulen in Deutschland für die nachwachsenden Generationen der Zuwanderer Spuler-Stegemann 2002, 247–249.

Koran, das lernt ihr bis nächste Woche auswendig. Dann geh ich nach Hause, sag meiner Mutter, hör mal zu, dies und dies muss ich lernen. Und meine Mutter bringt's mir dann bei" (Jamal, 82–87).

Trotz der Orientierung am Auswendiglernen des Regelwerks legen Derya und Karim Wert darauf, das Buch ganz zu lesen beziehungsweise gelesen zu haben. Derya, die einzige weibliche Koranleserin, meint, sie habe ihn bereits zweimal durch. Sie gibt ihrer islamischen Herkunft auch einen festen biographischen Ort: Ihre Mutter habe ihr schon als Kind islamische Geschichten, auch Märchen gegeben, teilweise als Buch, teilweise als Cassette, und vorgelesen (Derya, 181–185). Gegenwärtig identifiziert sich Derya stark mit ihrer türkisch-islamischen Herkunft. So beschäftigt sie der Gedanke, ob sie ohne türkischen Pass in der Türkei begraben werden kann, und die sommerlichen Aufenthalte im Herkunftsland sind ihr wieder wichtiger geworden – Hinweis auf einen weiblichen „ethnic revival".

Obwohl also nicht davon ausgegangen werden kann, dass diese Befragten den Koran im strengen Sinne lesen, und ihre inhaltlichen Angaben sich in sehr allgemeiner Weise auf das vorbildhafte Leben des Propheten und den Gebotsaspekt der Texte beschränken, handelt es sich um eine biographisch relevante Praxis im Umgang mit Schrift. Sie dürfte vor allem für die Partizipation an der kulturellen Herkunftswelt stehen und stabilisierende Funktion in einem Kontext von sozialer Unsicherheit haben.

### 5.4.6 An einer Welt partizipieren

Unter den Nicht-Lesern des Samples dominiert die Einstellung, wonach Lesen etwas für ,die Anderen' ist. Angesichts des Bildungsstandes der Interviewten und der vorherrschenden Zugehörigkeit zu niedrigen sozialen Milieus ist es naheliegend hier eine implizite Selbstverortung jenseits derjenigen sozialen Gruppen zu sehen, die durch höhere soziale Schichten repräsentiert werden und zu deren Attributen oder Zuschreibungen die kulturelle Praxis „Lesen" im Sinne der Lektüre von (fiktionalen) Büchern gehört. Dass die Nicht-Zugehörigkeit als Ausschluss erfahren werden kann, zeigen besonders diejenigen Äußerungen, die betonen, dass man ja lediglich aus Faulheit oder Lustlosigkeit nicht lese, die Fähigkeiten aber durchaus aufbringe. Die Nicht-Partizipation wird so als eine Option unter anderen konstruiert.

Die symbolische Teilhabe an der muslimischen Herkunftswelt stellt wohl das Hauptmotiv der Koranlektüre dar. Der Identifikation mit dieser dürfte in einer westlich geprägten Umgebung gerade angesichts einer unsicheren Situation des Übergangs, unklarer Perspektiven und auch Zukunftsängsten eine besondere Bedeutung zukommen.

Auch dort, wo Lesepraxen deutlicher erkennbar werden, stehen sie im Zeichen von Partizipation und Nicht-Partizipation: Das instrumentelle Lesen mit dem primären Ziel, die Fähigkeiten in der deutschen Sprache zu verbessern, soll längerfristig den Weg in die Ausbildung und berufliche Perspektiven eröffnen. Zum Teil wird dieser als bisher versperrt erfahren. Biographisch ist diese Praxis als Aufbruch konturiert: Maria hat gerade mit der ‚Lesearbeit' begonnen, Tuba im Anschluss an ihre Flucht nach Deutschland. Die informationsorientierten Zeitschriftenleser stellen ihre Lektüre in den Zusammenhang sachlicher Interessen, die sie mit anderen zusammen verfolgen. Enger mit der Identitätsarbeit verknüpft sind die differenzierten Lesepraxen von Halima, Tuba und Susan: Deren Lektüre unterstützt die Leserinnen bei ihrer Auseinandersetzung mit der eigenen Lebenssituation. Sie bildet einerseits ein Refugium, in dem sich die jungen Frauen gern und genussvoll einrichten, andererseits ist sie in kommunikative Kontexte eingebettet oder erzeugt diese sogar allererst. Die Leserinnen partizipieren also nicht nur abstrakt an einer Welt, sondern unterhalten soziale Beziehungen, die über die Lektüre begründet oder durch sie mitbestimmt sind. Freilich handelt es sich um signifikante Einzelfälle.

## 5.5   Lesegeschichte

Neben der Bedeutung des Lesens in individuell-synchroner Perspektive interessierte uns die Genese dieser (Nicht-)Lesepraxen, ihre lebensweltliche Einbettung und insgesamt der Verlauf der Lesegeschichte der HauptschulabsolventInnen. In den Interviews fragten wir deshalb auch nach den individuellen Lesegeschichten, nach Vorlesesituationen und Leseanregungen in der frühen Kindheit, nach dem Lesenlernen und kindlichem Lesen, nach Leseerfahrungen in der Grundschule, nach Freizeitlektüre während der Hauptschulzeit. An diese Erinnerungen in den Gesprächen heranzukommen war besonders mühevoll. Oft hatten die Jugendlichen nur sehr bruchstückhafte Erinnerungen, unternahmen auch keine Anstrengung, sich in ihre Kindheit zurückzuversetzen. Generell scheinen in den meisten Familien der Interviewten audiovisuelle Medien die Haupt- und Bücher und andere Printmedien allenfalls eine marginale Rolle zu spielen. Lesen war mit einer Ausnahme in keiner der Herkunftsfamilien kultureller Habitus.

### 5.5.1   Leseanregungen in der frühen Kindheit

Von frühen Leseanregungen wurde uns selten berichtet. „Nee, also von meinen Eltern wurde mir nicht vorgelesen" (Martina, 163), „Geschichten, nee […]. Ich kann mich schon erinnern, aber das ist nicht passiert" (Danjel, 242–244), „also dass meine Mutter mir irgendwie vorgelesen hat, ich kann mich nicht mehr dran erinnern, absolut nicht" (Susan, 121) – so lauten meist die Antworten auf die Frage nach Vorlesesituationen in der frühen Kindheit. Während einige der Befragten (Laura, Tuba, Susan) Zeitmangel für das Fehlen von Vorlesesituationen in ihrer Kindheit verantwortlich machen, wird es von anderen Interviewten mit den mangelnden Sprachkenntnissen ihrer Eltern erklärt, so z. B. von Jamal: „…mein Vater, der kam hierher und dann soll er, kann er nicht gleich Deutsch, also der kann gar nicht mal richtig schon lesen und so, wie will er mir dann erzählen oder so, das geht überhaupt nicht" (Jamal, 362). Und Ali antwortet auf die Frage, ob ihm seine Eltern früher vorgelesen hätten, lachend: „Die können doch nicht lesen" (Ali, 168). Laura, die heute ihrer jüngeren Schwester vorliest, ist die einzige, die explizit bedauert, von ihren Eltern nie vorgelesen bekommen zu haben: „Ich wollt immer, dass meine Mutter mir das vorliest und dann hat sie immer gesagt, nein, du musst selber lesen lernen. Das fand ich immer scheiße" (Laura, 160).

Nur elf der 27 Interviewten erinnern Vorlesesituationen in ihrer Kindheit, die durchweg als sporadische Ereignisse dargestellt und erst auf Nachfragen detaillierend bestätigt werden. In den Schilderungen der Befragten bleiben diese Szenen meist blass, die Inhalte der vorgelesenen Geschichten werden nur vage oder gar nicht erinnert. Teilweise wurde auf deutsch, oft auch in der jeweiligen Muttersprache vorgelesen. Als Beteiligte an der frühen literarischen Sozialisation werden die Eltern, nähere Verwandte wie Tante oder Großmutter sowie ältere Geschwister benannt. „Mein Vater hat mir früher viel vorgelesen, wo ich klein war, also wo ich so fünf, sechs war, hat er mir viel aus Büchern vorgelesen", erinnert sich Marcel (108) und auch Michael nennt seinen Vater als denjenigen, der ihm vorlas: „Ja Niederländisch hat er vorgelesen, manchmal Niederländisch, manchmal Deutsch" (Michael, 156). Bei Tom las die Mutter auf polnisch vor: „Ja soviel so meine Mutter immer hatte so, ich glaub, ich hab die noch irgendwo die ganzen Bücher ja" (Tom, 171). Bei Nadia war es der ältere Bruder, der ihr aus Jugendbüchern, die er selbst rezipierte, vorlas (Nadia, 262–264). Auch Tuba, deren Mutter abends zu müde zum Vorlesen oder Geschichtenerzählen gewesen sei, erinnert sich an Gute Nacht-Geschichten der großen Schwester, die selber Geschichten und Gedichte schrieb (Tuba, 73–76). Vorlesesituationen mit der älteren Schwester erwähnt schließlich Jasmina (138).

Auf Nachfragen bekunden sieben der elf Jugendlichen, dass ihnen diese Vorleseszenen gefallen hätten: „Ja gut, man war halt ein Kind und ja, hat sich schon gefreut irgendwie. Viel gehört oder ich weiß nicht. Viel gehört hat man da auch nicht, weil du kriegst ja, schläfst, wenn du sehr müde bist, kriegst du da auch nicht viel mit von der Geschichte" (Boris, 115). Nachwirkende Befindlichkeiten verbinden sie damit jedoch eher selten. Maria und Nadine sind die einzigen, die ihre Eigeninitiative beim Vorlesen stark machen. So betont Maria, oft nachmittags ein Buch angeschleppt und ihre Mutter zum Vorlesen aufgefordert zu haben: „Mama, lies!" (Maria, 106). Nadine berichtet in diesem Zusammenhang: „Meine Cousine hat mir also auch viel vorgelesen, also ich hab sie immer gerufen, hab gemeint, sie soll mir vorlesen" (Nadine, 478).

Hörspielkassetten mit klassischen Märchen, *Aladin*, *Peter Pan* oder *Benjamin Blümchen* waren bei fünf der Befragten (Danjel, Derya, Martina, Nadia und Nadine) vorhanden, werden von den Jugendlichen häufig aber nicht mit Schriftmedien in Verbindung gebracht.

Eher noch als echte Vorlesesituationen erinnert knapp die Hälfte der 27 Interviewten Erzählsituationen, in denen die Eltern manchmal Märchen, häufiger jedoch die eigene Lebensgeschichte erzählten oder Lieder vorsangen. So schildert Timi beispielsweise Szenen in der Küche, wo ihm seine Mutter das Märchen von Rotkäppchen oder Geschichten von der Familie in der Heimat Italien erzählte, während er ihr beim Geschirrspülen half (Timi, 145f.). Volkan schildert Erzählsituationen mit seinem Vater abends vorm Einschlafen: „Mein Sohn, leg dich hin. Ja, ich leg mich hin, deckt mich ganz süß zu, gibt mir nen Kuss und sagt, mein Sohn, weißt du was, ich erzähl dir jetzt mal was von früher von mir" (Volkan, 38). Und Nadia erklärt, ihr Vater habe ihr abends immer die Haare gekämmt und ihr dabei arabische Lieder vorgesungen (Nadia, 257–260). Während diese Szenen als Situationen der Geborgenheit empfunden werden und deutlich emotional positiv besetzt sind, scheinen echte Vorleseszenen mit den Eltern selten in familiäre Zuwendung eingebettet gewesen zu sein, was möglicherweise auch erklärt, warum sich die Interviewten oft nur schwerlich an solche Szenen erinnern.

Eltern, die ihren Kindern als lesende Vorbilder dienen könnten, treten in den Familien der von uns befragten Jugendlichen kaum hervor. Wenn ja, dann handelt es sich dabei meist um LeserInnen von Zeitschriften oder Tageszeitungen, wie dies z. B. bei Stefans Eltern oder bei Nadias Vater der Fall ist. Eine Ausnahme stellt Susan dar, die sich lebhaft an ihre Bücher lesende Mutter erinnert: „[…] die hat halt ihre ganzen Informationen aus Büchern rausgeholt […] Die hat echt nur Bücher gelesen, das war's" (Susan, 136). GenussleserInnen, die Belletristik rezipierten und ihre Kinder dafür zu begeistern suchten, gibt es unter den Eltern der von uns Befragten nicht.

Nach der Buchausstattung zu Hause gefragt, geben fünf Jugendliche an, bei ihnen zu Hause gebe es keine oder nur wenige Bücher; ein Drittel der Interviewten beschreibt die häusliche Buchausstattung als gut, meist handelt es sich dabei jedoch um Lexika, Nachschlagewerke, Fernsehzeitungen oder Kochbücher. Zehn Interviewte machten gar keine Angaben zur häuslichen Buchausstattung. Michael und Nadia geben an, ihre Eltern hätten viele Bücher, aber Susan ist die einzige, die von „Büchermassen" und „überquellenden Bücherregalen" berichtet:

„Meine Mutter die hat halt echt Regale voll gehabt mit Büchern ja. War alles voll (I: „Wahnsinn"). So voll möchte ich's hier dann nicht haben, ja das war echt super viel ja, aber die hat auch total viel gelesen" (Susan, 136).

Auch finden sich in den Interviews Erzählungen über das Vorhandensein von Kinderbüchern in der Familie oder darüber, dass Eltern ihre Kinder in die Bücherei schickten; diese Angebote blieben aber häufig ungenutzt, wie Halima erläutert:

*I: „ Und hattest du so als Kind zum Beispiel Bilderbücher oder so irgendwie was?"*

„Die ham bei mir nicht lang überlebt [...] Also ich war, ich bin ein ziemlich schlimmes Kind gewesen. Ich hab ziemlich mit meinen Sachen nicht grade mit umgegangen, die hab ich immer durch die Gegend geschmissen. Deswegen haben die auch nicht lange bei mir überlebt." [...]

*„Oh je. Warst du dann auch mit deiner Mutter in der Bücherei oder so oder Bibliothek oder hat sie das immer alles gekauft?"*

„Ne, Bücherei kam meistens. Und als ich schon in die erste Klasse kam, hat ich ne Dame aus der Hausaufgabenhilfe, weil ich da so faul war Hausaufgaben zu machen, ich weiß auch nicht, wie das kam, ist sie mit uns dahin gegangen und dann hat sie uns en Ausweis gemacht, da konnten wir jederzeit hingehen und uns Bücher ausleihen. Das hat meine Mutter halt genutzt. Geh dir Buch holen. Und die ham nicht bei mir, entweder hab ich sie nicht wirklich gelesen oder sie lagen dann wirklich in der Ecke" (Halima, 185–192).

Ebenso berichtet Nadia von einem großen Angebot an Kinderbüchern, das sie aber nie in Anspruch genommen habe: „Wir ham die sogar selber noch auf dem Dach, aber gelesen hab ich die nicht. [...] Die gehörten meiner anderen Schwester noch von ihrer Zeit und ich, ich hab, bin nie auf die Idee gekommen so en Buch zu lesen" (Nadia, 266–268).

Die in der Lesesozialisationsforschung als so wichtig beschriebene literarische Disposition, die in der Vorschulzeit grundgelegt wird, fehlt in der Lesegeschichte der von uns Befragten weitgehend. In einem ungünstigen familiären Leseklima mit insgesamt dürftigen paraliterarischen Erfahrungen, die in der Erinnerung selten mit Genuss und/oder Geborgenheit besetzt sind, wurde den Kindern vor ihrer eigenen Lesefähigkeit wohl kaum eine potentiell verlockende Vorstellung von Lesen vermittelt, zumal bei keinem der Interviewten jenseits der Familie eine aktive andere Instanz literarischer Sozialisation in der Vorschulzeit – beispielsweise der Kindergarten – ausgemacht werden kann.

### 5.5.2 Lektüreerfahrungen in der späten Kindheit

Der Schriftspracherwerb wird von der Mehrheit der Jugendlichen als unproblematisch beschrieben, häufig werden jedoch Probleme mit dem weiterführenden Lesen in der 3./4. Klasse geschildert (siehe hierzu Kap. 5.6.1). Leseerfahrungen in der Grundschule werden in den seltensten Fällen erinnert. Jossip erzählt, in der Grundschule hätten sie „kleine Kinderbücher" gelesen (Jossip, 150), auch Nadine erinnert sich vage an die schulische Lektüre „kleinerer Bücher".

Über andere, der Leseförderung dienlichen Institutionen wie Bibliotheken oder Bücherbus liegen uns keine Erwähnungen vor. Lediglich Derya und Nadine berichten, im Hort ein leseförderliches Umfeld vorgefunden zu haben. Nadine erinnert sich in diesem Zusammenhang insbesondere an das Vorlesen von Astrid Lindgren-Büchern: „Also uns wurde oft vorgelesen. Also das war in meiner Mittagspause, weil wir da halt mittags hatten, haben wir halt gessen und die haben uns *Die Kinder von Bullerbü* vorgelesen" (Nadine, 248).

Eine späte Lesekindheit verwirklichen in unserem Sample Stefan, der während der Grundschulzeit themenorientiert viele *Was ist Was*-Bücher las, und Susan, die sich sehr positiv an eine Vielsesephase unmittelbar nach dem Erwerb der Lesekompetenz erinnert. Begeistert berichtet sie von ihren ersten Leseerfahrungen:

„Aber wo ich in die Schule gekommen bin, da hab ich angefangen und em, lesen zu lernen, auf jeden Fall solche super viele Bücher gehabt. Ich hab super gerne gelesen, super lange, super lange Romane. Wenn wir in Urlaub gefahren sind ein Buch. Also als ich en bisschen älter war. Auf jeden Fall irgendwelche Wälzer mitgenommen hab, am Strand gelesen ja" (Susan, 122).

Stefan und Susan sind auch die zwei einzigen Interviewten, deren Eltern Lesen als kulturellen Habitus vorlebten. Ansatzweise kann das noch über Michaels Familie gesagt werden, in der Lesen eine regelmäßige und selbstverständliche kulturelle Tätigkeit darstellt – allerdings ohne positive Auswirkungen auf Michaels Lesesozialisationsverlauf (s. Kap. 4.4).

Die von Stefan und Susan beschriebene späte Lesekindheit mit intensiver und umfangreicher Lektüre belletristischer Texte findet sich bei drei weiteren Jugendlichen in etwas anderer Form. So berichten Jossip, Marcel und Nadine von intensiver Wiederholungslektüre im Zusammenhang mit Comics. Jossip schildert ausführlich, wie er im Alter von zehn bis elf Jahren Fantasy-Comics wie *Die Rächer* oder *Die fantastischen Vier* rezipierte:

„Ja erst mal musst ich meine Mutter fragen, die war im Minimal. Und da gab's immer vorher, fragen darf ich's kaufen, hat gemeint: ja, ja. Erst mal bisschen gewartet, okay hab ich gekauft. Sechs Mark kostet. Also so kleines dünnes hat fünf Mark achtzig, großes dickes war sechs Mark fünfzig. Haben sich glaub ich schon noch en bisschen geändert. Hab ich die gelesen (*I: „Wie haben Sie das gemacht?"*) So schnell ich konnte. (*„Wo? Am Küchentisch?"*) Ja zu Hause (*„Im Bett?"*). Zu Hause, im Bett, vorm Fernseher, wo auch immer. Halt immer zu Hause. Hab ich dann angefangen zu lesen, hab zwei-, dreimal– Pause gemacht, war ich mit dem Buch fertig. Dann war den in der Ecke. Und als mir manchmal langweilig wurde, hab ich mir das alte Buch wiedergenommen, was ich lang net mehr gelesen hatte, hab ich's mir dann wieder durchgelesen. Interessante Sachen" (Jossip, 142).

Auch Marcel gibt an, etwa zur gleichen Zeit Comics wie *Spiderman*, Yps-Hefte und Wrestling-Magazine gelesen zu haben. Nadine erinnert sich als einzige weibliche Interviewte an die Lektüre von Comicheften wie *Dagobert Duck* oder *Lucky Luke* und erläutert den Vorteil dieser Texte: „… das gefällt mir auch vom Lesen, weil es ist immer nur ganz kurz Text. Wenn ich, Sprechblasen ist auch ganz witzig, das hab ich auch öfters gelesen"

(Nadine, 460). Was Nadine über diese kurzweiligen, einfach zu lesenden und gelegentlich rezipierten Comics sagt, gilt wohl auch für Timis Lesepraxis. Er berichtet, in der Grundschulzeit Dinosaurierzeitschriften gekauft, gelesen und gesammelt zu haben. Die genannten Comics und Zeitschriften scheinen das Bedürfnis nach einer Gelegenheitsbeschäftigung in dieser Kindheitsphase gut zu bedienen.

Die fünf von den insgesamt 27 Befragten, die auf eine gewisse Lesepraxis in ihrer späten Grundschul- und frühen Sekundarschulzeit zurückblicken, berichten von einer Umorientierung in eine andere Freizeitgestaltung mit dem Eintritt in die Pubertät[9], in der der kindliche Lesestoff an Attraktivität verliert und andere Dinge wichtiger werden, wie Marcel anschaulich beschreibt:

„Und dann kam erst mal Fahrrad. Viel Fahrrad fahren, viel draußen Fußball spielen mit Jungs und draußen rumgehangen. Teilweise auch sehr sinnlos."
I: „Das heißt, sagen wir Fernsehen, lesen, das war alles egal?"
„Das war alles weg dann, ich weiß nicht. Das war ja halt irgendwie was Neues, so die ganze Zeit wegzubleiben jetzt mit den Jungs und dann auch immer länger wegzubleiben. So hat sich das alles entwickelt" (Marcel, 148–151).

Die Mehrheit der HauptschulabsolventInnen jedoch erinnert keine Umorientierung oder Krise – sie hatten in ihrer Kindheit keine Lesepraxis jenseits der Schule ausgebildet. Ihre „Fernsehkindheit" dagegen ist ihnen noch in guter Erinnerung (s. Kap. 4.3). Sie wird denn auch häufig für die missglückte literarische Sozialisation verantwortlich gemacht. „Lesen ist gut, Fernsehen ist schlecht" – diese Aussage findet sich mehrfach in den Interviews, so z. B. bei Jossip:

„Das [Lesen] ging zu langsam vor sich. Beim Fernseher kann man schalten und immer was a– anderes, im– immer was neues. Beim Buch strikt nach Seite, Zeile nach Zeile, das war's."
I: „Mmh, kann man nicht überspringen, nicht von vorne nach hinten oder so"
„Keine neuen Geschichten oder so"
„Und des war vielleicht auch einfach anstrengend, wenn man grade erst lesen lernt"
„Vielleicht wär's ja auch besser gewesen, aber ich kann da die Zeit nicht zurückdrehen. […] Ja ma-, man weiß es ja nicht, ja. Aber vielleicht das Lesen war vielleicht auch einfach anstrengender […] Hätt ich's gemacht, wär's net anstrengend, hätt ich die Lust dazu. Ist nix anstrengend" (Jossip, 169–176).

### 5.5.3  Freizeitlesen in der Hauptschulzeit

Hier und da finden sich Erzählungen über Freizeitlesen in der Hauptschulzeit, meist handelt es sich dabei um die Lektüre von Zeitschriften wie *Bravo Girl* oder *Yam*. Derya, die sich in dieser Zeit sehr für Musik interessierte, erzählt:

---

[9]  In der Lesesozialisationsforschung wird diese Phase bei Kindern bildungsnaher Herkunft üblicherweise als „Lesekrise" bezeichnet. Vgl. Graf 1995.

„Ich hab mir jede Woche die *Bravo* gekauft. Die *Bravo* und die *Pop-Rocky* war das damals glaub ich [...] ich hab mir die nur die *Bravo* gekauft, wenn mein, meine Lieblingssänger da drin war'n. Damals war das *Caught in the Act* [...] Das war'n vier Jungs, aus Holland. Die hab ich dann immer, wenn etwas von denen da war, auch wenn's ganz kleine Stück war, hab ich mir sofort auch ausgeschnitten und so. Ich hatte vier, fünf Ordner von denen voll" (Derya, 265–267).

Auch Nadine erzählt, „früher" täglich die *Bravo* gelesen und wie Derya Fotos und Texte ausgeschnitten und gesammelt zu haben. Ähnliches berichtet Jasmina. Sie sammelte während ihrer „*Bravo*-Phase" Gedichte, schnitt diese aber nicht aus, sondern schrieb sie in ein Poesiealbum ab. Während das Ende der Hauptschulzeit für Derya und Nadine eine Zäsur darstellte und beide ihre Sammlungen wegwarfen– „Ich wusst nich mehr, was ich mit denen machen sollte" (Derya, 269) –, hob Jasmina das Poesiealbum auf. Gegenwärtig schreibe sie zwar keine Gedichte mehr hinein, suche gelegentlich jedoch ein schönes Gedicht aus, das sie dann unter einen Brief an ihre Cousine schreibe. Bezüglich der Schreibpraxis erzählt Martina – die ihr bevorzugtes Genre Horror und Fantasy hauptsächlich in Filmen, aber auch in Büchern aufsucht –, dass sie seit ihrem 13. Lebensjahr selbst Horror- und Fantasygeschichten schreibe, die sie dann auch mit eigenen Illustrationen versehe. Das Sammeln von Star-Schnitten und Gedichten sowie die Schreibpraxis waren identitätsrelevante kulturelle Praktiken; unseren jungen Frauen half das in der pubertären Lebensphase, Entwicklungsaufgaben zu bewältigen (s. Kap. 5.1).

Martina ist die einzige Befragte, die während der Hauptschulzeit und auch gegenwärtig noch Comics liest. Dabei handelt es sich um Mangas, die sie sich von ihrer Freundin leihe und die teils nur auf japanisch, teils auch mit deutschen Untertiteln erhältlich seien (Martina, 268–280).

Neben den jungen Frauen nennen vier männliche Befragte Zeitschriften als jugendliche Freizeitlektüre. Danjel, Tom und Michael geben an, früher ab und zu die *Bravo* gelesen zu haben: „Oh ja, das war immer lustig" (Michael, 212). Darüber hinaus berichtet Michael über Basketballzeitschriften, die ein Freund kaufte und in die er dann mal reinschaute, sowie die regelmäßige Lektüre der Bildzeitung. Marcel blickt auf die sporadische Lektüre von Autozeitschriften und Autoteilekatalogen zurück.

Sachorientiertes Lesen von Ganzschriften in der Hauptschulzeit erinnern Jamal und Volkan. So besuchte Jamal die Bücherei, um mehr über historische Themen zu erfahren:

„Geschichte hat mich interessiert, ja. Hab ich also zwei Jahre früher, wir haben da über Griechen, Athen über Zeus und so. Früher Römer und so, darüber haben wir gesprochen. Das hat mich interessiert, aber ich sogar in der Bücherei einiges rausgeholt. Was, Donnergott und so etc. Die Götter, also die Griechen früher haben da an vielen Göttern geglaubt. Man hat vermutet, dass zum Beispiel so ein, ein hohen Gott gibt, der in einen Berg lebt irgendwo in Athen und Feuergott und so was" (Jamal, 300).

Auch Volkan gibt an, die Bibliothek aufgesucht zu haben, um eine Biographie von Bruce Lee zu lesen. Bei Stefan, der früh eine ausschließlich sachorientierte Lesepraxis ausbildete, finden sich nur allgemeine Schilderungen über ein solches Freizeitlesen in der Hauptschulzeit. Wenn ihm langweilig gewesen sei oder er keine Lust Computerspielen oder Fernsehen gehabt habe, habe er eben gelesen (Stefan, 283).

Insgesamt vier Jugendliche (Volkan, Karim, Jamal und Derya) berichten von einer mehr oder weniger intensiven Lektüre des Korans während der Hauptschulzeit. Meist findet das Koranlesen im Rahmen des Besuchs der Koranschule statt, teilweise ist es auch in Familienkommunikation eingebunden, wie beispielsweise bei Jamal (86–89). Als Hauptmotiv der Koranlektüre kann wohl – neben den elterlichen Geboten – die Partizipation an der Herkunftswelt der muslimischen Jugendlichen ausgemacht werden (s. Kap. 5.4.5).

Literarisches Lesen wird in dieser Zeit eng in Verbindung mit Schule gesehen und ist meist negativ besetzt – Lektüre erscheint als Pflicht, als Leseleistung, die erbracht werden muss. Trotz alledem finden sich in unserem Sample einige Jugendliche, die gegen Ende der Hauptschulzeit lesen: Susan, vom Gymnasium abgegangen, las eigentlich durchgehend seit dem Erwerb der Lesefähigkeit. Sie berichtet ausführlich über eine intensive Lesephase im Alter von 13, 14 Jahren:

„Da hab ich total viel gelesen. Wir hatten auch super viele Bücher zu Hause. Mein Mutter so eher die Rechtsabteilung (lacht). Meine Schwester hat irgendwie Liebesromane gehabt und ich hab alles durcheinander gelesen. Querbeet ja. Also, von da mal en Buch genommen, von da irgendwie, von der Bibliothek oder. Super viel gelesen" (Susan, 136).

Maria, Tuba und Halima beginnen erst in diesem Alter umfassend zu lesen, also zu einem Zeitpunkt, an dem in der Regel Jugendliche bildungsnäherer Herkunft, aber auch einige von uns Interviewte, das Lesen hintanstellen oder ganz aufgeben. Alle drei „späten Leserinnen" entwickelten während ihrer Hauptschulzeit institutionell angeregt eine hohe Lesemotivation: Maria legt sich eine instrumentelle Lesehaltung zu, um ihre Sprachkenntnisse und somit Berufschancen zu verbessern. Auch Tuba tut dies, gleichzeitig bildet sie wie auch Halima eine genussorientierte Lesehaltung aus (s. Kap. 4.3, 4.6, 4.2). Hier zeichnet sich die Entwicklung einer vielfältigen, differenzierten Lesepraxis ab, die letztlich eine stabile Lesemotivation sichern kann. Ganz deutlich wird diese dezidierte, von der Schule unabhängige Leseneigung auch bei Susans Lesegeschichte. Die junge Frau verfügt über eine vielfältige Lesepraxis, nutzt Bücher, um die Sprache ihres Mannes zu lernen, um sich während der Schwangerschaft auf die Geburt ihres Kindes vorzubereiten oder um etwas über die Herkunft ihres algerischen Vaters zu erfahren (s. Kap. 4.5).

Bei den anderen insgesamt 12 Interviewten, die auf private Leseerfahrungen zurückblicken, finden sich lediglich Spuren: einige lasen in ihrer Kindheit Comics oder Kindermagazine, andere Jugend- oder Sportzeitschriften während der Hauptschulzeit. Wo aber keine differenzierte Lesepraxis angelegt ist, bleibt nach dem Wegbrechen der solitären Lektüregewohnheit – während der Pubertät oder mit dem Eintritt ins Berufsleben – nichts übrig. Immerhin war Lesen für diesen Anteil der Interviewten in bestimmten Lebensphasen – in der späten Kindheit bis hinein in die Pubertät oder nach der Pubertät – eine Option, die dann allerdings in der überwiegenden Mehrzahl nicht dauerhaft verwirklicht wurde. Sichtbar ist dabei geworden, dass es an Unterstützung für diese „Option Lesen" bei allen maßgeblichen Instanzen von der Familie über die Schule bis zu den Peers lebensgeschichtlich mangelte.

## 5.6 Literaturerfahrungen im Deutschunterricht der Hauptschule

Im Rahmen des Interviewteils „Lesegeschichte" wurden die Interviewten auch zu Erzählungen über ihr Lesen in der Grundschulzeit und in der Institution Grundschule angeregt; anders als der Deutschunterricht an der Hauptschule war jedoch die Grundschule kein eigenständiger Schwerpunkt des Interviewleitfadens.

Zum Lesen in der Grundschule macht nur ein Teil der Interviewten überhaupt Aussagen, die Mehrheit der Befragten kann sich auch auf Nachfrage nicht daran erinnern. Auffällig sind beim Blick auf diese Passagen zwei Momente: Erstens werden dominant Leseschwierigkeiten erinnert – wir haben im Blick auf positiv getönte Leseerfahrung aus dem Grundschulunterricht lediglich unscharfe Erinnerungen von Nadine, die „kleine Bücher" im Schulkontext rezipierte. Insbesondere wird von Schwierigkeiten beim lauten Vorlesen im Unterricht berichtet:

„… deshalb denk ich mir auch immer noch diese Abneigung zum Bücher halt. Man hat das als Kind immer als was Schlimmes empfunden, wenn man da lesen musste. (I: „Musstest du dann lesen?") Wenn der Lehrer drangenommen hat, dann musste man schon vorlesen, weil, das war einfach. Die Note, kannst du lesen oder nicht lesen, ja, und dann. Ööh, Paranoia, ja, dann hat man nach dem Typ, auf dem Stuhl gesessen vor Angst, geschwitzt ja, bis der Stuhl nass war ja (lacht). Ja war schon so auf jeden Fall." (Tom, 163–165).

Zweitens werden nur Schwierigkeiten erinnert, die nach dem Abschluss des unmittelbaren Schriftspracherwerbs auftraten. Keiner der Interviewten schildert das elementare Erlernen der Schrift in den ersten anderthalb Grundschuljahren als problematisch; die geschilderten Erinnerungen an Lesen in der Grundschule gelten durchweg der folgenden Phase des weiterführenden Lesens. Hier wurde das laute Lesen mehrmals als besonderes Problem beschrieben:

„…also erste und zweite Klasse […] also wie ich jetzt meine Zeugnisse lese, war's noch relativ leicht. Aber dann in der dritten, vierten Klasse war's eigentlich schwer, weil, das Lesen. Richtig dann beherrschen schneller zu lesen; und ich kam nicht immer mit. Ja, und des war, des war meine Schwäche. Mein Vater hat mich immer zu nett, deswegen ich sag immer, des war mein Vater schuld; der hat mich immer zu nett behandelt" (Davud, 233).

Das Lautlesen wird dabei als eigene Schwierigkeit bis in die Gegenwart hinein benannt:

„…wenn ich jetzt so laut les, ist es, bei mir ist es so ne Blockade. Wenn ich jetzt laut lese, eh, stotter' ich mehr. Zu Hause wenn ich lese, ist es viel besser eigentlich so […] man weiß ganz einfach, dass diese Person liest nicht sehr viel, ja, weil sie stottert. Wenn ich zu Hause viel lesen würde […] wo ich mir en Buch gekauft habe, ich hab das durchgelesen. Es ging, also meine Augen gingen wirklich durch die Blätter so" (Tom, 78f).

Als Problem wird auch das schnellere Lesen bzw. das Lesen von solchen Texten erinnert, die nicht mehr speziell für Leseanfänger geschrieben und aufbereitet sind.

Den Interviewten, die von Schwierigkeiten mit dem Lautlesen erzählen, ist bewusst, dass ihre Schwäche beim Lesen ausschlaggebend für ihre Schulkarriere war:

„…ich hatte früher immer das Problem, […] ich konnte halt nicht so ganz gut lesen, und ich war, ich sag jetzt nicht, ich war schlecht in der Schule, ich war halt immer ein ganz aufgewecktes Kind, wir haben immer ganz viel gelacht und geredet und Spaß gemacht und die Lehrerin, die ich damals hatte […], die hat halt immer gut über mich geredet, und die hat aber dann, als es um die fünfte Klasse ging, mit meinen Eltern geredet und die dann überredet, dass die mich in die Hauptschule schicken […]" (Nadia, 256).

### 5.6.1  Retrospektionen auf den Literaturunterricht an der Hauptschule

Alle Interviewten wurden gebeten, von ihrem Deutschunterricht, speziell dem *Literaturunterricht* an der Hauptschule zu erzählen. Ein kleiner Teil der Interviewten mochte bzw. konnte sich fast überhaupt nicht konkret an den Unterricht und an einzelne Lektüren in diesem Kontext erinnern:

„Ich kann mich nicht mehr so ganz dran erinnern, aber Inhaltsangaben, Zeiten oder so. […] Diktate und so, das haben wir gemacht." (Jamal, 280). „Auf der Taunusschule[10] haben wir noch nie ein Buch gelesen." (Ali, 62).

---

[10] Name der Schule geändert.

Konkret an *Lektüre im Kontext des Deutschunterrichts* der Hauptschule erinnern sich 22 der Interviewten. In der Mehrzahl wurden problemorientierte Jugendbücher aus den 80er Jahren gelesen: *Die Blaufrau, Crazy* und *Die Wolke* werden drei mal genannt, je zwei mal *Damals war es Friedrich, Hau ab, du Flasche; Ben liebt Anna,* und *Anne Frank.* Neben einzelnen jugendliterarischen Titeln werden noch eine Anzahl unscharf rekonstruierter Titel sowie „Gedichte von Goethe" erinnert. Einige der Interviewten geben an, auch in Lesebüchern gelesen zu haben, insbesondere im Zusammenhang mit Gedichten: „…daraus gelesen, so Deutschbücher eben, Geschichten" (Stefan, 239). In der Regel spielt das Lesebuch allerdings eine untergeordnete Rolle: „Also an Lesebuch kann ich mich nicht erinnern" (Susan, 194). Annähernd alle Interviewten berichten dagegen von „Grammatik, Rechtschreibung und Diktaten" als Lerngegenständen des Deutschunterrichts – diese Arbeitsfelder werden unmittelbar von den Interviewten erinnert und angesprochen, wenn sie nach dem Deutschunterricht gefragt werden:

„An den Deutschunterricht – da haben wir meistens immer nur so die neue Rechtschreibung jetzt gelernt" (Christian, 140),
„Wir ham viele Lückentexte gemacht. Diktate geschrieben, Fremdwörter gelernt. Duden, also wie man damit umgeht, was für Wörter dahinterstehen, die wir brauchen im Unterricht" (Danjel, 326).

Bewerbungstraining, Grammatik- und Orthographieunterricht sind ihnen bei weitem präsenter als die Lektüre von Ganzschriften, für die in der Regel in den Interviews speziell nachgefragt werden musste.

Eine dominierende *Form der Texterschließung* bei den literarischen Texten ist den Berichten annähernd aller Befragten zufolge im Hauptschulunterricht das laute Vorlesen von Sequenzen durch die SchülerInnen:

„Da durfte jeder halt immer ein Kapitel oder einen Absatz lesen. Das haben wir halt in der Schule so gemacht, so wie Lesetraining, würd ich so sagen" (Nadine, 296). „… also wir haben uns immer in so einen Kreis gesetzt, wenn wir in Deutschunterricht hatten. Und dann musst halt jeder durch der Reihe lesen, ja bis die Stunde halt vorbei war" (Danjel, 352). „Wenn die eine liest, die andern hör'n zu. Wenn sie zuhör'n" (Jasmina, 160). „… wer nicht aufpasst, muss als nächstes lesen, ja. So als Strafe" (Martina, 137).

Insgesamt zehn derjenigen 22 Interviewten, die inhaltlich über Schullektüre sprechen, berichten von dieser Form der Erstlektüre eines literarischen Textes im Unterricht. Die häusliche Lektüre wird von drei Interviewten als Form der Textaneignung angegeben: „…*ein Kapitel mussten wir zu Hause lesen und dann in der Schule so erzählen was da drin war*" (Arta, 136). Zwei Interviewten wurde darüber hinaus von der Lehrperson vorgelesen:

„…[das Reihum-Vorlesen] geht dann so lang, bis wir die ganzen Kapitel durch hatten oder wenn wirklich gar keiner mehr Lust hatte; hat der Lehrer auch schon vorgelesen" (Nadine, 406). „Der Lehrer [hat] irgendwas vorgelesen und da musste man hinterher das nacherzählen, das fand ich auch schon mal schwer" (Boris, 149).

Die *Umgangsformen* mit dem literarischen Text in der Hauptschule sind offensichtlich weitgehend von dem Bemühen um *Inhaltssicherung* bestimmt. Nacherzählungen, Inhaltsangaben und Zusammenfassungen, seien sie schriftlich oder mündlich, erscheinen in den Interviews als die den schulischen Umgang mit Literatur völlig dominierenden Verfahren:

„... für jeden Wort, also so Se– Satz, die ich gelesen habe, hab ich immer Zusammenfassung gemacht. Weil das mussten wir machen" (Francesca, 209).
„... war so ein kleines Stück und mussten wir lesen, dann Inhaltsangabe machen" (Maria, 135). „In der Neunten sollten wir von jedem Buch, den wir gelesen haben, Inhaltsangabe machen [...] groß diskutiert haben wir nicht drüber" (Halima, 233).

In 13 der Interviews taucht diese Form des Umgangs mit den jugendliterarischen Texten als einzig erinnerte auf. Womöglich müssen zu diesen 13 auch noch die Berichte hinzu gerechnet werden, denen zufolge die Lehrperson schriftlich oder im fragend-entwickelnden Gespräch Fragen zum Text stellte:

„... zusammenfassen die Kapitel oder Fragen dazu beantworten" (Martina, 138). „Da war's halt von Kapitel zu Kapitel irgend ne Frage" (Jossip, 204). „Und die Lehrerin notiert sich hat die Noten, wie man liest, wie man des betont, und danach fragt die immer [...] Ich les zum Beispiel jetzt eine Seite und dann fragt die mich ja was da drin vorkam. [...] Ja und dann geht es halt so nach der Reihe" (Danjel, 352).

Lediglich fünf Interviewte berichten von Umgangsformen mit Texten in der Schule, die über dieses Muster hinausgingen, zwei davon vom Theaterspielen:

„Wir haben gelesen, wir haben darüber gesprochen. Em, wir haben so darüber unterhalten, halt wie des ist und was die damit überhaupt meinen, warum des so sein könnte" (Derya, 336).
„... interpretieren vom Buch, oder persönliche, äh, Interpretationen und von Charakterisierungen" (Michael, 313).
„Zum Beispiel wie ich hab viel verstanden, wie wir so gemacht haben Theaterspiel, immer nur Theaterspiel. Das ist am besten"(Volkan, 90).

Trotz dieser offensichtlich dominanten Ausrichtung des Unterrichts auf Inhaltssicherung ist *die inhaltliche Erinnerung* an die literarischen Texte bei der überwiegenden Mehrzahl der Interviewten fast durchweg erstaunlich schwach: Nach dem Inhalt des Buches gefragt, sagt Christian:

„Das hab ich vergessen. Das interessiert mich eigentlich nicht so. So Bücher lesen und, wenn ich mir jetzt, sagen wir mal, eine Seite durchles, weiß ich sie vielleicht noch zehn Minuten, später hab ich's vergessen wieder" (Christian, 148).

Nicht selten wurde von den Interviewten selbst erzählt, dass sie die Bücher nicht vollständig bzw. ohne innere Beteiligung rezipierten:

„Die ersten paar Kapitel, dann in der Mitte mal aufgehört, dann am Ende mal wieder paar" (Derya, 332), „hab' mich durchgemogelt" (Tom, 264).

In weiteren Fällen waren die inhaltlichen Erinnerungen an die Texte auch so falsch, dass die Jugendbücher vermutlich seinerzeit nicht gelesen wurden (insbes. Timi). Von den 22 Interviewten, die sich insgesamt an literarische Schullektüre erinnern, können lediglich neun der Befragten Titel und/oder einzelne inhaltliche Momente der Textes so schildern, dass eine zumindest teilweise interessierte Lektüre angenommen werden kann.

Weniger nach diesem Muster der Leseübung mit anschließender Abfrage des Inhalts, aber auch seltener, wurden offensichtlich *lyrische Texte* im Unterricht inszeniert: Zehn Befragte berichten, größtenteils auf Nachfrage, dass sie Gedichte im Unterricht durchgenommen haben, drei davon haben offensichtlich in diesem Zusammenhang handlungsorientierte Verfahren erfahren: „Da mussten wir irgendwie ein Gedicht richtig schreiben, weil es war irgendwie durcheinander und das sollten wir ordnen. Und dann kamen schon verschiedene Texte dabei raus" (Martina, 305). Den Inhalt der Gedichte haben jedoch annähernd alle vergessen:

„Das war'n alte Gedichte. Von wem, weiß ich nicht. Die war'n in unseren Lehrbüchern" (Nadia, 232), „Gedichte haben wir schon so, von Wilhelm Goethe und, em, ne, eigentlich nur von Goethe" (Martina 303), „Was für Gedichte weiß ich nicht mehr" (Boris, 153).

Eine Interviewte weiß noch eine erste Gedichtzeile, ergänzt aber: „… Gedichte halt, manche konnt' man auch nicht so ganz verstehen" (Nadine 421). Dramen wurden nicht erinnert. In dem einen oben bereits erwähnten Fall wurde ein Theaterstück aufgeführt, aber auch hier kann der Interviewte, der nur eine kleine Rolle hatte, aber immerhin begeistert und ausschweifend von diesen Schulerfahrungen erzählt, weder Titel noch Thema noch inhaltliche Bruchstücke des Stücks erinnern.

Auffällig ist, dass die Lektüre der Erzähltexte oder auch der Gedichte im seltensten Fall *innere Beteiligung* bei den Interviewten mit sich brachte:

„… es war sehr langweilig" (Francesca, 165), „Es war Unterricht einfach. Ich weiß auch nicht" (Marcel, 283), „Des war'n einfach nur Geschichten, die eben nichts mit der Wahrheit zu tun haben eigentlich" (Stefan, 247), „… weil's nicht so mein, äh, Thema ist, was so mich interessiert" (Michael, 410). „Ich fand das auch nicht so wichtig, Gedichte und so" (Boris, 155).

Halima zeigt sich in den gesamten Daten als die einzige Interviewte, deren Lektüre im Kontext des Hauptschuldeutschunterrichts von positivem affektiven Engagement getragen war:

„Und das hat mich tierisch, also wirklich sehr gefesselt" (33). […] Weil wenn ich dann jemand hab, mit dem ich diskutieren kann, dann will ich das auch" (Halima, 235).

Susan, eine andere Freizeit-Leserin in unserem Sample, gibt dagegen an, an der Hauptschule keine Ganzschrift gelesen zu haben:

„… Da wären Zeitungen und Gedicht und noch ein bisschen Grammatik, aber sonst weiß ich nicht mehr was. Ein Buch war auf keinen Fall dabei" (Susan, 192).

Schaut man im Blick auf die retrospektive *Beurteilung* des literarischen Lesens im Deutschunterricht auf alle Interviews, so geben 19 Interviewte keine positiven Erinnerungen oder sogar negative wieder, nämlich 12 Männer (Volkan, Tom, Timi, Stefan, Mohammed, Marcel, Jossip, Jamal, Danjel, Christian, Boris, Ali) und sechs Frauen (Arta, Derya, Francesca, Maria, Nadine, Nadia). Michael äußert sich widersprüchlich. Positive Erinnerungen an Lektüre im Kontext des Deutschunterrichts äußern Davud, Halima, Jasmina, Karim, Laura, Martina, Susan und Tuba, mithin sechs Frauen und zwei Männer. Nach dieser noch groben Zuordnung fällt wiederum auf, dass die Mehrzahl von ihnen bei ihrem positiv getönten Rückblick eher die *Atmosphäre* des Deutschunterrichts akzentuieren als die erfahrenen Inhalte:

„Ja, die Lehrer war'n auch nett. Die war'n nicht so streng wie andere Schulen" (Arta, 51). [Die Lehrerin] „hat auch immer gesagt, em, sie liebt ihren Beruf" (Laura, 218), „Ich fand's nicht schlecht. Schon schön" (Jasmina, 222), [Die Lehrerin] „hat mir alles verbessert und mir genau gesagt wie ich mich zu verhalten hab, wenn ich mich bewerbe. Und das war so herrlich schön und das fand ich so lieb" (Halima, 206). „[…] das war so ne Art, so, das hat ein eh, mehr ermutigt find ich irgendwo, wenn man sagt, bow hier ich hab so ne geile Note, jetzt will ich noch besser werden ja, irgendwo in dieser Art, ja" (Tom, 266).

Diese Haltung finden wir aber nicht durchgehend in unserem Sample; es gibt, in der Mehrzahl bei den männlichen Interviewten und insbesondere im Kontrast zur Berufsschule, die Einschätzung des *niedrigen Niveaus* des Unterrichts, dessen zu schwachen Anforderungen man sich zudem leicht entziehen konnte:

„Und des, des fand ich an der Hauptschule sehr leicht. Ja. Und dann in der Zehnten wurd's etwas schwieriger als neunte" (Davud, 265). „… in Taunusschule, da haben wir's verstanden und ehm bestanden sozusagen. Wir haben nicht so viele Arbeiten geschrieben, wenn's mal ne Arbeit war, dann war's ne sehr leichte Arbeit" (Volkan, 73).

Oft wird diese Abwertung des Deutschunterrichts an der Hauptschule in Kontrast zur Berufsschule gesetzt – entweder werden deren Lehrinhalte als relevanter für die eigene Zukunft eingeschätzt oder es wird beschrieben, dass sich auch die eigene Haltung gegenüber den Lehrinhalten verändert hat, dass man selber damals den Deutschunterricht der Hauptschule nicht ernst genommen habe:

„Ja das hat niedriges Niveau. [...] Des war irgendwie: Hä?, was ist Deutsch?, so. – [Auf der Berufsschule] ist Deutsch so, so hohes Deutsch halt. Nicht wie Hauptschule jetzt. Besseres Deutsch. Klingt besser, klingt besser" (Jamal, 286).

[Auf der Berufsschule] „wird mehr von einem Schüler verlangt. In der alten Schule, des war so, manchmal sagt man: Ach, ich hab kein Bock zu lernen, ja, man ging hin, und ging noch mit einer guten Drei oder guten oder schlechten Zwei nach Hause, ja" (Tom, 74).

„Vorher auf der Hauptschule da, da gaben die uns en Text, [...] des is zwar 'ne Ballade, aber die haben wir zwar gelesen und eh, wir haben gar nichts verstanden, wir dann nichts unternommen, dass es wie, dass wir's verstehen, und deswegen. Also vorher die Texte hab ich fast gar nicht verstanden. Hier, hier [= Berufsschule] *verarbeiten* wir die Texte" (Davud, 273).

Dabei sind die HauptschulabsolventInnen unseres Samples durchaus nicht generell schulkritisch eingestellt, im Gegenteil beziehen sie ihre schulischen Misserfolge generell auf *persönliche Defizite*:

„Vielleicht lag des ja auch einfach an mir, weil ich immer so planlos da rumgesessen hab. Irgendwie nur Zeit, Zeit totschlagen und so, aber das war in vielen Unterrichten, des war nicht nur in Deutsch so, des war in Mathe auch oft so" (Marcel, 257).

„… dass die Schüler mehr so zuhör'n und dass wir mehr Deutsch machen, dass wir mehr lernen." (Maria, 194, auf die Frage nach Ihren Vorstellungen von einem besseren Deutschunterricht).

Die Schüler wie die Institution reagieren offensichtlich auf ihren prekären Status am unteren Ende der Hierarchie in den Bildungssystemen mit resignativen Haltungen sowohl bei den institutionellen Leistungsforderungen wie bei der Leistungsbereitschaft der Schülerschaft; Jamal formuliert diese Einstellung, die in den Interviews fast durchweg nachweisbar ist, prägnant:

„Haupt-, man denkt so, ach ich werd' so-oder-so vielleicht nichts, oder ich schaff' des nicht, oder ich krieg so-oder-so en billigen Job. Dummenjob halt" (Jamal, 292).

## 5.6.2   Zum widersprüchlichen Status literarischer Texte

Der *Literaturunterricht* mit erzählenden Ganzschriften scheint in den Erzählungen noch deutlicher als die Hauptschule insgesamt unter einer widersprüchlichen affektiven Spannung zu stehen: Einerseits werden seine Gegenstände nicht als wichtig und ernsthaft erfahren, andererseits entwickelt er eine Atmosphäre familialer Geborgenheit. Äußerungen wie

„Also am Deutschunterricht hatt' ich nie so Spaß dran gehabt" (Christian, 158), „Das Lesen? Ja, das hat mir auch Spaß gemacht" (Karim, 246), oder

„So Bücher, die hatten mich ja vorher nicht so interessiert, aber jetzt tun sie's schon" (Martina, 415)

deuten darauf hin, dass „Spaß" und „persönliches Interesse" die Haltungen sind, die gegenüber den Gegenständen des Literaturunterrichts von Seiten der Institution erwartet wurden. Der Literaturunterricht zielte, so kann interpretiert werden, in der Perspektive der Befragten keine disziplinierte Lernhaltung definierten Gegenständen gegenüber an, sondern verfolgte eher das Ziel, eine literarische Einstellung bei den SchülerInnen zu wecken, nämlich mentales Engagement für literarisches Lesen – er zielte nicht auf konkretes Wissen oder Fertigkeiten, sondern auf eine persönliche Haltung, die dem kulturellen Muster des „bürgerlichen Lesers" entspricht und insofern gleichsam kulturell zu Recht mit der Individualität, affektiven Nähe und persönlichen Zuwendung assoziiert wird, die von der oben beschriebenen Teilgruppe als besondere Qualität dieses Unterrichts betont werden. Andererseits werden in den Daten viele Momente sichtbar, in denen der faktische Literaturunterricht diesen Horizont des Bildungslesens scharf konterkariert: Insbesondere die Instrumentalisierung der jugendliterarischen Texte zu Leseübungen, die die Umgangsformen mit Literatur unseren Daten zufolge weitgehend dominieren, ist hier zu nennen:

„Dass wir das *Blaufrau* da, das war halt alles bei uns Pflicht, was wir machen mussten. So wie das waren halt so die Leseübungen für uns alle, und da, das wurde halt jeder, es gab auch Leute die haben sich immer gemeldet, haben gelesen, aber manchmal haben wir auch reihum gelesen" (Nadine, 406).

Während Nadine Lesetraining als dominanten Zweck und auch endliches Ziel des Unterrichts mit literarischen Ganzschriften explizit benennt, erscheint in der Mehrzahl der Interviews über dieses Training des gleichsam reinen Dechiffrierens hinaus die schriftliche oder mündliche Zusammenfassung als konkretes Lernziel der schulischen Lektüre. Verwirklicht wird aber den Daten zufolge in der Regel nicht einmal die Zusammenfassung des Textes als ganzem, sondern vielmehr die stückweise Zusammenfassung von einzelnen Sequenzen, die dann als Beleg des Verstanden-Habens gelten. Faktisch geht es im Unterricht offensichtlich darum, sicher zu stellen, dass Kohärenzen im Textverstehen geschaffen werden, also um das Abrufen von Lesekompetenz auf einem niedrigen Niveau.[11] Diese dominante Unterrichtspraxis steht in einem widersprüchlichen Verhältnis zu dem diffus blei-

---

[11] Das Lesekompetenzmodell der Leserpsychologie stuft Leseverstehensleistung in hierarchisch aufeinander aufbauende mentale Leistungsniveaus, vgl. van Dijk/Kintsch 1983, Christmann/Groeben 1999. Das Herstellen lokaler Kohärenzen ist diesem Modell zufolge ein vergleichsweise hierarchieniedriger Akt, der logisch nach den mentalen Leistungen der Wort- bzw. Satzidentifikation und der Verknüpfung der Sätze erfolgt und seinerseits Bedingung ist für die hierarchiehöheren Akte wie die globale Kohärenzherstellung, die Makrostrukturbildung auf der Basis von Textsortenkenntnis und das Erkennen von Darstellungsstrategien im Hinblick auf die Textintention, vgl. Rosebrock 2003.

benden Ziel des literarischen Lesens in der Schule, das sich in eigenständigem „Interesse" der SchülerInnen und in „Spaß am Lesen" realisieren würde. Trotz der Diffusität dieses Ziels in der schulischen Praxis, soweit sie in unseren Daten in Erscheinung tritt, ist diese Idee von Buchlektüre der kulturelle Horizont sowohl des erinnerten Deutschunterrichts als auch der gegenwärtigen Einstellungen zum Lesen bei den Interviewten. Persönliche Kontaktnahme mit den literarischen Texten prägt zwar die Idee der literarischen Lektüre, wie sie in erster Linie die Schule unseren Interviewten vermittelte; der tatsächlich genossene Unterricht war aber nicht darauf angelegt, sie zu eröffnen. Das korrespondiert mit den Einstellungen zum Lesen bei den Interviewten, wie sie zwei Jahre nach Verlassen der Hauptschule sichtbar werden (vgl. Kap. 5.4.1).

Im Deutschunterricht erscheinen die SchülerInnen vor dem Horizont eines solcherart erlebnisorientierten Literaturbegriffs primär als defizitär, weil er das, was er anstrebt – intrinsische Lesemotivation gegenüber jugendliterarischen Texten – mit ihnen mehrheitlich nicht erreicht. Kompetenzprobleme bei der Leseverstehensleistung, insbesondere bei der aktiven mentalen Generierung von übergreifenden Bedeutungen und bei der Orientierung auf den globalen Textsinn, und ein entsprechender Mangel an „langem Leseatem" müssen für mindestens zwei Drittel der von uns Interviewten angenommen werden. Doch sie werden in dem Unterricht, der uns beschrieben wurde, nicht angegangen. Mit dem Reihum-Vorlesen als wesentlichster Methode der Texterschließung wird der aktive Bedeutungsaufbau bei den Einzelnen mehr verhindert als befördert.

Die Probleme bei den mentalen Leseverstehensleistungen, deren Genese vermutlich bis in die Anfänge der Schulkarriere zurückreichen, werden von dem beschriebenen Unterricht gewissermaßen behandelt, als seien es solche der Motivation. Sozusagen als „Habitus von anderen" wird den SchülerInnen eine Haltung zum Lesen vorgeführt, die von „Spaß am Lesen" und „Interesse an der Literatur" gekennzeichnet ist. Das begegnet ihnen als Anspruch, an dem sie notwendig scheitern, nicht als erreichbare Lernaufgabe. Denn der Unterricht setzt damit ja voraus, was er seiner von Mehrsprachigkeit und schwacher sozialer Lage betroffener Klientel mehrheitlich zunächst eröffnen sollte: die Erfahrung, dass das Lesen generell und das Lesen literarischer Texte speziell persönliche Bedeutsamkeit haben und in verschiedener Hinsicht subjektiv befriedigend sein kann, dass es zur Unterhaltung, zur Stillung von Neugierde, zur Selbstvergewisserung, zur zeitweiligen Flucht aus dem Alltag usw. tatsächlich geeignet ist. Solche biographischen Erfahrungen haben junge Leute bildungsferner Herkunft in aller Regel nicht – in unserem gesamten Sample sind sie, je nach Strenge des Kriteriums, bei vier Befragten überhaupt auffindbar und bei vielleicht dreien, Halima, Tuba und Susan, so stabil verankert, dass belletristische Lektüre tatsächlich eine wahrgenommene Option ist. Die Institution Schule kommt der Aufgabe, diese Erfahrungen zu eröffnen, nicht nach. Um es scharf zu formulieren: Im Unterricht haben unsere Befragten erfahren, dass Belesenheit in der Schule wie im Leben Tauschwert hat, den Gebrauchswert lernen sie aber nicht kennen.

Die wenigen Interviewten, die im Anschluss an eine intensive Fernsehphase in der späten Kindheit bis in die Pubertät zu einer gelegentlichen oder sogar regelmäßigen Lesepraxis gefunden haben, wurden bei dieser Entwicklung nicht durch den Unterricht gestützt, aber sie wurden durch private Anregungen von Bezugspersonen – das war in zwei Fällen immerhin die Lehrerin außerhalb des Unterrichts – sichtbar gefördert. Die in unserem Sample seltenen privaten Lesepraktiken haben Züge des gewissermaßen Eigensinnigen, indem sie sich jenseits der großen lesesozialisatorischen Instanzen Familie, Schule und Peer herausgebildet haben, und sie stehen in einer engen thematischen und modalen Verbindung zu den sonstigen Mediengewohnheiten, sei es, dass das Buch zum Film gelesen wird, sei es, dass thematische Interessen quer durch die Medien verfolgt werden, sei es, dass sich als Element von Aufstiegsorientierung Lektüre sozusagen als Gegengewicht zum Fernsehen als Lernpensum selbst verordnet wird.

Es lassen sich bei keinem und keiner einzigen der Befragten Verbindungslinien von der Medienpraxis in der Freizeit zu den Inhalten des Literaturunterrichts ziehen, nicht im filmischen Bereich und erst recht nicht im Blick auf Printmedien. Gewiss sind die Medienpraktiken der Befragten mehrheitlich wenig eigenaktiv, kognitiv und affektiv engagiert, selektiv, kritisch, durch Anschlusskommunikation gerahmt und interessenorientiert.[12] Das gilt gleichermaßen für die Mediennutzung in der Vergangenheit: Aus der späten Kindheit und Pubertät berichten annähernd alle unserer Interviewten von zeitextensiver Fernseherfahrung, die ohne Verbindung zur schulischen Sphäre und ohne manifeste Effekte für die Selbstbildung und Identitätskonstitution blieben (vgl. Kap. 4.7.1, 5.3). Doch der erfahrene Literaturunterricht mit seinen lebensfernen Textritualen greift auch seinerseits nicht auf die audiovisuellen Erfahrungen zurück, die die SchülerInnen mitbringen, sondern bleibt gewissermaßen abgekapselt in der Opposition dazu. So kann er nicht einmal die Frage aufwerfen, wie welche Lektüre eine sinnvolle Komponente innerhalb der individuellen Medienumwelten der SchülerInnen werden könnte.

---

12 Vgl. für den hier zugrundegelegte Kompetenzbegriff Groeben/Hurrelmann 2002b.

# 6. Die Projektergebnisse in didaktischer Perspektive und Anschlussüberlegungen für eine lesefördernde Hauptschule

## 6.1 Jenseits von Belesenheit: Didaktische Konsequenzen in Hinblick auf einen Literaturunterricht an der Hauptschule[1]

Nach Abschluss der Schulzeit und im Übergang zum Berufsleben spielt die kulturelle Praxis Lesen bei den allermeisten Befragten unseres Samples keine oder eine allenfalls marginale Rolle. Dies bedeutet nicht nur, dass der überwiegende Teil der AbsolventInnen an einem bestimmten Bereich der Kultur nicht partizipiert. Vielmehr verfügen die ehemaligen HauptschülerInnen weitgehend nicht über die „aktive(n) Interessen- und Nutzungsstruktur", mit der habituelles Lesen korreliert und die „die Voraussetzung für die Aufnahme und konstruktive Verarbeitung jeglicher Information zu sein scheint, unabhängig davon, über welches Medium diese Information verbreitet wird".[2] Damit aber sind die Möglichkeiten der Perspektiventwicklung in der Medien- und Informationsgesellschaft für diese jungen Erwachsenen erheblich eingeschränkt.

Die Deutschdidaktik wird sich daher der Fragestellung widmen müssen, wie Lesefähigkeit im umfassenden Sinn im Kontext der Hauptschule geschult werden kann. Sie muss in diesem Zusammenhang auch die Frage bearbeiten, wie Lesen zur kulturellen Praxis von HauptschülerInnen werden kann.

Im folgenden werden die Ergebnisse unserer Studie vor diesem Horizont betrachtet und deutschdidaktische Konsequenzen formuliert. Dabei werden Impulse aus den Thesen Eduard Haueis' aufgenommen, die dieser unter der Frage „Brauchen wir eine Fachdidaktik für die Hauptschule?" im Rahmen des Symposions Deutschdidaktik in Freiburg 2000 vorgestellt hat.[3] Diese

---

[1]  Für Anregungen zu diesem Teil danke ich neben den KollegInnen im Team Christoph Bräuer.

[2]  Schreier/Rupp 2002, 261. Zum Konzept der Lesekompetenz vgl. Hurrelmann 2002b.

[3]  Haueis hat die Thesen im Zusammenhang eines Studientags Hauptschule an der Pädagogischen Hochschule Heidelberg weiter ausgeführt. Der Heidelberger Vortrag ist nachzulesen unter http://www.ph-heidelberg.de/org/lesesoz/pdf-dateien/Lesen-HS-Haueis.pdf (8 Seiten; die fünf Thesen finden sich auf den Seiten 1 und 2). Wir danken dem Verfasser für die Möglichkeit, das bisher unveröffentlichte Freiburger Manuskript zu nutzen.

Thesen sind dezidiert aus deutschdidaktischer Perspektive formuliert und tragen so der Tatsache Rechnung, dass die Thematik Lesen integrativ zwischen Sprach- und Literaturdidaktik zu bearbeiten ist. Hier soll insbesondere der Versuch gemacht werden, die literaturdidaktische Perspektive stärker zu profilieren und Lesen als von kulturellen Haltungen bestimmte Praxis zu problematisieren.

Mit den Ergebnissen unseres Projekts lassen sich zunächst die Bedingungen sprachlichen und literarischen Lernens an Hauptschulen insbesondere in Hinblick auf die Lebenswelt, Sozialisation, Einstellungen und alltagskulturellen Praktiken der AbsolventInnen großstädtischer Hauptschulen differenzieren:

Die Schülerschaft dieser Hauptschulen ist ausgesprochen heterogen. Der Anteil der Schülerinnen und Schüler mit Migrationshintergrund liegt, gemessen nicht an der durch den Pass bestimmten Nationalität, sondern an Herkunfts- und Familiensprache, in manchen Klassen der drei berücksichtigten Schulen bei über 90 %. Die SchülerInnen wachsen im mehrsprachigen Kontext auf und werden in gemischt-kulturellen Gruppen unterrichtet. Insbesondere den ExpertInneninterviews ist zu entnehmen, dass die Leistungsniveaus der Schülerinnen erheblich divergieren. Als zentrales Problem benennen sie die sprachlichen Schwierigkeiten ihrer SchülerInnen, die andere Fähigkeiten z. T. überlagern. Mehrsprachigkeit geht in den meisten Fällen mit der Zugehörigkeit zu sozial schwachen Milieus einher.

Die Bildungsverläufe der AbsolventInnen sind in besonders hohem Maße diskontinuierlich. Mehrmals sind Wechsel der Schullaufbahn zu verzeichnen: von der Sprachheilschule, vom Gymnasium, von der Realschule zur Hauptschule. Einige Kinder und Jugendliche aus Migrationsverhältnissen sind aufgrund lebensgeschichtlich später Zuwanderung Quereinsteiger ins Bildungssystem. Migrationshintergrund und Bildungsferne gehen daher häufig mit einer Distanz zum deutschen Bildungssystem, das den Familien in diesen Fällen weitgehend unvertraut ist, einher.

Ein nennenswerter Anteil der Befragten artikuliert ein Selbstverständnis als ‚Nicht-Leser'. ‚Lesen' ist fast durchweg kein Element des Lebensstils. AbsolventInnen, die regelmäßig oder sporadisch Zeitungen oder Zeitschriften lesen, fassen diese Praxis mehrfach nicht unter den Oberbegriff ‚Lesen'. Sie beschreiben dieses Lesen als nicht zielgerichtetes Herumblättern oder Überschriften-Lesen. Zur Eigenschaft erhoben, ist ‚Nicht-Lesen' bei einigen quasi neutral bewertet, andere entschuldigen sich für ihre – als defizitär empfundene – Nicht-Praxis. Sie begründen diese z.B. mit ihrer Faulheit und beschreiben sie als eine Entscheidung, die auch anders ausfallen könnte.

Die AbsolventInnen verfügen überwiegend über einen impliziten Lesebegriff, der von einer normativen Idee von Lesekultur getragen ist. Diese ist nicht erfahrungsgesättigt, sondern reproduziert die Hochschätzung des Lesens in der deutschen Umgebungskultur. Aus der Sicht der Befragten zeichnen sich LeserInnen dadurch aus, dass sie freiwillig und zum Vergnügen zum

Buch greifen, insbesondere Belletristik lesen und das Lesen als eine Form des Weltzugangs nutzen. Die Interviewten verbinden mit dem Lesen Einstellungen und Erwartungen, die sie selbst nicht teilen, und bestimmen es als eine kulturelle Praxis der ‚anderen'. Dieser Begriff des Lesens ist in doppelter Weise lebensgeschichtlich gestützt: Die AbsolventInnen entstammen zumeist bildungsfernen Elternhäusern, in denen literale Praktiken begrenzten oder keinen Raum einnehmen. Sie werden außerdem im Deutschunterricht mehr oder weniger deutlich darin bestätigt, dass literarisches Lesen für sie kein angemessener Gegenstand sei. Die Darstellungen der Interviewten berühren sich mit den Ausführungen der ExpertInnen, die Literatur als Nicht-Gegenstand des Hauptschuldeutschunterrichts markieren bzw. den entsprechenden Unterricht als nachgeordnet oder nicht repräsentativ beschreiben. Einige AbsolventInnen stellen außerdem einen Zusammenhang zwischen entwickelten Lesefähigkeiten und allgemeinen Sprachfähigkeiten in der deutschen Sprache her. Sie betrachten Lesefähigkeit explizit als wichtig für die Entwicklung lebensgeschichtlicher und beruflicher Perspektiven.

Die eigene Lesefähigkeit wird unterschiedlich eingeschätzt und nicht in allen Interviews thematisiert. Sie wird teilweise als ungenügend eingestuft und als Grund dafür angegeben, dass nicht gelesen wird. Beispielhaft steht hierfür Ali: „Man liest und liest, und man kapiert nix – also, warum soll ich lesen?" (s. Kap. 4.1). In Einzelfällen führt diese Diagnose in eigene ‚Lesearbeit' zur Verbesserung der Sprachfähigkeit. In Hinblick auf literarisches Lesen wird mehrmals die Schwierigkeit des Anfangens und des Am-Ball-Bleibens als Hindernis genannt. In den entsprechenden Interviews wird Nicht-Lesen also mit fehlenden Kompetenzen auf kognitiver, reflexionsbezogener und motivationaler Ebene begründet.[4]

Leserinnen mit habitueller Lesepraxis – Tuba und Halima, in Grenzen Susan und Maria – sind Ausnahmen im Sample. Für sie trägt Lesen in instrumenteller Funktion zur Entwicklung von Sprachfähigkeiten in der deutschen Sprache (Maria, Tuba) und allgemeiner zur Entwicklung lebensgeschichtlicher und beruflicher Perspektiven bei. Lesend setzen sie sich mit ihrer eigenen Lebenslage und ihrer kulturellen Herkunft auseinander (Tuba, Halima, Susan). Im Rahmen einer intimen Praxis bauen sie Gegenwelten auf, in denen sie zeitweilig ‚aufgehen' (Halima, Tuba): „Ich war genau drinne," formuliert dies Tuba. Die Leserinnen binden ihre Lesepraxis aber in anschlusskommu-

---

[4] Die Modellierung Bettina Hurrelmanns innerhalb des DFG-Schwerpunktprogramms integriert neben kognitiven motivationale und emotionale Faktoren in den Kompetenzbegriff sowie Reflexionen und Anschlusskommunikationen: „Die motivationale Dimension des Kompetenzkonstrukts betrifft die Bereitschaft, Leseprozesse aufzunehmen und den jeweiligen Textanforderungen entsprechend zu gestalten." Dazu zählt auch die „Fähigkeit, Lesebereitschaft zu mobilisieren und ‚bei der Sache zu bleiben'…" (Hurrelmann 2002b, 278). Insofern „Bei-der-Sache-Bleiben" heißt, Bedeutungskonstruktionen beständig zu überprüfen, Unklarheiten vorläufig auszuhalten und aufzulösen zu suchen, wäre hier der Übergang zur „reflexionsbezogene(n) Fähigkeitskomponente" vollzogen; ebd., 278.

nikative Kontexte ein. Für Tuba, Halima und Maria sind Impulse ihrer Deutschlehrerinnen wichtig, Tuba wird in ihren Leseinteressen außerdem familiär gefördert. Auch die männlichen Zeitschriftenleser Stefan und Timi binden ihre Lektüre in Anschlusskommunikationen ein. Die kulturelle Praxis stützt offenbar die Motivation. Kommunikationspartner sind Familienangehörige und Partner (Tuba, Susan, Timi), ein Freund (Stefan), Kurskolleginnen (Maria), Lehrpersonen als Anreger (Tuba, Halima).

Die Identifikation mit der religiös-kulturellen Herkunft begründet außerdem eine Koran-Lesepraxis bei Karim, Volkan, Jamal und Derya, die allerdings offenbar jenseits konkreter Textlektüre im Bereich ritueller Rezitation einzuordnen ist.

In der Alltagspraxis der befragten AbsolventInnen dominiert die Nutzung audiovisueller Medien, besonders des Fernsehens. Bevorzugte Formate sind Talkshows, Soaps, Action- und Horrorfilme, Komödien, Liebesfilme und Musicchannels. Der Rezeptionsmodus reicht vom Zappen über das beständige Nebenbei-Laufen-Lassen oder die Videopraxis im Freundeskreis bis zum solitären genussvollen Eintauchen in filmische Welten. Fernsehen wird vor allem als Unterhaltungs- und Entspannungsmedium profiliert. Es ermöglicht die Verstärkung von Stimmungslagen und Genusserfahrungen. Auch die Nutzung von Musikmedien dient dem Moodmanagement.

Die Narrationen der Interviewten legen insgesamt den Schluss nahe, dass ihre Medienkompetenz in Hinblick auf „Medialitätsbewusstsein", „medienbezogene Kritikfähigkeit" und die „Fähigkeit zur Anschlusskommunikation" unzureichend entwickelt sind (vgl. Hurrelmann 2002c). Eine Nutzung der audiovisuellen Medien als Ressource für anstehende Entwicklungsaufgaben wird kaum erkennbar. Die distanzierende Auseinandersetzung mit Medieninhalten begegnet uns insgesamt selten. Auch schreiben die Interviewten dem Fernsehen überwiegend keine bildende Funktion zu, reproduzieren aber gängige Vorbehalte gegen die „Glotze". Allerdings zeigt sich, dass das Fernsehen für die AbsolventInnen mit Migrationshintergrund über die häusliche Satellitenantenne die Verbindung zur Herkunftskultur herstellt und aufrecht erhält und in diesem Zusammenhang teilweise eine Informationsfunktion übernimmt. Eine aktive Bearbeitung kultureller Differenzerfahrungen angesichts der Nutzung der verschiedenen Programme wird kaum je erkennbar.

Festzuhalten ist, dass Unterricht an der Hauptschule in besonderem Maße Arbeit in heterogenen Lerngruppen bedeutet. Sprachliches und literarisches Lernen kann in den seltensten Fällen auf familiären Ressourcen und förderlichen Sozialisationsbedingungen im Bereich des Lesens aufbauen. Der Unterricht muss die adäquaten Bedingungen des Umgangs mit Texten vielmehr selbst schaffen. Vor diesem Hintergrund muss die bisherige Organisation von Lernprozessen daraufhin überprüft werden, ob sie von unangemessenen impliziten Voraussetzungen ausgeht. Auch auf etwaiges Grundschulwissen kann angesichts zahlreicher Seiteneinsteiger ins Bildungssystem nicht verlässlich zurückgegriffen werden. Insbesondere muss Lesen als eigene kulturelle Praxis erst begründet werden.

Dies kann aber nur gelingen, wenn in der Fachdidaktik Deutsch wie in der Unterrichtspraxis und Lehrerfortbildung die Situation der Vielsprachigkeit in Hauptschulklassen stärkere Berücksichtigung findet (vgl. Haueis 2000, These 3). Die Begegnungen mit den InterviewpartnerInnen konfrontierten uns mit höchst unterschiedlichen Sprachniveaus. Einigen AbsolventInnen gelang es kaum, Narrationen zu entwickeln, und es wurden keine komplexeren Satzgefüge aufgebaut. Normabweichungen im Bereich der Grammatik waren eher die Regel als die Ausnahme. Übereinstimmend betonten die befragten ExpertInnen, Sprachprobleme ihrer SchülerInnen stellten das Kernproblem des Deutschunterrichts dar. Diese Probleme werden in der Hauptschulzeit längst nicht gelöst. Sie betreffen schulische Bildungsziele aber in elementarer Weise, insofern nicht entwickelte Fähigkeiten im Bereich der Sprache auch einen limitierten Zugang zur Welt bedeuten.

Auf die Situation der Vielsprachigkeit sind die Lehrkräfte bisher nicht hinreichend vorbereitet. Die institutionellen Angebote für die betroffenen SchülerInnen reichen nicht aus. So werden Förderkurse für diejenigen, die nicht mit Deutsch als Herkunftssprache aufwachsen, oft nicht kontinuierlich angeboten.[5] Die Situation der Vielsprachigkeit bietet indes auch Chancen. Aus der Sprachdidaktik liegen Vorschläge vor, wie sie als Ressource in den Deutschunterricht einbezogen und Anlass für die Förderung von Sprachbewusstheit der SchülerInnen werden kann, etwa wenn sie selbst Anlässe für Sprachvergleiche finden (z.B. Oomen-Welke 2001).

In Hinblick auf das Ziel, Lesekompetenz als Fähigkeit der kulturellen Teilhabe auszubilden, stellt sich das Problem der Vielsprachigkeit allerdings in besonderer Schärfe: Hier geht es nicht nur um basale Fähigkeiten in der Ziel- und Verkehrssprache Deutsch. Beim Lesen werden – und das zeigt unsere Studie überdeutlich – kulturelle Haltungen wirksam, die teilweise in ethnischen Hintergründen, besonders aber in unterschiedlichen sozialen Lagen begründet sind. Insofern erweist sich der Konnex von nicht-deutscher Herkunft und sozial schwachem Herkunftsmilieu als besonders brisant. Dieser Problematik muss sich die Deutschdidaktik annehmen, will sie nicht ungleiche Bildungschancen perpetuieren.

Haueis plädiert mit ähnlicher Intention für eine Orientierung an der Zielsetzung ‚grundlegende sprachliche Bildung in der Standardsprache' im Bereich der Hauptschule. Nur durch Schulung von Sprachaufmerksamkeit und

---

5   Die Dokumentation zur Situation von Schülerinnen und Schülern mit Migrationserfahrungen an Frankfurter Schulen im Schljahr 2000/2001 versammelt „Änderungsvorschläge zur Verbesserung der Bildungssituation von Schülerinnen und Schülern anderer Herkunftssprachen" der Schulleiter, die Impulse geben und die Reichweite der Problematik verdeutlichen (Platz, Bender-Szymanski, Kodron 2002, 211–216).

Reflexion von Sprachgebrauch jenseits spontanen Sprechens ist ihm zufolge eine Ausbildung eigener, bewusster Sprache möglich. Dass hier die Arbeit an literarischen Texten im Sinne eines weiterführenden Lesens wertvolle Beiträge leisten könnte, liegt auf der Hand. Die Praxis ist jedoch eher von einem verbreiteten Empfinden auch seitens der Lehrkräfte gesteuert, dass entsprechende Formen des Textumgangs an der Hauptschule nicht ihren Ort haben. Aus der Perspektive einiger Interviewter hat der Unterricht sie denn auch unterfordert und in ihren Möglichkeiten nicht ernst genommen. Insofern erfahren auch die SchülerInnen den „unterschwelligen Fortbestand einer unangemessenen Einschränkung von sprachlichen Bildungszielen" im Deutschunterricht an Hauptschulen (vgl. Haueis 2000, These 4). Dieser ist allerdings geeignet, soziale Differenzen zu zementieren. In der zentralen These 5 präzisiert Haueis daher:

„Wenn man die Population der Hauptschule nicht kulturell depravieren will, wird man zur Verbesserung der Situation auch Maßnahmen ergreifen müssen, die sich auf den Zugang zur Schriftlichkeit unter den Bedingungen von äußerer und innerer Mehrsprachigkeit erstrecken. Hierfür ist eine entsprechende fachliche Qualifizierung von Lehrkräften ebenso unerlässlich wie die Unterstützung und Begleitung durch eine rege fachdidaktische Forschungstätigkeit."

Diese Forderung wird besonders durch die Auseinandersetzung mit den Ergebnissen der PISA-Studie inzwischen auch auf die Formel eines systematischen Lesecurriculums für die Sekundarstufe I (Ludwig 2002; Hurrelmann 2002a) gebracht, das die Deutschdidaktik bisher nicht bereit stellt. Die Erinnerungen der Interviewten unseres Samples weisen auf dieses Desiderat hin, wenn sie die Textarbeit als schematisch auf lautes Lesen, Klärung der Begriffe und Erstellen von Zusammenfassungen konzentriert beschreiben. Um Textverständnis anzuzielen, werden lexematische Probleme geklärt, satzübergreifende textuelle Bedeutungen auf diese Weise aber nicht ermittelt. Die globale Kohärenzherstellung ist ebenfalls nicht im Blick. Inhaltsangaben und Zusammenfassungen allerdings können eigentlich erst dann geschrieben werden, wenn der zugrundeliegende Text als Makrostruktur und inklusive der Textintentionalität verstanden ist.[6] Hierarchiehöhere Verstehensprozesse bleiben eine implizite Anforderung, deren Bewältigung nicht im Unterricht angezielt, vielmehr den SchülerInnen selbst überlassen bleibt. Spekuliert man über die Gründe für diese Lücke im Bereich von Deutschdidaktik und Unterrichtspraxis, so liegt die Vermutung nahe, dass die Automatisierung des Leseprozesses inklusive des Aufbaus einer Sprachintuition, die etwa die Umsetzung von Propositionen steuert, stillschweigend vorausgesetzt wird. Damit wäre die bisherige Organisation des Leseprozesses aber implizit orientiert an SchülerInnen, die insbesondere aufgrund einer intensiven Freizeitle-

---

6  Zum kognitionstheoretischen Modell des Leseverstehens vgl. Christmann/Groeben (1999), Christmann/Richter (2002).

sepraxis über elaborierte Fähigkeiten im Bereich des Lesens verfügen. In paradoxer Weiser setzte dann die Leselehre LeserInnen voraus, die ihrer nicht mehr bedürfen. Ein Lesertypus, der in sozial schwächeren Milieus seltenst anzutreffen ist, kann aber unmöglich die Voraussetzung des Deutschunterrichts sein. Die kulturelle Ressource „Lesen" würde ansonsten auch im Bildungssystem zum Instrument sozialer Differenz.

Die „kulturelle Depravation" der HauptschülerInnen ist allerdings nicht allein auf dieser Ebene sichtbar. Sie wird auch in ihren Erfahrungen mit literarischem Lesen und ihren Einstellungen wirksam: Die Erinnerungen insbesondere an den Literaturunterricht deuten darauf hin, dass er die SchülerInnen in ihrer Annahme bestätigt, Literatur sei ihre Sache nicht, eine Auffassung, die auch aus den Äußerungen der ExpertInnen spricht. Diese charakterisieren Literaturunterricht als nicht repräsentativ oder als eine Art luxuriöses Plus, das gegebenenfalls nach Rechtschreib- und Grammatikunterricht einen gewissen Raum einnehmen darf oder auch schlicht nicht als Gegen-stand des Deutschunterrichts der Hauptschule gilt – eine Einstellung, die sich auf die SchülerInnen übertragen dürfte. Die befragten AbsolventInnen entnehmen dem Literaturunterricht, dass literarisches Lesen Spaß machen soll, empfinden dies allerdings selbst nur in Ausnahmefällen. Subjektive Bedeutsamkeit erreichen die Lektüren in der Regel nicht.

Zu begegnen wäre dieser Problematik, die die subjektive Nicht-Verfügbarkeit der Option Lesen einschließt, in doppelter Weise: Einerseits muss die Erschließung literarischer Texte in einer Weise erfolgen, die es auch schwachen LeserInnen ermöglicht, sie in textueller Hinsicht zu verstehen. Zum anderen müsste die Lektüre subjektive Bedeutsamkeit für ihre LeserInnen erlangen.

Die ExpertInnen geben als eine wesentliche Schwierigkeit die Textauswahl an: Kinderliteratur sei für die älteren HauptschülerInnen nicht mehr aktuell, komplexere Texte z. B. der Jugendliteratur seien zu schwierig. Hinter dieser Argumentation dürfte zum Teil allerdings auch fehlende Übersicht im Bereich der zeitgenössischen Kinder- und Jugendliteratur stehen. In den Schulen verfügbar sind meist zwar gut eingeführte, doch wenig aktuelle oder von gesellschaftlichen Entwicklungen eingeholte Werke aus den 70er und 80er Jahren, die von den befragten AbsolventInnen denn auch als Lektüren genannt wurden. Eine Aufgabe der Literaturdidaktik und Lehrerfortbildung dürfte darin liegen, den Bereich der Jugendliteratur in Hinblick auf potentielle Lektüren für diese Schülerschaft zu sichten und zu bearbeiten.[7] Diese Arbeit sollte die gründliche, textgenaue didaktische Aufbereitung der Gegenstände im Sinne eines integrativen Sprach- und Literaturunterricht um-

---

[7] Das regelmäßig stattfindende Kolloquium *Literatur und Schule* an der Universität Frankfurt berücksichtigt bei der Auswahl der Texte neben thematischen und literarischen Gesichtspunkten auch die Frage der sprachlichen Komplexität: http://www.uni-frankfurt.de/fb10/inst1/lehrende/Pieper/Kolloquium/kolloq.htm.

fassen. Vorschläge, die darauf zielen, die Ausgangstexte zu vereinfachen und in reduzierter Form darzubieten, um ihn anschließend in komplexerer Form zu bearbeiten (Haueis 2000), verschenken allerdings ein Potential der Texte. Insofern erscheint ein solches Vorgehen in Hinblick auf das literarische Lesen problematisch: Der Reiz solcher Lektüre besteht gerade im Entdecken von Zusammenhängen und dem Verfolgen von mitunter überraschenden Entwicklungen. Dieses Kapital wird gewissermaßen vor der Zeit ausgegeben, wenn die Story bekannt ist, bevor der Endtext gelesen wird. Leseprozesse könnten aber angeleitet werden durch eine Rahmung, die den Schülerinnen und Schülern Orientierung etwa zur Handlung der Geschichte bietet und Entlastungen vornimmt, wie sie im Fremdsprachenunterricht üblich sind. Lektüre wäre dann sinnvoll zu portionieren und entsprechend vorzubereiten. Das Konzept eines orientierenden Rahmens wäre darüber hinaus bei der Aufgabenstellung zu berücksichtigen (vgl. Köster, 2003). Die Aufmerksamkeit müsste insbesondere spezifisch literarischen Verstehensproblemen gelten, dem Perspektivwechsel oder dem Vorenthalten von Informationen zum Aufbau von Spannung und ähnlichem. Bei der Erarbeitung sollten die Schülerinnen und Schüler zum Stellen quasi naiver Fragen immer wieder herausgefordert werden, um das Lösen von Problemen als elementare Form des Lesens – jenseits des Herausstellens von Defiziten – zu etablieren. Schließlich müsste der Prozess der Texterschließung selbst Unterrichtsgegenstand werden, damit die SchülerInnen Strategien für den selbständigen Umgang mit komplexeren Texten mehr und mehr erwerben können. Insbesondere literarische Texte bieten für eine solche Reflexion Möglichkeiten, insofern sie Erwartungen an Sinnkonstruktionen irritieren und so zur Bewusstwerdung von Deutungsprozessen und der Entautomatisierung kognitiver Strategien Anlass bieten (Gross 1994, 29/30). Eine solche didaktische Konstruktion stellt damit nicht allein einen Beitrag zur Entwicklung der Lesefähigkeit und Sprachbewusstheit besonders schwacher LeserInnen dar, sondern konfrontiert die Lerngruppe mit zunehmend komplexeren Problemen und Herausforderungen jenseits eines impliziten Nicht-Ernstnehmens ihrer Entwicklungsfähigkeit.

Mit diesen Überlegungen zur didaktischen Modellierung literarischer Texte ist die Frage nach dem Weg zur subjektiven Bedeutsamkeit einer Lektürepraxis allerdings nicht beantwortet, ein Aspekt, der für die Verankerung des Lesens in der Alltagspraxis von erheblicher Bedeutung ist. Notwendig wären Zugänge zu literarischem Lesen, die Kontaktpunkte zwischen alltagskulturellen Praktiken und subjektiven Bedürfnissen der SchülerInnen einerseits und entsprechenden Schriftmedien andererseits herstellen. Unsere Ergebnisse zeigen, dass solche Zugänge dort gefunden werden können, wo die Literatur in die eigene Lebenssituation hineinspricht. Tuba und Halima setzen sich lesend mit ihrer Biographie als Mädchen muslimischer Herkunft in einem westlichen Kontext auseinander und finden in ihrer kommunikativ gestützten Lektüre offenbar eine Ressource, mit der kulturellen Spannungslage umzugehen. Anschlusskommunikativen Kontexten, die außerhalb der Schule stattfinden, kommt bei beiden große Bedeutung zu. Systematisch wird eine doppelte Brückenfunktion sichtbar: Die Anschlusskommunikation ermöglicht es, Leseschwierigkeiten zu überwinden, wenn etwa die Lektüre aus einem gemeinsamen Interesse heraus ‚durchbuchstabiert' wird. Sie macht außerdem Lesen als eine sozial-kulturelle Praxis erfahrbar, die – jenseits eines bildungsbürgerlichen Lesebegriffs und einer entsprechend normativ begründeten Textauswahl – eine eigene sein oder werden kann. Zu erproben wären Möglichkeiten, solche Kommunikationsformen stärker in den Raum der Schule, auch des Unterrichts hineinzuholen. Hier könnte an die Konzeption des literarischen Gesprächs angeknüpft werden (Merkelbach 1995). Eine Chance für verdichtete Kommunikationen, die unter institutionellen Rahmenbedingungen oft leiden, dürfte die Tatsache darstellen, dass die befragten SchülerInnen oft von positiven, teilweise auch persönlichen Beziehungen zu Lehrkräften berichten. Anders als bisherige Konzepte aus dem Bereich der Leseförderung müssten entsprechende Vorschläge auf die besondere sprachliche Situation der Schülerinnen zugeschnitten werden. Eine Orientierung an Freizeitlektüre erübrigt sich, wo diese nicht vorhanden ist. Anzuknüpfen wäre aber z.B. an die Nutzung audiovisueller Medien, auch im Sinne ihrer Erschließung als Trägerinnen symbolischer Repräsentationsformen.

Zu erarbeiten wären also didaktische Konzepte, die das Lesen als eine eigene kulturelle Praxis als Ziel weder aufgeben noch als Habitus voraussetzen, sondern entwickeln. Der Literaturunterricht könnte in Hinblick auf diese Zielsetzung eine Schlüsselfunktion einnehmen: Sicherlich könnte er im Dialog mit dem Sprachunterricht bei der Entwicklung differenzierterer Lesefähigkeiten einen wesentlichen Beitrag leisten. Er könnte aber auch Ort der Auseinandersetzung mit individuellen und soziokulturellen Spannungslagen, der Partizipation und Kommunikation sein. Im Idealfall ein Ort, der die Grenze zweier Welten unterliefe.

## 6.2 Ausblick: Zehn Thesen zur Förderung der Literacy bei HauptschülerInnen[1]

Die Ausgangsfrage des Forschungsprojekts, dessen Ergebnisse hier vorgelegt wurden, lautete: Was bleibt jungen Erwachsenen von ihrem Literaturunterricht an der Hauptschule für ihren weiteren „Leseweg"? Wir haben beschreibend, analytisch und interpretativ, in Einzelfällen und in übergreifenden Perspektiven, als Antwort auf diese Frage eine gewissermaßen doppelte Entfremdung gefunden, eine doppelte Entfremdung von jungen Erwachsenen mit Hauptschulkarriere zu der Lesekultur, die ihr Unterricht ihnen präsentierte: Einmal passen die realen Erfahrungen mit Literatur im Schulkon-

---

[1] Für die Anregungen und kritischen Diskussionen zu diesem Teil danke ich Prof. Dr. Rudolf Messner.

text nicht zu dem hochkulturellen Bild des Lesens, das die Schule unter der Hand vermittelt. Entsprechend klagen LehrerInnen, dass Literaturunterricht mit diesen Lernern eigentlich nicht möglich sei; SchülerInnen fanden in der überwältigenden Mehrzahl keinen sinnorientierten Zugang zu den belletristischen Texten. Eine zweite Entfremdungsdimension liegt in der Verbindungslosigkeit sowohl der faktischen Schullektüre als auch der schulischen Idee vom Buchlesen zu den alltagsweltlichen Mediengebrauchsformen. Die Lektüre, die der Deutschunterricht forderte, ist in keinem einzigen Fall Teil vergangener oder gegenwärtiger Lese-, Fernseh-, Video- oder Computerpraktiken der Befragten, sondern wurde über weite Strecken als lebensfernes Ritual erlebt.

Unseren Daten zufolge hat der Leseunterricht an der Hauptschule keine Muster der Zugehörigkeit von belletristischen Texten zur Lebenswelt einrichten können, die über das Ende der Schulzeit hinaus wirksam sind – das wäre die denkbar positivste Formulierung einer Antwort auf die Ausgangsfrage des Projekts. Schärfer könnte gesagt werden, dass der Unterricht die SchülerInnen in der soziokulturell naheliegenden Auffassung bestärkt hat, dass Lesen und Bücher nicht ihre Sache seien. Diese Wirkung von Schule ist zwei Jahre nach Verlassen der Institution als bleibende nachweisbar.

Angesichts dieser Situation wagt man kaum, Lesefördermaßnahmen für die Hauptschule zu planen. Denn sichtbar ist ja, dass partikulare Maßnahmen keine Chance haben gegen das Kartell von didaktischer Missachtung, administrativer Vernachlässigung, faktischen Lesekompetenzproblemen der Einzelnen und sozialer Stigmatisierung des Hauptschulklientels insgesamt im Bildungssystem, eingebettet in die generell schriftfernen Lebenswelten der jungen Leute. Erfolgreiche Leseförderung im Ernst zu betreiben heißt, nicht von der Notwendigkeit von Lesefördermaßnahmen, sondern von der *Restitution der Hauptschule als Ort sinnvollen Lernens* auszugehen, um von dort aus auch neue Möglichkeiten der Verbesserung der Lesefähigkeit und -freude zu gewinnen. Aus der Perspektive der oben entfalteten Forschungsarbeit sind im Folgenden dazu zehn Thesen skizziert.

**(1) Orientierung des Deutschunterrichts an den tatsächlichen Kompetenzproblemen**

Die Lesekompetenzprobleme der SchülerInnen, deren Genese vermutlich bis in die Anfänge ihrer Schulkarriere zurückreichen, werden vom Literaturunterricht behandelt, als seien es solche der Motivation, als fehle nur der Wille, sich der Bücherwelt zuzuwenden. Damit rücken aber die tatsächlichen Schwierigkeiten beim Leseverstehen an den Rand der Aufmerksamkeit. Die PISA-Aussagen (2001) zu den mangelnden Diagnosefähigkeiten der LehrerInnen im Blick auf Leseleistung finden sich in unseren Daten evident wieder: Die Verfahren, die unterrichtlich zum Tragen kommen, sind nicht geeignet, kognitiv hierarchiehöhere Leseleistungen herauszufordern und zu unterstützen. Die verschleppten Leseschwierigkeiten, insbesondere im Blick auf die aktive Generierung von übergreifenden Bedeutungen, auf die innere Errichtung auch komplexer, sich langsam über viele Buchseiten aufbauender mentaler Modelle und auf die elementare Sinnorientierung des Akts, werden von den Lehrpersonen vermutlich nur grob als generelles Sprachdefizit wahrgenommen und in den uns geschilderten Unterrichtsszenarien faktisch nicht angegangen, geschweige denn bearbeitet. Denn mit dem Reihum-Vorlesen als wesentlichster Methode der Texterschließung und mit anschließender kleinschrittiger „Verständnissicherung" wird der aktive Bedeutungsaufbau bei den Einzelnen mehr verhindert als befördert, weil sich der Leseprozess bei diesem Vorgehen nicht konzeptgeleitet, in Orientierung am Verstandenen und hypothesengenerierend mental entfalten kann. Die LehrerInnen verfügen offensichtlich nicht über die Fähigkeit und die Verfahren, auf der Basis eines differenzierten Lesekompetenzbegriffs das Niveau der Leseverstehensleistung zu diagnostizieren und angepasste Verstehensstrategien zu vermitteln. Damit ist einerseits ein Defizit der Lehreraus- und -weiterbildung angesprochen. Andererseits ist darauf hinzuweisen, dass hier die angesprochene administrative und didaktische Vernachlässigung des Hauptschulbereichs wirksam wird: Der fachfremde Einsatz der LehrerInnen ist für Deutsch in der Hauptschule extrem weit verbreitet; die Anforderungen der Schulbücher entsprechen nicht den tatsächlichen Leistungsfähigkeiten der SchülerInnen, so dass sie kaum eingesetzt werden (können); unter den faktischen Lehrzielen das Faches ist die Lufthoheit des Orthographietrainings ungebrochen (vgl. Füssenich 1999).

## (2)  Lesecurriculum entwickeln

Die Deutschdidaktik ist gefordert, neben praktikablen Diagnoseverfahren ein Lesecurriculum zu entwickeln, das mit dem „Weiterführenden Lesen" nach der unmittelbaren Alphabetisierung einsetzt und bis zum Ende der Pflichtschulzeit reicht. Mithilfe eines solchen Curriculums kann dann der Anspruch, dass Texte verstehend gelesen werden, didaktisch durchgesetzt werden. Es muss ein jeweils angepasstes Repertoire an Aufgaben zur Verfügung stellen, die den Deutsch- und Literaturunterricht genau so wie die anderen Fächer inhaltlich umspannen. Für die anderen Bereiche des Deutschunterrichts – für das Schreiben und die Orthographie, für Grammatik und Literatur – ist ein Curriculum über die gesamte Pflichtschulzeit eine Selbstverständlichkeit; nur im Bereich Lesen hört mit dem Einsetzen des Fachunterrichts in der 5. Klasse das gewissermaßen „technische" Training des Leseverstehens als Fertigkeit auf, explizit Ziel von Unterricht und Gegenstand fachdidaktischer Konzepte zu sein. Das würde eine Umorientierung des faktisch zentralen Ziels des Deutschunterrichts an Hauptschulen von der Rechtschreibung auf Lesekompetenz erfordern, eine Umorientierung, die vermutlich auch von vielen Lehrpersonen als Befreiung erlebt werden könnte.

### (3) Die Mediennutzung der Jugendlichen als Ausgangspunkt und als Zielperspektive für den Leseunterricht nutzen

Von einem mittelschichtorientierten Literaturbegriff aus nehmen die Literaturlehrerlnnen ihre Klientel anderer Herkünfte primär als defizitär wahr. Insofern bricht das, was im Hauptschul-Literaturunterricht an Lektürepraktiken eingefordert wird, in der außerschulischen Mediennutzung schon während der Schulzeit oder im Anschluss daran wie ein Kartenhaus in sich zusammen. Das Leseverhalten junger Leute bildungsferner Herkunft muss aber potentiell integraler Teil ihrer Mediennutzungspraxis sein, um unabhängig von der Institution Schule bestehen zu können – Texte haben nur in diesem Zusammenhang, nämlich als spezifische Medien zwischen anderen, lebensweltliche Funktionen für die jungen Leute und somit eine Chance, in ihrem Gebrauchswert für das Leben entdeckt zu werden. Lesen ist im außerschulischen Leben faktisch ein Teil der Mediennutzung, die ihrerseits Gewohnheiten, Interessen und verschiedenen Bedürfnissen folgt. Die Mediennutzungsmuster von HauptschülerInnen sind dabei freilich insgesamt vergleichsweise passiv.[9] Trotzdem muss es Ziel des Leseunterrichts sein, die Medienwelten der SchülerInnen zusammen zu führen. Der textzentrierte, buchorientierte Leseunterricht muss auf eine Verankerung im Mediengebrauchsensemble der Einzelnen zielen, einmal, um selbst lebensfähig zu sein, zum anderen, um die außerschulische Mediennutzung so anzuregen, dass von ihr profitiert werden kann. Textformate, Themen und Anlässe des Lesens müssen entsprechend anschlussfähig an die auch außerschulischen Mediennutzungspraktiken sein, was nicht heißt, dass das schulische Textangebot darin gänzlich aufgeht. Im Gegenteil: Es zielt ja darauf hin, zu einem Mehr an Aktivität, Eigenständigkeit, Genuss und Gewinn bei den Mediennutzungsformen insgesamt zu verhelfen, und darauf, Lesen innerhalb dieser Nutzungsformen zumindest als Option zu etablieren.

### (4) Muster der Zugehörigkeit von Schriftmedien zur Lebenswelt bereitstellen, die soziokulturell stimmen

Die Schule insgesamt, der Deutschunterricht in Sonderheit muss Vorbilder der Passung von Texten in den Alltag bereitstellen, die dem tatsächlichen Lebensstil der SchülerInnen entsprechen. Die jungen Erwachsenen, die wir interviewt haben, haben solche Muster weder in ihrer Lern- noch in ihrer Lebensgeschichte erfahren. Dass Belesenheit im Unterricht wie im Leben Tauschwert hat, lernen sie früh und fortlaufend in der Schule; den Gebrauchswert von Lektüre erfahren sie aber zu wenig oder, für belletristische Lektüre, gar nicht. Ihr Deutschunterricht hat ihnen ein mittelschichtorientiertes Modell der persönlichen Liebe zur Literatur vorgestellt. Er hat ihnen

---

[9] HauptschülerInnen beschäftigen sich in der Freizeit überdurchschnittlich viel mit Fernsehen, Video Sehen, Computer Spielen und „Herumhängen", überdurchschnittlich wenig mit Surfen im Internet und Lesen, so dass sie „den Anschluss an die moderne Kommunikationswelt eher verpassen", vgl. Jugendwerk der Deutschen Shell 2002, 79, 83.

„Spaß an Literatur" und die Haltung der „Interessiertheit" gegenüber Texten als Habitus sozusagen ex negativum vorgeführt, als ein Anspruch, an dem die SchülerInnen notwendig scheitern. Denn der Unterricht setzt damit ja voraus, was er eigentlich ermöglichen sollte: Die Erfahrung, dass das Lesen von Texten und von literarischen Texten subjektive Bedeutsamkeit haben kann, dass es zur Unterhaltung, Evasion oder der Verfolgung von Interessen tatsächlich taugt. Während SchülerInnen aus der Mittelschicht diese Erfahrung mehr oder weniger im familiären Umfeld machen und, zumindest bis zur „literarischen Pubertät", eine relativ stabile Lesepraxis aufbauen und entsprechende Kompetenzen erwerben können, fehlen solche Erfahrungen jungen Leuten bildungsferner Herkunft in aller Regel. Ihre Schulen müssen der Aufgabe, sie zu ermöglichen, nachkommen. Dafür muss der Gültigkeitsradius des schulischen Lesebegriffs erweitert werden: Lesen ist nicht nur „Habitus von anderen", auch die jeweils eigene Praxis muss als Lesen gelten und Ausgangspunkt der Leseförderung sein. Der Unterricht ist das einzige Handlungsfeld, in dem systematisch und professionell organisiert Anschlusskommunikation sowohl an Medienkommunikation als auch an Schriftrezeption etabliert werden kann. Die Chance, in der Anschlusskommunikation die beiden weitgehend getrennten Mediennutzungsmuster strukturell zu koppeln (Sutter 2002), muss für die Entwicklung einer angepassten Mediennutzungskultur ergriffen werden.

**(5) Lesetechniken mental trainieren**
Die enge Bindung von Lesen an „Lernen", an anstrengenden geistigen Aufwand, die in den Einstellungen zum Lesen bei den Interviewten sichtbar wurde, widerspricht dem im Literaturunterricht vorherrschenden literarisch orientierten Lesebegriff. Von ihm sind alle „technischen" Mühen des Lesens, sein Charakter als geistige Arbeit, abgefallen wie Schlacke, um die schier leibhaftige, Kognition und Emotion umfassende Erfahrung der Inhalte sozusagen bereinigt vom abstrakten Zeichen glänzen zu lassen. Doch die Mühen des Lesens sind, wie wir zeigen konnten, für Jugendliche bildungsferner Herkunft tatsächlich eng mit dem Vorgang der Lektüre verbunden und auch bei belletristischen Texten nicht so ohne weiteres abzulegen. Es gilt, den zuweilen zu enthusiastischen literaturdidaktischen Lesebegriff hintanzustellen und zunächst anzuerkennen, dass Lesen anstrengend ist wie beispielsweise das Lernen von Vokabeln oder wie Sport, zugleich dafür zu sorgen, dass die Leseanstrengung anerkannt wird, und sichtbar zu machen, dass sie sich durch eine Steigerung der Lesefähigkeiten auszahlt. Schnell lesen können, mit anderen um die Wette lesen oder die Bewältigung ganzer oder sogar dicker Bücher sollten als eigenständige Leistung trainiert und mit entsprechenden Gratifikationen versehen werden. Die quasi sportlich organisierte „Leseolympiade" Bambergers (2000) hat, bei allem weit getriebenen Pragmatismus, hier ihre Legitimation.

**(6) Literatur als Zugang zu den eigenen Lebenswelten entdecken**

Die Frage der Textauswahl wird, unseren ExpertInneninterviews zufolge, von den LehrerInnen wesentlich unter dem Aspekt der Komplexitätsreduktion angegangen. Es wird nach einem Kompromiss gesucht zwischen einfachen spannenden und lustigen jugendliterarischen Texten aus dem Bereich der Belletristik und dem, was die SchülerInnen, die sich nicht für Belletristik interessieren, interessieren könnte. In der konkreten Textauswahl führt dies in vielen Fällen dazu, dass die problemorientierten jugendliterarischen Texte der 80er Jahre gelesen werden, die offensichtlich als Klassensätze vorhanden sind, aber kaum auf Interesse stoßen und auch die SchülerInnen der anderen Schulformen in etwas jüngerem Alter mehrheitlich langweilen[10]. Unseren Daten zufolge wurden aber von Nicht-LeserInnen Texte dann mit eigener Beteiligung gelesen, wenn sie einen lebensweltlich stimmigen Zugang zur eigenen Lebenswelt und Interessensphäre öffneten: Eine Darstellung des Lebens ausländischer junger Frauen in Frankfurt motivierte beispielsweise eine Interviewte zur Lektüre. Statt unter unendlich vielen Kompromissen noch ein gewisses Maß an Literarizität der Texte sicher stellen zu wollen, sollte mit mehr Radikalität das Kriterium der Situiertheit der Texte in der Lebenswelt der Einzelnen angelegt werden. Der Anspruch an Textverstehen muss an die Erstrezeption gekoppelt werden, wie es für außerschulisches Lesen selbstverständlich ist. Expressive Ausdrucksformen, die verstehendes Lesen zur Voraussetzung haben, bieten sich als Alternative zu dem vorgefundenen Verfahren an, schlechten Lesern uninteressante Texte von schlechten Lesern seitenweise vorlesen zu lassen. Handlungsorientierung verlangt Differenzierung, sogar Individualisierung der Lektüre und fordert, weil das Kriterium der textuellen Einfachheit nicht mehr das oberste sein kann, mehr an Eigenständigkeit und Kompetenz von den SchülerInnen. Lektüre gewinnt dadurch aber einen Ernstcharakter, der Printmedien als Gebrauchs-, Unterhaltungs- und Lernmedien in die je eigenen Lebenswelt einführen könnte. Damit ist eine Gelingensbedingung für die Lesemotivation benannt, ohne die bekanntlich auf der Kompetenzseite kaum etwas geht.

**(7) Leseförderung als Aufgabe aller LehrerInnen, Lesekultur als Aufgabe aller Angehörigen der Schule**

Wenn alle Lehrenden in annähernd allen Fächern Leselehrer sein sollen, um die domänenspezifischen Lesefähigkeiten ihrer Schülerschaft überhaupt fördern zu können und die Funktionsvielfalt, die Lesen tatsächlich hat, zu

---

[10] Harmgarth 1997, 66, zeigt eine insgesamt hohe Zustimmung von SchülerInnen aller Schulformen der Klassenstufen 7–10 zu dem Item: „In der Schule lesen wir nur langweilige Texte“: 81 % derjenigen SchülerInnen, die ohnehin wenig und ungern lesen, sind dieser Auffassung, und 53 % des anderen Extrems, der ausgewiesenen Viel- und GerneleserInnen, stimmen diesem Satz zu – das ist selbst in diesem privilegierten Cluster die Mehrheit. In der Hauptschulstudie von Bofinger u.a. 1999 ist „Jugendliteratur“ explizit als diejenige Textgruppe herausgehoben, die Hauptschüler laut Selbstauskunft am wenigsten gerne lesen, vgl. 82.

verwirklichen, müssen sie etwas vom Lesenlehren verstehen. Das ist gegenwärtig nicht der Fall. Auch im Fachunterricht muss das Lesen ganzer Bücher als Kern der eigenständigen themenorientierten Mediennutzung verankert sein.

Als wäre diese Aufgabe noch nicht groß genug: Eine „Lesende Schule" verlangt weit mehr, sie verlangt eine über den jeweiligen Unterricht hinausgehende, von allen Angehörigen geteilte und unterschiedlich ausgefüllte praktische Lesekultur, nicht bloß eine verordnete (Hurrelmann/Elias 1998). Im Rahmen der Entwicklung von Schulprofilen wird gegenwärtig durchaus über Spiralcurricula zum Lesen nachgedacht, in denen vielfältige Lesemedien konsequent über die Fächer und Klassenstufen hinweg miteinander vernetzt und in einem Schulcurriculum verankert werden (Harmgarth 1997). Für eine solche schulische „Leseöffentlichkeit" muss es alltäglich Anlässe und Projekte geben, zu denen der Umgang mit Texten dazu gehört. Eine eigenständige, in die subkulturell verschiedenen Lebenswelten und Funktionen der Lektüre hinein ausdifferenzierte schriftkulturelle Praxis muss wesentlich Angelegenheit und Eigeninteresse der Schülerschaft selbst sein; ihre Schule muss sie darin unterstützen, materiell und kulturell. Das Lernen von Gleichaltrigen bzw. in altersgemischten Schülergruppen voneinander könnte als neues Prinzip im Bereich schulischer Lesekultur das Lernen vom Lehrer ablösen[11] und dadurch der Differenz der Lebensstile von Schüler- und Lehrerschaft Rechnung tragen. Die Peer-Gruppe als Medium des Lernens kann funktionieren, wenn LehrerInnen nicht die Defizite, sondern die Chancen der Heterogenität wahrnehmen und von dort aus Projektideen entwickeln.

## (8) Förderung unter den Bedingungen ausgeprägter Heterogenität

Die Hauptschule ist die Schulform mit der heterogensten Schülerschaft (PISA 2001, 463 f). Annähernd alle Schüler sind in ihrer Schulkarriere von Misserfolgen betroffen und in einer Negativauswahl zusammen geführt worden. In großstädtischen Ballungsgebieten haben Hauptschulen einen Anteil von SchülerInnen mit mindestens einem fremdkulturellen Elternteil von weit mehr als der Hälfte bis hin zu annähernd hundert Prozent. Doch diese Gruppe „mit Migrationshintergrund" ist in sich so heterogen, dass ihre Markierung gegenüber Kindern aus ausschließlich deutschsprachigen Haushalten für didaktische Überlegungen zur Hauptschule kaum sinnvoll ist: Sie haben familiäre Wurzeln in gänzlich unterschiedlichen kulturellen Kontexten, sie situieren sich selbst mit mehr oder weniger Abstand zur Herkunftskultur der Eltern oder des Elternteils und sie sind unterschiedlich intensiv in die ethnisch differenzierten Subkulturen eingebunden, ihre sprachlichen und ihre kognitiven Leistungen differieren erheblich. Solche SchülerInnen stellen, nimmt man sie doch zusammen in den Blick, in der Hauptschule zu-

---

[11] Konzepte und Erfahrungen dazu liegen vor, sie beziehen sich allerdings wesentlich auf die traditionellen Themenfelder der Jugendsozialarbeit, vgl. Nörber 2003.

sammen entweder eine starke Minderheit – in ländlichen Gegenden und Bundesländern mit großem Hauptschulanteil – oder die weit überwiegende Mehrheit in städtischen Gebieten dar. Die Probleme der Hauptschule sind deutlich nicht mehr unter dem Prinzip der Homogenität zu lösen; dies von den Lehrplänen bis in die Unterrichtsplanung anzuerkennen könnte als die Erleichterung, wie sie sich bei der Verabschiedung einer Lebenslüge einstellt, und als Eröffnung neuer Handlungsräume für Lehrer wie Lerner wirksam werden.

### (9)  Die Hauptschule neu erfinden

Die Aussonderung schwächerer SchülerInnen kann schwerlich zu den besonderen Förderleistungen führen, mit denen sie legitimiert wird – die Effekte der sozialen Stigmatisierung, die damit einhergehen, insbesondere bei der Motivation, und der Wegfall altersgleicher Lernvorbilder frisst gewissermaßen die theoretisch zielgenaueren Fördermöglichkeiten weg. Mit der Integration von SonderschülerInnen vor allem in Kindergärten und Grundschulen wurde diesem Gedanken in anderen Bereichen Rechnung getragen. Sichtbar sind die Effekte sozialer Stigmatisierung bei fiktiver Homogenisierung z. B. an der schwachen Lesekompetenz der HauptschülerInnen: Obwohl sie allen gemeinsam ist, wird sie in der Schule nicht effektiv ausgeglichen. Als gewissermaßen verdünnte Realschule erzielt die Hauptschule vermutlich suboptimale Ergebnisse. Womöglich muss die Kompatibilität zu den höheren Schulformen aufgegeben werden, um eigenständige Curricula quer zu den tradierten Fächern zu entwickeln – der Wechsel von der Hauptschule „nach oben" während der Schulkarriere wird ohnehin praktisch nicht realisiert, Abstufungen zur Hauptschule hin sind die Regel (Rekus et al. 1998). Hier ist eine Aufgabe der Schulentwicklung benannt, die so riesig erscheint wie sie unabweisbar ist.

### (10)  Die Aufarbeitung der eigenen Lesegeschichte als Ausbildungskomponente von HauptschullehrerInnen

Unsere Experteninterviews deuten immer wieder darauf hin, dass die Deutschlehrkräfte selbst von einem unaufgearbeiteten Moment ihrer eigenen Lesegeschichte an der Veränderung der Lesesituation in der Schule gehindert werden: Mit dem gymnasialen Bildungsgang als Vorgeschichte studieren sie die sechssemestrigen Lehramtsstudiengänge an den Universitäten und sind hier formal gesehen „ganz unten" in der Hierarchie der universitären Studiengänge, sie betreten kaum die Fachwissenschaften – die Germanistikstudierenden studieren länger und vor allem fachorientierter. Den Lehramtsstudierenden wird in dieser kurzen Begegnung ein ausdifferenzierter und entsprechend erfahrungsferner Begriff und Umgang mit Literatur als wissenschaftliche Norm vorgestellt, ein Literatur- und Lesebegriff, der vor allem dann, wenn die Fachdidaktik nicht ausreicht, der späteren Berufspraxis nicht mehr vermittelbar ist. Im universitären Gefüge der Germanistik sind die kurzen Lehramtsstudiengänge auch im Blick auf soziale Stigmatisierung faktisch gewissermaßen der Hauptschulzweig der Universität. Daraus resultiert für die LiteraturlehrerInnen in der Hauptschule eine an Verwerfungen reiche lesebiographische Gemengelage, die systematisch aufzuarbeiten kaum Gelegenheit ist.

Dies ist kein Plädoyer gegen auch theorieorientierte Literaturwissenschaft für diese Lehramtsstudiengänge, aber eines für die systematische und wissenschaftliche Aufarbeitung der empirischen Felder, in denen die Rezeption von Texten vermittelt, gefordert und gelehrt wird als Aufgabe des germanistischen Studiums, eines für den bewussten Nachvollzug der Differenzen, die zwischen Literaturwissenschaft und empirischem Lesen liegen. Und es ist ein Plädoyer dafür, sich über die eigene Lesegeschichte, ihre Widersprüchlichkeit zwischen trivialer und ästhetischer Erfahrung, Mühen und Genuss, Intensität und Gleichgültigkeit in den unterschiedlichen Lebensabschnitten Rechenschaft zu geben, so dass die Differenzen in den schriftkulturellen Sozialisationsverläufen zwischen LehrerInnen und SchülerInnen, womöglich dann auch Gemeinsamkeiten, in den Blick treten können.

# Anhang

## Kurzportraits

### Arta: „Bücher mag ich nicht so lesen"

(Steffen Volz)

Arta besucht zum Zeitpunkt des Interviews eine Fördereinrichtung zur beruflichen Bildung junger Frauen. Ursprünglich aus Mazedonien stammend ist Arta im Alter von 9 Jahren in die Bundesrepublik gekommen. Die Familie folgte dem Vater, der bereits einige Jahre zuvor in die BRD emigriert war.

Arta ist Muslimin und befolgt in ihrer Lebensweise die religiösen Regeln und Traditionen eines konservativen Islamverständnisses, fühlt sich dem Wertekanon und den Verhaltensnormen ihrer Herkunftskultur verpflichtet. Ein traditionelles Rollenbild ist in hohem Maße verinnerlicht. Das Leben findet eingebettet in und reglementiert durch den (groß-)familiären Kontext statt. Offenkundig ist in Artas Darstellung eine Tendenz zur Idealisierung der sozialen und familiären Beziehungen im Herkunftsland.

Dem Eindruck eines außerordentlich hohen Stellenwerts der mündlichen Kommunikation innerhalb ihrer Familie widerspricht Arta, betont zugleich aber, dass existentiell wichtige Angelegenheiten ausschließlich im familiären Kontext besprochen werden. Ihre eigene Rolle in der Familienkommunikation definiert sie als passiv, sie beteilige sich nur, wenn sie gefragt werde. Laut Arta findet innerhalb der Familie sowohl die deutsche als auch die türkische Sprache Verwendung. Der Gebrauch und das Verständnis der deutschen Sprache bereiten Arta allerdings noch unverkennbare Schwierigkeiten.

Artas Medienpraxis ist durch das Fernsehen und durch Zeitschriftenlektüre geprägt. Arta erwirbt regelmäßig die Jugendzeitschrift *Yam*, bevorzugt liest sie darin kurze Beiträge und das Horoskop. Als weiteren Lektürestoff nennt die junge Frau die Bildzeitung, die in unregelmäßigen Abständen vom Bruder mitgebracht werde. Kommunikationsanlässe bieten diese Lektürestoffe offenbar nicht. Daraufhin befragt, ob in der *Bild* behandelte Themen Gegenstand von Gesprächen seien, erläutert Arta, „Nein, ich, also jeder liest es und der hat es auch verstanden und dann lassen wir's" (114). Wiederholt betont Arta ihr Desinteresse an Buchlektüre, „Bücher mag ich nicht so lesen" (41). Leseförderliche Aspekte sind in Artas familiärem Umfeld kaum auszumachen, allein die Erzählungen des Vaters zur Geschichte seiner Migration lassen sich als paraliterarische Erfahrung einordnen.

Das thematische Hauptinteresse ihrer TV-Praxis gilt dem Themenkomplex Liebe und Beziehung. Rezipiert werden dazu unterschiedliche Genres und Formate, „alles über Liebe", in deutschen und türkischen TV-Programmen. Hier leuchtet die wohl auch mädchenhafte Beschäftigung mit einer romantischen Traumwelt auf. Besonders hebt Arta Talk-Shows hervor, denn „da lernt man Menschen kennen" (55). Arta betont die Kontinuität ihrer thematischen Vorlieben seit ihrer Kindheit, „und dann hab ich immer das geguckt und daher mag ich des halt jetzt immer noch gucken"(82). Sie schaut diese Fernsehsendungen entweder alleine oder gemeinsam mit ihrem älteren Bruder, sie verständigt sich mit ihm über die Bewertung einzelner Sendungen.

Artas Einstellung zur Schule zeichnet sich durch eine Mischung aus Pragmatismus und Einfügen in das Vorgegebene aus, „Schule ist Schule, muss man lernen halt"(152). Im Hinblick auf den Deutschunterricht berichtet sie von einer eindeutigen Dominanz des Grammatik- und Rechtschreibunterrichts. Für ihre Hauptschulzeit erinnert sie sich an die Lektüre zweier Bücher. Es handelt sich dabei um ein Buch über Straßenjugendliche und um Ladiges' Erzählung *Blaufrau*, die die Probleme junger Frauen in sogenannten Männerberufen thematisiert. Mit der Lektüre des letztgenannten Bandes verbindet Arta eine positive Erinnerung, obgleich sie wiederholt betont, sich nicht an Details erinnern zu können. An Arbeitsformen des Literaturunterrichts nennt sie häusliche Lektüre sowie das Anfertigen von Nacherzählungen und Inhaltsangaben. Daneben berichtet Arta von der Verwendung von Spielfilmen im Unterricht. Sie erwähnt *Titanic* und *Schindlers Liste*, erzählt den Film *Das Leben ist schön* in groben Zügen nach.

Ein Zusammenhang zwischen Artas Mediennutzungspraxis und dem Unterricht der Hauptschule ist nicht auszumachen. Artas dezidierte Ablehnung von Buchlektüre dürfte im Fehlen subjektiv bedeutsamer Lektüreerfahrungen und in den bestehenden Problemen mit der deutschen Sprache begründet liegen. Ihren Ausführungen zum Unterricht ist zu entnehmen, dass eine Anbindung der Inhalte an für sie relevante Themen nicht geleistet wurde. Ihre Erzählungen zum Mediengebrauch fügen sich in ein Gesamtbild der Person ein, dass kaum dichte Erfahrungen zu erkennen gibt.

## Boris: „Man kann auch viel vom Fernseher erfahren"

(Olga Zitzelsberger)

Boris, 19, lebt in einer eigenen Wohnung und absolviert derzeit eine Ausbildung als Zerspanungsmechaniker. Die wenige Freizeit neben der Berufsausbildung verbringt er innerhalb einer Clique – eine Freundin wird nur einmal erwähnt – , gemeinsam spielen sie Karten, gehen ins Kino oder sehen Videos. Auch ist er in einem Billardclub engagiert. Er präsentiert sich als Erwachsener mit eigener Meinung, die sich an den gegebenen Verhältnissen orientiert.

„Ja, die Frage ob ich den Beruf lange behalte. Ich kann mir's auch nicht so vorstellen, dass ich da meinen Beruf eh, dreißig, vierzig Jahre in derselben Werkstatt da arbeiten will. Das ist auch nicht so das Ding, wo ich eigentlich sagen kann, ja hier so sieht meine Zukunft aus und so will ich die behalten. So sieht vielleicht meine Zukunft aus, aber ich will die natürlich nicht so, nicht so verbringen." (703–707)

Dabei zieht sich eine Hoffnung auf privates Durchkommen durch seine Äußerungen. Individualisierung bedeutet für Boris vor allem Anforderungen an ihn, sei dies in der Ausbildung, einer späteren Berufsausübung, politischer Meinungsäußerung zur 1. Mai-Demonstration oder politischem Handeln bei der Kommunalwahl.

Fernsehen und Computerspielen prägen sein derzeitiges Medienverhalten. Fern gesehen wird dabei vor allem in seiner Wohnung. Vormittags laufen Talkshows nebenbei, ebenso läuft ein Musikchannel beim Computerspielen. Er sieht Nachrichten und „Fantasiezeug" wie beispielsweise *Stargate*. Auch leihe er sich Videos von einem Freund oder einer Videothek aus. Auch mit seiner Clique sieht er gerne Videos.

Boris ist in einem Vorort von Petersburg aufgewachsen. Er habe viel Zeit im Freien verbracht, auf Streifzügen in den nahe gelegenen Wäldern. Innerhalb der Familie nahmen Medien im Allgemeinen wenig Raum ein. Zwar erinnert Boris Situationen, bei denen die Mutter Märchen in russischer Sprache vorgelesen habe, z. B. *Rotkäppchen* und *Der Wolf und die drei Schweine,* doch verbinden sich keine nachwirkenden Befindlichkeiten mit diesen Vorlesesituationen. In der Schulzeit sah Boris häufig Trickfilme, ohne eine Einbindung in familiäre Zusammenhänge zu erwähnen. „Fernsehen war schon gut", könnte als Fazit für seine kindliche Fernsehpraxis stehen. Er setzt diese ins Verhältnis zu aktuellen Erfahrungen der Fernsehpraxis Frankfurter Kinder und vertritt die Meinung, dass zuviel Fernsehen für die Kinder nicht so gut sei. Weder vor noch während der Schulzeit wurde Boris' literarische Sozialisation durch das Elternhaus unterstützt.

Der Deutschunterricht sei für ihn anstrengend und mit wenig Erfolg verbunden gewesen. Für die gesamte Grundschulzeit erinnert er eine einzige Lesegeschichte, eine Strafarbeit. In der Hauptschulzeit hätten sie manchmal auch Bücher gelesen. Viel nachhaltiger wirkten sich jedoch das Rechtschreib- und Grammatiktraining aus, welches er auch heute noch als das Wichtigere am Deutschunterricht bewertet, insbesondere für jene SchülerInnen, die Deutsch als Zweitsprache sprechen. Zum Literaturunterricht entwickelte Boris keinen inhaltlichen Bezug, weder Themen noch Verfahren der Vermittlung sind ihm in Erinnerung. Deutschunterricht wird ausschließlich an seinen formalen Anforderungen gemessen.

Boris beschreibt sich selbst als potenziell kompetenten Leser ohne Lesepraxis, er lese halt nicht gern. Bildende Funktionen, wie sie oft der Lektüre zugeschrieben werden, wie Probehandeln, Perspektivwechsel, Teilhabe an Erfahrungen usw. werden von ihm in der Fernsehrezeption verwirklicht gesehen: „... ich finde Fernseh ist schon ne große Sache, man kann ... auch viel vom Fernseher erfahren" (343–344).

## Christian: „Bücher les ich net"

(Olga Zitzelsberger)

Christian, 17, hat im Jahre 2000 die Hauptschule mit Abschluss beendet und absolviert derzeit eine Ausbildung als Kfz-Mechaniker. Seine Eltern stammen aus Kroatien, Christian selbst ist aber bereits in der Bundesrepublik geboren und lebt gemeinsam mit seinen vier Geschwistern in der elterlichen Wohnung. Christian sieht sich im Familienverbund nicht so recht anerkannt, sein Schulabschluss wird von den meisten Geschwistern abgewertet, eine ältere Schwester studiert derzeit.

Christians Medienerfahrungen sind seit seiner Kindheit geprägt von Ambivalenzen und einer gewissen Orientierungslosigkeit. Dabei kann zum einen der Strang der Fernsehrezeption ausgemacht werden. Christian schildert extensive Fernsehzeiten von sechs bis sieben Stunden täglich, die er am liebsten alleine vor dem Fernseher verbrachte, da ihn die Geschwister eher hänselten als mit ihm eine Sendung gemeinsam zu sehen. Beendet wurde diese Phase durch ein striktes Verbot, vermutlich der Mutter, verbunden mit der Befürchtung eine Brille tragen zu müssen. Aktuell sieht er nur noch wenig fern und wenn, dann zumeist mit dem Vater Fußball. Zur weiteren Rezeption von Videofilmen sucht er sich seine „MitseherInnen" selbst aus, lehnt die Geschwister dezidiert ab und gibt eine feste Gruppe von Freunden an, mit welchen er Komödien, Jacky Chan Filme oder ältere Schwarz-Weiß-Filme sieht. Kinobesuche mit der Freundin scheinen ebenso wie die Videoabende mit den Freunden mehr als „Nebenbei-Medium" zur Stimulierung von Gesprächen oder Stimmungen denn zur Medienrezeption genutzt zu werden.

Einen weiteren Strang bilden die Musikerfahrungen von Christian. Als einziger Interviewte erinnert er gemeinsames Musik- und Radiohören mit dem Vater als intensive Erfahrung von Geborgenheit. Dies trägt bis in das Heute, ein Leben ohne Musik kann sich Christian nicht vorstellen. Er liebt weiterhin kroatische Volklieder und hat diese Vorlieben ergänzt um die jugendtypische Stilrichtung HipHop.

Ebenso mit intensiven Gefühlen verknüpft sind Märchenerzählzeiten vor dem Schlafengehen. Christian vermutet, dass er damals noch sehr klein gewesen sei. Ohne selbst eigene Erinnerungen an diese Zeit zu haben, gibt er die Berichte des Vaters über seine Kleinkindzeit im Interview wieder. Er sei „klein wie ein Mädchen und ängstlich gewesen", daher sei ihm – und nur ihm – vorgelesen worden.

Konstruiert hier Christian eine Verbindung von Lesen und Weiblichkeit? Die Mutter ist jene, die Christian versucht das Stricken beizubringen, die ihn zum Lesen ermuntert und anhält. Das Lesen gewinnt durch die Schule an Wirkmächtigkeit, es verbindet sich für Christian mit Leistungsanforderungen und Mühe. Christian verortet sich ambivalent. So grenzt er sich einerseits sehr massiv vom Lesen ab: „Bücher les ich net." Selbst ein Buch der Freundin würde er nicht lesen, sondern weiterschenken. Andererseits benennt er sehr wohl Leseinteresse an Sport-, Bild- und Fachzeitschriften. Verschränkt mit dem familiären Hintergrund der Abwertung seines Bildungsweges und der derzeitigen Ausbildung sowie der selbst benannten Schwierigkeiten im mühelosen Lesen drückt sich darin vielleicht auch ein Gegensatz zu den Geschwistern aus. Christian wählt die Distanzierung vom genussvollen Lesen und Orientierung an Sachwissen und -lektüre. Er schlägt sich damit letztlich auf die Seite des „Vaters", der seine Leidenschaft in der Musik ausdrückt und beruflich als Karosseriebauer arbeitet.

Medien spielen in Christians derzeitiger Situation eine untergeordnete Rolle. Sie können allesamt als „Nebenbei-Medien" verortet werden. Vielmehr scheinen geschlechtliche Identitätsbildungsprozesse seine derzeitigen Energien zu benötigen. Medien, die hier Hilfestellung leisten könnten, spielen bei der Bearbeitung jedoch keine Rolle.

### Danjel: „Ich habe keine Lust zu lesen!"

(Daniel Scherf)

Danjel, ein zum Zeitpunkt des Interviews nahezu 17jähriger Kroate, lebt mit seinem kleinen Bruder und seiner Mutter im Frankfurter Osten. Er absolvierte zur Zeit des Interviews das Berufsgrundbildungsjahr im Anschluss an seinen Hauptschulabschluss. Er stellt sich als einen erwachsenen, hart arbeitenden und beschäftigten Mann dar. Eine distanzherstellende Körpersprache und zuweilen zur Schau gestellte „Coolness" begleiten das Interview mit Danjel, der sowohl seine Wollmütze als auch seine Jacke beim Interview anbehält. Danjel spricht sehr langsam.

Danjel gibt an, neben der Schule regelmäßig zu jobben und zum Fußballtraining zu gehen. Daher sei er viel beschäftigt und habe zur ausgeprägten Mediennutzung keine Zeit. Der Fernseher laufe zwar den ganzen Tag – vor allem sein kleiner Bruder schaue fern –, er schaue aber selten. Er gibt an, am Wochenende, wenn es langweilig sei, Serien zu schauen: *„Hauptsache, ich bin beschäftigt"* (100). Die Mittagstalkshows sehe er manchmal, wenn er früher Schule aus habe, er hat aber kein besonderes Interesse an ihnen: I.: „... aber du gehst nicht nach Hause, um Talkshows zu gucken?" „Ne, ne, ich gehe nach Hause, um satt zu werden" (153–154). Nachmittags schaue er gerne Comedy-Serien wie *Der Prinz von Bel Air*: „... hab ich richtig Bock drauf. Wenn ich Zeit habe, dann muss des seh'n"(156). Manchmal wolle sein Bruder mit ihm und seiner Mutter am Wochenende Videos schauen: „Ja mein Bruder der sucht sich halt en Video aus oder eins oder zwei. Dann will er uns mit uns beiden gucken, also mit meiner Mutter und mir und dann setzen wir uns hin und dann gucken wir uns den Film an." (256). Außerdem interessiert sich Danjel für alles, „wo der Ball rund is" (254), er ist Fußballfan.

Danjel berichtet, neben der geschilderten Fernsehnutzung, von einer ausgeprägten Handynutzung, er lade drei bis viermal im Monat seine Handy-Karte auf. Seinen eigenen Computer benutze er zum Spielen, was er aber als „eher uninteressant" (18) empfindet, und um Bewerbungen zu schreiben. Danjel gibt an, öfter in die Videothek zu gehen; auf langen Bahnfahrten hört er mit dem Walkman RnB oder HipHop. Leitmedium scheint der Fernseher zu sein, obschon Danjel dieses Medium zur Zeit des Interviews aufgrund seiner vielen Beschäftigungen nach eigenem Bekunden weit weniger häufig nutzt als früher.

Bezugspersonen für Danjel sind außer seiner Mutter und seinem Bruder noch eine Freundesgruppe, mit der er am Wochenende ins Kino oder in Discos gehe (wobei der Discobesuch aufgrund verschiedener Indizien nicht glaubwürdig ist), und seine Freundin. Mit ihr, sie ist ebenfalls Kroatin, treffe er sich unter der Woche oder am Wochenende; man gehe spazieren oder ins Kino.

Der während des Interviews „dröge" und emotionslos wirkende Danjel scheint nahezu bei keiner Interviewpassage emotional berührt. Lediglich bei einer Erzählung der früheren, samstäglichen Fernsehsituation der noch intakten Familie – man schaute zusammen Fußball – scheint etwas „Wehmut" auf.

Danjel schaute als Kind häufig und gerne fern, Comicserien und Sendungen über Fußball. Gelesen habe er auch früher schon kaum, lediglich Comics wie *Mickey Mouse*. Danjels Elternhaus hat seine literarische Sozialisation wohl nicht gefördert. Während seiner Zeit auf den weiterführenden Schulen habe er unregelmäßig *Bravo* gelesen. Wenn er etwas gelesen habe, dann zur „Beschäftigung" und gegen „Langeweile" auf den langen Fahrten nach Kroatien. Sein kleiner Bruder lese im Unterschied zu ihm recht häufig, sowohl Comics als auch Bücher.

Danjel berichtet von häufigen Umzügen und Schulwechseln in der Zeit seines Besuchs weiterführender Schulen. Von einer Frankfurter Realschule sei er schließlich auf die Hauptschule gewechselt: „In der achten Klasse bin ich sitzen geblieben. Ja." I: „*Und dann biste auf die [Hauptschule]?*" „Ja dort bin ich dann in die Neunte gekommen, gleich." „*Ohne Sitzenbleiben?*" „Ohne Sitzenbleiben." (306–308). Danjels Erinnerungen an die Schulzeit sind ebenfalls emotionslos; Lesen und Schreiben seien für ihn kein Problem gewesen. In der Realschule hätten sie Faust gelesen, an den Inhalt des Buches kann sich Danjel aber nicht mehr erinnern. Sie hätten im Kreis gesessen und gelesen, die Lehrerin hätte benotet, wie man betont.

Lediglich an einen Lehrer seiner Hauptschule erinnert er sich besonders. Der sei besonders offen gewesen, „der sagt dir deine Meinung, ob dirs passt oder nicht. […] Ja natürlich, der hat uns jeden Tag gefordert, immer mehr und mehr, bis wir halt begriffen ham, von alleine, dass er uns das nur gut meint. Das werden einige vielleicht nicht verstehen, aber des ist so. Ich hab auch früher nicht verstanden, was will er von mir. Ich kann des nicht. Fertig aus, aber dann hat er sich mit mir hingesetzt, hat mir viele Sachen auch gezeigt wie des geht, dass man das verstehen kann, wenn man will. Dass man einfach lernen muss zu Hause um weiter zu kommen. Ja und des is. Andere die jetzt jünger sind, die werden des jetzt vielleicht nicht begreifen, aber später ist zu spät, wenn sie's begreifen" (324).

Danjel liest heute unregelmäßig Bild-Zeitung, von der er aber annimmt, dass sie „schlecht" (380) ist. Er denkt, dass man von Zeitungen wie der Frankfurter Rundschau lernen könnte. Ansonsten hat er keine Lust zum Lesen, ihm ist, wie er sagt „die Lust dran vergangen" (458). Danjel sieht das Lesen von Büchern und Rätselheften etc. als ein Mittel, um sich zu beschäftigen, ebenso wie auch seine sonstige Mediennutzung (mit den genannten Ausnahmen) „genusslos" und selbstläufig erscheint. Dass literarisches Lesen bilden könnte oder mit Genuss verbunden ist, kommt für ihn nicht in Betracht und wird entsprechend nicht wahrgenommen.

Danjel schrieb zur Zeit des Interviews Bewerbungen, hatte aber noch keine Lehrstelle. Er wirkte antriebs- und energielos; dem Interviewer schien es, als habe er noch keine rechte Vorstellung von seinem Leben, und könne deshalb seine Zukunft gegenwärtig nicht entwerfen. Der Interviewer befürchtet insofern, dass Danjel sich selbst so sieht, als habe er „zu spät" begriffen (s.o.): Er wirkt zumindest ganz und gar nicht zuversichtlich oder auch nur zufrieden.

## Davud: „Am Ende wird's immer interessant, wenn's wahr war und wenn's unwahr war"

(Heike Wirthwein)

Davud, 18, ist ein in den Niederlanden geborener Marokkaner. In Marokko, wohin die Familie offenbar unmittelbar nach seiner Geburt vorübergehend zurückkehrte, hat er allerdings nur seine früheste Kindheit verbracht. Seit seinem zweiten Lebensjahr lebt die Familie in der Bundesrepublik. Sein Vater hat hier Medizin studiert und bis zu seiner Pensionierung in einem Frankfurter Krankenhaus gearbeitet. Die Mutter war Verkäuferin, ist jetzt allerdings nicht mehr berufstätig. Davud hat eine kleine Schwester, die zur Zeit die zweite Grundschulklasse besucht, und einen 13-jährigen Bruder, der auf eine Realschule geht, sein älterer Bruder (22) studiert Informatik.

Davud selbst hat im Anschluss an die Grundschule zunächst eine Realschule besucht, wechselte dann aber auf die Hauptschule, die er 1999 mit dem „erweiterten Hauptschulabschluss" abgeschlossen hat. Zur Zeit besucht er eine zweijährige berufliche Schule für „Wirtschaft und Verwaltung". Er plant im Anschluss eine Ausbildung im kaufmännischen Bereich und schließt auch einen weiteren Schulbesuch (Fachoberschule) nach Abschluss der geplanten Berufsausbildung nicht aus. Die Arbeit an der eigenen beruflichen Biographie steht für ihn im Zentrum.

Im Interview präsentiert sich Davud aufstiegsorientiert. Er vermag diese Selbstpräsentation aber nicht durchgängig aufrechtzuerhalten. Seine Medienpraxis stellt er als vielfältig hinsichtlich der verschiedenen Medien dar und als stark informationsorientiert. Dies gilt etwa für das von ihm formulierte Interesse an Aktien und an wirtschaftlichen Fragen, das er als übergeordneten Zusammenhang seiner Mediennutzung (Zeitungen, Zeitschriften, Internet) darstellt. Insgesamt ist aber diese Selbsteinschätzung der eigenen Mediennutzung und Selbstpräsentation nicht durch erlebnis- und erfahrungsnahe Narrationen gesättigt, so dass konturierte Interessen im Interview nicht transparent werden. Als Ursache dieser inhaltlichen Unschärfe kann sein hochgradig an sozialer Erwünschtheit orientiertes Verhalten im Interview vermutet werden.

Das literarische Lesen wird von Davud hoch bewertet, insbesondere im Vergleich zum Fernsehen. Davud präsentiert sich als kompetenter Leser, der sich aus eigenem Antrieb alle Bände *Harry Potter* beschafft hat und auch die aktuelle Schullektüre (Dürrenmatt, *Der Richter und sein Henker*) nicht nur ohne Probleme, sondern durchaus mit Interesse zu lesen vermag. Erneut ist jedoch der Mangel an erfahrungsgesättigten Narrationen eklatant, so dass nicht sicher von einer ausgeprägten Lesepraxis ausgegangen werden kann. Es ist eher der soziale Status des Typus „Leser", der ihn zu interessieren scheint. Soweit er überhaupt inhaltliche Aussagen zu den von ihm angegebenen literarischen Texten macht, erfolgen diese unter einer pragmatischen Textsorten angemessenen Perspektive: „Wahr oder unwahr" ist die Fragestellung, die ihn bewegt:

„Ich find's also auch s-, des ist auch so en, so en Buch wo interessant ist und des ist auch natürlich, nicht so wie die *Harry Potter* ist auch. Man stellt, also es is, es kann man sich zwar vorstellen, aber (*I: „ja"*) nur, aber nicht in, in dem Film kann man's zwar zeigen (*„ja"*) aber so richtig geht's glaub ich nich. So zaubern und so, ich weiß nich." (121)

Die von ihm bevorzugte Fernsehserie *X-Faktor* greift dieses Interesse explizit auf:

„… Ja des beruht auf Wahrheit und Unwahrheit und am Ende sind dann, am Ende wird's immer intressant, wenn's wahr war und wenn's unwahr war. […] Des sin so Geschichten, des sin, des sin so Geschichten die vor, was weiß ich, Jahren passiert sind (*I: „mmh"*) und em, und ja, mit man, man schaut sich des an und in den meisten Fällen denkt man sich, des kann net sein, des gibt's einfach nicht. Und dann (unverständlich) und dann sagt er, des ist wahr und dann kommt irgendwie, oh des gibt's wirklich" (129–131).

Am Faktischen interessiert, hat er anscheinend kein Sensorium für die Eigenwelt des Fiktionalen entwickelt.

Hier findet eine gewisse Naivität Ausdruck, die angesichts seines Alters und seiner von hoher Reflexivität gekennzeichneten Aussage zur eigenen Biographie erstaunt. Dies gilt sowohl für seine Aussagen über die Erziehungspraxis seiner Eltern, in denen ein scharfer Blick für soziale Wirklichkeiten erkennbar ist, als auch für seine Retrospektionen auf den Deutschunterricht der Hauptschule. Eine Hypothese zur Klärung der Diskrepanz zwischen konstatierter Naivität einerseits und der hohen Reflexivität andererseits lässt sich aus dem Material nicht ableiten. Hier bleibt ein unaufgeklärtes Moment.

### Derya: „Ich bin ein ganz natürlicher Typ"

(Cornelia Rosebrock)

Derya ist fast 18. Sie lernt seit einem knappen Jahr Einzelhandelskauffrau und ist ein bildhübsches Mädchen, das sich für Teenager-(Musik-)Stars interessiert und am liebsten Musik hört, dazu immerzu tanzt und singt, wie sie sagt. Die Pop-Szene, wie sie in Musicchannels auftritt, ist die vermutlich wichtigste und umfangreichste Komponente ihrer aktuellen Mediennutzung und liefert das dominante Muster für ihr Selbstverständnis und ihre Selbstdarstellung. Hinzu kommt eine Reorientierung zum Türkischen, die sie seit etwa dem Eintritt ins Berufsleben betreibt: Seitdem schwärmt sie in erster Linie für nicht-traditionelle türkische Popstars, sie will wieder in den Ferien in die Türkei fahren, was ihr lange verleidet war, weil es im Heimatdorf ihrer Familie so langweilig ist, und sie blättert in türkischen Zeitschriften, um, wie sie sagt, ihre Sprachkenntnisse zu verbessern.

Bei ihrer Mediennutzung will sie sich in erster Linie emotional berühren lassen; das leisten die Musikclips oder CDs und im Fernsehen die Talkshows. Sie betont mehrmals, ein „romantischer Typ" zu sein, bei einer Talkshow mit einem älteren türkischen Sänger vor Rührung geweint zu haben, überhaupt bei Filmen zu weinen, und sich zu Musik grundsätzlich zu bewegen und mitzusingen. Sie gibt sich dezidiert nicht-intellektuell, als hübsches, noch kindliches, aber schon weiblich-attraktives junges Mädchen nach dem Vorbild von Teeny-Stars. Die Ausbildung im „Jeanspalast" entspricht ihren Wünschen und ihrer Selbstbefindlichkeit.

Derya ist in Deutschland geboren, siedelte dann aber mit ihrer Mutter und ihren älteren Geschwistern wieder in die Türkei; die Kinder sollten dort zur Schule gehen. Noch vor Deryas Schuleintritt zog die Teilfamilie jedoch wieder zum Vater nach Deutschland. Es gab in dieser Zeit familiäre Auseinandersetzungen, die im Interview unklar bleiben, die Derya aber gegenwärtig offensichtlich nicht tangieren. Derya blieb „in der ersten Klasse sitzen", wie sie sagt. Nach der Grundschule besuchte sie zunächst 2 Jahre die Förderstufe, dann 2 Jahre eine Realschule; als sie dort nicht versetzt werden sollte, wechselte sie in die 9. Klasse einer Hauptschule.

In ihrer gegenwärtigen Mediennutzung spielen Printmedien annähernd keine Rolle. Auch lebensgeschichtlich sind kaum Spuren davon zu finden. Derya erinnert sich an vorschulische Vorlesesituationen mit der Mutter in der Türkei, wo „islamische Bücher" oder „islamische Märchen" eine Rolle spielten, die sie jedoch auch auf Kassette hatte und offensichtlich eher über dieses Medium rezipierte. Im Kinderhort in Deutschland wurden Kinderbücher vor- oder angelesen und die Kinder sollten selber lesen; sie hat das ungern oder nicht gemacht und kann insgesamt in Bezug auf Printmedien im Interview keinen Titel oder Inhalt ihrer gesamten Lesegeschichte rekonstruieren. Eine Ausnahme ist die sporadische Lektüre der *Bravo* in der Pubertät; sie kaufte die Zeitschrift, weil sie an bestimmten Stars und Gruppen interessiert war.

Ihre Kindheit und die Pubertät in Deutschland ist von täglich mehrstündigem Fernsehkonsum geprägt, zunächst hauptsächlich Zeichentrickfilme für Kinder, später vor allem Soaps. Auch diese Medienerfahrungen sind inhaltlich annähernd nicht rekonstruierbar. Gespräche über Medieninhalte scheinen nicht stattgefunden zu haben. Sie erinnert sich an Leseanregungen eines Lehrers auf der Realschule, doch Lesen habe sie nicht interessiert. Die schulische Lektüre hat sie wo möglich vermieden; sie hat keine inhaltlichen Erinnerungen daran und kann dem Deutschunterricht keine literarischen Textformen zuordnen.

Das Leitmedium der Schulzeit, das Fernsehen, hat durch den Eintritt ins Berufsleben deutlich an Rezeptionszeit verloren; womöglich spielt die Teenager-Popmusik-Szene, vermittelt in erster Linie über Radio und CDs, die auch an ihrem Arbeitsplatz laufen, gegenwärtig eine wichtigere Rolle als das Fernsehen, das sie abends oder am Wochenende meist mit der Mutter praktiziert.

An Derya erstaunt, dass sie kein Bildungskonzept vertritt und Lektüre oder Bücher für sie keine, auch keine negative Besetzung zu haben scheinen. Sich für das Desinteresse an Geschriebenem irgendwie zu rechtfertigen oder es biographisch zu begründen liegt ihr fern. Die Schulzeit ist vorbei, deren Ansprüche auch. Jenseits der Pop-Szene scheint sie keine Interessen zu verfolgen, und sie scheint für sich selbst gegenwärtig keine Entwicklungsaufgaben zu sehen; in dem Muster des „ganz natürlichen" Pop-Girls ist ihre Identitätsfindung gegenwärtig gewissermaßen zur Ruhe gekommen. Sie begreift auch die Gesprächssituation wie eine Talkshow, in der man sich nett, unverbindlich und reflexionsfrei vorzeigt.

## Jamal: „Zeichentrickfilm ist bei mir tabu"

(Cornelia Rosebrock)

Jamal lebt mit seinen sechs jüngeren und älteren Geschwistern bei seinen Eltern, die beide aus Marokko stammen; alle Kinder wurden in der BRD geboren. Wegen der schmalen Deutschkenntnisse vor allem der Mutter wird in der Familie viel Berberisch gesprochen. Jamal selbst spricht fehlerhaft, aber flüssig Deutsch. Er besucht gegenwärtig die Berufsfachschule als Vollzeitschule und möchte den Realschulabschluss nachmachen.

Ein dominanter Zug seiner Selbstdarstellung im Interview ist sein Aufstiegsstreben: In der Pubertät bis zum Ende der Hauptschule sei er undiszipliniert, faul und fernsehsüchtig gewesen, deshalb habe er anders als seine Brüder und trotz der Ermahnungen seines Vaters von der Realschule auf die Hauptschule wechseln müssen, nicht einmal dort habe er ordentlich gelernt, obwohl die Schule anspruchslos gewesen sei. Aus dieser abgeschlossenen Lebensphase und von seiner schulischen Karriere erzählt Jamal inhaltlich fast nichts. Er beschreibt sich gleichsam als nunmehr geläutert – die pubertäre Konfliktsituation mit den elterlichen Normen ist in eine bruchlose Identifikation mit dem Vater und den schulisch und beruflich erfolgreichen älteren Brüdern gemündet: Er weiß, wie wichtig regelmäßiges Lesen und mäßiges Fernsehen für die Allgemeinbildung sind und tritt auch in diesem Sinn als Erzieher seiner jüngeren Schwestern auf. Diszipliniert und strebsam erfüllt er alle Hausaufgaben und schulischen Leseanregungen, so stellt er es dar. Darüber hinaus liest er regelmäßig verschiedene Zeitschriften und Magazine – er jobbt in einem Zeitschriftengrosso und bringt *Spiegel* und *Stern*, PC- und Sportzeitschriften usw. von der Arbeit mit nach Hause. Jamal versteht sich in Übereinstimmung mit seiner Familie als Marokkaner und ist praktizierender Moslem, ohne zur politischen Radikalität zu neigen, wie er betont: Er hat die gerade aktuelle Berichterstattung im Anschluss an die Attentate des 11. September verfolgt und kommentiert sie im Interview.

In seiner Freizeit liest er in erster Linie Zeitschriften, berichtet aber auch über Buchlektüre in jüngerer Zeit: Zwei Bücher zu Filmen (*Patriot* und *Tumb Raider*), von denen er eines ganz gelesen habe. Er liest grundsätzlich wegen des Bildungsgehalts der Lektüre. Die Buchlektüre strengt ihn an, er muss Wörter nachschlagen oder die älteren Brüder fragen, und er ist nunmehr stolz auf diese Leseleistung; mehrmals kommt er im Interview darauf zurück. Zugleich kennt er das Motiv des „versunkenen Lesens", er bringt es für seine Lektüre eines der beiden Bücher in Anschlag und er betont nachhaltig die Gratifikationen solchen Lesens. Es sei noch spannender als die Filme zu gucken: „Ich habe gelesen, gelesen, gelesen, und es wurde dann irgendwie immer spannender … das ging immer tiefer in mir rein" (168).

Für die gesamte Regelschulzeit beschreibt sich Jamal als gefährdet, als geradezu „süchtig" im Blick einerseits auf Fernsehen, insbesondere Zeichentrickfilme, die er zu seinem eigenen Schaden als Grundschulkind bis vor einem Jahr in riesiger Menge konsumiert habe, zum anderen hinsichtlich Computerspiele: Nachdem er vor zwei Jahren einen eigenen Computer angeschafft habe, habe er die gesamten Weihnachtsferien fast ausschließlich gespielt. Doch das sei jetzt vorüber. Erzählungen zum Inhalt der Fernsehsendungen oder Computerspiele produziert Jamal trotz Nachfragen nicht. Lesegeschichtlich sind im Interview annähernd keine Erinnerungen an frühere Lektüreerfahrungen zu wecken; im Kontext der Hauptschule hat Jamal – abgesehen von einem Interesse für Mythologie im Kontext des Geschichtsunterrichts, dafür habe er sich auch Bücher ausgeliehen – offensichtlich keine Bücher gelesen.

Insgesamt zeigt er gegenwärtig eine massiv leistungsorientierte, positiv wertende Einstellung zum Habitus Lesen, die sich sowohl auf literarische Texte wie auf Zeitschriften und die Schulbücher erstreckt. Sie ist aber nicht von einer diesen hohen Ansprüchen entsprechenden Praxis getragen. Lektüre wird in Jamals Lebensgeschichte annähernd überhaupt nicht sichtbar; in der Gegenwart dominieren die regelmäßige Zeitschriftenlektüre und die schulischen Erfordernisse. Das Interview lässt die Vermutung zu, dass Jamal auch gegenwärtig einen eher höheren Fernseh- und Videokonsum hat als er schildert. Sein Fernsehkonsum scheint zwar im Zuge seiner „Läuterung" beim Übergang in die Berufsfachschule tatsächlich quantitativ zurückgegangen und qualitativ vielfältiger geworden zu sein. Fernsehen und Video sind vermutlich faktisch nach wie vor die Leitmedien in seinem Nutzungsverhalten, sie werden jedoch im Vergleich zum Lesen pointiert abgewertet.

## Jasmina: „Von daher fang ich gar nicht erst an."

(Irene Pieper)

Die 17jährige Jasmina, eine junge Frau marokkanischer Herkunft, hat vor einem Dreivierteljahr ihren Hauptschulabschluss gemacht. Sie wirkt freundlich und offen, ist gelegentlich auch witzig, angesichts des Interviews aber etwas nervös. Vor allem empfindet sie das lange Erzählen und die Erinnerungsarbeit offenbar als Anstrengung: Schon die 90-Minuten-Kassette, die zur Aufnahme bereit liegt, erschreckt sie, gelegentlich stöhnt sie bei einer Nachfrage, nicht unwillig allerdings, sondern einfach müde. Das Thema des Interviews ist für sie nicht interessant genug, so dass sich keine Erzählung zu ihrer Mediennutzung wirklich entwickeln ließ. Ein sozial erwünschtes Leseverhalten zu präsentieren liegt ihr allerdings auch fern. So erschöpft sich der Gesprächsstoff recht schnell.

Nach drei Monaten in der Berufsfachschule hat Jasmina eine Ausbildung zur Einzelhandelskauffrau in einem größeren Elektromarkt begonnen. Ihre Arbeit gefällt ihr: Die Abteilungsleiterin sei jung, und vor allem werde in ihrem Bereich miteinander, nicht gegeneinander gearbeitet (112, 114). Eine Atmosphäre, in der sie sich wohlfühlen kann, hat für Jasmina große Bedeutung. Die offenbar harmoniegeprägte familiäre Bindung ist immer noch eng: Jasmina hebt hervor, dass die Schwester, die nicht mehr zu Hause lebe, täglich vorbei komme und die Familie jährlich gemeinsam nach Marokko reise. Sie sei froh, dass das auch dieses Jahr trotz Ausbildung möglich sei. In die Schule sehnt sie sich zurück und betont, die Lehrerinnen seien lieb gewesen (162–164). Differenzierteren Einblick in die Qualität der Sozialbeziehungen erhalten wir nicht. Quasi leitmotivisch, aber auch pauschal benennt Jasmina vielerlei Erfahrungen mit „War schon schön" oder „War net schlecht". Konflikte werden ebenso wenig benannt wie unerfüllte Bedürfnisse sichtbar. Ein eigenes Medienensemble etwa mit Fernsehen, Video, Stereoanlage, Handy seit der Kindheit und Computer „mit allem drum und dran" (122) ist selbstverständlich. Doch es wird kein Aufbruchsmoment ins eigene Leben sichtbar, das biographisch angesichts des Ausbildungsbeginns nahe läge.

Schriftmedien spielen in Jasminas Leben eine geringe Rolle: Einzig und allein die Horoskope und Überschriften der Bildzeitung liest sie mit relativer Regelmäßigkeit (194). Längere Lektüren schließt sie mit dem Argument aus, sie habe keine Zeit dazu: „Ich mein, wenn man ein Buch liest, muss man schon von Anfang bis Ende durchlesen, dass man weiß überhaupt, um was es geht. Weil ich mein, wenn man nur vielleicht einmal in der Woche Zeit hat und Lust zu lesen, ist dann auch schon langweilig … Und weiß man schon nicht mehr … um was es dann geht. Von daher fang ich erst gar nicht an" (108). Zwar hat die junge Auszubildende eine Idee von schönen Geschichten – solchen nämlich, wo man träumen kann, nicht nachdenken muss und nicht „da" ist (170) –, sie sucht diese Situationen jedoch nicht lesend auf, sondern erinnert sie allenfalls als familiäres oder schulisches Angebot: Die Schwester las ihr vor dem Schlafengehen vor (138), und eine Lehrerin der 5. Klasse las im Unterricht zu Musik (172).

Jasminas Medienpraxis ist vielmehr vom Fernsehen beherrscht. Zu ihren Routinen gehörte es bis vor kurzem, beim Heimkommen das Gerät anzuschalten und durch die Kanäle zu zappen. Jetzt spielt das Fernsehen allerdings nicht mehr die gleiche Rolle wie zu ihrer Schulzeit. Sie habe nicht mehr so viel Zeit und treffe sich nach der Arbeit lieber mit Freunden. Damals hingegen sei sie „süchtig" gewesen und habe jeden Mittag mit den Talkshows angefangen: „also *Nicole* war dann immer die Letzte … Und dann hab ich halt … bisschen Pause gemacht und dann wieder *Verbotene Liebe, Marienhof, Unter uns* bis *Gute Zeiten*. Immer halt bis um zehn oder so" (18). Ihre derzeitigen Fernsehvorlieben benennt sie mit Krankenhaus- und Polizeifilmen. Es fällt Jasmina nicht leicht, zu explizieren, was sie an den genannten Programmen reizt: Die Talkshows faszinierten sie aber offensichtlich, weil sie life reale Beziehungsdynamiken wiedergeben: „Die stellen halt dar, was weiß ich, dass sie sich, dass die dort bei der Talkshow sich versöhnen oder auseinander gehen" (3). Bei fiktionalen Genres hebt sie die Wahrscheinlichkeit hervor: „Schon wo man halt denkt, es ist schon, kann schon sein oder schon die Wahrheit" (32; vgl. 52). Dass sie affektiv angesprochen und gebunden wird, zeigt sich in ihrer Erzählung zu Vor-abendserien: Immer wenn es spannend werde, höre es auf, dann müsse sie am nächsten Tag weitergucken – eine Möglichkeit, die sie nun allerdings aufgrund ihres Arbeitsalltags nicht mehr habe (38).

Jasmina hebt hervor, dass sie sich lange Filme von ein bis zwei Stunden nicht angucken könne, wenn sie nicht so „interessant" seien (32). Auch ins Kino geht sie nicht gern. Sie argumentiert hier zwar vor allem damit, dass das Bett gemütlicher sei (56; 58), doch scheint ihr die Konzentrationsfähig-keit zu fehlen, längere Geschichten zu verfolgen. Dies dürfte auch für ihr Lesen gelten.

Eine an sich überraschende schriftkulturelle Praxis Jasminas steht im Dienst der Pflege harmonischer Sozialbeziehungen: Als Jugendliche hat sie gele-gentlich *Bravo* gelesen und Gedichte in ein Poesiealbum übertragen (178). Das Büchlein nutzt sie auch jetzt noch, wenn sie etwa ihrer Kusine in Hol-land Briefe schreibt und mal einen schönen Text sucht (186–188). Entschei-dend dürfte sein, dass der Umfang sowohl der Lektüre als auch des Schrei-bens hier reduziert ist. Der Umgang mit Schrift steht hier im Zusammen-hang der Freundschaftskommunikation, ähnlich wie das regelmäßige Aus-tauschen von SMS mit einer Freundin, bezeichnenderweise auf deren An-trieb hin (2–14).

Das eigene Lesen seit dem Schriftspracherwerb kommt als schulische An-forderung in den Blick: Sie habe zu Hause Kapitel lesen und Aufgaben be-arbeiten müssen (150). Schullektüren, die sie benennen kann, sind Benja-min Leberts Roman *Crazy*, an den sie keine Erinnerung hat (154–156), und ein Buch mit kurzen biographischen Texten Jugendlicher ausländischer Herkunft (*Wir leben hier*), das sie positiv erinnert, weil es zeige, wie andere Menschen leben (222). Über die Marokkanerin, die in diesem Buch vertre-ten sei, habe sie auch zu Hause einmal gesprochen (228). Subjektive Be-deutsamkeit spricht sie dieser Erfahrung allerdings nicht zu.

Für Jasminas Selbstkonstruktion spielt das Lesen derzeit eine allenfalls marginale Rolle. Medien sind insgesamt nicht Gegenstand von Auseinan-dersetzung, sondern bedienen eher ein unspezifisches Bedürfnis nach Har-monie und Ungestört-Sein. Angesichts der Abwesenheit von Konflikten oder Entwicklungsaufgaben ist diese relative Bedeutungslosigkeit wohl nur folgerichtig.

## *Jossip: „Mein ganzes Leben guck ich schon Fernsehen"*

(Katrin Kollmeyer)

Jossip (20) hat 1998 die Hauptschule abgeschlossen und macht derzeit eine Ausbildung zum Kfz-Elektriker. Seine Eltern, die seit 25 Jahren in Deutsch-land sind, bauen in ihrer Heimat Kroatien ein Haus, um nach ihrer Pensio-nierung dorthin ziehen zu können. Beide arbeiten Vollzeit: er als Lagerist, sie als Vorarbeiterin. Jossip wohnt bei seinen Eltern. Der ältere Bruder – der, bei dem alles geklappt habe – ist bereits ausgezogen.

Jossip bezeichnet sich selbst als das schwarze Schaf der Familie. Im Gegensatz zu seinem Bruder habe er den Erwartungen der Eltern nicht genügen können. Seine Bildungskarriere ist die eines Abstiegs vom Gymnasium, wohin er gegen seinen Willen geschickt worden sei, über die Realschule, wohin er in der 7. Klasse kam, bis hin zur Hauptschule, wo er nur die 10. Klasse besuchte und in der er unterfordert gewesen sei. Sein schulisches Scheitern erklärt Jossip damit, dass er keinen Grund gesehen habe, sich anzustrengen: „Ich hat kein Ansporn" (194). Heute sehe er das anders. Den Vorwurf ihm gegenüber vertritt er nun selbst: „En Schüler, der kein Wille hat, den kann man genauso gut rausschmeißen." (218).

Zum Zeitpunkt des Interviews wirkt Jossip rastlos. Nicht nur sich selbst, sondern auch der Welt begegnet er mit einem abwertenden Gefühl, schwankt zwischen Aggression und Depression. Scheinbar befindet er sich in einer Identitätskrise, die mit dem Umstand zusammenhängt, den Konkurrenzkampf gegen seinen Bruder verloren zu haben und sozial deklassiert worden zu sein.

Fernsehen ist das dominierende Medium in Jossips Mediennutzung: „Fernseh ist bei uns immer an […] ist nie aus." (50). Er bezeichnet sich als Zapper, der in seinen 20–30 Programmen so lange herumschalte, bis er auf etwas Interessantes stoße. Von Interesse seien nackte Frauen, Sport, Nachrichten, Berichte über Junkies oder Jugendzentren, witzige Sendungen wie *Stefan Raab*, eben solche, die sich über Misserfolge anderer lustig machten. Als Beispiel nennt er *Popstars*, eine Sendung, bei der man mitverfolgen könne, wie Teenies reihenweise ausschieden. Da er Filme mit Werbeunterbrechung nicht möge, leihe er sich oft neue, witzige, Action- und auch Horrorfilme in der Videothek aus, die er dann allein oder mit Freunden sehe. Auch mit den Eltern gebe es eine gemeinsame Fernsehpraxis.

Musik nimmt bei Jossip eine eher untergeordnete Rolle ein. Radio höre er nur im Bad, im Auto bevorzugt Rap oder HipHop von schwarzen Musikern.

Dass er lange nichts gelesen habe, erklärt er mit Zeitmangel. Zwar könne er sich die Zeit nehmen, doch mache er lieber den Fernseher an, bei dem man einfach zappen und immer etwas Neues sehen könne, während es beim Lesen nur langsam vorangehe, „strikt nach Seite, Zeile nach Zeile" (170). Nun wolle er aber wieder anfangen zu lesen, da sein Deutsch ziemlich schlecht geworden sei.

Jossip hat ein lernorientiertes Konzept von Lesen, er hofft, damit seine Sprache zu verbessern. Ab und zu lese er die *Bildzeitung*, wenn zur Hand, sowie *TV Movie*. Möglicherweise scheidet Literatur für Jossip von vornherein aus, weil der ihm verhasste Bruder Leser ist – und das auch noch von

„Literatur und was auch immer, irgendwelche Liebesgeschichten" (144). „Ich bin en bisschen anders als mein Bruder", betont Jossip (184).

Auch in der Kindheit und Pubertät war das Fernsehen Leitmedium. Jossip habe täglich Zeichentrickfilme und „egal was kommt" (158), teils auch zusammen mit dem Bruder, geschaut. Paraliterarische Erfahrungen erinnert er nicht, nur, dass sie in der Grundschule „kleine Kinderbücher" (150) gelesen hätten. Mit 10,11 habe er Fantasy-Comics wie *Die Rächer* oder *Die fantastischen Vier* gesammelt und, wenn möglich ohne Unterbrechung und wiederholt, zu Hause im Bett oder vorm Fernseher gelesen. Sein letztes Buch, *Amor* von Steven King, habe er angeregt durch seinen Bruder vor vier Jahren rezipiert.

Über den Deutschunterricht an der Hauptschule berichtet Jossip, dass sich die Lehrerin Mühe gegeben hat, er aber nicht viel gelernt habe. Obwohl er *Die Wolke*, deren Lektüre in der 10.Klasse anstand, nur zur Hälfte gelesen habe, habe er in der Arbeit eine gute Note bekommen. Zwar scheint er der Thematik des Buches Sachinteresse entgegenzubringen, aber beeindruckt hat ihn die Lektüre anscheinend nicht. Atomunfälle oder Ähnliches passierten täglich, Traurigsein helfe da nicht.

Jossips derzeitige Mediennutzungspraxis, die sich fast ausschließlich auf AV-Medien beschränkt, spiegelt seine Lebenssituation wider: Rastlos, getrieben zappt er durch die Programme, auf der Suche nach Versagern wie ihm, nach Menschen, die anderen hilflos ausgeliefert sind. Diese von Jossip in den Medien aufgesuchten Themen dürften der psychischen Bewältigung seiner Situation kaum zuträglich sein. Gelingt es Jossip dennoch seine momentane Befindlichkeit zu überwinden und sein Nichtlesen nicht mehr als Abgrenzung von seinem Bruder einzusetzen? Lesen könnte dann für einen potentiell kompetenten Leser wie ihn eine Option auf seinem neuen Lebensweg sein.

## Karim: „ ... ich will wissen halt, wie's ist als Moslem ... "

(Daniel Scherf)

Karim, 17, lebt seit 15 Jahren in Deutschland: „Also ich bin, kann man so sagen, ich bin hier geboren"(16). Er lebt mit 5 Geschwistern bei seinen Eltern, die Familie stammt aus Marokko, seine Erzählung der Familiensituation lässt die Familie traditionell erscheinen. Karim, der eher jung, aber recht selbstsicher wirkt, stellt sich als einen sportlich erfolgreichen und vernünftigen, stetigen jungen Mann dar. Er macht zur Zeit des Interviews eine Bäckerlehre – die er auf jeden Fall beenden will –, in seiner Freizeit spielt er Fußball. Letzteres scheint er erfolgreich seit vielen Jahren zu praktizieren, es ist ein wichtiges Thema der Selbstdarstellung. Nur selten, wenn er Zeit und Langeweile hat, nutzt er audiovisuelle Medien oder liest in islamischen Büchern. Seine Aussagen zu seinen sportlichen Erfolgen der Vergangenheit sind nicht ganz stimmig und womöglich mit Wunschträumen durchsetzt.

Wichtig für seine Selbstdarstellung scheint sein Fußballspiel und das erfolgreiche Festhalten an seiner Ausbildung zu sein – „wenn man etwas anfängt, muss man es auch zu Ende"(221) machen –, die das Leben durchaus beschwerlicher macht: „Wenn man arbeiten muss, ist halt viel en bisschen schwerer als sonst"(40). Seine Lebensführung wird erheblich von seiner Familie und insbesondere davon bestimmt, dass der dominante, chronisch kranke Vater sich die meiste Zeit zu Hause aufhält und das häusliche Leben sich nach ihm richtet.

Karims derzeitige Mediennutzung ist, folgt man seinen Erzählungen, eher gering und überwiegend von audiovisuellen Medien geprägt. Er nutzt den PC zum „rumspielen", schaut heute, im Gegensatz zu früher, selten fern. Nur am Wochenende schaue er, manchmal allein, manchmal mit Freunden oder seiner Freundin (die man sich zusammen mit seinem traditionellen, muslimischen Elternhaus kaum vorstellen kann) DVDs, wenn nichts anderes zu tun ist:

„Letzten Sonntag hab ich mir en Film reingeguckt. Hab ich mir Film ausgeliehen, hab ich mir. Was soll ich sonst machen? manchmal regnet's, hab ich kein Lust rauszugehen, also leih ich mir en Film aus, lad ich halt zwei, drei Freunde bei mir ein und gucken wir uns halt en Film an"(64).

Am liebsten sind Karim lustige Filme, beim Film *Titanic* dagegen sei er eingeschlafen – das sei eher etwas für Frauen und ältere Menschen. Fernsehen schaut Karim heute selten, manchmal zum Essen; ein bisschen wehmütig erinnert er sich an die Hauptschulzeit, wo er viel mehr Zeit hatte, fern zu sehen.

Karim gibt an, auf Arabisch Bücher über den Islam bzw. den Koran zu lesen. Er mache dies nicht regelmäßig, immer, wenn er mal Zeit habe. „Halt so ich, ich will wissen halt, wie's ist als Moslem so"(172). Den Koran lese man von vorne bis hinten: „Man muss schon nach, auf der ersten Seite anfangen. Wenn halt, immer wenn ich fertig bin halt, dann mach ich halt so in, leg ich's Band drauf, dass ich nicht vergesse bis wo ich hin gelesen hab. Bis ich halt das Buch durchgelesen hab"(168).

In den Pausen im Betrieb liest Karim Zeitungen (*Bild*, *Frankfurter Rundschau*), „dass die Pause schneller rumgeht" (92). Er hält Zeitungen für wenig glaubwürdig, da sich Angaben gegenüber dem Fernsehen unterscheiden würden; auch sein Vater fände die *Tagesschau* glaubwürdiger.

Karim hört außerdem gerne Musik – zu Hause, bei der Arbeit und zum Einschlafen –, die er je nach Stimmung auswählt.

Karim glaubt, in der dritten Klasse mit dem Fernsehen angefangen zu haben; vorher hätten seine Eltern es nicht erlaubt. Zu seiner Hauptschulzeit habe er viel ferngesehen, vor allem nachmittags Serien wie *Der Prinz von Bel Air*. Heute hätte das keinen Sinn mehr, da es spannend dadurch werde, dass man es jeden Tag guckt. Er habe mit seinen Geschwistern fern gesehen. Auch Videospiele habe er nachmittags gespielt.

Seine technische (Laut-)Lesefähigkeit sei schon immer gut gewesen, er hätte oft laut vorlesen müssen in der Schule, da er es so gut konnte. Er beschreibt die Lektüre eines Buches über eine kolumbianische Familie etwa in der 8. Klasse als spannend, es habe ihm Spaß gemacht, es zu lesen. Den Struwwelpeter hingegen fand er sinnlos. Die Lektüre sei jeweils im Klassenschrank verwahrt worden, man hätte sie in der Klasse laut gelesen, Stichworte gesammelt und Texte dazu erstellt: „Weil wir habens ja nicht einfach so aus Spaß gelesen"(244). Er ist der Meinung, dass in der Schule genug Lektüre stattfand: „Das hat schon gereicht"(270).

Karim stellt sich als einen Menschen dar, der aus zeitlichen Gründen recht selten Medien nutzen kann. Arbeit und Fußball sind wichtiger und nehmen viel Zeit in Anspruch. Er liest einerseits, um sich zu beschäftigen – dies gilt für seine Zeitungslektüre –, andererseits, um etwas zu erfahren, – dies gilt für seine religiöse Lektürepraxis –, von der man allerdings annehmen kann, dass sie in der Gegenwart unregelmäßig und wahrscheinlich doch viel seltener als dargestellt stattfindet.

## Laura: „aber dann denk ich, ich muss dann doch wieder was für die Schule tun"

(Irene Pieper)

Laura präsentiert sich als junges Mädchen, das noch fest eingefügt in den Zusammenhang einer großen italienischen Familie lebt. Sie ist tatsächlich noch keine achtzehn, steht aber bereits am Ende ihres zweiten Lehrjahres als Auszubildende in einer Zahnarztpraxis. Ausgesprochen redegewandt und aufgeschlossen, erzählt sie gern, ist gelegentlich witzig und wirkt alles in allem recht souverän. Besonders eine Freundin, mit der sie gemeinsam die Freizeit verbringt, mit der sie telefoniert und auch mal mit Jungen chattet, spielt neben der Familie eine wichtige Rolle. In der Zahnarztpraxis schaut sie regelmäßig Frauenzeitschriften mit Problemspalten durch, bespricht den Klatsch mit Kolleginnen und verfolgt die Horoskope. Neben ihre mädchenhafte Seite tritt die fürsorgliche: Früh habe sie Verantwortung für ihre drei jüngeren Geschwister übernommen, weil ihre Eltern durch das Restaurant, das sie führten, wenig Zeit für sie gehabt hätten. Der jüngsten vierjährigen Schwester gegenüber, mit der sie ein Zimmer teilt, hat sie quasi mütterliche Funktion: Ihr liest sie vor, was die Mutter für Laura, wie sie bedauert, nie getan habe, sie bringt die Kleine zu Bett.

Vor allen anderen Medien bedeutet Laura das Radio viel: Seit der Fernseher einmal kaputt gewesen sei, laufe es beinahe ununterbrochen und begleitet so ihren häuslichen Alltag mit Musik. Ja, eine intensive Fernsehphase mit sämtlichen Vorabendserien habe sie auch gehabt, das gehe nicht mehr, seit sie in der Ausbildung sei. Ihr älterer Bruder habe eh immer gespottet darüber, jetzt merke sie selber, dass sie das alles gar nicht brauche. Lauras filmische Vorlieben sind klar erkennbar: gern lässt sie sich von Liebesdramen bewegen, erzählt lang und ausführlich von *Legenden der Leidenschaften*, die sie am Vorabend gesehen hat. Und sie betont, dass sie mehrmals habe weinen müssen. Die Emotionalität erscheint dabei durchaus als Moment der Selbstkonstruktion: weiblich-gefühlsorientiert präsentiert sie sich, wozu auch ihr geradezu schwärmerisches Verhältnis zur ehemaligen Klassenlehrerin passt.

Ihre Aussagen zum Lesen fügen sich in dieses Bild: Sie sei „auch so eine Träumerin", kommentiert sie ihre Freude an Märchen in der Kindheit. Die hätten doch meist ein Happy end. Die herausragende Leseerfahrung bildet die Lektüre von Barbara Wood, *Die Prophetin*, ein Buch, das sie um die Jahrtausendwende eingekuschelt im Bett gelesen habe. Und wenn sie sich wieder ein Buch aussuchen würde, würde sie auf jeden Fall einen dicken Liebesroman nehmen. Allerdings wird doch deutlich, dass sie zwar vom Lesegenuss einer weiblichen Genussleserin berichten kann und klar über ein entsprechendes Lesekonzept verfügt, diese Erfahrung aber kaum zu einer kontinuierlichen Praxis geführt hat: Wenn sie auch zunächst angibt, mittlerweile – nachdem in der Pubertät Mädchenzeitschriften im Vordergrund standen –, nur noch Bücher zu lesen, ist doch der Roman von Wood der einzige seit Ende der Schulzeit, von dem sie erzählen kann. Sie habe wenig Zeit, betont sie, und weist damit auch darauf hin, dass zumindest keine stabile Motivation vorliegt, sich entsprechende Freiräume zu schaffen.

Leseschwierigkeiten dürfte sie allerdings kaum haben: An ihrem Arbeitsplatz hat Laura viel mit Schriftzeugnissen zu tun, und durchaus überzeugend erzählt sie von einer erfolgreichen Schulkarriere zumindest an der Hauptschule, auf die sie zur Klasse 7 hin von der Realschule wechselte. Mit Begeisterung habe sie Nacherzählungen geschrieben und auch viel Lob dafür geerntet. Bei ihrer späteren Klassenlehrerin hätten sie dann pro Schuljahr „bestimmt zwei Bücher" gelesen, vor allem aber ein englisches Theaterstück aufgeführt. Laura spielte die weibliche Hauptrolle und erinnert sich begeistert an die gemeinschaftliche Produktion. Daneben kann Laura von Kurzgeschichten berichten, die sie gelesen, und Gedichten aus Lese- und Sprachbuch, die sie behandelt hätten. Auch wenn das „Wie?" blass bleibt, muss Laura schon allein vom Umfang her einen relativ ausgeprägten Literaturunterricht gehabt haben, an den sie sich auf jeden Fall gern erinnert. Er dürfte nicht unwesentlich zu ihrem Bildungserfolg beigetragen haben.

Alles in allem kommt Lesen dennoch nicht als eine intensive gegenwärtige Praxis in den Blick, wenn auch die Erfahrung des Sich-Versenkens ins Gelesene aufscheint. Lesen ist für Laura auch nicht als Leistung konnotiert. Schriftmedien zur Information nutzt Laura nur bei Gelegenheit, wenn etwa die Mutter die Rundschau gekauft hat, Radionachrichten auf FFH decken Lauras Bedarf, so scheint es, völlig. Die Zeitschriftenlektüre in der Praxis unterhält sie immerhin und ist Gegenstand von Kommunikationen. Die emotionale Stimulierung sucht Laura allerdings tatsächlich wohl eher im filmischen Medium auf: im Fernsehen oder auch mit der Freundin im Kino.

*Marcel: „ Wie sich das anhört, letztes Jahr hab ich en Buch gelesen"*

(Katrin Kollmeyer)

Marcel (20) beendete die Schule 1999 mit einem erweiterten Hauptschulabschluss und befindet sich zur Zeit im dritten Lehrjahr seiner Ausbildung zum Heizungsbauer. Seine Familie stammt aus Polen und ist seit 1988 in Deutschland. Marcels Vater, Automechaniker von Beruf, starb 1994 mit 37 Jahren an Herzversagen. Die Mutter, Verkäuferin, ist derzeit ohne Anstellung. Marcel teilt mit seiner 15jährigen Schwester ein Zimmer in der Wohnung der Familie.

Zum Zeitpunkt des Interviews ist die Verarbeitung der Trennung von seiner Freundin zentrales biographisches Motiv. Trauer und Selbstmitleid sind unverkennbar. Zusätzlich scheinen ihn finanzielle Probleme zu plagen. Am Wochenende arbeitet er schwarz.

Das Marcels derzeitige Mediennutzung bestimmende Motiv könnte „Erst die Freunde, dann die Medien" lauten. Immer wieder betont er die Bedeutung der Peers und des Ausgehens und die Nachrangigkeit der Mediennutzung. Er habe den Drang, rauszugehen, könne nicht zu Hause sitzen, was er mit der Angst erklärt, etwas zu verpassen. Im Gegensatz zu früher brauche er das Fernsehen heute nicht unbedingt. Ebenso wenig interessiert er sich fürs Kino. Wenn seine Freunde über Kinofilme sprechen oder gemeinsam fernsehen, mache er nicht mit: „Dann sitzen die da und gucken Filme, sag ich irgendwas, eh sei ma ruhig, wir wollen Film gucken. Sag ich, ja okay, dann kann auch nach Hause gehen." (383). Allerdings hat Marcel offensichtlich durchaus eine gewisse Praxis im Bezug auf Videos. So kann er etliche Lieblingsfilme (*Fight Club*, *Blue Velvet*, *Twintown*, etc.) nennen, was für ihn jedoch nicht im Widerspruch zur betonten Bedeutungslosigkeit der AV-Medien zu stehen scheint.

Musik dient Marcel als Klangtapete, sei es morgens bis zum Verlassen des Hauses oder im Auto auf dem Weg zu Kunden. Konzentriertes Hören von Hip-Hop-CDs findet teils mit Freunden statt, ebenso Anschlusskommunikation.

Die kulturelle Wertschätzung bzw. normative Anforderung des Lesens ist Marcel bekannt und bewusst – „Man sagt ja immer so, lies lieber ein Buch und so ne?" (364) –, er selbst hat jedoch keine Nutzungspraxis. Letztes Jahr habe er ein Buch über einen bekannten Grafittisprüher aus Berlin gelesen. Außerdem habe er eine Zeitlang Grafitti-Magazine gekauft, die ihm nun aber zu kommerziell geworden seien. Vor einem halben Jahr habe er sich im Zuge seines „Intellektuellen-Trips" einen Monat lang den *Focus* gekauft. „Irgendwann hat ich nicht mal Geld für Zigaretten und da hab ich's auch wieder gelassen." (191). Weitere Entlastungsargumente sind Zeitmangel und Unhandlichkeit, die Marcel in Bezug auf die *Frankfurter Rundschau* nennt: „Ich hatte keine Lust mit so nem Klotz herumzulaufen." (224). In der handlicheren *Bildzeitung* stünde allerdings nur „Müll".

In der frühen Kindheit Marcels teilten sich seine Familie, eine Tante und die Großeltern in Polen ein Haus. Damals habe ihm sein Vater viele eher unbekannte Märchen vorgelesen. In der BRD habe der Vater dann versucht, ihm auf Deutsch vorzulesen, woraufhin Marcel ihn ausgelacht und dafür „eine gefangen" habe. Insgesamt wirkt die Rolle des Vaters bedeutender als die der Mutter, von der sich Marcel distanziert und mit der er, obwohl von ihr erwünscht, keine gemeinsame Fernsehpraxis hat. Mit etwa acht Jahren sei Marcel ein „Fernsehjunkie" gewesen, der seiner Schwester seine Serien aufgezwungen habe und sogar mit der Fernbedienung aufs Klo gegangen sei. Damals habe er auch Comics wie *Spiderman* und *Yps-Hefte* gelesen. In der 4./5. Klasse war Wrestling übergreifendes Thema in Marcels Mediennutzung. Allein oder mit seinen Freunden habe er Wrestlingfilme auf *Tele 5* gesehen und Zeitschriften zum Thema rezipiert.

Der Bedeutungswandel der Mediennutzung findet seine biographische Verortung im Eintritt in die Pubertät. Etwa mit 12 habe er begonnen, mit Freunden draußen herumzuhängen. Fernsehen, Lesen – „das war alles weg dann" (151). Gleiches gilt für die Computernutzung. Während er mit 12, 13 noch viel am Computer „gezockt" habe – „Supernintendo und das ganze Programm" –, nutze er ihn seitdem gar nicht mehr.

Mit der Hauptschule verbindet Marcel hauptsächlich Erinnerungen an Schul- und Lernschwierigkeiten, wobei er Fremdzuweisungen ins Selbstbild integriert und als Erklärungsmuster anführt. Der Deutschunterricht und andere Fächer seien langweilig gewesen, was aber an ihm gelegen habe: „Wenn ich länger auf die Tafel geguckt hätte und besser zugehört hätte, wär vielleicht was anderes draus geworden." (271). Als einzige Schullektüre ist ihm *Der kleine Prinz* präsent, der in der 10. Klasse gelesen wurde und zu dem er kein Urteil abgeben könne. Das Lesebuch sei selten zum Einsatz gekommen und Gedichte hätten sie nach der 7. Klasse nicht mehr behandelt.

Da Freunde in Marcels derzeitiger Lebenssituation unangefochten auf dem ersten Rang stehen, kommt den Medien nur eine untergeordnete Rolle zu, wobei Musik und Videos noch die am ehesten von ihm genutzten Medien sind. In Bezug auf andere Medien, die bei der Verarbeitung des Eintritts ins Berufsleben bzw. der Trennung von seiner Freundin hilfreich sein könnten, weist Marcel derzeit keine Nutzungspraxis auf.

## *Martina: „....wie so der Kopf abgehackt wird und das Blut so spritzt. Ja, das bringt's schon"*

(Steffen Volz)

Martina steht zum Zeitpunkt des Interviews kurz vor der Vollendung ihres 17. Lebensjahres. Nach Abschluss der Hauptschule war sie für ein weiteres

Jahr zur Schule gegangen, ohne dabei aber einen höheren Schulabschluss zu erwerben. Zum Zeitpunkt des Interviews ist Martinas zukünftige Ausbildungssituation noch ungeklärt. Der Übergang in das Berufsleben und die damit einhergehenden biographischen Veränderungen und Entwicklungsaufgaben stehen Martina somit noch bevor.

Martina lebt mit beiden Elternteilen und einem jüngeren Bruder in einer gemeinsamen Wohnung und verfügt über ein eigenes Zimmer. Seit ihrer Kindheit ist Martina aktives Mitglied eines Gardevereins, nimmt im Rahmen der Vereinsaktivitäten an Umzügen, Karnevalsveranstaltungen und Tanzturnieren teil.

In Martinas aktueller Mediennutzungspraxis lässt sich ein eindeutiger Schwerpunkt ausmachen: Ihr vorrangiges Interesse gilt Medienprodukten, die sich dem Horror- und dem Fantasy/Mystery-Genre zurechnen lassen. Die Themen und Motive dieser Genres werden dabei medienübergreifend aufgesucht. Martina rezipiert Filme und Texte und produziert auch selbst einschlägige Geschichten, Zeichnungen und Comics. Martinas literarische und zeichnerische Produktion ist dabei von Filmvorlagen angeregt. Die Vorstellung, dass diese Eigenproduktion auch der Bewältigung der durch die Medienprodukte erzeugten Ängste dient, legt das Interview insgesamt nahe: So berichtet Martina von Alpträumen, die bei ihr durch den Konsum dieser Medienerzeugnisse ausgelöst werden. „Ja, dass ich eh selbst so en Mordopfer bin. Zum Beispiel, dass da en Typ kommt, [der] mit em Hackebeil hinter mir her ist (lacht)" (486).

Martinas Präferenz für das Horror- und Fantasy/Mystery-Genre scheint hauptsächlich aus zwei Quellen gespeist. An erster Stelle steht der ‚Thrill', die Angstlust. Martina selbst umschreibt dieses Phänomen mit dem Begriff des Nervenkitzels. Dramaturgisch wird dieser Nervenkitzel durch den Effekt des Schocks erzeugt, den unvorbereiteten Einbruch des Schreckens in eine (trügerische) Idylle. Martina erkennt und goutiert diese Form der Inszenierung: „Ich denk dann, mein Gott was passiert en jetzt, was passiert en jetzt, wenn da so jetzt ne Szene kommt, wo alles ganz ruhig ist" (285). Als zweites Moment tritt ein Interesse an Szenen hinzu, die die gewaltsame Zerstückelung und Zerstörung menschlicher Körper darstellen. „Nahaufnahmen wie so der Kopf abgehackt wird und das Blut so spritzt" werden als „die besten Szenen" (227) bezeichnet. Gewalt und Körperzerstückelung ist auch in Martinas Eigenprodukten ein wichtiges Thema. „Ich hab mal eine Szene nachgezeichnet, wo so en Typ ner Tussi voll so durch den Körper mit der Faust schlägt, [dass] des Blut nur so spritzt" (511).

Auch beim Lesen präferiert Martina die Genres Horror und Fantasy/Mystery, „also so unheimliche Geschehnisse mit Geistern und so" (87). Allerdings bleiben Martinas Angaben zu den Lesestoffen vage, erlauben keine definitiven Rückschlüsse auf Quantität und Qualität der tatsächlichen Lektürepraxis.

Neben dem Interesse am Themenkomplex Horror/Fantasy spielt in Martinas momentaner Medienpraxis auch die Lektüre von Jugendzeitschriften und Comics eine Rolle. Ihre Vorliebe für japanische Comicserien lässt vermuten, dass die Gewaltthematik auch bei der Comiclektüre aufgesucht wird. Die Darstellung ihrer Medienrezeption und -produktion erfolgt nüchtern und sachlich, sie trägt keine Züge der Selbststilisierung oder des Selbstgefälligen.

Film- und TV-Rezeption sind feste Bestandteile in Martinas bisheriger Medienbiographie. Nach ihrer eigenen Einschätzung lag der bisherige Höhepunkt dieser Medienpraxis um das 12./13. Lebensjahr. Ihre damalige Vorliebe galt Kinderfilmen, Komödien und Soaps. Das Interesse an Horror und Fantasy erwacht etwa mit dem 14. Lebensjahr. In ihrer Kindheit war Martina besonders von den Märchenadaptionen der Walt-Disney-Studios beeindruckt. Märchen rezipierte sie zudem in Form von Hörspielkassetten. Elterliches Vorlesen scheint dagegen kaum stattgefunden zu haben. Auch andere Hinweise auf eine Unterstützung ihrer literarischen Sozialisation durch das Elternhaus lassen sich nicht ausmachen. Martina kann aber auf einen eigenen Buchbestand zurückgreifen, der sich aus jugendliterarischen Titeln zusammensetzt. Die Angaben zur Lektüre dieser Bände bleiben hinsichtlich Zeitpunkt und Inhalt zu widersprüchlich, um eine Rekonstruktion ihrer Lesebiographie zu erlauben.

Während Martina von umfassenden Lernschwierigkeiten im mathematischen Bereich erzählt, war ihr Deutschunterricht weniger misserfolgsgeprägt. Hinsichtlich des Stellenwerts literarischer Texte im Unterricht erwähnt Martina die Durchführung von Buchvorstellungen in der Grundschule und die Lektüre des Titels *Crazy* von B. Lebert in der Hauptschule. Als vorrangige Arbeitsformen des Literaturunterrichts der Hauptschule nennt Martina lautes Lesen und Aufgabenstellungen zur Inhaltssicherung; produktive Verfahren werden von Martina im Zusammenhang mit der Behandlung von Lyrik erwähnt. Ein Zusammenhang zwischen dem Literaturunterricht der Hauptschule und Martinas Lese- und Medienpraxis ist nicht auszumachen. Martinas Faible für brutal-drastische Unterhaltungsformen entwickelte sich unabhängig vom Deutschunterricht und dessen Inhalten. Der Bearbeitung welcher biographischer Themen und Entwicklungsaufgaben Martinas Medienrezeption und -produktion letztlich dienen könnte, lässt sich anhand des vorliegenden Datenmaterials nur spekulativ beantworten. Eine gewisse Plausibilität kommt der entwicklungspsychologisch argumentierenden Vermutung zu, die Konfrontation mit Körperzerstückelung und Gewalt diene der Verarbeitung der körperlichen und psychosexuellen Umbrüche während der Pubertät (vgl. Raschke 1996). Wie dem auch sei – Martina ist eine der wenigen Befragten, die biographisch einen Gebrauchswert des Lesens entwickelt haben und nutzen, wenn auch auf einem schmalen thematischen Sektor und mit offensichtlich sehr begrenzten Funktionen.

## Mohamed: „Also, ich bin immer mit Vierer ausgekommen"

(Steffen Volz)

Mohamed, 18, befindet sich zum Zeitpunkt des Interviews in einer Arbeitsbeschaffungsmaßnahme des Arbeitsamts. In Marokko geboren besuchte er dort bis in das 3. Schuljahr die Grundschule, bevor er in die Bundesrepublik kam. Beide Elternteile waren bereits zuvor in die BRD immigriert. Mohamed und seine fünf Geschwister leben in der elterlichen Wohnung. In seiner Familie wird eine Berbersprache gesprochen. Nach dem Arabischen, der Amts- und Unterrichtssprache in Marokko, erwarb Mohamed mit dem Deutschen bereits die zweite Fremdsprache. Seine Arabischkenntnisse schätzt er als heute nur noch bruchstückhaft ein. Eine Verständigung auf Deutsch bereitet ihm dagegen keinerlei Schwierigkeiten, obgleich ihm noch Fehler unterlaufen. Seine Freizeit verbringt Mohamed in verschiedenen Jugendzentren, sein Hauptinteresse gilt dabei den Discoveranstaltungen. Auch kommerzielle Discotheken besucht er regelmäßig.

Kino wird von Mohamed als sein aktuell am intensivsten genutztes Medium dargestellt. Etwa dreimal in der Woche sieht er gemeinsam mit Freunden im Kino einen Film. Die soziale Komponente des gemeinsamen Kinobesuchs ist für ihn von entscheidender Bedeutung, „ich geh nie alleine" (48). „Fantasy-Filme" bezeichnet er als sein bevorzugtes Genre, er kann diese Vorliebe aber nicht inhaltlich evident machen. Abgesehen von der Wiedergabe eines am Vortag rezipierten Films erzählt Mohamed an keiner Stelle etwas zur Bedeutung seiner Filmrezeption. Die Zeit, die Mohamed in der elterlichen Wohnung verbringt, wird vom Fernsehen beherrscht. „Wenn ich zu Hause bleib, guck ich Fernseh, hab ich auch nix zu tun." (61). Bevorzugt werden dabei die Angebote des Pay-TV-Senders *Premiere* rezipiert, die er durch Zappen auswählt. Mohamed betont jedoch, einmal ausgewählte Filme vollständig anzuschauen, da er anderenfalls Verständnisprobleme habe. Selektionsmuster bei der Auswahl der Sendungen werden nicht sichtbar.

Schriftmedien spielen dagegen in Mohameds Mediennutzungspraxis nahezu keine Rolle. Buchlektüre wird ausdrücklich abgelehnt, „Bücher les ich nicht gern" (151), auch Zeitschriften sind bedeutungslos, selbst die Programmzeitschrift des Pay-TV-Senders *Premiere* wird nicht zur Programmauswahl herangezogen. Allein der gelegentliche Erwerb der *Bild* wird erwähnt, Hinweise zu Modus und Umfang dieser Lektüre liefert Mohamed allerdings nicht. Für den Prozess seiner Identitätsbildung und Selbstkonstitution besitzen anscheinend Printmedien derzeit keinerlei Funktion.

Mohameds Medienbiographie ist eindeutig von Film und Fernsehen dominiert. Erzählungen der Urgroßmutter in der Kindheit stellen die bislang einzig relevante Erfahrung mit literarischen Texten dar. Mohamed erinnert sich noch heute der Anspannung, die diese Geistergeschichten bei ihm erzeugten, beschreibt die Erzählsituation als emotional angenehm. „[Wenn die Urgroßmutter] Geistergeschichten erzählt hat, dann hab ich Angst gekriegt, also Gänsehaut oder so […] Danach bin ich immer zu ihr gegangen, hab ich Decke über mein Kopf gemacht und die hat weiter erzählt. Irgendwann bin ich dann eingeschlafen" (171).

Im Hinblick auf den schulischen Unterricht beschreibt sich Mohamed als schlechten Schüler ohne jegliches Interesse an Unterrichtsinhalten. Die Gründe für seinen geringen schulischen Erfolg sieht er ausschließlich bei sich selbst. So habe er beispielsweise niemals Hausaufgaben erledigt. Allein zur Vermeidung elterlicher Sanktionen habe er sich um akzeptable Noten bemüht. Zur Erreichung dieses Zieles praktizierte Mohamed seiner Darstellung zufolge eine erfolgreiche Anpassungsstrategie: ruhiges und diszipliniertes Verhalten in Kombination mit gelegentlicher mündlicher Beteiligung.

Den schulischen Umgang mit Texten beschreibt er als eine Abfolge von lautem Lesen und Formen der Inhaltsparaphrase. Vage erinnert er sich an die Schullektüre eines literarischen Textes zum Themenkomplex Dritte Welt.

Mohameds konsequente und geschickte Vermeidung von Aussagen zu schriftkulturellen Praxen wirft die Frage auf, inwieweit bei ihm elementare Probleme mit der Lesefertigkeit bestehen könnten, ob er möglicherweise zur Gruppe der funktionalen Analphabeten gezählt werden müsste. Die permanente Nicht-Anfertigung schulischer Hausarbeiten, die entwickelte Kompensationsstrategie zur Bewältigung schulischer Minimalanforderungen und die konsequente Vermeidung von Aussagen zu schriftkulturellen Praktiken im vorliegenden Interview wären weitere Indizien zur Stützung dieser Annahme. Freilich lässt sich diese Vermutung aus den vorliegenden Informationen weder verifizieren noch falsifizieren. Mohamed gibt an: „Also, ich bin immer mit Vierer ausgekommen."

## Nadia: „Ich les gern Bücher, aber ... "

(Katrin Kollmeyer)

Nadia (17) hat 2000 den erweiterten Hauptschulabschluss gemacht und absolviert zur Zeit eine Ausbildung zur Zahnarzthelferin. Als jüngstes von vier hier geborenen Kindern teilt sie sich mit ihrem Bruder, der Informatik studiert, und einer Schwester ein Zimmer in der Wohnung der Eltern, die jordanische Christen sind.

Nadias Vater ist seit 40 Jahren in Deutschland und arbeitete hier bis zum Renteneintritt als Automechaniker. Ihm verdankt die Familie ein ausgeprägtes Gesprächsklima. Nadia beschreibt ihren Vater als „Politikfanatiker" und Initiator heftiger Diskussionen über die Geschehnisse im Nahen Osten. Auch lade er zweimal pro Monat zur „Familienkonferenz", die sich immer um dieselben lästigen Themen wie das Ausgehen drehe.

Die Mutter hat einen abiturähnlichen Abschluss. Sie macht einen Putzjob, den sie krankheitsbedingt vor einiger Zeit an Nadia übertragen hat, so dass diese neben der Ausbildung noch dreimal wöchentlich abends putzen geht.

Nadia geht davon aus, diese Arbeit noch einige Zeit machen zu müssen. Sie erlebt ihre derzeitige Situation, die ihr kaum Zeit für sich selbst oder Freunde lässt, in jeglicher Hinsicht als „Tief": „Ich kann irgendwie gar nix mehr regeln" (158). „Sei es Familie, sei es Arbeit und weil ich familiäre Probleme gehabt hab. Kam noch die Arbeit dazu und des war einfach dann wirklich zu viel und dann ging's echt bergab mit mir" (431).

Auffällig ist Nadias ausgeprägtes Imageproblem, welches sowohl auf ihrer Bildungskarriere als Hauptschülerin („Hauptschüler ist ja schon ne Beleidigung"(407)) als auch auf dem Beruf der Zahnarzthelferin („Wir tun mehr als nur saugen."(421)) zu gründen scheint. Ihren Selbstwert gegenüber einer stigmatisierenden Umwelt zu behaupten ist für sie zentral. Lesen begreift sie in diesem Zusammenhang als Ausweis sozialer Wertigkeit. Nadia zeigt ein gesellschaftlich tradiertes Bildungskonzept sowie eine romantische Vorstellung vom intrinsisch motivierten Lesen („immer abends so mit der Taschenlampe"(154)). Faktisch jedoch hat sie keinen Bezug zu diesem Medium. Außer einem Libanon-Reiseführer – Reminiszenz an einen dort verbrachten Urlaub – habe sie in letzter Zeit nicht viel gelesen, was sie mit Zeitnot, Unlust und mangelnder Anregung durch Dritte erklärt. In Bezug auf Zeitschriften wie *Sugar*, *Bunte* oder *Gala* dominiert das Blättern. Auch lebensgeschichtlich lassen sich keinerlei Viellesephasen oder eine Rezeption mit wirklicher Beteiligung ausmachen. Die wenigen von ihr als jugendliche Freizeitlektüre benannten Bücher können vermutlich als Schullektüre identifiziert werden.

Ihre derzeit stark limitierte Freizeit ist geprägt von einer intensiven Nutzung audiovisueller Medien, wobei Nadia das Internet (Emailen und Chatten) als für sie wichtigstes Medium einstuft. Allerdings benennt sie auch Musik („egal wo ich hingeh hör ich ja Musik"; 389), die dem Mood Management zu dienen scheint, und Fernsehen als für sie recht bedeutsame Medien. Sie nutze „eigentlich alles gleich" (389). Nadia kann dezidiert aufzählen, was sie wann im Fernsehen schaut, wobei meist Comedy-Shows, Serien, *MTV Libanon* und arabische Spielshows, weniger oft Talkshows oder Nachrichten auf ihrem Programm ständen. Ein Tag ohne Fernsehen sei eher die Ausnahme. Videos sehe sie selten. Auch Kinobesuche mit arabischen Freundinnen hätten aufgrund des vielen von ihnen auferlegten Ausgehverbots abgenommen.

Nach ihrer Kindheit gefragt konstruiert Nadia sich retrospektiv als aufgewecktes Kind, das gerne tanzte, sang und seine Freizeit bevorzugt draußen spielend verbrachte. Fernsehen habe damals keine Rolle gespielt. Vor dem Schlafengehen habe ihr der Vater die Haare geflochten und arabische Lieder vorgesungen. Ihr Bruder habe ihr gelegentlich aus Jugendbüchern vorgelesen, die er selbst rezipierte. Für im Haushalt vorhandene Kinderbücher habe sie sich nicht interessiert, wohl aber für Hörspielkassetten wie *Aladin* oder *Benjamin Blümchen*. Während der Hauptschulzeit scheint der Fernseher allmählich an Bedeutung gewonnen zu haben.

Dass sie, die früher schlecht gelesen habe, heute gern laut lese, sei ein Verdienst des Deutschunterrichts, auch wenn sich Nadias Erinnerungen an den Deutschunterricht der Hauptschule überwiegend auf ihre schlechten Beziehungen zu Lehrern beziehen. Inhaltlich erinnert sie teils langweilige, weil realitätsferne Gedichteinheiten, die Lektüre der *Wolke* sowie eines Buches über ein drogenabhängiges Mädchen. Wenngleich der Literaturunterricht auf ihre Mediennutzung keine nachhaltigen Auswirkungen hatte, so stammten Lektüreanregungen z.B. für das *Tagebuch der Anne Frank* doch von Nadias Deutschlehrerin.

Nadia sieht sich mit ihrer Hauptschulgeschichte und ihrer Ausbildung als Zahnarzthelferin als eine von der Gesellschaft zu wenig wertgeschätzte junge Frau. Dieses Imageproblem sowie die Umstellung von der Schule auf den Beruf beschäftigen Nadia stark, wobei Medien bei der Bewältigung dieser Entwicklungsaufgaben scheinbar keine Unterstützung bieten. Vielmehr dienen Fernsehen und Musik der Ablenkung und Entspannung vom Alltag. Die Rolle des Lesens in der derzeitigen Mediennutzungspraxis ist marginal.

## Nadine: „Ich würd' mir das dann angucken"

(Cornelia Rosebrock)

Nadine ist 18, sie wohnt bei ihrer Mutter, die als Krankenschwester berufstätig ist. Die Mutter kam vor Nadines Geburt aus Bosnien nach Deutschland. Nadines biologischer Vater lebte nie mit der Familie zusammen. Sie hat eine Schwester, deren Vater in ihrer Kindheit „ihr Papa" war. Die Familiensprache war und ist Deutsch, aber die Mutter hat Nadine etwas Kroatisch beigebracht.

Seit Nadine in der Ausbildung als Friseurin steckt, hat sie nur noch wenig Freizeit, die sie primär für Einkaufsbummel mit den Freundinnen nutzt. Fernsehen schaltet sie frühmorgens oder vor dem Schlafengehen als Nebenbeimedium an oder zappt spät abends unkonzentriert durch die Kanäle. Selten schaut sie zusammen mit der Mutter, dann aber eine ganze Sendung, Soaps oder Talkshows. Mit ihren Freundinnen sieht sie gelegentlich gemeinsam Video- oder Kinofilme, Komödien oder Horrorfilme. In den Pausen schaut sie auch Illustrierte am Arbeitsplatz durch, zu Hause liest sie manchmal Werbetexte, die Klappentexte von Büchern, die ihr ältere Schwester oder Freundinnen ihr empfehlen, zuweilen auch kroatische Zeitungen, um die Sprachkenntnisse zu erweitern.

Nadine erinnert sich gut an ihre Lese- und Mediengeschichte: Ihr wurde vorgelesen, auch in der Grundschule bzw. im Kinderhort wurden insbesondere Kinderbuchklassiker von Astrid Lindgren vorgelesen, weiterhin kann sie eine ganze Anzahl von Titeln „kleiner Bücher" nennen, die sie in der Grundschulzeit selber las. Sie hörte Hörspielkassetten, deren Titel sie noch erinnert, und sah Videos mit Kinderfilmen. An das Vorgelesen-Bekommen insbesondere der Lindgren-Bücher im Hort hat sie sehr positive, sentimental getönte Erinnerungen. In der frühen Sekundarstufe las sie in der Freizeit ausgiebig die *Bravo* und sammelte die Hefte und diverse Abbildungen der Stars. Mit Beginn ihrer Ausbildung hat sie diese Praxis eingestellt und ihre Sammlung weggeworfen: „Jetzt ist es halt, bin ich eigentlich nur unterwegs mit Freundinnen, draußen. Jetzt kommt das Erwachsene richtig, jetzt kommt der Ernst des Lebens" (615–617). Nach der Grundschule bis in die Gegenwart hinein ist ihr die Lektüre von Büchern, die ihr die Freundinnen oder die ältere Schwester z. T. empfehlen, zu anstrengend. Obwohl sie der Inhalt interessiere, insbesondere Märchenhaftes, aber auch Mädchenbücher oder Bücher zu Fernsehserien sowie Sachbücher wie etwa *Das Leben nach dem Tod*, und obwohl sie sich bei den Freundinnen und früher in der Stadtbücherei auch Bücher ausleiht, liest sie dann tatsächlich nicht viel mehr als die Klappentexte. Sie betont, gut lesen zu können und auch viele Texte angefangen zu haben: „Ich bin nicht unbedingt ein Mensch, der gerne liest. Ich mag's halt, wenn's was wirklich Interessantes ist. Aber ich bin halt so ein Mensch, wenn ich mir ein Buch ausleihen will oder irgendwas, ich würd' mir das dann angucken, aber, dann les ich zwei, drei Seiten, dann schieb ich's vor mich her ..." (634–638). Ihr Lesen beschränkt sich weitgehend auf Zeitschriften, dort liest sie etwa das Horoskop oder die Kontaktanzeigen.

Im Deutschunterricht der Hauptschule wurden u. a. verschiedene Jugendbücher gelesen. Nadine erinnert sich nur an einen Titel. Obwohl sie betont, dass die Bücher ganz durchgelesen werden mussten, z. T. reihum im Klassenverband, und der Inhalt kleinschrittig überprüft wurde, erinnert sie die Thematik des Textes so falsch, dass Zweifel bleiben, ob sie das Buch tatsächlich gelesen hat. Der Berufsschuldeutschunterricht ist gegenwärtig von Rechtschreibtraining bestimmt. In ihrer gegenwärtigen Medienpraxis sind keine schulischen Einflüsse sichtbar; insgesamt rezipiert sie Medien eher flüchtig.

Nadine beschreibt sich als prinzipiell lesekompetent in einer vergleichsweise leseaktiven Umgebung – die Schwester, auch die Mutter und Freundinnen gehen mit Büchern um – und naturalisiert ihr Nicht-Lesen zu einer festen Charaktereigenschaft. Lesen hat in ihrem Alltag sowohl gegenwärtig als auch früher in der Hauptschulzeit keine für sie wesentliche Funktion; als Medium der subjektiven Erfahrung hat sie es vermutlich nach den frühen Geborgenheitserlebnissen beim Vorlesen nicht mehr wahrgenommen, trotz der ausgiebigen Sammeltätigkeit im Zusammenhang mit der Bravo-Lektüre. Sie assoziiert es aber durchaus auch nicht mit Bildungsansprüchen, obwohl sie ihr Nicht-Lesen im Interview in vielerlei Hinsicht rechtfertigt, etwa mit dem Argument, Lesen schade den Augen. Diese eher uninteressierte, aber selbstbewusste Gleichgültigkeit bringt sie auch anderen Medien, dem Fernsehen und auch Musikmedien entgegen. Lediglich in einem Fall, bei einem narzistisch heiklen Thema, wird innere, auch affektive Beteiligung an einem Medienthema sichtbar: Dass Gäste einer Talkshow „Ich bin dick und fühle mich wohl" bekennen, empört sie tief und nachhaltig, und sie ist noch im Interview davon affektiv tangiert. Auch im Gespräch ist sie zu einem Perspektivwechsel nicht bereit – wer dick ist, habe einzusehen, wie hässlich er sei. Insgesamt ist der Radius der Interessen und das Ausmaß des Engagements für Themen außerhalb der unmittelbaren Lebenswelt bei Nadine eher schmal.

## Stefan: „Ja, wir gucken alles so gemeinsam"

(Heike Wirthwein)

Stefan ist zum Zeitpunkt des Interviews 20 Jahre alt und absolviert eine Ausbildung zum (Friedhofs-)Gärtner. Im Anschluss an die Grundschule hat er zunächst für die Dauer von zwei Jahren eine Sonderschule besucht; vermutlich eine Schule für Lernhilfe. Er selbst bezeichnet die Schule als eine „Lernschule". Danach wechselte er auf eine integrativ arbeitende Hauptschule in der Frankfurter Innenstadt, die er 1998 mit dem Hauptschulabschluss verlassen hat.

Stefan lebt bei seinen Eltern, die beide berufstätig sind. Wie er haben auch die Eltern sowie der fünf Jahre ältere Bruder, der nicht mehr zu Hause wohnt, den Hauptschulabschluss. Stefan ist in seiner Familie fest verankert, insbesondere zu seiner Mutter scheint er eine ausgesprochen intensive Beziehung zu haben. Außenorientierungen werden im Interview kaum deutlich; Stefan erwähnt lediglich einen Freund, mit dem er sich jedoch gleichfalls zu Hause trifft. Eine bedeutsame Entwicklungsaufgabe scheint im Interview nicht auf. Die Statuspassage, in der er sich befindet, äußerlich markiert durch das Ende der Schulzeit und die Aufnahme einer Berufsausbildung, spiegelt sich nicht in einem Ablösungsprozess gegenüber den Eltern. Sein Status innerhalb der Familie ebenso wie die innerfamiliären Strukturen sind davon unberührt, so scheint es.

Stefans Medienpraxis ist geprägt von Fernsehen und Computerspielen. Seine Freizeit wird von einem regelrechten Fernsehwochenplan strukturiert, in dem Serien dominieren. Thematisch zeichnet sich eine Vorliebe für Polizeiserien ab: die Protagonisten sind Vertreter eines „law and order" – Prinzips, „Kämpfer für Gerechtigkeit" und gegen Kriminalität. Darüber hinaus sieht er regelmäßig auch Science-Fiction Serien, eine Vorliebe, die er mit seiner Mutter teilt. Zu den Fernsehserien kommen, wohl vor allem an Wochenenden, Horror- und Action-Filme, die er gelegentlich auch auf Video zusammen mit seinem Freund sieht. Anschlusskommunikation an gemeinsam gesehene Fernsehserien findet innerhalb der Familie statt. Eine besondere Rolle kommt dabei offenbar der Mutter zu. Nicht nur unmittelbar, sondern auch über mehrere Tage hinweg, können die Inhalte einer Sendung Gesprächsgegenstand zwischen Mutter und Sohn sein. Der Vater wird als Gesprächspartner nicht benannt.

Die Themen der von ihm bevorzugten Serien sucht Stefan auch in Computerspielen auf. Sein Interesse gilt hier vor allem Strategiespielen. Als Beispiel nennt er ein Spiel, in dem es darum geht, die Weltherrschaft zu errichten. Ihm gefalle an diesen Spielen das Politische, denn sie seien „wie in der Wahrheit aufgebaut" (31), was er mehrmals betont (vgl. auch 33). Obgleich diese Spiele auch im Internet gespielt werden können, spielt Stefan sie aus Angst, auf unfaire, ihm zudem unbekannte Mitspieler zu treffen, ausschließlich allein: „[…] ich spiel nicht gerne mit fremden Leuten am Computer. (*I:* „*ja*") Weil ich nicht weiß, wie sie spielen („*ja*"), ob's sie unfair spielen oder („*ja*") ob sie fair spielen" (22–24).

Wenn das Lesen neben den intensiv genutzten Medien Fernsehen und Computer auch keine prominente Rolle spielt, verfügt Stefan doch über eine Lesepraxis. Er liest Computerzeitschriften. Die Inhalte sind Gegenstand von Gesprächen mit seinem Freund, der die Zeitschriften häufiger kauft als Stefan und sie ihm dann zur Verfügung stellt. Zu seinem Hobby Tierhaltung liest er die entsprechende Ratgeberliteratur. Hinzu kommt die gelegentliche Lektüre der Tageszeitung, die zu Hause verfügbar ist.

Im biographischen Verlauf erweist sich Stefans Medienpraxis als ausgesprochen stabil. Neben dem Fernseher und dem Computer, mit dem er sich seit der Grundschulzeit beschäftigt, tritt eine Phase intensiver Lektüre von *Was ist Was*-Büchern, die er themenorientiert auswählt (Tiere, Piraten, Geschichtliches). Die Eltern unterstützen ihn darin, indem sie ihm die Bücher kaufen oder in der Bibliothek für ihn ausleihen. Das häusliche Medienangebot ist dabei insgesamt vielfältig. Neben dem Fernseher und dem Videogerät steht in der Familie früh ein Computer zur Verfügung. Darüber hinaus berichtet Stefan aber auch von Lexika und anderen Nachschlagewerken, Tageszeitungen und Zeitschriften, die seine Eltern regelmäßig lesen (der Vater, seinem Hobby Modelleisenbahnbau folgend, die entsprechenden Fachzeitschriften, die Mutter die Zeitschrift *Astrowoche*). Die Medienpraxis scheint dabei in die familiären Kommunikationsstrukturen eingebettet zu sein.

Trotz dieser vergleichsweise günstigen Voraussetzungen einer privaten Lesepraxis hat Stefan offenbar von Beginn an Probleme, den schulischen Anforderungen zu genügen. Insbesondere an den Deutschunterricht hat er keine positiven Erinnerungen: „Das war immer so, trocken und langweilig, wie's eben ist im Deutschunterricht. […] Langweiligen und immer das gleiche, immer nur Diktate und so …" (287). Der Deutschunterricht der Hauptschule erweist sich insgesamt als folgenlos für Stefans Lesepraxis.

Stefan bildet früh eine sachorientierte Lektürepraxis aus, die im biographischen Verlauf stabil bleibt und auch durch den Deutschunterricht keine Erweiterung ins fiktionale Genre erfährt.

## Timi: „Wir machen eigentlich selber was"

(Olga Zitzelsberger)

Timi, 18, absolviert derzeit eine Ausbildung als Kfz-Mechaniker. Seine Eltern kommen aus Sizilien, er und sein kleinerer Bruder sind bereits hier in der BRD geboren. Er präsentiert sich als ruhiger, zurückhaltender und freundlicher junger Mann, der sich gerne im Kreise der Familie aufhält. Zusammen mit der Mutter geht er einkaufen, mit dem Vater spielt er Fußball und auch seine Wochenenden verbringt er mit Familienbesuchen. Er liebt den Nahraum, Ruhe und Ordnung.

Timis Medienerfahrungen haben ebenfalls etwas „Betuliches" und reihen sich in konventionelle Vorstellungen ein. Er erinnert sich an Erzählsituationen in der Küche. Hier habe die Mutter Märchen während des Abwaschens von Geschirr erzählt, was ihm gut gefallen habe. Bei Ferienaufenthalten in Italien haben die Großeltern Kindheitsgeschichten seiner Eltern erzählt, auch dies habe er in positiver Erinnerung. In der Grundschulzeit habe er Dinosaurierzeitschriften gekauft, gelesen und gesammelt. In dieser Zeit habe er auch ferngesehen, nachmittags Zeichentrickserien und abends gemeinsam mit den Eltern. Medienerfahrungen waren dabei stets eingebunden in den familiären Zusammenhang und den familiären Umgangsformen untergeordnet.

Doch Medienerfahrungen insgesamt, auch Lesen, sind randständig in seiner Selbstpräsentation:„Wir sind eigentlich alle nicht so großartige Leser von Zeitungen, Bücher oder so. Wir machen eigentlich selber was"(183–184) Sicherlich benutze er Lexika zum Nachschlagen und Fachbücher für die Ausbildung. Er lese manchmal Zeitungen wie *Meine Waffen* oder *Motorsport*. Interessiert sei er dabei an den technischen Daten von Autos, konkret an Ausstattungsmöglichkeiten eines eigenen zukünftigen Autos. Seine Wünsche orientieren sich dabei durchgängig am Nützlichen und Machbaren.

In den Fernsehprogrammen suche er Entspannung nach der Arbeit während der Woche. Gemeinsam mit dem jüngeren Bruder sehe er dann italienische Shows, Komödien und Actionfilme, am Wochenende besuche er manchmal seinen Cousin, auch dann laufe der Fernseher im Hintergrund. Musik dient ebenfalls der Entspannung, er bevorzugt moderne Stilrichtungen wie Soul oder HipHop. Ins Kino geht er selten, am Computer spielt er manchmal ein Fußballspiel oder druckt Visiten- oder Einladungskarten.

Ähnliche Orientierungen wie bei der Mediennutzung werden auch in seiner Einschätzung des Deutschunterrichts deutlich: Lesen habe ihm Spaß gemacht, weil das Klassenumfeld gestimmt habe. Zudem habe auch die Lehrerin für ein gutes Klima im Klassenverband gesorgt. An konkrete Lerninhalte kann er sich nicht erinnern. Sie hätten Bücher gelesen – er kann einige Titel benennen –, auch mal Gedichte besprochen, insgesamt vor allem „so Grundsachen" gemacht und zum Schluss die neue Rechtschreibung besprochen. Besonders gefallen hätten ihm nicht zu schwierige Arbeitsblätter, da er dann in Ruhe habe arbeiten können. Etwas mehr Ruhe und Aufsicht an der Schule im Allgemeinen waren entsprechend auch seine Empfehlungen zur Verbesserung des Deutschunterrichts an Hauptschulen.

Timi präsentiert sich als ein sporadischer Konzeptleser, der sehr wohl um die Notwendigkeit und Nützlichkeit von Lektüre weiß und sie für sich nutzen kann. Eingebunden in spezifische Bedürfnisse greift er zu Nachschlagewerken und Fachzeitschriften. Freilich sind dabei auch affektive Momente zu erkennen, die in der „traditionellen" Leseforschung mehr der weiblichen Genussleserin zugesprochen werden – wohl ein Relikt vergangener Tage, dass seiner Aufhebung in differenziertere Sichtweisen harrt.

## Tom: „…ich les nur das was mir gefällt und das ist noch schlimm für mich."

(Daniel Scherf)

Tom, ein 19-jähriger Aussiedler aus Polen, besucht zur Zeit des Interviews die Berufsfachschule. In seiner Freizeit trainiert er Karate, nutzt ausgiebig audiovisuelle Medien und trifft sich mit Freunden. Auf den Interviewer wirkt Tom älter, er ist gutaussehend und hat ein kontrolliertes, auf Wirkung bedachtes Auftreten. Er präsentiert sich gleichzeitig als hintergründiger Mensch, der sich Gedanken macht – um seine Mediennutzung, seine Schulkarriere und die Aussiedlung in seiner Kindheit – und als „Sunnyboy", der heute ohne Aufwand und entspannt z. B. den Anforderungen der Schule gewachsen ist. Er möchte „reif" und erwachsen erscheinen. Das Interview mit Tom ist zeitweilig geprägt von Aussagen, die offensichtlich eher nach den Kriterien der sozialen Erwünschtheit gemacht sind als nach dem Kriterium der Authentizität.

Toms derzeitiges Medienverhalten ist vom Fernseher geprägt. Er schaut regelmäßig wochentags „die gewohnte Sachen", Serien wie *Die Simpsons* oder Boulevardmagazine. Er denkt, man schaue so etwas wie *Die Simpsons* aus „Nostalgie"; Tom gefällt es, in dieser Sendung „die Welt als Spiegel hingeknallt" zu bekommen. Zur Zeit muss Tom mit seinen Eltern fernsehen, da sein eigener Fernseher kaputt ist. Das nerve, da die Eltern andere Fernsehvorlieben haben.

Sein eigenes Medienverhalten sieht Tom kritisch: Es komme vor, dass man Hausaufgaben machen müsse, aber trotzdem fernsehe; man verbringe zu viel Zeit vor dem Fernseher. Auch Spiele auf der Playstation hätten ihn regelrecht süchtig gemacht. Seine starke Nutzung der audiovisuellen Medien sieht er im Zusammenhang mit fehlendem Interesse an Büchern und Zeitschriften.

„Ich sag mal, ich gehör zu diese Jugendlichen wo man sagt, man hat sich schon als Kind ja, diesen Fernsehn ausgesogt [-gesaugt; ip] und man sagt, bow ich will jetzt keine irgendwie Zeilen haben, ich komm überhaupt mit Texten kaum klar ja (*I: „mh"*) wenn es nach mir ginge, ich würd eine Ganztagsschule machen, weil es ist echt en Teufelskreis, weil man braucht das wirklich. Und Computer sind noch das allerschlimmste" (42).

Tom ist unmittelbar vor der ersten Klasse mit seiner Familie aus Polen nach Deutschland gekommen. Auch dort habe er schon ferngesehen, in Deutschland allerdings sei das Programm wie die Spielzeugwelt bunter gewesen, „jeder Tag war eine Aufregung"(153), und er glaubt, die deutsche Sprache durch das Fernsehen gelernt zu haben. Er habe deutsch sprechen, lesen und schreiben gleichzeitig gelernt. Bis zur vierten Klasse, die er wiederholen musste, sei das Lesen sehr schwierig für ihn gewesen; der Deutschunterricht in der Grundschule wird negativ und beängstigend erinnert. Er erinnert sich an ein Buch, in dem jeden Tag ein Abschnitt zu lesen gewesen sei. Meistens hätte er das nicht gelesen, er hätte Mitschüler gefragt, was da besonderes war und dies hinaus „gepulsiert" (264).

„deshalb denk ich mir auch immer noch diese Abneigung zum Bücher halt. Man hat das als Kind immer als was Schlimmes empfunden, wenn man da lesen musste […] Wenn der Lehrer dann genommen hat, dann musste man schon vorlesen […] Ööh, Paranoia ja, dann hat man nach dem Typ, auf dem Stuhl gesessen vor Angst, geschwitzt ja, bis der Stuhl nass war ja (lacht) Ja war schon so auf jeden Fall" (164–165).

In der Hauptschule sei ihm der Unterricht leichter gefallen, er habe auch gute Noten gehabt. Auch zur Zeit seines Hauptschulbesuch las Tom in der Freizeit keine Bücher, zeitweilig wurde in der Clique die *Bravo* gelesen. An den Inhalt der Lektüre *Damals war es Friedrich*, die ca. in der siebten Klasse gelesen wurde, erinnert sich Tom ansatzweise. In letzter Zeit habe er sich aber ein Buch über einen japanischen Kämpfer gekauft und es ganz durchgelesen, „es ging, also meine Augen gingen wirklich durch die Blätter" (80).

Tom schildert sich als zu verträumt, um sich auf einen längeren Text leicht konzentrieren zu können. Seine Eltern hätten eine größere literarische Praxis als er: „Ich sag ma ist schon bisschen komisch ja, meine Mutter liest gerne, mein Vater liest genauso gerne, ich les überhaupt gar nicht gern so, ich sag ma ich les nur das was mir gefällt und das ist noch schlimm für mich ja" (132).

Die Berufsfachschule, die Tom zur Zeit des Interviews besuchte, sei anspruchsvoller als die Hauptschule. Die Lektüre *Nathan der Weise* habe Tom nicht gelesen; er habe die Arbeit aufgrund des Wissens, das er sich durch das Schauen einer kurzen Videosequenz aus der Verfilmung geschaffen habe, schreiben können.

Tom stellt sich als überwiegenden Nichtleser dar, der aufgrund seiner ausgeprägten Fernsehpraxis auch heute audiovisuelle Medien bevorzugt, er begründet seine Ablehnung von Büchern autobiographisch und nennt technische Leseprobleme beim Lautlesen und Konzentrationsprobleme als Gründe. Er gibt aber auch an, in letzter Zeit freiwillig und privat ein Buch gelesen zu haben, was ihm sogar nach einer gewissen Zeit Spaß gemacht habe. Sein

Nicht-Lesen stellt er, etwas schelmisch, als Schwäche dar, allerdings zeigt er auch deutlich, dass er durch kompensatorische Fähigkeiten – Informationen bei Schulkameraden zu sammeln, eine Arbeit aufgrund oberflächlicher Informationen schreiben zu können – vollends in der Lage ist zu bestehen.

## Volkan: „Aus Büchern kann man viel lernen."

(Olga Zitzelsberger)

Volkan ist zum Zeitpunkt des Interviews 19 Jahre alt und besucht eine Berufsfachschule im technischen Bereich. Er lebt gemeinsam mit seiner 14-jährigen Schwester im elterlichen Haushalt. Seine Familie stammt ursprünglich aus der Türkei, doch bereits seine Großeltern haben in der Bundesrepublik gearbeitet und sind im Rentenalter in die Türkei zurückgekehrt. Volkans Eltern wiederum sind als junge Erwachsene in die Bundesrepublik eingewandert. Mit Ausnahme eines längeren Aufenthaltes in der Türkei im Alter von 13/14 Jahren verbrachte Volkan seine gesamte Kindheit und Jugend in der Bundesrepublik. Im Sommer 2000 hat er die Schule mit dem Hauptschulabschluss beendet.

Volkan nutzt das Interview zu einer ausführlichen Darstellung der Familiensituation, des großfamiliären Beziehungsgeflechtes und der eigenen Position darin. Die Schilderung des gesamtfamiliären Unterstützungskontextes scheint dabei nicht frei von idealisierenden Zügen zu sein. Wiederholt hebt er den förderlichen Einfluss, den der Vater und insbesondere der Großvater in Krisensituationen auf ihn ausgeübt haben, hervor. Volkan stellt sich dabei in der Rolle des zukünftigen Familienoberhauptes dar.

Trotz der hohen Bedeutung, die der Familie eingeräumt wird, ist sie nicht mehr der Ort, in dem gemeinsame Zeit verbracht wird. Den Großteil seiner Freizeit verbringt Volkan in einer multinationalen Peer-Group, in der auch gemeinschaftliche Medienrezeption und ein kommunikativer Austausch über Medienprodukte stattfindet. Im familiären Kontext bieten türkische Nachrichtensendungen eine Gelegenheit zum Austausch mit dem Vater.

Auf der Suche nach Reflexionsmöglichkeiten über den eigenen Lebensentwurf greift Volkan auch auf Bücher zurück. Volkan erwähnt den *Koran*, ein Buch über *Männerleben* und Shakespeares *Sommernachtstraum* als aktuellen Lektürestoff. Der Koranlektüre kommt dabei neben der Funktion der Selbstvergewisserung als Muslim auch die der Praktizierung von Religiosität zu. Als weitere kulturelle Praxis gibt Volkan eigene literarische Schreibversuche an. Allerdings weicht Volkan allen näheren Rückfragen zu seiner Lektüre- und Schreibpraxis aus. Unverkennbar ist seine Darstellung in den betreffenden Erzählpassagen durch Selbststilisierung und soziale Erwünschtheit geprägt.

Zu seiner Lesebiographie befragt, erwähnt Volkan Lektüre zur Biographie von Bruce Lee. In der Schilderung dieses Rezeptionsprozesses weist Volkan dem Lesen eine Lern- und Lebenshilfefunktion zu.

„Also man kann immer draus lernen, wenn man liest. Man sagt ja, wer lesen kann, hat Vorteile. […] Man kann viel lernen beim Lesen. […] Ich hab früher in der Bücherei über Bruce Lee gelesen […] und ich hab gelesen, was für ein Mensch der war […] der hatte einen sehr schönen Charakter, doch hatte er manche Fehler und wenn ich, wenn diese Fehler bei einem Menschen auch vortreten, dann sollte man's vermeiden irgendwie zu machen, diese Fehler irgendwie vermeiden und so sehe ich das Lesen." (750–759).

Angaben zu seiner familiären Medien- und Lesesozialisation liefert Volkan nur wenige. So scheint die Dimension des intimen Vorlesens von Märchen oder Kindergeschichten keine Rolle gespielt zu haben. Nach elterlichem Vorlesen, Erzählen oder gemeinsamer Fernsehrezeption in der Kindheit befragt, erwähnt Volkan biographische Erzählungen des Vaters.

Die Hauptschulzeit insgesamt sowie der Deutschunterricht im besonderen sind Volkan in angenehmer Erinnerung, allerdings kann er nur selten detaillierte Auskünfte geben. So erwähnt er umfangreiche schulische Lektürepraxis, kann sich konkret aber ausschließlich an einen Titel, an *Die Kinder vom Bahnhof Zoo* erinnern. Im Zusammenhang mit der Lektüre dieses Titels ist ihm der Einsatz szenischer Verfahren im Gedächtnis geblieben.

„Wir haben viel gelesen, […] wir haben da zum Beispiel Kinder von Zoo Bahnhof, […] des haben wir gelesen und wir haben das auch verwirklicht, so in Personen drin, […] wir haben das richtig wie so'n Theater gemacht, aber nur für uns, ist für keinen gewesen, ist für uns gewesen. Damit wir's besser verstehen und dieser Lehrer hat's wirklich, soviel Geduld gehabt bis wir's verstanden haben" (603–611).

Medienrezeption insgesamt dient Volkan in Familie und Freundeskreis als Anlass zur Kommunikation. Daraus speist sich seine Lese- und Medienmotivation. Zudem ist Volkan die kulturelle Wertschätzung des Lesens bewusst, er nutzt seine Kenntnis kulturell anerkannter Lesestoffe und Lesehaltungen zum Entwurf einer entsprechenden Praxis. Selbststilisierung und tatsächliche Praxis immer eindeutig voneinander zu scheiden erlaubt Volkans Erzähl- und Darstellungsweise allerdings nicht.

# Übersicht über das Sample

Die Angaben zur Schulbildung und beruflichen Tätigkeit der Eltern sind teilweise unscharf. Die Tabelle orientiert sich an den Angaben der Absolventinnen. Die Angabe „Elementarbildung" bezeichnet die im Herkunftsland verbindliche Grundbildung, die nicht notwendig mit einem Schulabschluss endet (Türkei: 5 Jahre, Marokko: 7 Jahre; Italien, Kroatien, Mazedonien, Polen: 8 Jahre). [Legende s.S. 243]

| 1 | 2 | 3 | 4 | 5 | 6 | 7 | 8 | 9 | 10 | 11 |
|---|---|---|---|---|---|---|---|---|---|---|
| Ali | BBE, Praktikum Hotelfach | 18 | A | HS, RS | 2000 | 14 Jahre | n | kein Schulabschluss, Maurer | | Marokko |
| Arta | BBE | 17 | C | HS | 2000 | 9 Jahre | nd | Elementarbildung, Hausfrau | Elementarbildung, Friseur | Mazedonien (türkisch) |
| Boris | AB Zerspanungsmechaniker | 20 | B | HS | 1998 | 9 Jahre | nd | RS, in der BRD Altenpflegerin, Kosmetikerin | RS, Elektriker, in der BRD Sicherheitsdienst, Metallarbeiter | Spätaussiedler (rs-deutsch) |
| Christian | AB Kfz-Mechaniker | 17 | B | HS | 2000 | Geburt | n | Elementarbildung, Köchin | Elementarbildung, Karosseriebauer | Kroatien |
| Danjel | BGJ | 16 | C | HS | 2001 | Geburt | n | HS | Elementarbildung | Kroatien |
| Davud | Berufsfachschule | 18 | B | Erw HS | 1999 | 2 Jahre | n | Elementarbildung, Hausfrau, zeitweise Verkäuferin | Hochschulreife, Studium in BRD; Arzt | Marokko |
| Derya | AB Einzelhandelskauffrau | 18 | B | HS | 2001 | Geburt | n | Elementarbildung | Elementarbildung | Türkei |
| Francesca | BBE | 17 | C | HS | 1999 | 13 Jahre | nd | HS, Verkäuferin | HS, Bauarbeiter | Italien |
| Halima | AB Pharm. Kauf. Ass. | 19 | B | HS | 1999 | Geburt | n | Elementarbildung, Hausfrau | HS in Marokko, Rentner; vorher Rangierarbeiter | Marokko |
| Jamal | Berufsfachschule | 18 | B | HS | 2000 | Geburt | n | Elementarbildung | kein Schulabschluss, Arbeiter | Marokko |

| 1 | 2 | 3 | 4 | 5 | 6 | 7 | 8 | 9 | 10 |
|---|---|---|---|---|---|---|---|---|---|
| Jasmina | AB Einzelhandelskauffrau | 17 | A | HS | 2001 | Geburt | z | HS in Marokko | HS in Marokko — Marokko |
| Jossip | AB Kfz-Elektriker | 20 | B | HS | 1998 | Geburt | z | Elementarbildung, Vorarbeiterin | Elementarbildung, Lagerist — Kroatien |
| Karim | AB Bäcker | 17 | A | HS | 1999 | 2 Jahre | z | kein Schulabschluss, Hausfrau | kein Schulabschluss, Frührentner — Marokko |
| Laura | AB Zahnarzthelferin | 18 | B | HS | 1999 | Geburt | z | HS, Arbeit im eigenen Restaurant | kein Schulabschluss, Arbeit im eigenen Restaurant — Italien |
| Marcel | AB Installateur | 18 | C | Erw HS | 1999 | 13 Jahre | d | Elementarbildung, Verkäuferin (arbeitslos) | Elementarbildung, Kfz-Mechaniker (verstorben) — Polen |
| Maria | BBE | 17 | B | HS | 2000 | Geburt | nd | kein Schulabschluss | kein Schulabschluss, Reinigungskraft — Italien |
| Martina | HS-Besuch | 17 | A | HS | 2001 | Geburt | d | Schulabschluss unbekannt, Friseurin | Schulabschluss unbekannt, Postbote — BRD |
| Michael | AB Friseur | 19 | B | HS | 2000 | frühe Kindheit | d | Abitur | RS — BRD/ Niederlande |
| Mohamed | ABM | 18 | A | HS | 1999 | 3 Jahre | nd | kein Schulabschluss | kein Schulabschluss — Marokko |
| Nadia | AB Arzthelferin | 17 | B | Erw HS | 2000 | Geburt | z | Abitur; Schneiderin | Elementarbildung; Rentner — Jordanien |
| Nadine | AB Friseurin | 18 | A | HS | 1999 | Geburt | d | HS, Krankenschwester | Schulabschluss unbekannt, Gastwirt — Kroatien / BRD |
| Stefan | AB Gärtner | 20 | A | HS | 1998 | Geburt | d | HS | HS — BRD |
| Susan | AB Hotelfach | 21 | C | HS, RS | 1998 | Geburt | d | RS | Elementarbildung — BRD, Algerien |
| Timi | AB Kfz-Mechaniker | 18 | B | HS | 1998 | Geburt | z | Elementarbildung | Elementarbildung, Gas-Wasserinstallateur — Italien |

| 1 | 2 | 3 | 4 | 5 | 6 | 7 | 8 | 9 | 10 | 11 |
|---|---|---|---|---|---|---|---|---|---|---|
| Tom | Berufsfach-schule | 18 | A | HS | 1999 | 6 Jahre | z | Elementarbildung | HS in Polen, Elektriker | Spätaus-siedler (PL) |
| Tuba | Berufsfach-schule | 19 | A | HS | 2001 | 14 Jahre | z | kein Schulabschluss | kein Schulabschluss | Türkei (kurdisch) |
| Volkan | Berufsfach-schule | 19 | A | HS | 1999 | Geburt | nd | Elementarbildung | Elementarbildung | Türkei |

Legende:

1 Name (geändert)
2 derzeitige Beschäftigung (AB= Ausbildung; BBE= Maßnahme zur beruflichen Bildung und Eingliederung)
3 Alter
4 Herkunftsschule (Schule A: 10 Personen, Schule B: 12 Personen, Schule C: 5 Personen)

5 Abschluss (HS=Hauptschule; ErwHS=Erweiterter Hauptschulabschluss, RS=Realschule)
6 Abschlussjahr
7 Aufenthalt in der BRD (Angabe des Lebensjahrs)
8 Familiensprache (z=zweisprachig, nd= nicht-deutsch, d= deutsch)
9 Schulbildung und Beruf Mutter
10 Schulbildung und Beruf Vater
11 Herkunft Eltern/teil

# Leitfaden: Interviews mit HauptschulabsolventInnen

**Vorrede** *der/s Interviewers/in (immer aufzeichnen):*

„Wir befragen junge Leute mit Hauptschulabschluss danach, wie sie verschiedene Medien nutzen – Fernsehen, Computer, Handy und auch alles Gedruckte wie Zeitungen und Bücher, und wir wollen auch wissen, wie es bei jedem einzelnen jeweils in der Lebensgeschichte dazu kam, dass er oder sie heute bestimmte Gewohnheiten bei der Mediennutzung hat. Dabei interessiert uns auch, ob die Schule und speziell der Deutschunterricht Einfluss darauf hatten, wie jemand die verschiedenen Medien nutzt. Dafür wollen wir jetzt ein Gespräch von ungefähr einer Stunde führen; wir nehmen es auf; es wird abgetippt und der Name wird verändert. Später wird es verglichen mit anderen solchen Gesprächen. Wir stellen ein paar Fragen, es ist aber auch gut, wenn du manche Sachen genauer erzählst.

*Hinweis für InterviewerIn*: Beachte: **Inhalt des Gelesenen** – Rezeptions**modus** – **Situative** Einbettung

### A. synchrone Perspektive [Eingangsfrage]

Ich möchte von Dir/Ihnen wissen, was für Medien du **wie** nutzt, und vielleicht können wir gut anfangen, wenn Du über einen bestimmten Tag erzählst, über gestern zum Beispiel. Was Du gestern benutzt hast, Radio, Fernseher, Handy, Computer, Zeitung, Illustrierte, Buch usw., vielleicht kannst Du das von morgens bis abends erzählen?

Wie ist es an anderen Tagen? (werktags / sonntags / Ferien)? In der Berufsschule? Im **Freundeskreis?**

### B. biographische Perspektive

Seit **wann** nutzt Du (ein herausragendes Medium) so wie eben erzählt? Wie alt warst du damals? **Wie** kam es dazu?

Hast Du **damals auch** schon (die **anderen Medien**) so genutzt wie geschildert?

**Als Kind in der Familie:** Habt ihr zusammen gelesen, ferngesehen, … darüber gesprochen, vorgelesen bekommen oder gespielt …. als älteres Kind, als Jugendliche/r? – Welche Medien waren vorhanden?

### C. Fokus Schule

Habt ihr Geschichten, Bücher, Gedichte oder so etwas im **Deutschunterricht** gelesen? – Was habt ihr im Deutschunterricht generell gemacht? – Bei wem hattet ihr Deutsch? [nur zur Mobilisierung der Erinnerung] – Welche Medien habt ihr genutzt: Lesebuch, …? – Was habt ihr mit den Texten gemacht? – Wie war der Unterricht für Dich?

Hast Du Bücher oder Hefte **von zu Hause** in den Deutschunterricht mitgebracht? – Hast Du damals Bücher **aus dem Deutschunterricht** auch zu Hause gelesen? – Ging das deinen **Freunden/Freundinnen** auch so?

Was würdest du am Deutschunterricht an deiner ehemaligen Schule verändern?

## Leitfaden: ExpertInneninterviews mit Lehrkräften

*Vorrede (immer aufzeichnen):*

Wir führen Experten-Interviews als Vorstudien zu der Frage nach den „Lesesozialisationsverläufen von Hauptschülern".

Fragestellung der Untersuchung: Werden Jugendliche mit niedrigen Bildungsabschlüssen Leser? – Was lesen sie? – Welche Funktionen hat Lesen alltagspraktisch für sie? – Wie ist Lesen eingebettet in die Medienpraxis? – Wie ist die Schule in die Herausbildung dieser Rezeptionspraxen verwickelt?

Wir befragen Jugendliche, die die Regelschule bereits verlassen haben, weil schulisch gefordertes Lesen oft wie ein Kartenhaus zusammenbricht, sobald sie die Schule verlassen. Womöglich gibt es verborgene Spuren.

*Einstieg:*

schulisches Umfeld, eigene Erfahrungen mit Deutschunterricht

*Themen:*

Wie sehen Sie die Position des Literaturunterrichtes innerhalb des Deutschunterrichts? (Anteil am DU, Sprach- und Literaturunterricht übergreifend?)

Was wurde im letzten Jahr gelesen? (Rahmenplan; Kanon; KJL, Gattungen)

Haben die Schülerinnen diesen bestimmten Text tatsächlich gelesen? (mit Interesse? Widerwillig? Unvollständig?)

Was wurde mit den Texten unterrichtlich gemacht?

Haben Sie Vermutungen in Bezug auf die Freizeitlektüre der SchülerInnen? (Gibt es autonome Freizeitlektüre? Im Gegensatz zur Schullektüre? Wird Freizeitlesen im Unterricht auch thematisiert?)

Unterscheidet sich das Lektüreverhalten geschlechtsspezifisch? (Umfang/ Intensität/Thematik)

Haben die SchülerInnen eine Perspektive als LeserInnen?

Glauben Sie, dass Ihr Literaturunterricht relativ repräsentativ ist für Literaturunterricht an Hauptschulen?

# Kategoriensystem der Auswertung

Die Nummerierungen unterhalb der Themenfelder sind Ordnungszahlen, sie markieren keine Hierarchien.

| Mediennutzung heute | Mediengeschichte | Lebenswelt | Schule, Deutsch/Literatur- unterricht | Selbstreflexion |
|---|---|---|---|---|
| 1.1 Bücher | 2.1 (Para)Literarische Erfahrungen in der Vorschulzeit | 3.1 Ausbildung, Job | 4.1 Literarische Erfahrungen im schulischen Kontext, Themen der Lektüre, Verfahren der Vermittlung | 5.1 Einstellungen gegenüber Lesen / Literatur |
| 1.2 Zeitungen, Zeitschriften | 2.2 Lesenlernen, kindliches Lesen | 3.2 Familien- beziehungen | 4.2. Lernerfolg | 5.2 Selbsteinschätzung der Mediennutzung |
| 1.3 Fernsehen | 2.3 Kindliches Fernsehen / Videosehen / Computernutzen | 3.3. Familiäre Medien- praxen: heute, früher | 4.3 Einstellungen zu und Erfahrungen mit Deutschunterricht | 5.3 Selbstkonstruktion, Selbstdarstellung |
| 1.4 Kino | 2.4 Vielllesephasen | 3.4 Peer-Beziehungen | 4.4 Schulerfahrungen allgemein / Einstellungen | |
| 1.5 Radio/Musik | 2.5 Print-Medien-Besitz früher und heute | 3.5 Partnerin | 4.5 Berufsschule (allgemeine Erfahrungen, Literarische Erfahrungen, Einstellungen, Lernerfolg etc.) | |
| 1.6 Video | 2.6 Audiovisuelle Geräte: Besitz früher und heute | 3.6 Freizeitaktivitäten | | |

| Mediennutzung heute | Mediengeschichte | Lebenswelt | Schule, Deutsch/ Literaturunterricht | Selbstreflexion |
|---|---|---|---|---|
| 1.7 Anschlusskommunikation der Mediennutzung heute | 2.7 Jugendliches Fernsehen / Videosehen / Computernutzen | | | |
| 1.8 Übergreifende Themen in den genutzten Medien | 2.8 Jugendliches Freizeitlesen (Hauptschule) | | | |
| 1.9 Computer, digitale Spiele | 2.9 Lesen im Medienverbund: früher und heute | | | |
| 1.10 Handy | 2.10 kindliches / jugendliches Musikhören | | | |
| | 2.11 Anschlusskommunikation früher | | | |

# Auswahlbibliographie

Die Auswahlbibliographie ist in folgende Abschnitte gegliedert:

## 1. Lesen im Medienumfeld, systematisch und empirisch

Andringa, Els (2001): Die Kunst der Elaboration. Überlegungen zur „literarischen Kompetenz". In: Didaktik Deutsch 10/2001, 49–60.

Andringa, Els (2000): "The Dialogic Imagination". Literarische Komplexität und Lesekompetenz. In: Witte u.a. 2000, 85–97.

Andringa, Els (1990): Verbal data on literary understanding: A proposal for protocol analysis on two levels. In: Poetics, Jg.19, H.3, 231-257.

Andringa, Els (1989): Developments in literary reading: aspects, perspectives, and questions. In: SPIEL, Jg.8, H.1, 1–24.

Andringa, Els (1988): Leservoraussetzungen und die Rezeption literarischer Figuren. In: Diskussion Deutsch, Jg.19, H.104, 622–644.

Andringa, Els (1987a): Rezeption und Situation. Zur Subjektivität literarischen Verstehens. In: Ibsch u. a.1987, 229–255.

Andringa, Els (1987b): Wer sieht wen? Entwicklungen in der Wahrnehmung fremder Perspektiven. In: Willenberg 1987, 87–108.

Andringa, Els (1986): Perspektivierung und Perspektivenübernahme. Zur Wahrnehmung literarischer Figuren. In: SPIEL, Jg.5, H.1, 135–146.

Aust, Hugo (1983): Lesen. Überlegungen zum sprachlichen Verstehen. Tübingen: Niemeyer.

Baumert, Jürgen u.a. (Hrsg.) (2001): PISA 2000. Basiskompetenzen von Schülerinnen und Schülern im internationalen Vergleich. Opladen: Leske + Budrich. [zitiert unter: (PISA 2001)]

Boesken, Gesine (2001): Lesen am Bildschirm: wer ist „drin", und sind Bücher jetzt „out"? In: Stiftung Lesen 2001, 127–149.

Bonfadelli, Heinz; Saxer, Ulrich (1986): Lesen, Fernsehen und Lernen. Wie Jugendliche die Medien nutzen und die Folgen für die Medienpädagogik (Zürcher Beiträge zur Medienpädagogik). Zug: Klett und Balmer .

Bonfadelli, Heinz (1994): Die Wissenskluftperspektive. Massenmedien und gesellschaftliche Information. Konstanz: UVK Medien.

Bonfadelli, Heinz; Bucher, Priska (Hrsg.) (2002): Lesen in der Mediengesellschaft. Stand und Perspektiven der Forschung. Zürich: Verlag Pestalozzianum.

Bos, Wilfried; Lankes, Eva-Maria; Prenzel, Manfred; Schwippert, Knut; Walther, Gerd; Valtin, Renate (Hrsg.) (2003): Erste Ergebnisse aus IGLU. Schülerleistungen am Ende der vierten Jahrgangsstufe im internationalen Vergleich. New York u.a.: Waxmann Verlag. [Zitiert unter: IGLU 2003].

Christmann, Ursula; Groeben, Norbert (1999): Psychologie des Lesens. In: Franzmann u.a. 1999, 145–223.

Dehn, Wilhelm (Hrsg.) (1974): Ästhetische Erfahrung und literarisches Lernen. Frankfurt/Main: Fischer.

Eggert, Hartmut (2002): Literarische Texte und ihre Anforderungen an die Lesekompetenz. In: Groeben u. a. 2002a, 186–194.

Eggert, Hartmut; Garbe, Christine; Krüger-Fürhoff, Irmela Marei; Kumpfmüller, Michael (2000): Literarische Intellektualität in der Mediengesellschaft. Empirische Vergewisserungen über Veränderungen kultureller Praktiken. München; Weinheim: Juventa.

Ehlers, Swantje (1998): Lesetheorie und fremdsprachliche Lesepraxis aus der Perspektive des Deutschen als Fremdsprache. Tübingen: Narr.

Franzmann, Bodo; Hasemann, Klaus; Löffler, Dietrich; Schön, Erich (Hrsg.) (1999): Handbuch Lesen. München: Saur.

Göpfert, Herbert G.; Meyer, Ruth; Muth, Ludwig; Rüegg, Walter (Hrsg.): Lesen und Leben. Eine Publikation des Börsenvereins des Deutschen Buchhandels in Frankfurt am Main zum 150. Jahrestag der Gründung des Börsenvereins der Deutschen Buchhändler am 30. April 1825 in Leipzig. Frankfurt/M.: Buchhändler-Vereinigung 1975.

Graesser, Arthur C. (1981): Prose Comprehension beyond the word. New York: Springer.

Groeben, Norbert; Hurrelmann, Bettina (2002a): Lesekompetenz. Bedingungen, Dimensionen, Funktionen. Weinheim; München: Juventa.

Groeben, Norbert; Hurrelmann, Bettina (2002b): Medienkompetenz. Voraussetzungen, Dimensionen, Funktionen. Weinheim; München: Juventa.

Groeben, Norbert (Hrsg.) (1999a): Lesesozialisation in der Mediengesellschaft: Ein Schwerpunktprogramm (Internationales Archiv für Sozialgeschichte der deutschen Literatur; 10. Sonderheft). Tübingen: Niemeyer.

Groeben, Norbert (Hrsg.) (1999c): Lesesozialisation in der Mediengesellschaft: Zentrale Begriffsexplikationen (Kölner Psychologische Studien: Beiträge zur natur-, kultur-, sozialwissenschaftlichen Psychologie, Jg.4, H.1). Köln: Psychologisches Institut.

Groeben, Norbert (1982): Leserpsychologie: Textverständnis – Textverständlichkeit. Münster: Aschendorff.

Groben, Norbert; Scheele, Brigitte (1975): Zur Psychologie des Nicht-Lesens. Richtungen und Grenzen der Lesemotivation. In: Göpfert u. a. (Hrsg.) 1975, 82–114.

Groeben, Norbert; Vorderer, Peter (1988): Leserpsychologie: Lesemotivation – Lektürewirkung. Münster: Aschendorff.

Gross, Sabine (1994): Lese-Zeichen. Kognition, Medium und Materialität im Leseprozess. Darmstadt: Wissenschaftliche Buchgesellschaft.

Harmgarth, Friederike (Hrsg.) (1999): Das Lesebarometer – Lesen und Umgang mit Büchern in Deutschland. Eine Bestandsaufnahme zum Leseverhalten von Erwachsenen und Kindern 1995–1997. Gütersloh: Verlag Bertelsmann Stiftung.

250

Harmgarth, Friederike (Hrsg.) (1997): Lesegewohnheiten – Lesebarrieren: öffentliche Bibliothek und Schule – neue Formen der Partnerschaft. Ergebnisse der Schülerbefragung 1995/1996. Gütersloh: Verlag Bertelsmann Stiftung.

Hauptmeier, Helmut; Meutsch, Dietrich; Viehoff, Reinhold (1987): Literary understanding from an empirical point of view (Lumis Schriften; 14). Siegen.

Heuermann, Hartmut; Hühn, Peter; Röttger, Brigitte (1982): Werkstruktur und Rezeptionsverhalten. Empirische Untersuchungen über den Zusammenhang von Text-, Leser- und Kontextmerkmalen. Göttingen: Vandenhoeck & Ruprecht.

Heuermann, Hartmut (1981): Ist literarische Kompetenz messbar? Bericht über eine empirische Untersuchung. In: Kreuzer u. a. 1981, 264–284.

Hillmann, Heinz (1974): Rezeption empirisch. In: Dehn 1974, 219–237.

Hoppe-Graff, Siegfried; Schell, Martin (1989): The Comprehension of Literary Texts. Development Considerations. In: Meutsch u. a. 1989, 89–110.

Hoppe-Graff, Siegfried (1984): Verstehen als kognitiver Prozess. Psychologische Ansätze und Beiträge zum Textverstehen. In: Zeitschrift für Literaturwissenschaft und Linguistik (LiLi), Jg.14, H.55, 10–37.

Hoppe-Graff, Siegfried; Schell, Martin (1980): Was sollen und können Geschichtengrammatiken leisten? (Arbeiten der Forschungsgruppe Sprache und Kognition am Lehrstuhl Psychologie III der Universität Mannheim; 14). Mannheim.

Hurrelmann, Bettina (2002a): Leseleistung – Lesekompetenz. Folgerungen aus PISA, mit einem Plädoyer für ein didaktisches Konzept des Lesens als kultureller Praxis. In: Praxis Deutsch, Jg.29, H.176, 6–18.

Hurrelmann, Bettina (2002b): Prototypische Merkmale der Lesekompetenz. In: Groeben u. a. 2002a, 275–286.

Hurrelmann, Bettina; Kublitz, Maria; Röttger, Brigitte (Hrsg.) (1987a): Man müsste ein Mann sein …? Interpretationen und Kontroversen zu Geschlechtertausch-Geschichten in der Frauenliteratur. Düsseldorf: Schwann.

Hurrelmann, Bettina (1987b): Textverstehen im Gesprächsprozess – Zur Empirie und Hermeneutik von Gesprächen über die „Geschlechtertausch"-Erzählung. In: dies. u.a. 1987a, 57–82.

Ibsch, Elrud; Schram, Dick H. (Hrsg.) (1987): Rezeptionsforschung zwischen Hermeneutik und Empirik. Amsterdam: Rodopi.

IGLU 2003: Bos, Wilfried; Lankes, Eva-Maria; Prenzel, Manfred; Schwippert, Knut; Walther, Gerd; Valtin, Renate (Hrsg.) (2003): Erste Ergebnisse aus IGLU. Schülerleistungen am Ende der vierten Jahrgangsstufe im internationalen Vergleich. New York u.a.: Waxmann Verlag.

Iser, Wolfgang (1993): Das Fiktive und das Imaginäre. Perspektiven literarischer Anthropologie. Frankfurt/Main: Suhrkamp.

Iser, Wolfgang (1976): Der Akt des Lesens: Theorie ästhetischer Wirkung. München: Fink.

Kintsch, Walter (1998): Comprehension. A paradigm for cognition. Cambridge u. a.: Cambridge Univ. Press.

Kreuzer, Helmut; Viehoff, Reinhold (Hrsg.) (1981): Literaturwissenschaft und empirische Methoden. Göttingen: Vandenhoeck & Ruprecht.

Langen, Claudia; Bentlage, Ulrike (Hrsg.) (2000): Das Lesebarometer – Lesen und Mediennutzung in Deutschland: eine Bestandsaufnahme zum Leseverhalten. Gütersloh: Verlag Bertelsmann-Stiftung.

Ludwig, Hans-Werner; Faulstich, Werner (1985): Erzählperspektive empirisch. Untersuchungen zur Rezeptionsrelevanz narrativer Strukturen. Tübingen: Narr.

Meutsch, Dietrich; Viehoff, Reinhold (Hrsg.) (1989): Comprehension of Literary Discourse. Berlin; New York: De Gruyter.

Meutsch, Dietrich (1987): Literatur verstehen. Eine empirische Studie. Braunschweig; Wiesbaden: Vieweg.

Meutsch, Dietrich (1986): Mental models in literary discourse. In: Poetics, Jg.15, 307–331.

Meutsch, Dietrich; Schmidt, Siegfried. J. (1985a): Über die Rolle von Konventionen beim Verstehen literarischer Texte. In: SPIEL, Jg.4, H.2, 381–408.

Meutsch, Dietrich; Viehoff, Reinhold (1985b): Inferenz- und Elaborationstypen beim literarischen Verstehen von Texten. Zum Einfluß von Lese- und Äußerungssituation auf ästhetische und polyvalente Verstehenshandlungen (Lumis Schriften: 7). Siegen.

Pätzmann, Klaus (1980): Rezeption und Sinnzuweisung. In: Wirkendes Wort, Jg.30, H.V, 337–361.

PISA (2001): Baumert, Jürgen u.a. (Hrsg.): PISA 2000. Basiskompetenzen von Schülerinnen und Schülern im internationalen Vergleich. Opladen: Leske + Budrich 2001.

Richter, Tobias; Christmann, Ursula (2002): Lesekompetenz: Prozessebenen und interindividuelle Unterschiede. In: Groeben u. a. 2002a, 25–58.

Rupp, Gerhard (1999b): Medienkompetenz, Lesekompetenz. In: Groeben 1999c, 27–44.

Schmalohr, Emil (1997): Das Erlebnis des Lesens. Grundlage einer erzählenden Lesepsychologie. Stuttgart: Klett-Cotta.

Schön, Erich (1998): Kein Ende von Buch und Lesen. Entwicklungstendenzen des Leseverhaltens in Deutschland. Eine Langzeitbetrachtung. In: Stiftung Lesen 1998, 39–77.

Schön, Erich (1999): Geschichte des Lesens. In: Franzmann u. a. 1999, 1–85.

Schreier, Margrit; Rupp, Gerhard: Ziele/Funktionen der Lesekompetenz im medialen Umbruch. In: Groeben u.a. 2002a, 251–274.

Seilmann, Uffe (1990): Readers entering a fictional world. In: SPIEL, Jg.9, H.2, 323–342.

Stiftung Lesen (Hrsg.) (2001): Leseverhalten in Deutschland im neuen Jahrtausend. Mainz: Stiftung Lesen.

Stiftung Lesen (Hrsg.) (1998): Lesen im Umbruch - Forschungsperspektiven im Zeitalter von Multimedia. Baden-Baden: Nomos.

van Dijk, Teun Adrianus; Kintsch, Walter (1983): Strategies of discourse comprehension. New York: Acad. Press.

Viehoff, Reinhold (1988): Literarisches Verstehen. Neuere Ansätze und Ergebnisse empirischer Forschung. In: Internationales Archiv für Sozialgeschichte der deutschen Literatur (IASL), Jg.13, 1–39.

Willenberg, Heiner (Hrsg.) (1987): Zur Psychologie des Literaturunterrichts: Schülerfähigkeiten – Unterrichtsmethoden – Beispiele. Frankfurt/Main: Diesterweg.

Willenberg, Heiner (1978): Psychologie des literarischen Lesens: Wahrnehmung, Sprache und Gefühl. Paderborn: Schöningh.

Williams, Raymond (1977): Innovationen. Über den Prozeßcharakter von Literatur und Kultur. Frankfurt/Main: Suhrkamp.

Witte, Hansjörg u.a. (Hrsg.) (2000): Deutschunterricht zwischen Kompetenzerwerb und Persönlichkeitsbildung. Germanistentag des Fachverbandes Deutsch im Deutschen Germanistenverband e.V. in Zusammenarbeit mit der Universität Lüneburg. Baltmannsweiler: Schneider.

## 2. Erwerb und Sozialisation des Lesens

Abraham, Ulf (1998): Übergänge. Literatur, Sozialisation und literarisches Lernen. Opladen; Wiesbaden: Westdt. Verlag.

Bär, Friedemann; Hiller, Gotthilf G.; Rein, Jochen (2002): Die ersten sechs Jahre nach der Schule – Welche Konsequenzen sind aus den Bildungsverläufen benachteiligter junger Menschen in Ausbildung und Erwerbsarbeit zu ziehen? In: Stark u.a. 2002, 199–227.

Behnken, Imbke; Messner, Rudolf; Rosebrock, Cornelia; Zinnecker, Jürgen (1997): Lesen und Schreiben aus Leidenschaft. Jugendkulturelle Inszenierungen von Schriftkultur. Weinheim; München: Juventa.

Beisbart, Ortwin u.a. (Hrsg.) (1993): Leseförderung und Leseerziehung. Theorie und Praxis des Umgangs mit Büchern für junge Leser. Donauwörth: Auer.

Biglmaier, Franz (Hrsg.) (1990): Kongressbericht. Hat Lesen eine Zukunft? 6. Europäischer Lesekongress. Berlin.

Bonfadelli, Heinz; Fritz, Angela; Köcher, Renate (1993a) (Hrsg.): Leseerfahrungen und Lesekarrieren. Studien der Bertelsmann-Stiftung. Lesesozialisation Bd. 2. Gütersloh: Verlag Bertelsmann Stiftung.

Bonfadelli, Heinz; Fritz, Angela (1993b): Lesen im Alltag von Jugendlichen. In: dies. 1993 a, 7–213.

Bourdieu, Pierre (2001): Wie die Kultur zum Bauern kommt. Über Bildung, Schule und Politik. Hamburg: VSA.

Braun, Barbara (1995): Vorläufer der literarischen Sozialisation in der frühen Kindheit – eine entwicklungspsychologische Fallstudie. Frankfurt/Main u.a.: Lang.

Brose, Hanns-Georg; Wohlrab-Sahr, Monika; Corsten, Michael (1993): Soziale Zeit und Biografie. Über die Gestaltung von Alltagszeit und Lebenszeit. Opladen: Westdt. Verlag.

Buttgereit, Michael (Hrsg.) (1987): Lebenslauf und Biografie (Werkstattberichte; 18). Kassel.

Dijkstra, Katinka (1994): Leseentscheidung und Lektürewahl. Empirische Untersuchungen über Einflussfaktoren auf das Leseverhalten. Berlin: edition sigma.

Eggert, Hartmut; Garbe, Christine (1995): Literarische Sozialisation. Stuttgart; Weimar: Metzler.

Ehlers, Swantje (2002): Lesesozialisation zugewanderter Sprachminderheiten. In: Hug, Michael; Richter, Sigrun: Ergebnisse aus soziologischer und psychologischer Forschung: Impulse für den Deutschunterricht. Baltmannsweiler: Schneider, 44–61.

Feglerski-Waltenberg, Bernd; Rosebrock, Cornelia (1991): So eine Begierde zu Lesen. Zur Bedeutung des Lesens im lebensgeschichtlichen Zusammenhang. Kassel: Gesamthochschulbibliothek.

Fend, Helmut (2000): Entwicklungspsychologie des Jugendalters. Ein Lehrbuch für pädagogische und psychologische Berufe. Opladen: Leske + Budrich.

Feneberg, Sabine (1994): Wie kommt das Kind zum Buch? Die Bedeutung des Geschichtenvorlesens im Vorschulalter für die Leseentwicklung von Kindern. Neuried: Ars Una.

Franz, Kurt; Franzmann, Bodo; Payrhuber, Franz-Josef: Schön, Erich (1999): Muß-Lektüre versus Lust-Lektüre? Der Einfluss von Schullektüre und Lektüreempfehlungen von Lehrern auf Freizeitlektüre und private Medienpraxis von Jugendlichen. In: Groeben 1999a, 78–88.

Fromme, Johannes; Kammer, Sven; Mansel, Jürgen; Treumann, Klaus-Peter (Hrsg.) (1999): Selbstsozialisation, Kinderkultur und Mediennutzung (Reihe Kindheitsforschung; 12). Opladen: Leske + Budrich.

Füssenich, Iris (1999): Funktionaler Analphabetismus in der Schule: Typische Hürden, an denen Schülerinnen und Schüler in ihrer Lernbiografie stecken bleiben. In: Stark u.a. 1999, S.94-108.

Garbe, Christine; Graf, Werner; Rosebrock, Cornelia; Schön, Erich (Hrsg.) (1997): Lesen im Wandel: Probleme literarischer Sozialisation heute (Didaktik Diskurse; 2). Lüneburg: Universität.

Garbe, Christine (Hrsg.) (1993): Frauen Lesen. Untersuchungen und Fallgeschichten zur „weiblichen Lektürepraxis" und zur literarischen Sozialisation von Studentinnen (Literatur und Erfahrung; 26/27). Berlin: ZUD.

Graf, Werner (2001): Lektüre zwischen Literaturgenuss und Lebenshilfe. In: Stiftung Lesen 2001, 199–224.

Graf, Werner (1999): Lektürebiographie: Unterhaltende Information und informierende Unterhaltung. In: Groeben 1999a, 89–102.

Graf, Werner (1997): Lesen und Biographie. Eine empirische Fallstudie zur Lektüre der Hitlerjugendgeneration. Tübingen; Basel: Francke.

Graf, Werner (1995): Fiktionales Lesen und Lebensgeschichte. Lektürebiographien der Fernsehgeneration. In: Rosebrock 1995a, 97–126.

Graf, Werner (1980): „Literarische Pubertät". Überlegungen zu Interviews mit erwachsenen Lesern. In: Der Deutschunterricht 5, 16–24.

Groeben, Norbert (Hrsg.) (1999a): Lesesozialisation in der Mediengesellschaft. Ein Schwerpunktprogramm (Internationales Archiv für Sozialgeschichte der deutschen Literatur; 10. Sonderheft). Tübingen: Niemeyer.

Groeben, Norbert (Hrsg.) (1999c): Lesesozialisation in der Mediengesellschaft: Zentrale Begriffsexplikationen (Kölner Psychologische Studien: Beiträge zur natur-, kultur-, sozialwissenschaftlichen Psychologie, Jg.4, H.1). Köln: Psychologisches Institut.

Groeben, Norbert; Rosebrock, Cornelia (1997): Literarästhetische Zentrierung der literarischen Sozialisation? Ein begriffsanalytisches Streitgespräch. In: Garbe u. a. 1997, 25–39.

Harmgarth, Friederike (Hrsg.) (1999): Das Lesebarometer – Lesen und Umgang mit Büchern in Deutschland. Eine Bestandsaufnahme zum Leseverhalten von Erwachsenen und Kindern 1995- 1997. Gütersloh: Verlag Bertelsmann Stiftung.

Hurrelmann, Bettina (1994a): Familie und Schule als Instanzen der Lesesozialisation. In: Mitteilungen des Deutschen Germanistenverbandes, Jg.41, H.1, 27–40.

Hurrelmann, Bettina; Hammer, Michael; Nieß, Ferdinand (1993): Leseklima in der Familie. Eine Studie der Bertelsmann-Stiftung. Lesesozialisation Band 1. Gütersloh: Verlag Bertelsmann-Stiftung.

Hurrelmann, Bettina; Hammer, Michael; Stelberg, Klaus (1996): Familienmitglied Fernsehen. Fernsehgebrauch und Probleme der Fernseherziehung in verschiedenen Familienformen. Opladen: Leske + Budrich.

Hurrelmann, Bettina (Hrsg.) (1980): Kinderliteratur und Rezeption. Beiträge der Kinderliteraturforschung zur literaturwissenschaftlichen Pragmatik. Baltmannsweiler: Schneider-Verlag.

Hurrelmann, Bettina. (1998): Lese- und Mediengewohnheiten im Umbruch. Eine pädagogische Herausforderung. In: Stiftung Lesen 1998, 187–195.

Hurrelmann, Klaus (2001): Einführung in die Sozialisationstheorie. Über den Zusammenhang von Sozialstruktur und Persönlichkeit. 7. Auflage. Weinheim; Basel: Beltz.

Hurrelmann, Klaus; Ulich, Klaus(1991): Neues Handbuch der Sozialisationsforschung. 4. völlig neu bearb. Aufl., Weinheim; Basel: Beltz.

Kirsch, Dieter (1978): Literaturbarrieren bei jugendlichen Lesern. Eine empirische Untersuchung über den Dissens zwischen schulischer und außerschulischer Lektüre bei Schülern der Stadt Ludwigshafen. Frankfurt/Main: Haag & Herchen.

Köcher, Renate (1993): Lesekarrieren – Kontinuität und Brüche. In: Bonfadelli u.a. 1993a, 215–310.

Köcher, Renate (1988): Familie und Lesen. Eine Untersuchung über den Einfluß des Elternhauses auf das Leseverhalten. In: Archiv für Soziologie und Wirtschaftsfragen des Buchhandels LXIII (Beilage zum Börsenblatt für den Deutschen Buchhandel, Nr. 82 vom 14.10.1988), 2275–2364.

Krappmann, Lothar: Sozialisation in der Gruppe der Gleichaltrigen. In: Hurrelmann u.a. 1991, 355–375.

Krewer, Bernd; Eckensberger, Lutz H. (1991): Selbstentwicklung und kulturelle Identität. In: Hurrelmann, Klaus; Ulich, Dieter (Hrsg.): Neues Handbuch der Sozialisationsforschung. Weinheim und Basel: Beltz, 573–595.

Lindner, Rolf (2000): Die Stunde der cultural studies. Wien: WUV.

Messner, Rudolf; Rosebrock, Cornelia (1987): Ein Refugium für das Unerledigte – Zum Zusammenhang von Lesen und Lebensgeschichte Jugendlicher in kultureller Sicht. In: Buttgereit 1987, 155–197.

Mörth, Ingo; Fröhlich, Gerhard (Hrsg.) (1994): Das symbolische Kapital der Lebensstile: zur Kultursoziologie der Moderne nach Pierre Bourdieu. Frankfurt/Main; New York: Campus.

Namgalies, Lisa; Heling, Barbara; Schwänke, Ulf (1990): Stiefkinder des Bildungssystems. Lern- und Lebensgeschichten deutscher Analphabeten. Hamburg: Bergmann + Helbig.

Oerter, Rolf (1999): Theorien der Lesesozialisation – Zur Ontogenese des Lesens. In: Groeben 1999a, 27–55.

Oerter, Rolf; Montada, Leo (1998): Entwicklungspsychologie. Ein Lehrbuch. Weinheim: Beltz.

Oswald, Marie-Luise (1999): Am Ende der Schule ohne Ausbildungs- oder Berufsreife. Lernbiographien junger Menschen in Praxis und Theorie. In: Stark u. a. 1999, 34–39.

Popp, Ulrike (1999): Von der Mädchensozialisation zur Sozialisation der Geschlechter. Theorien geschlechtsspezifischer Sozialisation, ihre sozialkonstruktivistische Kritik und empirische Studien zur Geschlechtersozialisation in der Schule. In: Fromme u. a. 1999, 58–74.

Pott, Hans-Georg (1995): Literarische Bildung: Zur Geschichte der Individualität. München: Fink.

Rank, Bernhard; Rosebrock, Cornelia (Hrsg.) (1997): Kinderliteratur, literarische Sozialisation und Schule. Weinheim: Deutscher Studienverlag.

Rosebrock, Cornelia (2003): Wege zur Lesekompetenz. In: Beiträge Jugendliteratur und Medien, Jg.55, H.2, 85–95.

Rosebrock, Cornelia (2002): Schritte des Literaturerwerbs. In: Lesezeichen. Mitteilungen des Lesezentrums der Pädagogischen Hochschule Heidelberg, H.10, 5–36.

Rosebrock, Cornelia (2000a): Literaturdidaktik und Lesekultur. In: Informationen zur Deutschdidaktik (ide), Jg.24, H.2, 35–48.

Rosebrock, Cornelia (2000b): Lesebiographien Jugendlicher als Zugänge zur lebensgeschichtlichen Bedeutung von Lektüreerfahrungen. In: Stark u. a. 2000, 22–35.

Rosebrock, Cornelia (1999): Zum Verhältnis von Lesesozialisation und literarischem Lernen. In: Didaktik Deutsch4, H.1, 57–68.

Rosebrock, Cornelia (Hrsg.) (1995a): Lesen im Medienzeitalter. Biographische und historische Aspekte literarischer Sozialisation. Weinheim; München: Juventa.

Rosebrock, Cornelia (1994): Die Lesekultur Jugendlicher zwischen Moderne und Postmoderne. In: Ewers, Heino (Hrsg.): Jugendkultur im Adoleszenzroman. Weinheim; München: Juventa, 239–263.

Rosebrock, Cornelia (1993): Geschlechtscharakter und Lektürepraxis. In: Mitteilungen des Deutschen Germanistenverbandes, Jg.40, H.2, 29–40.

Rosebrock, Cornelia (1987): Ein Refugium für das Unerledigte – Zum Zusammenhang von Lesen und Lebensgeschichte in kultureller Sicht. In: Buttgereit 1987, 155–196.

Schäfer, Alfred (2000): Vermittlung und Alterität. Zur Problematik von Sozialisationstheorien. Opladen: Leske + Budrich.

Schierholz, Henning (2002): Die ersten sechs Jahre nach der Schule: Konsequenzen aus den Karriereverläufen Benachteiligter in Ausbildung und Arbeit. In: Stark u. a. 2002, 228–230.

Schmalohr, Emil (1990): Ergebnisse metakognitiver Lesegespräche mit lernbehinderten, besonders leseschwachen Jugendlichen. In: Biglmaier 1990, 223–233.

Schmutzler-Braun, Brigitte; Schreiner-Berg, Adelheid (1983): „Ab und an mal'n Buch – warum nicht". Lebensumstände und Lektüre berufstätiger Jugendlicher. Eine empirische Untersuchung. Frankfurt/Main: Dipa.

Schön, Erich (1996): Zur aktuellen Situation des Lesens und zur biographischen Entwicklung des Lesens bei Kindern und Jugendlichen. Oldenburg: BIS.

Schön, Erich (1993a): Selbstaussagen zur Funktion literarischen Lesens im Lebenszusammenhang von Kindern und Jugendlichen. In: Janota, Johannes

(Hrsg.): Kultureller Wandel und die Germanistik in der Bundesrepublik: Vorträge des Augsburger Germanistentags 1991. Bd.1: Vielfalt der kulturellen Systeme und Stile. Tübingen: Niemeyer, 260–271.

Schön, Erich (1990a): Die Entwicklung literarischer Rezeptionskompetenz. Ergebnisse einer Untersuchung zum Lesen bei Kindern und Jugendlichen. In: SPIEL, Jg.9, H.2, 229–276.

Schulz, Wolfgang (1999): Am Ende der Schule ohne Ausbildungs- oder Berufsreife – Lernbiographien junger Menschen in Praxis und Theorie. In: Stark u.a. 1999, 13–33.

Spinner, Kaspar H. (1995): Die Entwicklung literarischer Kompetenz beim Kind. In: Rosebrock 1995a, 81–96.

Spinner, Kaspar H. (1993): Entwicklung des literarischen Verstehens. In: Beisbart u.a. 1993, 55–64.

Spinner, Kaspar H. (1989a): Fremdverstehen und historisches Verstehen als Ergebnis kognitiver Entwicklung. In: Der Deutschunterricht, Jg.41, H.4, 19–23.

Spinner, Kaspar H. (Hrsg.) (1980a): Identität und Deutschunterricht. Göttingen: Vandenhoeck und Ruprecht.

Spinner, Kaspar H. (1980b): Entwicklungsspezifische Unterschiede im Textverstehen. In: Spinner 1980a, 33–50.

Stark, Werner; Fitzner, Thilo; Schubert, Christoph (Hrsg.) (2002): Jugendberufshilfe und Benachteiligtenförderung. Eine Fachtagung. Stuttgart: Klett.

Stark, Werner; Fitzner, Thilo; Schubert, Christoph (Hrsg.) (2000): Von der Alphabetisierung zur Leseförderung. Eine Fachtagung. Stuttgart: Klett.

Stark, Werner; Fitzner, Thilo; Schubert, Christoph (Hrsg.) (1999): Junge Menschen in der berufsorientierten Alphabetisierung. Eine internationale Fachtagung. Stuttgart: Klett.

Steinkamp, Günther (1991): Sozialstruktur und Sozialisation. In: Hurrelmann 1991, Klaus; Ulich, Dieter (Hrsg.): Neues Handbuch der Sozialisationsforschung. Weinheim und Basel: Beltz, 251–278.

Stiftung Lesen (Hrsg.) (1998): Lesen im Umbruch. Forschungsperspektiven im Zeitalter von Multimedia. Baden-Baden: Nomos.

Stiftung Lesen (2001): Leseverhalten in Deutschland im neuen Jahrtausend. Eine Studie der Stiftung Lesen. Mainz.

Volz, Steffen (2001): Literaturerwerb im „Bildungskeller". In: Deutschunterricht, Jg.54, H.2, 31–34.

Wieler, Petra (1997): Vorlesen in der Familie. Fallstudien zur literarisch-kulturellen Sozialisation von Vierjährigen. Weinheim; München: Juventa.

Zitzelsberger, Olga (2001): Peer-Beziehungen im Kontext von Medien- / Lesegeschichten von Jugendlichen mit niedrigem Bildungsabschluss. Vortrag auf dem Symposion „Ko-Konstruktion" des DFG-Schwerpunkts „Lesegeschichte in der Mediengesellschaft", 3.–5. Oktober 2001. Unveröffentlichtes Vortragsmanuskript.

## 3. Lese- und Literaturunterricht, Leseförderung

Balhorn, Heiko; Brügelmann, Hans (Hrsg.) (1993): Bedeutungen erfinden – im Kopf, mit Schrift und miteinander. Zur individuellen und sozialen Konstruktion von Wirklichkeit. Konstanz: Faude.

Bamberger, Richard (2000): Erfolgreiche Leseerziehung in Theorie und Praxis. Mit besonderer Berücksichtigung des Projekts „Leistungs- und Motivationssteigerung im Lesen und Lernen unter dem Motto Lese- und Lernolympiade". Wien: öbv und hpt.

Bartnitzky, Horst (2000): Sprachunterricht heute. Sprachdidaktik, Unterrichtsbeispiele, Planungsmodelle. Berlin: Cornelsen Scriptor.

Beisbart, Ortwin u.a. (Hrsg.) (1993): Leseförderung und Leseerziehung. Theorie und Praxis des Umgangs mit Büchern für junge Leser. Donauwörth: Auer.

Belgrad, Jürgen; Melenk, Hartmut (Hrsg.) (1996): Literarisches Verstehen – literarisches Schreiben. Baltmannsweiler: Schneider.

Below, Susanne von (2002): Bildungssysteme und soziale Ungerechtigkeit. Das Beispiel neue Bundesländer. Opladen: Leske + Budrich.

Berg, Hans-Christoph; Eggert, Hartmut; Rutschky, Michael (1974): Literaturrezeption von Schülern als Problem der Literaturdidaktik. In: Dehn 1974, 267–298.

Besch, Friedrich (1997): Bildungsinnovation durch Medien. Gütersloh: Verlag Bertelsmann-Stiftung.

Bertelsmann Stiftung (Hrsg.) (1995): Lesen in der Schule. Perspektiven der schulischen Leseförderung. Gütersloh: Verlag Bertelsmann Stiftung.

Bonfadelli, Heinz (1996): Lesen im Alltag Jugendlicher – Umfang, Motivation und Modalitäten. In: Hohmann u. a. 1996, 51–66.

Christ, Hannelore (1995): „Ja aber es kann doch sein …": In der Schule literarische Gespräche führen. Frankfurt/Main u. a.: Lang.

Crämer, Claudia; Füssenich, Iris; Schumann, Gabriele (Hrsg.) (1998): Lesekompetenz erwerben und fördern. Braunschweig: Westermann Schulbuchverlag.

Dehn, Mechthild; Payrhuber, Franz-Josef; Schulz, Gudrun; Spinner, Kaspar H. (1999): Lesesozialisation, Literaturunterricht und Leseförderung in der Schule. In: Franzmann u.a. 1999, 568–637.

Dehn, Wilhelm (Hrsg.) (1974): Ästhetische Erfahrung und literarisches Lernen. Frankfurt/Main: Fischer.

Eggert, Hartmut; Berg, Hans-Christoph; Rutschky, Michael (1975): Schüler im Literaturunterricht. Ein Erfahrungsbericht. Köln: Kiepenheuer & Witsch.

Frank, Gerd (1992): Literaturdidaktik und Unterrichtswirklichkeit. Ergebnisse einer Untersuchung. In: Praxis Schule 5–10, Jg.92, H.1, 56–58.

Franz, Kurt; Franzmann, Bodo; Payrhuber, Franz-Josef; Schön, Erich (1999): Muß-Lektüre versus Lust-Lektüre? Der Einfluß von Schullektüre und Leseempfehlungen von Lehrern auf Freizeitlektüre und private Medienpraxis von Jugendlichen. In: Groeben 1999a, 78–88.

Franz, Kurt; Payrhuber, Franz-Josef (Hrsg.) (2002): Lesen heute. Leseverhalten von Kindern und Jugendlichen und Leseförderung im Kontext der PISA-Studie. Baltmannsweiler: Schneider-Verlag.

Franzmann, Bodo; Hasemann, Klaus; Löffler, Dietrich; Schön, Erich (Hrsg.) (1999): Handbuch Lesen. München: Saur.

Fritzsche, Joachim (1994): Zur Didaktik und Methodik des Deutschunterrichts. Bd. 3: Umgang mit Literatur. Stuttgart: Klett.

Füssenich, Iris (1999): Wie kann funktionaler Analphabetismus bei Schulabgängerinnen und Schulabgängern verhindert werden? In: Stark u. a. 1999, 129–155.

Gomolla, Mechtild; Radtke, Frank-Olaf (2002): Institutionelle Diskriminierung. Die Herstellung ethnischer Differenz in der Schule. Opladen: Leske + Budrich.

Groeben, Norbert; Hurrelmann, Bettina (2002a): Lesekompetenz. Bedingungen, Dimensionen, Funktionen. Weinheim; München: Juventa.

Groeben, Norbert (Hrsg.) (1999a): Lesesozialisation in der Mediengesellschaft: Ein Schwerpunktprogramm (Internationales Archiv für Sozialgeschichte der deutschen Literatur; 10. Sonderheft). Tübingen: Niemeyer.

Grzesik, Jürgen (1990): Textverstehen lernen und lehren. Geistige Operationen im Prozeß des Textverstehens und typische Methoden für die Schulung zum kompetenten Leser. Stuttgart: Klett.

Grzesik, Jürgen (1989): Geistige Operationen beim Fremdverstehen im Literaturunterricht. In: Der Deutschunterricht, Jg.41, H.4, 7–18.

Grzesik, Jürgen (1983): Methoden zur Deskription des Textverstehens im Unterricht. In: SPIEL, Jg.2, H.1, 73–99.

Grzesik, Jürgen; Fleischhauer, Peter; Meder, Norbert (1982): Interaktionstypen- und Leistungstypen im Unterricht. Eine handlungstheoretische Feldstudie unterrichtlicher Komplexität. Opladen: Westdt. Verlag.

Harmgarth, Friederike (Hrsg.) (1997): Lesegewohnheiten – Lesebarrieren: öffentliche Bibliothek und Schule – neue Formen der Partnerschaft. Ergebnisse der Schülerbefragung 1995/1996. Gütersloh: Verlag Bertelsmann Stiftung.

Haueis, Eduard (1999): Leseförderung im Kontext des Schriftspracherwerbs. In: Lesezeichen. Mitteilungen des Lesezentrums der Pädagogischen Hochschule Heidelberg, H.3, 15–59.

Heil, Stefan; Faust-Siehl, Gabriele (2000): Universitäre Lehrerausbildung und pädagogische Professionalität im Spiegel von Lehrenden. Eine qualitative empirische Untersuchung. Weinheim: Dt. Studien-Verlag.

Hohmann, Joachim S.; Rubinich, Johann (Hrsg.) (1996): Wovon der Schüler träumt: Leseförderung im Spannungsfeld von Literaturvermittlung und Medienpädagogik. Frankfurt/Main u. a.: Lang.

Hummelsberger, Siegfried (2002): Literaturunterricht und literarisches Verstehen bei Berufsschülern. Frankfurt/Main u. a.: Lang.

Hurrelmann, Bettina (1994a): Familie und Schule als Instanzen der Lesesozialisation. In: Mitteilungen des Deutschen Germanistenverbandes, Jg.41, H.1, 27–40.

Hurrelmann, Bettina (1994b): Leseförderung. In: Praxis Deutsch, Jg.21, H.127, 17–26.

Hurrelmann, Bettina (1982). Kinderliteratur im sozialen Kontext. Eine Rezeptionsanalyse am Beispiel schulischer Literaturverarbeitung. Weinheim u. a.: Beltz.

Hurrelmann, Bettina; Elias, Sabine (Hrsg.) (1998): Leseförderung in einer Medienkultur. Praxis Deutsch Sonderheft, 3-7.

Kammler, Clemens; Knapp, Werner (Hrsg.) (2002): Empirische Unterrichtsforschung und Deutschdidaktik. Baltmannsweiler: Schneider.

Kämper-van den Boogaart, Michael (Hrsg.) (2003): Deutschdidaktik. Leitfaden für die Sekundarstufe I und II. Berlin: Cornelsen Scriptor.

Kämper-van den Boogaart, Michael (Hrsg.) (1997): Das Literatursystem der Gegenwart und die Gegenwart der Schule. Baltmannsweiler: Schneider.

Katz, Dieter (1994): Leseverhalten von Berufsschülern (Beiträge zur Arbeits-, Berufs- und Wirtschaftspädagogik; 13). Frankfurt/Main u. a.: Lang.

Kirsch, Dieter (1978): Literaturbarrieren bei jugendlichen Lesern. Eine empirische Untersuchung über den Dissens zwischen schulischer und außerschulischer Lektüre bei Schülern der Stadt Ludwigshafen. Frankfurt/Main: Haag & Herchen.

Köster, Juliane (2003): Konstruieren statt Entdecken – Impulse aus der PISA-Studie für die deutsche Aufgabenkultur. In: Didaktik Deutsch 14/2003, 4–20.

Kreft, Jürgen (1984): Zur Erforschung der literarischen Rezeption im Unterricht auf der Grundlage einer kognitiv-genetischen Kompetenztheorie. In: Ossner u. a. 1984, 13–33.

Kreft, Jürgen; Wellner, Klaus; Vollertsen, Peter (1981): Der Schüler als Leser. Paderborn: Schöningh.

Krüger, Heinz-Hermann; Wenzel, Hartmut (Hrsg.) (2000): Schule zwischen Effektivität und sozialer Verantwortung (Studien zur Schul- und Bildungsforschung; 9). Opladen: Leske + Budrich.

Kultusministerium des Landes Nordrhein-Westfalen (Hrsg.) (1994): Lektüre von Ganzschriften im Fach Deutsch der Sekundarstufe I des Gymnasiums in NRW. Frechen: Ritterbach.

Lange, Günter; Steffens, Wilhelm (Hrsg.) (1995): Moderne Formen des Erzählens in der Kinder- und Jugendliteratur der Gegenwart unter literarischen und didaktischen Aspekten. Würzburg: Königshausen und Neumann.

Lehmann, Rainer H.; Peek, Rainer; Pieper, Iris; Stritzky, Regine von (1995): Leseverständnis und Lesegewohnheiten deutscher Schüler und Schülerinnen. Weinheim; Basel: Beltz.

Ludwig, Otto (2002): PISA 2000 und der Deutschunterricht. In: Der Deutschunterricht, Jg.54, H.2, 82–85.

Meder, Norbert; Schiffer-Musial, Caecilia (1988): Interaktionsanalyse im Literaturunterricht. Eine Replikations- und Generalisierungsstudie zur Komplementarität und Systemzeit. Opladen: Westdt. Verlag.

Merkelbach, Valentin (1998): Über literarische Texte sprechen. Mündliche Kommunikation im Literaturunterricht. In: Der Deutschunterricht, Jg.50, H.1, 74–82.

Merkelbach, Valentin (1995): Zur Theorie und Didaktik des literarischen Gesprächs. In: Christ 1995, 12–52.

Namgalies, Lisa; Heling, Barbara; Schwänke, Ulf (1990): Stiefkinder des Bildungssystems. Lern- und Lebensgeschichten deutscher Analphabeten. Hamburg: Bergmann & Helbig.

Niemann, Heide (2000): Family Literacy: Leseförderung in Familie und Schule. In: Stark u. a. 2000, 333–337.

Nörber, Martin (Hrsg.) (2003): Peer Education. Bildung und Erziehung von Gleichaltrigen durch Gleichaltrige. Weinheim; Basel; Berlin: Beltz.

Oskamp, Irmtraud M. (1996): Jugendliteratur im Lehrerurteil. Historische Aspekte und didaktische Perspektiven. Würzburg: Königshausen und Neumann.

Ossner, Jakob; Fingerhut, Karl-Heinz (Hrsg.) (1984): Methoden der Literaturdidaktik. Ludwigsburg: Pädagogischer Hochschulverlag.

Payrhuber, Franz-Josef (1994): Die lesende Schule. Ein Projekt zur Lese(r)förderung und seine Ergebnisse. Mainz.

Rosebrock, Cornelia (2003): Lesesozialisation und Leseförderung; literarisches Leben in der Schule. In: Kämper-van den Boogaart 2003, 153–174.

Rosebrock, Cornelia (2000): Literaturdidaktik und Lesekultur. In: Informationen zur Deutschdidaktik (ide), Jg.24, H. 2, 35–48.

Rubinich, Johann (1996): Der Stellenwert des Lesebuchs bei Lehrern und Schülern. Eine empirische Studie (Beiträge zur Geschichte des Deutschunterrichts; 19). Frankfurt/Main u. a.: Lang.

Runge, Gabriele (1997): Lesesozialisation in der Schule. Untersuchungen zum Einsatz von Kinder- und Jugendliteratur im Unterricht. Würzburg: Königshausen und Neumann.

Rupp, Gerhard (2002): Empirisches Beispiel: Interpretation im Literaturunterricht. In: Groeben u. a. 2002a, 106–120.

Rupp, Gerhard (1999): Literarisches Lesen und Medienkonsum in der produktiven Selbstreflexion durch Schüler/innen im Unterricht. In: Groeben 1999a, 67–77.

Rupp, Gerhard (1987): Kulturelles Handeln mit Texten. Fallstudien aus dem Schulalltag. Paderborn u. a.: Schöningh.

Schiefele, Hans; Stocker, Karl (1990): Literaturinteresse. Ansatzpunkte einer Literaturdidaktik. Weinheim; Basel: Beltz.

Schlömerkemper, Jörg (Hrsg.) (2000): Differenzen. Über die politische und pädagogische Bedeutung von Ungleichheiten im Bildungswesen (Die Deutsche Schule; 6. Beiheft). Weinheim: Juventa.

Schmalohr, Emil (1991): Metakognitive Instruktionsgespräche über Leseschwierigkeiten mit Grund- und Sonderschülern. In: Heilpädagogische Forschung, Jg.17, 117–128.

Schön, Erich (1993b): Jugendliche Leser und ihr Deutschunterricht. In: Balhorn u. a. 1993, 220–226.

Spinner, Kaspar H. (1989b): Literaturunterricht und moralische Entwicklung. In: Praxis Deutsch, Jg.16, H.95, 13–19.

Spinner, Kaspar H. (1987a): Interpretieren im Deutschunterricht. In: Praxis Deutsch, Jg.14, H.81, 17–23.

Spinner, Kaspar H. (1987b): Zur Rolle des Lehrers im Unterrichtsgespräch. In: Willenberg 1987, 186–207.

Spinner, Kaspar H. (Hrsg.) (1980a): Identität und Deutschunterricht. Göttingen: Vandenhoeck und Ruprecht.

Stark, Werner; Fitzner, Thilo; Schubert, Christoph (Hrsg.) (2002): Jugendberufshilfe und Benachteiligtenförderung. Eine Fachtagung. Stuttgart: Klett.

Stark, Werner; Fitzner, Thilo; Schubert, Christoph; (Hrsg.) (2001): Qualifizierter Alphabetisieren in Schule und Erwachsenenbildung. Eine Fachtagung. Stuttgart: Klett.

Stark, Werner; Fitzner, Thilo; Schubert, Christoph (Hrsg.) (2000): Von der Alphabetisierung zur Leseförderung. Eine Fachtagung. Stuttgart: Klett.

Stark, Werner; Fitzner, Thilo; Schubert, Christoph (Hrsg.) (1999): Junge Menschen in der berufsorientierten Alphabetisierung. Eine internationale Fachtagung. Stuttgart: Klett.

Szablewski-Cavus, Petra (1999): In keiner Sprache lesen lernen? Notizen zum Schriftspracherwerb von Kindern und Jugendlichen nichtdeutscher Herkunft. In: Stark u. a. 1999, 172–181.

Volz, Steffen (2001): Literaturerwerb im „Bildungskeller". In: Deutschunterricht, Jg.54, H.2, 31–34.

Wedel-Wolff, Annegret von (1998): Lesediagnose als Voraussetzung für eine sinnvolle Förderung. In: Crämer u. a. 1998, 22–36.

Weers, Dörte (1990): Türkische Jugendliche als Leser. Leseverhalten und Leseförderung der zweiten Generation in der Bundesrepublik Deutschland (Studien Deutsch; 10). München: Iudicum Verlag.

Wermke, Jutta (1996): Leseerziehung für Medienrezipienten. In: Hohmann u. a. 1996, 90–107.

Werner, Johannes (1996): Literatur im Unterrichtsgespräch – Die Struktur des literaturrezipierenden Diskurses. München: Vögel.

Wieler, Petra (1989): Sprachliches Handeln im Literaturunterricht als didaktisches Problem. Frankfurt/Main u. a.: Lang.

Willenberg, Heiner (1996): Differenzierung im Unterricht. Philosophische, soziologische und psychologische Begründungen. In: Belgrad u. a.1996, 73–82.

Willenberg, Heiner (1995): Die Strategien des Lesens und Lernens sind individuell gemischt. In: Empirische Pädagogik, Jg.9, 263–283.

Willenberg, Heiner (1993): Lernpräferenzen im Deutschunterricht. In: Diskussion Deutsch, Jg.24, H.129, 45–58.

Willenberg, Heiner (Hrsg.) (1987): Zur Psychologie des Literaturunterrichts: Schülerfähigkeiten – Unterrichtsmethoden – Beispiele. Frankfurt/Main: Diesterweg.

Witte, Hansjörg u.a. (Hrsg.) (2000): Deutschunterricht zwischen Kompetenzerwerb und Persönlichkeitsbildung. Germanistentag des Fachverbandes Deutsch im Deutschen Germanistenverband e.V. in Zusammenarbeit mit der Universität Lüneburg. Baltmannsweiler: Schneider.

## 4. Die Hauptschule und ihr Lese- und Literaturunterricht

Bofinger, Jürgen; Lutz, Brigitta; Spanhel, Dieter (1999): Das Freizeit- und Medienverhalten von Hauptschülern. Eine explorative Studie über Hintergründe und Zusammenhänge. München: Kopäd Verlag.

Dahrendorf, Malte (Hrsg.) (1995): Grenzen der Literaturvermittlung: Leseverweigerung – Sprachprobleme – Analphabetismus. (Beiträge Jugendliteratur und Medien, 6. Beiheft). Weinheim: Juventa.

Fritz, Karsten; Sting, Stephan; Vollbrecht, Ralf (Hrsg.) (2003): Mediensozialisation. Pädagogische Perspektiven des Aufwachsens in Medienwelten. Opladen: Leske + Budrich.

Gantenbrink, Rainer (1979): Der Literaturunterricht der Volks- und Hauptschule im Wandel der Lehrplanrichtlinien von 1945 bis 1968. Eine vergleichende Analyse (Informationen zur Sprach- und Literaturkritik (ISL); 21). Paderborn: Schöningh.

Gogolin, Ingrid (Hrsg.) (2001): Schulbildung für Kinder aus Minderheiten in Deutschland 1989–1999. Münster u.a.: Waxmann Verlag.

Haas, Gerhard (1993): Handlungs- und produktionsorientierter Leseunterricht in der Hauptschule. In: Lehren und Lernen, Jg.19, H.1, 18–30.

Hahn, Manfred (1999): Leseerziehung in der Hauptschule. Praxis und Theorie. Baltmannsweiler: Schneider.

Haselbeck, Fritz (1999): Lebenswelt Schule – Der Schulalltag im Blickwinkel jugendlicher Hauptschüler. Einstellungen, Wahrnehmungen und Deutungen. Passau.

Haueis, Eduard (2002): Brauchen wir eine Fachdidaktik für die Hauptschule? Unveröffentlichtes Manuskript. Heidelberg.

Hiller, Gotthilf G. (1994): Ausbruch aus dem Bildungskeller. Langenau-Ulm.

Hörschgens-Füssenich, Willi; Kock, Wilfried (2001): Qualitätskriterien für außerschulische Bildungseinrichtungen – Nachgeholter Hauptschulabschluss und Berufsvorbereitung. In: Stark u. a. 2001, 160–172.

Hurrelmann, Bettina (1995): Über die Hintergründe verhinderter Lesebereitschaft. Empirische Befunde. In: JuLit 1, Jg.21, 24–36.

Kammler, Clemens; Knapp, Werner (Hrsg.) (2002): Empirische Unterrichtsforschung und Deutschdidaktik. Baltmannsweiler: Schneider.

Kleinschmidt, Gert (1971): Theorie und Praxis des Lesens in der Grund- und Hauptschule. Frankfurt/Main; Berlin; München: Diesterweg.

Knobloch, Jörg (1998): Lehrpläne und Literaturunterricht an Hauptschulen. Fallstudie über den bayrischen Lehrplan „Lesen". Weinheim; München: Juventa.

Kristen, Cornelia (2002): Hauptschule, Realschule oder Gymnasium? Ethnische Unterschiede am ersten Bildungsübergang. In: Kölner Zeitschrift für Soziologie und Sozialpsychologie, Jg.54, H.3, 534-552.

Mägdefrau, Jutta; Vollbrecht, Ralf (2003a): Freizeitverhalten von Hauptschuljugendlichen – Computer statt Buch? In: Fritz u.a. 2003, 133–148.

Mägdefrau, Jutta; Vollbrecht, Ralf (2003b): Lesen in der Freizeit von Hauptschülern. Teilergebnisse einer Studie zur Lage und Befindlichkeit von Hauptschülern in Baden-Würtenberg. In: Media Perspektiven, H.4, 187–193.

Oomen-Welke, Ingelore (2001): „Aufgaben kriegen, die man auch schaffen kann!" In: Pädagogik 12/2001, Jg.53, 28-31.

Pieper, Irene; Wirthwein, Heike; Zitzelsberger, Olga (2002): Schlüssel zum Tor der Zukunft? Zur Lesepraxis Frankfurter HauptschulabsolventInnen. In: Didaktik Deutsch 13/2002, Jg.7, 33–49.

Rekus, Jürgen; Hintz, Dieter; Ladenthin, Volker (1998): Die Hauptschule. Alltag, Reform, Geschichte, Theorie. Grundlagentexte Pädagogik. Weinheim; München: Juventa.

Rössner, Lutz (1967): Gespräch, Diskussion und Debatte im Unterricht der Grund- und Hauptschule. Frankfurt/Main u. a.: Diesterweg.

Scheller, Ingo (1987): Szenische Lernprozesse. Überlegungen zum Literaturunterricht mit Haupt- und Sonderschülern. In: Diskussion Deutsch, Jg.18, H.93, 41–47.

Schmid-Barkow, Ingrid (2002): Bemerkenswert verschmurmelte Artgenossen. Eine empirische Studie zur Diagnose von Lesestrategien und Leseschwierigkeiten bei Hauptschülern und Hauptschülerinnen. In: Kammler u. a. 2002, 170–185.

Stark, Werner; Fitzner, Thilo; Schubert, Christoph; (Hrsg.) (2001): Qualifizierter Alphabetisieren in Schule und Erwachsenenbildung. Eine Fachtagung. Stuttgart: Klett.

Wünsche, Konrad (1979): Die Wirklichkeit des Hauptschülers. Berichte von Kindern der schweigenden Mehrheit. Erw. Ausg. Frankfurt/Main: Fischer.

Zenke, Karl G. (1995): Der Zerfall der Hauptschulbildung. Über die Vergeblichkeit des Versuchs, einen „volkstümlichen" Bildungsgang zu modernisieren. In: Die Deutsche Schule, Jg.87, H.3, 339–354.

## 5. Medienpraxis bildungsferner Jugendlicher

Albrecht, Günter; Goenemeyer, Axel; Stalberg, Friedrich W. (Hrsg.) (1999): Handbuch soziale Probleme. Opladen; Wiesbaden: Westdt. Verlag.

Aydin, Hayrettin; Sen, Faruk (2002): Islam in Deutschland. München: Beck.

Baacke, Dieter (1999): Jugend und Jugendkulturen. Darstellung und Deutung. 3. überarb. Aufl. Weinheim; München: Juventa.

Baacke, Dieter; Fracasso, Ippazio (1992): Italienische Jugend. Einblicke in Lebenswelt, Lebensräume und Kultur. Weinheim; München: Juventa.

Baacke, Dieter u. a. (1988): Jugend und Mode: Kleidung als Selbstinszenierung. Opladen : Leske + Budrich.

Baacke, Dieter (1988): Wechselnde Moden. In: Baacke u. a. 1988, 11–65.

Bachmair, Ben (1996): Fernsehkultur. Subjektivität in einer Welt bewegter Bilder. Opladen: Westdt. Verlag.

Barthelmes, Jürgen; Sander, Ekkehard (2001): Erst die Freunde, dann die Medien. Medien als Begleiter in der Pubertät und Adoleszenz (Medienerfahrungen von Jugendlichen; 2). München: Verlag Deutsches Jugendinstitut.

Barthelmes, Jürgen (2002): „Im Meer der Bilder tauche ich immer wieder auf". Was suchen die Jugendlichen in den Medien? Ergebnisse einer Längsschnittstudie. In: medien praktisch 1/02, Jg.26, 28–33.

Barthelmes, Jürgen; Sander, Ekkehard (1997): Medien in Familie und Peergroup. Vom Nutzen der Medien für 13- und 14-Jährige (Medienerfahrungen von Jugendlichen; 1). München: Verlag Deutsches Jugendinstitut.

Beck-Gernsheim, Elisabeth (2002): Im Irrgarten der Ausländerstatistik. In: Mittelweg 36, Jg. 11, H.5, 24–40.

Behne, Klaus-Ernst (2001): Musik-Erleben: Abnutzung durch Überangebot? Eine Analyse empirischer Studien zum Musikhören Jugendlicher. In: Media Perspektiven, H.3, 142–148.

Behnken, Imbke; Messner, Rudolf; Rosebrock, Cornelia; Zinnecker, Jürgen (1997): Lesen und Schreiben aus Leidenschaft. Jugendkulturelle Inszenierungen von Schriftkultur. Weinheim; München: Juventa.

Bertelsmann Stiftung; Heinz Nixdorf Stiftung (Hrsg.) (1997): Bildungsinnovation durch Medien. Initiative: B.I.G. – Bildungswege in der Informationsgesellschaft. Gütersloh: Verlag Bertelsmann Stiftung.

Böhnisch, Lothar; Winter, Reinhard (1993): Männliche Sozialisation. Bewältigungsprobleme männlicher Geschlechtsidentität im Lebenslauf. Weinheim; München: Juventa.

Böttcher, Wolfgang; Klemm, Klaus; Rauschenbach, Thomas (Hrsg.) (2001): Bildung und Soziales in Zahlen. Statistisches Handbuch zu Daten und Trends im Bildungsbereich (Veröffentlichungen der Max-Traeger-Stiftung; 33). Weinheim; München: Juventa.

Bourdieu, Pierre (1987): Die feinen Unterschiede. Kritik der gesellschaftlichen Urteilskraft. Frankfurt/Main: Suhrkamp.

Braun, Michael; Mohler, Peter Ph. (Hrsg.) (1998): Blickpunkt Gesellschaft. Bd. 4. Soziale Ungleichheit in Deutschland. Opladen: Westdt. Verlag.

Bründel, Heidrun; Hurrelmann, Klaus (1995): Akkulturation und Minoritäten. Die psychosoziale Situation ausländischer Jugendlicher in Deutschland unter dem Gesichtspunkt des Belastungs-Bewältigungs-Paradigmas. In: Trommsdorf (Hrsg.): Kindheit und Jugend in verschiedenen Kulturen. Entwicklung und Sozialisation in kulturvergleichender Sicht. Weinheim; München: Juventa, 293–313.

Bullerjahn, Claudia; Erwe, Hans-Joachim; Weber, Rudolf (Hrsg.) (1999): Kinder-Kultur. Ästhetische Erfahrungen – Ästhetische Bedürfnisse (Reihe Kindheitsforschung; 11). Opladen: Leske + Budrich.

Charlton, Michael; Klemm, Markus (Hrsg.) (1998): Fernsehen und Anschlußkommunikation. In: Klingler 1998, 709–727.

Charlton, Michael; Neumann-Braun, Klaus (1990): Medienrezeption und Identitätsbildung. Kulturpsychologische und kultursoziologische Befunde zum Gebrauch von Massenmedien im Vorschulalter. Tübingen: Narr.

Deutscher Bundestag (2000): Sechster Familienbericht. Familien ausländischer Herkunft in Deutschland. Leistungen – Belastungen – Herausforderungen und Stellungnahme der Bundesregierung (Deutscher Bundestag 14. Wahlperiode. Unterrichtung durch die Bundesregierung. Drucksache 14/4357; 20.10.2000).

Deutscher Bundestag (1998b) (Hrsg.): Enquete-Kommission: Zukunft der Medien in Wirtschaft und Gesellschaft; Deutschlands Weg in die Informationsgesellschaft; Kinder- und Jugendschutz im Multimediazeitalter. Bonn: Zeitungsverlag.

Dietz, Barbara; Holzapfel, Renate (1999): Kinder aus Familien mit Migrationshintergrund. Kinder in Aussiedlerfamilien und Asylbewerberfamilien – alleinstehende Kinderflüchtlinge (Materialien zum Zehnten Kinder und Jugendbericht; 2). München: Deutsches Jugendinstitut.

Dollase, Rainer: Kinder zwischen Familien und Peers. Ergebnisse soziometrischer Zeitwandelstudien in Kindergärten, Grund- und Hauptschulen zwischen 1972 und 1966. In: Herlth u. a. 2000, 176–191.

Enquete-Kommission; Zukunft der Medien in Wirtschaft und Gesellschaft; Deutschlands Weg in die Informationsgesellschaft; Deutscher Bundestag (Hrsg.) (1998a): Deutschlands Weg in die Informationsgesellschaft. Bonn: Zeitungsverlag.

Ferchhoff, Wilfried; Sander, Uwe; Vollbrecht, Ralf (Hrsg.) (1995): Jugendkulturen. Faszination und Ambivalenz. Einblicke in jugendliche Lebenswelten. Festschrift für Dieter Baacke zum 60. Geburtstag. Weinheim; München: Juventa.

Frindte, Wolfgang (Hrsg.) (1999): Fremde, Freunde, Feindlichkeiten. Sozialpsychologische Untersuchungen. Opladen; Wiesbaden: Westdt. Verlag.

Fritz, Angela (1991): Lesen im Medienumfeld. Gütersloh: Verlag Bertelsmann Stiftung.

Fritz, Karsten; Sting, Stephan; Vollbrecht, Ralf (Hrsg.) (2003): Mediensozialisation. Pädagogische Perspektiven des Aufwachsens in Medienwelten. Opladen: Leske + Budrich.

Fromme, Johannes; Kammer, Sven; Mansel, Jürgen; Treumann, Klaus-Peter (Hrsg.) (1999): Selbstsozialisation, Kinderkultur und Mediennutzung (Reihe Kindheitsforschung; 12). Opladen: Leske + Budrich.

Garbe, Christine; Schoett, Silja; Weilnböck, Harald (1999): Geschlechterdifferenz und Lektürepraxis in der Adoleszenz: Funktionen und Bedeutungen von Lektüre im Medienverbund von Jugendlichen. In: Groeben 1999a, 218–232.

Garbe, Christine (1996): Geschlechterspezifische Differenzierungen in der „literarischen Pubertät". Anmerkungen zu geschlechtsspezifischen Widerständen gegen Literaturunterricht. In: Der Deutschunterricht, Jg.48, H.1, 88–97.

Greverus, Ina-Maria (1998): Frankfurt am Main. Ein kulturanthropologischer Stadtführer (Kulturanthropologie Notizen; 62). Frankfurt/Main: Institut für Kulturanthropologie.

Grodin, Debra; Lindlof, Thomas R. (Hrsg.) (1996): Constructing the self in a mediated world. Thousand Oaks; London; New Delhi: Sage Publications.

Groeben, Norbert; Hurrelmann, Bettina (2002b): Medienkompetenz. Voraussetzungen, Dimensionen, Funktionen. Weinheim, München: Juventa.

Groeben, Norbert (2002c): Dimensionen der Medienkompetenz. Deskriptive und normative Aspekte. In: ders. u. a. 2002b, 160–197.

Groeben, Norbert (Hrsg.) (1999a): Lesesozialisation in der Mediengesellschaft. Ein Schwerpunktprogramm (Internationales Archiv für Sozialgeschichte der deutschen Literatur; 10. Sonderheft). Tübingen: Niemeyer.

Groeben, Norbert (Hrsg.) (1999c): Lesesozialisation in der Mediengesellschaft: Zentrale Begriffsexplikationen (Kölner Psychologische Studien: Beiträge zur natur-, kultur-, sozialwissenschaftlichen Psychologie, Jg.4, H.1). Köln: Psychologisches Institut.

Hasebrink, Uwe; Krotz, Friedrich (Hrsg.) (1996): Die Zuschauer als Fernsehregisseure? Zum Verständnis individueller Nutzungs- und Rezeptionsmuster (Symposien des Hans-Bredow-Instituts; 14). Baden-Baden; Hamburg: Nomos Verlagsgesellschaft.

Heidtmann, Horst (1992): Kindermedien. Stuttgart; Weimar: Metzler.

Heitmeyer, Wilhelm; Olk, Thomas (Hrsg.) (1990): Individualisierung von Jugend. Gesellschaftliche Prozesse, subjektive Verarbeitungsformen, jugendpolitische Konsequenzen. Weinheim; München: Juventa.

Hepp, Andreas; Winter, Rainer (Hrsg.) (1999): Kultur – Medien – Macht. Cultural Studies und Medienanalyse. 2. überarb. u. erw. Aufl. Opladen; Wiesbaden: Westdt. Verlag.

Herlth, Alois; Engelbert, Angelika; Mansel, Jürgen; Palentien, Christian (Hrsg.) (2000): Spannungsfeld Familienkindheit. Neue Anforderungen, Risiken und Chancen. Opladen: Leske + Budrich.

Hermann, Frederike; Lünenborg, Margret (Hrsg.) (2001): Tabubruch als Programm. Privates und Intimes in den Medien. Opladen: Leske + Budrich.

Heyer, Petra; Rupp, Gerhard (2002): Interaktivität als Chance kultureller Praxis im Umgang mit Medien? In: Groeben u. a. 2002b, 92–110.

Hitzler, Ronald; Bucher, Thomas; Niederbacher, Arne (2001): Leben in Szenen. Formen jugendlicher Vergemeinschaftung heute. Opladen: Leske + Budrich.

Hörisch, Jochen (Hrsg.) (1997a): Mediengenerationen. Frankfurt/Main: Suhrkamp.

Hurrelmann, Klaus (1994): Lebensphase Jugend. Eine Einführung in die sozialwissenschaftliche Jugendforschung. Weinheim; München: Juventa.

Hurrelmann, Bettina (2002c): Medienkompetenz: Geschichtliche Entwicklung, dimensionale Struktur, gesellschaftliche Einbettung. In: Groeben u.a. 2002b, 301–314.

Jugendwerk der Deutschen Shell (Hrsg.) (1992): Jugend '92. Lebenslagen, Orientierungen und Entwicklungsperspektiven im vereinigten Deutschland, Bd. 1. Opladen: Leske + Budrich.

Jugendwerk der Deutschen Shell (Hrsg.) (1997): Jugend '97. Zukunftsperspektiven, gesellschaftliches Engagement, politische Orientierung. Opladen: Leske + Budrich.

Jugendwerk der Deutschen Shell (Hrsg.) (2000): Jugend 2000. (2 Bde.) Opladen: Leske + Budrich.

Jugendwerk der Deutschen Shell (Hrsg.) (2002): Jugend 2002. Zwischen pragmatischem Idealismus und robustem Materialismus (2 Bd.). Hamburg; Frankfurt/Main: Shell Deutschland Holding GmbH und Fischer Taschenbuch Verlag).

Kasten, Hartmut (1999): Pubertät und Adoleszenz. Wie Kinder heute erwachsen werden. München; Basel: Ernst Reinhardt Verlag.

Keupp, Heiner et al. (1999): Identitätskonstruktionen. Das Patchwork der Identitäten in der Spätmoderne. Reinbek: Rowohlt.

Klingler, Walter (Hrsg.) (1998): Fernsehforschung in Deutschland. Themen, Akteure, Methoden. Bd.2. Baden-Baden: Nomos.

Klocke, Andreas; Hurrelmann, Klaus (Hrsg.) (2001): Kinder und Jugendliche in Armut. Umfang, Auswirkungen und Konsequenzen. 2. vollst. überarb. Aufl. Wiesbaden: Westdt. Verlag.

Kötters, Catrin (2000): Wege aus der Kindheit in die Jugendphase (Studien zur Jugendforschung; 20). Opladen: Leske + Budrich.

Krüger, Heinz-Hermann; Grundmann, Gunhild; Kötters, Catrin (2000): Jugendliche Lebenswelten und Schulentwicklung. Ergebnisse einer qualitativen Schüler- und Lehrerbefragung in Ostdeutschland (Studien zur Schul- und Bildungsforschung; 10). Opladen: Leske + Budrich.

Lange, Günter (Hrsg.) (2000): Taschenbuch der Kinder- und Jugendliteratur. Band 2. Baltmannsweiler: Schneider.

Lange, Günter; Steffens, Wilhelm (Hrsg.) (1995): Moderne Formen des Erzählens in der Kinder- und Jugendliteratur der Gegenwart unter literarischen und didaktischen Aspekten. Würzburg: Königshausen und Neumann.

Lemmermöhle-Thüsing, Doris; Fischer, Dietlind; Klika, Dorle; Schlüter, Anne (Hrsg.) (2000): Lesarten des Geschlechts. Zur De-Konstruktionsdebatte in der erziehungswissenschaftlichen Geschlechterforschung. Opladen: Leske + Budrich.

Levi, Giovanni; Schmitt, Jean-Claude (Hrsg.) (1997): Geschichte der Jugend. Band II: Von der Aufklärung bis zur Gegenwart. Frankfurt/Main: Fischer.

Luca, Renate (1998): Medien und weibliche Identitätsbildung. Körper, Sexualität und Begehren in Selbst- und Fremdbildern junger Frauen. Frankfurt/Main; New York: Campus.

Medienkompetenz als Herausforderung an Schule und Bildung (1992): Ein deutsch-amerikanischer Dialog. Kompendium zu einer Konferenz der Bertelsmann Stiftung vom 18. bis 20. März 1992 in Gütersloh. Gütersloh: Verlag Bertelsmann Stiftung.

Medienpädagogischer Forschungsverbund Südwest (Hrsg.) (2001): KIM-Studie 2000. Kinder und Medien, Computer und Internet. Basisuntersuchungen zum Medienumgang 6- bis 13-Jähriger. Baden-Baden.

Medienpädagogischer Forschungsverbund Südwest (Hrsg.) (2000a): Kinder und Medien. KIM '99. Basisuntersuchungen zum Medienumgang 6–13-Jähriger in Deutschland. Baden-Baden.

Medienpädagogischer Forschungsverbund Südwest (Hrsg.) (2000b): JIM 2000. Jugend, Information, (Multi-)Media. Basisuntersuchung zum Medienumgang 12- bis 19-Jähriger in Deutschland. Baden-Baden.

Medienpädagogischer Forschungsverbund Südwest (Hrsg.) (2000c): JIM 99/2000. Jugend, Information, (Multi-)Media. Basisuntersuchung zum Medienumgang 12- bis 19-Jähriger in Deutschland. Baden-Baden.

Medienpädagogischer Forschungsverbund Südwest (Hrsg.) (1998): Jugend- und Jugendmedienschutz (Dokumentation; 7). Baden-Baden.

Medienpädagogischer Forschungsverbund Südwest (Hrsg.) (1997): Jugendliche und Multimedia (Dokumentation; 6). Baden-Baden.

Medienpädagogischer Forschungsverbund Südwest (Hrsg.) (1996a): Fernsehen – wie Schüler es sehen (Dokumentation; 4). Baden-Baden.

Medienpädagogischer Forschungsverbund Südwest (Hrsg.) (1996b): Fernsehen – wie Lehrer es sehen (Dokumentation; 5). Baden-Baden.

Moser, Johannes (Hrsg.) (2000): Jugendkulturen. Recherchen in Frankfurt am Main und London (Notizen; 66). Frankfurt/Main.

Moser, Johannes (1998): Orte der Jugend in Frankfurt am Main. In: Greverus 1998, 281–299.

Namgalies, Lisa; Heling, Barbara; Schwänke, Ulf (1990): Stiefkinder des Bildungssystems. Lern- und Lebensgeschichten deutscher Analphabeten. Hamburg: Bergmann und Helbig.

Neubauer, Georg (1999): Die 10- bis 13-Jährigen und ihre mediale Aufklärung. In: Fromme u. a. 1999, 316–326.

Neumann-Braun, Klaus; Müller-Doohm, Stefan (Hrsg.) (2000): Medien- und Kommunikationssoziologie. Eine Einführung in zentrale Begriffe und Theorien (Grundlagentexte Soziologie). Weinheim; München: Juventa.

Peuckert, Ursula (2000): Neue Medien und die Logik frühkindlicher Bildungsprozesse. In: Zeitschrift für Pädagogik, Jg.46, H.2, 295-310.

Pieper, Irene (2003): Die Medien als „Kulturträger"? Zur Mediennutzung Frankfurter HauptschulabsolventInnen mit Migrationshintergrund. In: Flensburger Papiere zur Mehrsprachigkeit und Kulturenvielfalt im Unterricht 31, 5–24.

Pieper, Irene; Wirthwein, Heike (2002): Das Problem des Lesens. Zur Medienpraxis Jugendlicher mit niedrigem Bildungsabschluss. In: Lesezeichen 11 (Mitteilungen des Lesezentrums der Pädagogischen Hochschule Heidelberg), 33–59.

Plath, Ingrid; Bender-Szymanski, Dorothea; Kodron, Christoph (2002): Dokumentation zur Situation von Schülerinnen und Schülern mit Migrationserfahrungen an Frankfurter Schulen im Schuljahr 2000/2001. Frankfurt/Main: Deutsches Institut für Internationale Pädagogische Forschung.

Projektgruppe „Alltägliche Lebensführung" (Hrsg.) (1995): Alltägliche Lebensführung. Arrangements zwischen Traditionalität und Modernisierung. Opladen: Leske + Budrich.

Raschke, Susanne (1996): Horror-Videos. Die Faszination Jugendlicher am Grauen. Alfeld.

Ring, Klaus; Trotha, Klaus von; Voß, Peter (Hrsg.) (1997): Lesen in der Informationsgesellschaft – Perspektiven der Medienkultur. Dokumentation des Kongresses der Stiftung Lesen und der Deutschen Bahn AG am 22. und 23. November 1996 in Baden-Baden. Baden-Baden: Nomos.

Rosebrock, Cornelia; Zitzelsberger, Olga: (2002) Der Begriff Medienkompetenz als Zielperspektive im Diskurs der Pädagogik und Didaktik. In: Groeben u. a. 2002b, 148–159.

Rupp, Gerhard (1999b): Medienkompetenz, Lesekompetenz. In: Groeben 1999c, 27–44.

Saxer, Ulrich; Langenbucher, Wolfgang; Fritz, Angela (1989): Kommunikationsverhalten und Medien. Lesen in der modernen Gesellschaft. Eine Studie der Bertelsmannstiftung. Gütersloh: Bertelsmann.

Schiffauer, Werner; Baumann, Gerd; Kastoryano, Riva; Vertovec, Steve (Hrsg.) (2002): Staat – Schule – Ethnizität: Politische Sozialisation von Immigrantenkindern in vier europäischen Ländern. Münster: Waxmann Verlag.

Schlobinski, Peter; Heins, Nils-Christian (Hrsg.) (1998): Jugendliche und „ihre" Sprache. Sprachregister, Jugendkulturen und Wertesysteme. Empirische Studien. Opladen; Wiesbaden: Westdt. Verlag.

Schön, Erich (2000): Kinder und Jugendliche im aktuellen Medienverbund. In: Lange 2000, 921–940.

Schön, Erich (1995): Veränderungen der literarischen Rezeptionskompetenz Jugendlicher im aktuellen Medienverbund. In: Lange u. a. 1995, 99–127.

Scholz, Gerold; Ruhl, Alexander (Hrsg.) (2001): Perspektiven auf Kindheit und Kinder. Opladen: Leske + Budrich.

Schulze, Gerhard (1993): Die Erlebnis-Gesellschaft. Kultursoziologie der Gegenwart. Frankfurt/Main; New York: Campus.

SPoKK (Hrsg.) (1997): Kursbuch Jugendkultur. Stile, Szenen und Identitäten vor der Jahrhundertwende. Mannheim: Bollmann.

Spuler-Stegemann, Ursula (2002): Muslime in Deutschland. Informationen und Klärungen. Freiburg u. a.: Spektrum.

Storch, Maja (1994): Das Eltern-Kind-Verhältnis im Jugendalter. Eine empirische Längsschnittstudie. Weinheim; München: Juventa.

Sutter, Tilmann (2002): Anschlusskommunikation und die kommunikative Verarbeitung von Medienangeboten. Ein Aufriss im Rahmen einer konstruktivistischen Theorie der Mediensozialisation. In: Groeben u. a. 2002a, 80–105.

Sutter, Tilmann (1999): Bausteine einer konstruktivistischen Theorie der Mediensozialisation. In: Fromme u. a. 1999, 126–138.

Tertilt, Hermann (1996): Turkish Power Boys. Ethnographie einer Jugendbande. Frankfurt/Main: Suhrkamp.

Tietze, Nikola (2002): Zwischen Ideologie und Utopie: Kabylisch in der Immigration. In: Mittelweg 36, Jg. 11, H. 4, 36–52.

Tischler, Lothar C.; Kisseler, Wolfgang; Trabert, Lioba (2002): Migrationsreport Hessen 2002. Bevölkerung, Ausbildung und Arbeitsmarkt. Wiesbaden: Forschungs- und Entwicklungsgesellschaft Hessen mbH.

Trommsdorff, Gisela (Hrsg.) (1995): Kindheit und Jugend in verschiedenen Medien. Entwicklung und Sozialisation in kulturvergleichender Sicht. Weinheim; München: Juventa.

Tulodziecki, Gerhard (1997): Medien in Erziehung und Unterricht. Bad Heilbrunn: Klinkhardt.

Vester, Michael; Geiling, Heiko; Hermann, Thomas u. a. (2001): Soziale Milieus im gesellschaftlichen Strukturwandel. Zwischen Integration und Ausgrenzung. Frankfurt/Main: Suhrkamp.

Vogelsang, Waldemar (1994): Jugend- und Medienkulturen. Ein Beitrag zur Ethnographie medienvermittelter Jugendwelten. In: Kölner Zeitschrift für Soziologie und Sozialpsychologie, H. 46.

Weers, Dörte (1990): Türkische Jugendliche als Leser. Leseverhalten und Leseförderung der zweiten Generation in der Bundesrepublik Deutschland (Studien Deutsch; 10). München: Iudicum Verlag.

Ziehe, Thomas (1996): Zeitvergleiche. Jugend in kulturellen Modernisierungen. 2. Aufl. Weinheim; München: Juventa.

Zinnecker, Jürgen (1997): Metamorphosen im Zeitraffer: Jungsein in der zweiten Hälfte des 20. Jahrhunderts. In: Levi u. a. 1997, 460–505.

## 6. Verfahren qualitativer Mediensozialisationsforschung

Bardmann, Theodor M. (Hrsg.) (1997): Zirkuläre Positionen. Konstruktivismus als praktische Theorie. Opladen: Westdt. Verlag.

Bohnsack, Ralf (1999): Rekonstruktive Sozialforschung. Einführung in Methodologie und Praxis qualitativer Forschung. 3. überarb. u. erw. Aufl. Opladen: Leske + Budrich.

Christmann, Ursula; Groeben, Norbert; Schreier, Margrit: Subjektive Theorien – Rekonstruktion und Dialog-Konsens. In: SPIEL, Jg.18, H.1, 138–153.

Dzeyk, Waldemar; Groeben, Norbert (1999): Methodologische Gütekriterien im Spannungsfeld von ‚quantitativem' und ‚qualitativem' Paradigma. In: SPIEL, Jg.18, H.1, 1–20.

Fischer, Dietlind (Hrsg.) (1982): Fallstudien in der Pädagogik. Aufgaben, Methoden, Wirkungen. Bericht über eine Tagung des Comenius-Instituts Münster. Konstanz: Faude.

Fischer, Dietlind; Brügelmann, Hans (1982): Warum sind „Fallstudien" in der Pädagogik ein Thema? Zum Hintergrund und zur Vorgeschichte der Tagung. In: Fischer 1982, 12–19.

Fischer-Rosenthal, Wolfram; Rosenthal, Gabriele (1997): Warum Biographieanalyse und wie man sie macht. In: Zeitschrift für Sozialisationsforschung und Erziehungssoziologie (ZSE), Jg.17, H.4, 405–427.

Flick, Uwe; Kardoff, Ernst von; Steinke, Ines (Hrsg.) (2000): Qualitative Forschung. Ein Handbuch. Reinbek bei Hamburg: Rowohlt.

Flick, Uwe u.a. (Hrsg.) (1995): Handbuch Qualitative Sozialforschung. Grundlagen, Konzepte, Methoden und Anwendungen. Weinheim: Beltz.

Frindte, Wolfgang (Hrsg.) (1999): Fremde, Freunde, Feindlichkeiten. Sozialpsychologische Untersuchungen. Opladen; Wiesbaden: Westdt. Verlag.

Fuchs-Heinritz, Werner (2000): Biographische Forschung. Eine Einführung in Praxis und Theorie. 2. überarb. u. erw. Aufl. Opladen: Westdt. Verlag.

Garz, Detlef; Kraimer, Klaus (Hrsg.) (1991): Qualitativ-empirische Sozialforschung. Konzepte, Methoden, Analysen. Opladen: Westdt.Verlag.

Graf, Werner (1980): „Literarische Pubertät". Überlegungen zu Interviews mit erwachsenen Lesern. In: Der Deutschunterricht, Jg.32, H.5, 16–24.

Groeben, Norbert; Oestmann, Inken; Rager, Günther; Schreier, Margit; Werner, Petra (1999): Leitfadeninterview und Inhaltsanalyse. In: SPIEL, Jg.18, H.1, 35–54.

Groeben, Norbert; Dzeyk, Waldemar (1999): Rahmendimensionen einer integrativen kulturwissenschaftlichen Methodik. In: SPIEL, Jg.18, H.1, 172–180.

Groeben, Norbert (Hrsg.) (1999b): Interdisziplinäre Methodik der Lesesozialisationsforschung (SPIEL Jg. 18, H.1). Frankfurt/Main u.a.: Lang.

Groeben, Norbert; Rustmeyer, Ruth (1995): Inhaltsanalyse. In: König u. a. 1995, 523–554.

Hermanns, Harry (1995): Narratives Interview. In: Flick u. a.1995, 182–186.

Hopf, Christel (1995): Qualitative Interviews in der Sozialforschung. Ein Überblick. In: Flick u. a. 1995, 177–181.

Jacob, Steffen; Neumann, Jörg: Fremdheit und Differenz – Die Konstruktion von sozialen Gruppen durch Jugendliche im Interview. In: Frindte 1999, 142–154.

Jurczyk, Karin; Voß, G. Günter (1995): Zur gesellschaftsdiagnostischen Relevanz der Untersuchung von alltäglicher Lebensführung. In: Projektgruppe „alltägliche Lebensführung" (Hrsg.): Alltägliche Lebensführung. Arrangements zwischen Traditionalität und Modernisierung. Opladen: Leske + Budrich, 371–407.

Kammler, Clemens; Knapp, Werner (Hrsg.) (2002): Empirische Unterrichtsforschung und Deutschdidaktik. Baltmannsweiler: Schneider Verlag.

König, Eckard; Zedler, Peter (Hrsg.) (1995): Bilanz qualitativer Forschung. Bd. II: Methoden. Weinheim: Deutscher Studien Verlag.

Lamnek, Siegfried (1995a): Qualitative Sozialforschung. Bd. 1: Methodologie. 3. korr. Aufl. Weinheim: Beltz.

Lamnek, Siegfried (1995b): Qualitative Sozialforschung. Bd. 2: Methoden und Techniken. 3. korr. Aufl. Weinheim: Beltz.

Mayring, Philipp (2000): Qualitative Inhaltsanalyse. In: Forum Qualitative Sozialforschung, Volume 1, No. 2 (*www.qualitative-research.net*).

Mayring, Philipp (1999): Einführung in die qualitative Sozialforschung. Eine Anleitung zu qualitativem Denken. 4. Aufl. Weinheim; Basel: Beltz.

Mayring, Philipp (1997): Qualitative Inhaltsanalyse. Grundlagen und Techniken. 6. Aufl. Weinheim: Deutscher Studien-Verlag.

Mayring, Philipp (1995): Qualitative Inhaltsanalyse. In: Flick u. a. 1995, 209–213.

Meuser, Michael; Nagel, Ulrike (1991): ExpertInneninterviews – vielfach erprobt, wenig bedacht. Ein Beitrag zur qualitativen Methodendiskussion. In: Garz u.a 1991, 441–471.

Moser, Johannes (2000): Kulturanthropologische Jugendforschung. In: ders. (Hrsg.): Jugendkulturen: Recherchen in Frankfurt am Main und London. Frankfurt am Main: Institut für Kulturanthropologie und Europäische Ethnologie, 11–58.

Projekt Lesegeschichte als Kulturaneignung (Hrsg.) (1984): Vorstellung des Projekts. 2. erw. Aufl. Kassel: Gesamthochschulbibliothek.

Rager, Günther; Oestmann, Inken; Werner, Petra; Schreier, Margit; Groeben, Norbert (1999): Leitfadeninterview und Inhaltsanalyse. In: SPIEL, Jg.18, H.1, 35-54.

Rosenthal, Gabriele (1995): Erlebte und erzählte Lebensgeschichte. Gestalt und Struktur biographischer Selbstbeschreibungen. Frankfurt/Main; New York: Campus.

Schön, Erich (1990b): Die Leser erzählen lassen. Eine Methode in der aktuellen Rezeptionsforschung. In: Internationales Archiv für Sozialgeschichte der deutschen Literatur (IASL), Jg.15, H.2, 193–201.

Schütze, Fritz (1977): Die Technik des narrativen Interviews in Interaktions-feldstudien. Arbeitsberichte und Forschungsmaterialien Nr.1 der Universität Bielefeld. Bielefeld: Fakultät für Soziologie.

Steen, Gerard J. (1991): The empirical study of literary reading: Methods of data collection. In: Poetics, Jg.20, H.5-6, 559–575.

Strobl, Rainer; Böttger, Andreas (Hrsg.) (1995): Wahre Geschichten? Zu Theorie und Praxis qualitativer Interviews. Baden-Baden: Nomos.

Witzel, Andreas (1995): Auswertung problemzentrierter Interviews. Grundlagen und Erfahrungen. In: Strobl u.a. 1995, 49–73.